성서 주석

디모데전·후서/디도서

대한기독교서회 창립 100주년 기념

대한기독교서회

45

디모데전·후서/디도서

박익수 지음

대한기독교서회

A Commentary

on

The Pastoral Epistles
(1 and 2 Timothy, Titus)

by

PARK, IK Soo

The Christian Literature Society of Korea
Seoul, Korea, 1994

간행사

민족의 개화와 복음선교를 목적으로 세워진 대한기독교서회가 창립 100주년을 맞이한 지도 어느덧 몇 해가 흘렀습니다. 우리는 100주년 기념사업을 여러 모로 추진했지만, 그중에서도 가장 중요한 역점사업은 국내 성서학자들에 의해 집필된 성서주석의 발간이었습니다.

기독교가 우리 문화와 생활 속에 접목된 지 어느덧 1세기의 세월이 흘렀지만, 지금까지는 받아들이고 이식시키는 데에만 열중한 것이 사실입니다. 성서주석이란 그 나라의 신학사상을 가늠하는 중요한 학술활동인데도 불구하고 신학적 주체성을 살린 주석작업이 아직까지는 미흡하다는 점, 그 때문에 빈번하게 읽히고 있는 현재의 주석서가 대부분 번역서라는 점 등은, 한국교회로 하여금 우리 실정에 알맞는 새로운 성서주석의 출현을 기대하게 했습니다.

정통적이고 보수적이며 더 나아가서는 새로운 신학사상까지도 포괄하는 주석서, 그러면서도 신학적 주체성이 충분히 반영된 이상적이고 활용하기에 편리한 주석서의 출간은, 1천만 성도의 간절한 기다림이자 바람입니다.

올리브나무에 야생 올리브나무를 접붙이면 야생 나뭇가지 또한 원래의 올리브나무 뿌리에서 영양을 공급받지 않겠느냐는 사도 바울의 표현처럼, 우리 민족 또한 하나님의 젖줄에서 양분을 공급받기 시작한 지 어느덧 1백 년이라는 세월이 흘렀습니다. 이제 한국의 기독교는 더 이상 외래문화가 아니며, 더 이상 남의 옷이 아니라고 자부하고 싶습니다.

결국은 남의 옷에 지나지 않는 번역서가 아니라 우리 손에 의해 쓰여진, 우리 실정에 알맞은 주석서가 발간되었다는 것은, 우리 신앙의 현주소를 바로 보여주는 일이기도 할 것입니다.

국내의 성서신학자들이 대거 동원되어 가장 최신의 연구성과까지도 반영하고 우리 현실과의 관계 안에서 성서가 주는 메시지를 정확하게 전달하는 일에 중점을 둔 새로운 주석서의 출현이, 한국교회 기독인들에게 바른 신앙의 길을 가리키는 참신한 이정표로 자리잡기를 기대하는 마음 간절합니다.

끝으로 이 주석이 나오기까지 땀흘려 주신 『100주년 기념 성서 주석 위원회』 위원장과 위원 여러분들의 수고에 감사를 드립니다. 아울러 학생들을 지도하시기에 바쁜 중에도 귀한 생명의 양식을 나누는 일에 동참해 주신 여러 교수님들께도 진심으로 감사를 드리는 바입니다.

1992. 12. 10
발행인 김소영

출판에 즈음하여

한국의 산업구조를 분석한 전문가들의 일치된 견해에 의하면, 우리 체질의 심각성은 외국 기술의존도가 지극히 높다는 데 있다고 한다. 그리하여 대외수출고를 높이는 데만 힘을 기울이는 사이에, 우리는 경제기반이 흔들리는 중대한 위기 속에 휘말렸다는 것이다.

이러한 모형이 기독교와 교회라는 특정상황에서도 위기의식으로 존재한다는 것, 다시 말해서 교회성장과 부흥에만 역점을 두는 사이에 기독교의 정체와 본질에 대해 다시 질문하는 도전과 위기가 조여오고 있다는 사실을 아는 사람은 별로 많지 않다.

지금까지의 우리의 관심사는 부흥과 성장이었다. 그리고 그러한 요청에 걸맞는 패기있는 선두자들은 주야로 활동하여 한국의 신도수를 극적으로 증대시켰고, 그리고 몇몇 교회의 경우, 단일교회로서의 크기가 가히 세계적인 위대한 교회로 두각을 나타냈다. 그러한 과정에서 기여한 몇몇 교회지도자들의 수고와 노력에 우리는 모두 감사해야 한다. 그러나 우리는 지금 그러한 성장과 크기에 걸맞는 성숙을 심각하게 생각해야 할 자리에 와 있다. 성숙이 없는 성장이 무엇을 의미하는가를 누가 말해주지 않아도 잘 알기 때문이다. 그러므로 이제 한국교회가 성숙을 위하여 지금까지 성장지향의 의지가 보여준, 그 이상의 진지한 노력을 경주하지 않으면, 그것은 쉬지 않고 커 가기만 하는 외채더미에 눌리면서 화려한 소비경제에 빠지는 종래의 파국과 비교될 것이다.

기독교가 자기의 뿌리를 확인하는 기본적인 지혜는 성서에 대한 진지한 탐구에서만 비롯된다. 얼마 전까지만 해도 이러한 자각이 아쉬운 대로 행동으로 옮겨지면서, 우리는 외국의 출판사나 지적소유자에게 적지않은 로열티를 주고 그 방법을 번역하여 교회에 보급시킨 몇 가지의 성서연구법이 있었다. 그러나 한국교회의 성숙의 대명제를 감안할 때 그것이 해결은 아니었다.

이런 맥락적 의미에서, 한국교회의 자존과 명분을 걸고 한국의 성서신학자들이 지식과 능력을 한자리에 결집하여 구약과 신약의 주석을 직접 저술하기로 하여, 이제 그 실현이 가시화되는 시점에 이르렀다. 이러한 성서주석 출판을 대한기독교서회 창립 100주년 기념사업의 하나로 기획했다는 것은 참으로 획기적인 의미를 지닌다.

참으로 오늘의 우리에게 예수 그리스도가 영생이시고, 좋은 신학의 전부가 되며, 참하나님이심을 인지하고 고백하는 은혜와 진리가 날마다 한국의 모든 교회에 더하기를 간절히 바라는 기도와 함께, 한국교회의 100주년을 감사하는 이때에 소망스러운 2000년대를 지향하는 벅찬 문턱에서 여기 한국 성서신학자들의 성서주석서를 겸허한 마음으로 내놓는 바이다.

1992. 12.

대한기독교서회 창립 100주년 기념 성서주석 출판위원회

위원장 이상훈 박사(서울신학대학교)

위원 박준서 박사(연세대 연합신학대학원)

김중은 박사(장로회신학대학)

민영진 박사(대한성서공회 부총무)

박수암 박사(장로회신학대학)

김득중 박사(감리교신학대학)

김창락 박사(한신대학 신학부)

• 일러두기 •

1. 본 주석서는 시리즈로 발간되므로 각 책들간의 통일성을 기하려고 했으나, 불가피하게 각 집필자들의 특성에 따라 최소한의 통일성만을 유지한 경우도 있다.
2. 본 주석서의 체제는 서론, 본문주석(성서본문 제시, 본문주석, 신학적 메시지), 참고문헌으로 이루어졌다. 그러나 필요에 따라서는 본문주석과 신학적 메시지를 동시에 전개시키기도 한다.
3. 본 주석서의 성서본문은 한글개역판을 그대로 따랐다.
4. 한글 전용을 원칙으로 했다. 그러나 불가피한 경우에는,
   1) 한자는 괄호 안에 넣었다.
   2) 성서 원어 표기는 우리말 음역을 쓰고 원어는 로마자로 괄호 안에 넣었다 [예. '파라클레토스'(parakletos—보혜사)].
5. 히브리어 · 헬라어는 본 성서주석출판위원회에서 정한 통일안에 따라서 표기한다.
6. 외래어는 문교부에서 고시한 『외래어 표기 용례집』 교과용 도서 수정용과 『외래어 표기 용례집(인명, 지명)』을 따랐다. 단 성서에 나오는 외래어는 한글개역판을 따랐다 [예. 바빌론→바벨론].
7. 성서의 장절(章節) 표기는 다음과 같다.

   범례. 1) 1장 1절부터 10절까지／1 : 1—10

   2) 1장 1절부터 2장 5절까지／1 : 1—2 : 5

   3) 1장 1절, 2절, 7절／1 : 1, 2, 7

   4) 마태복음 1장 1절, 요한복음 1장 1절／마 1 : 1 ; 요 1 : 1
8. 독자들의 내용이해에 도움을 주기 위해서 각주난을 최대한으로 활용했다.

히브리어 · 헬라어의 로마자음역 및 한글음역 통일안

히브리어

히브리어 자음	로마자 음역	히브리어 모음기호	로마자 음역
א	'	◌ָה	
בּ(ב)	b	◌ָ	a
גּ(ג)	g	◌ַ	
דּ(ד)	d	◌ֲ	
ה	h	◌ֵי	
ו	w	◌ֵ	
ז	z	◌ֶי	e
ח	h	◌ֶ	
ט	t	◌ֱ	
י	y	◌ְ	
כּ(כ)	k	◌ִי	
ל	l	◌ִֽ	i
מ	m	◌ִ	
נ	n	וֹ	
ס	s	◌ֹ	o
ע	'	◌ָ	
פּ(פ)	p	◌ֳ	
צ	ts	וּ	
ק	q	◌ֻֽ	u
ר	r	◌ֻ	
שׂ	s		
שׁ	sh		
תּ(ת)	t		

헬라어

헬라문자	로마자음역	한글음역
α	a	아
αι	ai	아이
αυ	au	아우
β	b	ㅂ
γ	g	ㄱ
κγχμν 앞에 있는 γ		ㅇ받침
δ	d	ㄷ
ϵ	e, ĕ	에
ϵι	ei	에이
ϵυ	eu	유
ζ	z	ㅈ
η	ē	에
θ	th	ㄷ
ι	i	이
κ	k, c	ㅋ
λ	l	ㄹ
μ	m	ㅁ
ν	n	ㄴ
ξ	x	ㅋㅅ
ο	o, ŏ	오
οι	oi	오이
ου	ou	우
π	p	ㅍ
ρ	r	ㄹ
ρ	rh	
ρρ	rrh	
σ(ς)	s	ㅅ
τ	t	ㅌ
υ	y, u	위
υι	ui	위+이
ϕ	ph	ㅍ
χ	ch	ㅋ
ψ	ps	ㅍㅅ
ω	ō	오

• 성서책명 약자 •

창세기 ....창
출애굽기 ....출
레위기 ....레
민수기 ....민
신명기 ....신
여호수아 ....수
사사기 ....삿
룻기 ....룻
사무엘상 ....삼상
사무엘하 ....삼하
열왕기상 ....왕상
열왕기하 ....왕하
역대상 ....대상
역대하 ....대하
에스라 ....스
느헤미야 ....느
에스더 ....에
욥기 ....욥
시편 ....시
잠언 ....잠
전도서 ....전
아가 ....아

이사야 ....사
예레미야 ....렘
예레미야애가 ...애
에스겔 ....겔
다니엘 ....단
호세아 ....호
요엘 ....욜
아모스 ....암
오바댜 ....옵
요나 ....욘
미가 ....미
나훔 ....나
하박국 ....합
스바냐 ....습
학개 ....학
스가랴 ....슥
말라기 ....말
마태복음 ....마
마가복음 ....막
누가복음 ....눅
요한복음 ....요
사도행전 ....행

로마서 ....롬
고린도전서 ......고전
고린도후서 ......고후
갈라디아서 ......갈
에베소서 ....엡
빌립보서 ....빌
골로새서 ....골
데살로니가전서...살전
데살로니가후서...살후
디모데전서 ......딤전
디모데후서 ......딤후
디도서 ....딛
빌레몬서 ....몬
히브리서 ....히
야고보서 ....약
베드로전서 ......벧전
베드로후서 ......벧후
요한1서 ....요일
요한2서 ....요이
요한3서 ....요삼
유다서 ....유
요한계시록 ......계

차 례

II. 본문주석

• 디모데전서 •

• 디모데후서 •

• 디도서 •

Ⅰ. 서 론

1. 목회서신들을 이해하기 위한 서언

1) 서론

신약성서와 그 이후의 그리스도교에서 바울의 중요성은 이루 다 평가할 수 없을 정도로 대단하다. 그리스도교 믿음의 본질에 대한 그의 이해는 그리스도교가 유다교 안의 한 묵시적 종파에서 헬레니즘 세계 속의 한 선교공동체로, 다시 공동체 운동을 넘어서서 하나의 세계종교로 부상하는 데 결정적인 역할을 한 것이다. 이처럼 그리스도교의 발전과정에서 바울은 로마 제국 안에서 활발한 선교운동을 전개했던 한 지도자였을 뿐만 아니라, 유다교 안의 한 묵시적인 예수 운동을 그리스-로마 세계에 재해석하여 소개해주었기 때문에 그의 중요한 역할은 한층 더 돋보이는 것이다. 그 자신이 두 문화권을 섭렵하면서 유다교, 헬레니즘, 그리고 그리스도인의 독특한 체험을 하나로 조화시켜 그리스도교 신앙을 로마 제국의 이방세계에 제시할 수 있었던 것이다.

바울의 영향력은 대단해서 그의 서신들은 후대의 모든 사도적 서신들의 모형이 되었을 뿐만 아니라, 아직 신약성서가 기록되고 있던 때에도 베드로후서의 저자 같은 이는 벌써 그의 신앙이해와 씨름을 해야만 했고(3 : 15—16), 마르키온, 어거스틴, 루터, 칼빈, 그리고 웨슬리와 같은 후대의 사상가들에게도 지대한 영향을 끼쳐왔던 것이다.

바울은 그의 제자들과 추종자들을 잘 훈련시켰는데, 그들을 자신의 선교활동에 직접 참여하게 했을 뿐만 아니라, 그의 죽음 이후에도 계속해서 다음 세대의 교회에 중요한 일군이 될 수 있게 했던 것이다. 바울 이후에 그의 이름으로 기록된 여섯 편(데살로니가후서, 골로새서, 에베소서, 그리고 목회서신들)의 서신은 바울의 영향력이 그의 추종자들을 통해서 교회 안에 계속 행사되었다는 증거이며, 또한 이 서신들은 그와 그의 추종자가 지속적으로 교회에 위대한 공헌을 남겼음을 확실하게 해준다.

이 서신의 저자들은 의식적으로 그들의 스승인 바울을 모방했던 제자들로서 자신들을 사도와 동일시할 수 있었을 뿐만 아니라, 그 시대의 일반적인 문학적 관례에 따라 스승의 이름으로 서신들을 썼을 것이다. 이러한 사실은 그리스—로마 세계에 존재했던 랍비에서 스토아 학파까지의 많은 학파들과 유사한 바울 "학파"의 존재를 전제한 것이다.

2) 위명성과 제2바울서신들

저자가 자신의 진짜 이름을 밝히기보다는 과거 시대의 유명한 사람의 이름, 즉 다른 사람의 이름으로 기록한 문서는 위명성으로 간주된다. 이러한 경향은 유대 묵시문학에서뿐만 아니라, 고대 헬라 세계와 초기 그리스도교 시대의 문헌들에서도 일반적으로 널리 통용되던 문학적 현상이었다. 우리는 저자가 자신의 이름을 사용하지 않고 다른 사람의 이름으로 문서를 남기는 위명성의 동기를 다시 고대 학파의 전통, 전승들의 모음집, 순수한 문학적 고안, 그리고 의도적인 위장과 같이 여러 가지로 분류해볼 수 있다. 유대, 고대 헬라, 로마, 그리고 그리스도교 문헌들에 나타난 위명성에 대한 최근의 연구들도 위서/위명성의 동기를 단순히 하나의 문학적 고안으로 간주해버리는 것은 문제를 너무 단순화하는 것이라고 지적할 수 있다. 고대 세계에 널리 통용되었던 위명성의 경향은 각각 다른 동기에서 각각 다른 목적으로 사용되었으며, 그 당시의 사람들에 의해서도 각각 다르게 평가되었던 것이다.

성서해석의 역사비평 방법이 발달된 이후 유다교나 그리스도교 전통에서 잘 알려진 유명한 "저자들"이 쓴 것처럼, 알려진 책들에 대해서도 관심을 갖고 위명성의 문제를 제기하기에 이르렀다. 대부분의 현대 성서학자들은 신약성서 서신들의 역사적·문학적 배경을 추적한 후 바울의 진정한 일곱 개의 서신 이외의 모든 서신이 위명성을 띠고 있다는 것을 발견해내게 되었다. 위명성이 그 당시 일반적으로 널리 통용되었던 것처럼, 신약성서의 사도적 서신들의 저자들 사이에서도 하나의 문학적 고안으로 자연스럽게 받아들여졌으며, 또한 그러한 경향은 그 당시의 사람들에 의해서도 쉽게 감지되던 사실이었음을 알게 되었다.

전통적으로 신약성서 27권 중에서 13권의 "서신들"이 바울에 의해 쓰여졌다고 주장되어 왔다. 역사비평 방법이 적용된 이후 바울 서신들의 진정성을 가늠하는 주요 관건은 문체 분석이었다. 바울 서신들의 문체를 가늠하는 옛 방법이 최근에는 컴퓨터를 사용해서 특정 단어들의 사용빈도를 셈하고, 문장의 길이, 가정법과 같은 특정 문체의 사용 여부, 그리고 시제의 변화 등등에 근거하게 되었다. 그런데 이러한 방법들을 사용한 두 사람의 유명한 연구가 아주 다른 결론에 이르게 된 것은 흥미롭다.

켄니 (Anthony Kenny)는 자신의 연구 결과 12권의 서신들이 바울 한 사람의 저작임에 틀림없다고 하나,[1] 몰튼(Q. Morton)은 13권의 서신들 중에 오직 네 권만이 바울의 진정한 서신이고, 한걸음 더 나아가 이 네 권의 서신들 가운데도 바울 자신의 것이 아닌 부분이 많다고 강력히 주장한다.[2] 밀랜드(David Mealand)는 이와 같은 연구결과들을 다음과 같이 평한다 : "우리가 바울의 서신들에서 특정한 단어의 상대적 사용빈도를 시험해봤을 때, 적어도 10개의 서신들이 바울의 저작일 수 없다는 결론에 이르게 된다. 그렇지만 내 의견으로는 바울의 진정한 서신들로 4개 서신설만큼이나 7개 서신설도 가능하다."[3]

문학적 문체분석에 근거한 이 두 연구의 상반된 결론은 오히려 우리로 하여금 대필가의 존재와 편집가설을 확실시해주고 있으며, 또한 문학적 문체 비평뿐만 아니라 신학적 유사성 여부와 서신들이 전제하고 있는 역사적 배경연구도 함께하게 한다. 이러한 연구 결과, 오늘날 대부분의 학자들은 목회서신들은 저자들이 바울의 저작이라고 주장하는 위명성으로 간주하게 되었다. 많은 학자들은 에베소서도 바울의 한 제자가 후대에 기록한 것으로 간주하고, 특히 킬리[4]와 부자르드[5]의 연구 이후, 적지않은 학자들이 골로새서

---

1) A. Kenny, *A Stylometric Study of the New Testament* (Oxford : Clarendon, 1986) ; D. L. Mealand, "Computers in New Testament Research ; an Interim Report," *JSNT* 33 (1988) : 97—115.

2) Q. Morton, *Literary Detection* (Bowker, 1978) : 168, 183.

3) David Mealand, "Positional Stylometry Reassessed : Testing a seven epistle theory of Pauline Authorship," *NTS* 35 (1989) : 266—286 ; S. Michaelson and A. Q. Morton, "Positiona Stylometry," *The Computer and Literary Studies*, ed. A. J. Aitken et al. (Edinburgh : EUP, 1973), pp. 69—93.

4) M. Kiley, *Colossians as Pseudepigraphy* (Scheffield : JSOT, 1986).

5) W. Bujard, *Stilanalytische Untersuchungen zum Kolosserbrief* (Göttingen, 1973).

에 대해서도 비슷한 입장을 갖게 되었다. 데살로니가후서도 의심스럽기는 마찬가지다. 아직도 골로새서와 데살로니가후서의 경우 다른 서신들보다 더 많은 바울의 특성들을 띠고 있기 때문에 많은 학자들이 "비진정성"의 입장 표명에 주저하고 있는 것만은 사실이다. 그러나 문체와 서신 형식의 차이 이외에도 신학적인 현격한 입장차이들(종말론, 기독론 등등)을 감안하면 결정하기가 한결 쉬워질 것이다.

지금까지의 논의를 종합하면, 신약성서의 서신들 가운데 바울의 이름으로 기록되었으나, 실제로 1세기 말에 그의 제자들에 의해 쓰여진 서신들은 데살로니가후서, 골로새서, 에베소서이고, 2세기에 쓰여진 것은 목회서신들(디모데전·후서, 디도서)이다. 이 서신들은 "제2바울서신들"이라고 총칭되는데, 이렇게 분류하는 근거는 다음과 같다. 첫째, 언어, 문체, 그리고 내용의 현격한 차이, 둘째, 반영된 역사적 상황의 차이, 그리고 신학적인 현격한 입장 차이 때문이다. 예를 들면 골로새서의 발전된 그리스도론, 에베소서의 보편적인 교회론, 그리고 목회서신들의 발전된 성직제도(집사, 장로, 감독)는 바울이 쓴 것으로 확실시되는 서신들과 현격한 차이를 보일 뿐만 아니라, 바울 시대에는 아직 그러한 발전된 신학과 공교회로서의 제도와 조직을 갖고 있지도 않았던 것이다.

특히 목회서신들은 바울이 자신의 동역자들에게 목회적 조언을 주기 위해서 기록한 것이라고 전제되어 왔으나, 바울이 로마 감옥에서 풀려나와 계속 선교를 수행했다는 사실이 입증되지 않기 때문에(딤전 1 : 3 ; 딛 1 : 5), 바울의 진정한 서신에서 제외되고 있다.

신약의 서신들이 어떤 이유에서 위명성을 띠게 되었건 사도시대 이후의 서신들은 사도적 전승의 권위, 중요성, 그리고 확실성을 강조하기 위한 문학적 고안인 것만은 분명하다. 이러한 사실은 위명성을 띤 어느 서신도 사도적 전승에 근거한 권위와 정경성을 감소시키지는 못한다. 성서의 권위는 '저자가 누구냐'는 데 있지 않고, 오히려 '성서가 증언하고 있는 분의 권위'에서 비롯되는 것이기 때문이다. 예를 들면 로마서는 바울이 썼으나, 목회서신들은 바울의 이름을 사용한 후대의 사람들이 썼다는 사실 때문에, 영감을 조금 받아 기록되었다거나 정경에서의 낮은 위치, 혹은 신약성서 중에 "진정한" 서신들보다 못하다고 간주될 수는 없는 것이다.

(1) 데살로니가후서

데살로니가후서는 대체로 데살로니가전서를 모방했다. 예를 들어 처음의 인사가 전서와 같으며(1 : 1—2), 또한 두번째 감사문(2 : 13—16)도 거의 문자 그대로 인용되고 있다. 그러나 언어와 형식이 전서와 매우 유사함에도 불구하고, 실제적인 신학적 차이점들 때문에 후서는 바울 사후에 그의 제자가 교회의 새로운 문제에 대처하기 위해 기록했음이 분명해진다. 무엇보다도 가장 큰 신학적 차이는 종말론에 대한 이해다. 바울은 전서에서 하늘로부터 묵시적 심판주와 구원자로서의 예수 재림이 아주 임박한 것으로 언급했다. 바울이 "주님께서 다시 오시는 날 우리가 살아 남아 있다 해도…"(살전 4 : 15)라고 말했을 때, 그는 분명히 예수 재림을 자신과 교우들이 아직 살아 있을 때에 일어날 사건일 것으로 기대한 것이다. 그런데 데살로니가후서 2장 1—12절에는 묵시적 표상이 바뀐 것뿐만 아니라, 재림은 상당한 시간이 경과한 후에 일어날 사건으로, 더 이상 긴박하지 않은 것이라고 주장되고 있다. 이것은 교회내에 "주의 날"이 이미 이르렀다고 주장하는 자들을 반박하기 위한 것임에 틀림없는데, 곧 교회내에 열렬하게 묵시적 재림을 대망하는 자들이 바울의 서신을 오해했거나, 혹은 변형시켜서 예수의 재림이 이미 도래했다고 주장하고 있었음을 시사한다(2 : 2, 15 ; 3 :

14, 17). 어쩌면 데살로니가 교인들은 자신들이 고난받고 있었던 박해의 때를 곧 "주의 날"로 이해했을 것이다. 그리고 몇몇 교인들은 하던 일을 그만두고 무위도식했을 것이다.

이러한 교회의 새로운 상황에 대처하기 위해서 바울의 영향을 많이 받은 제자는 데살로니가전서를 모델로 해서 재림지연 문제를 다룬 후에(2 : 1—12), 바울의 전승("우리가 명령한 것들", 3 : 4)을 잘 지킬 것, 종말론적 열광주의 부류의 사상을 유포시키는 자들을 경계할 것, 게으르지 말 것, 그리고 하던 일을 멈추고 무위도식하는 일 없이 열심히 일하며 충실히 살아갈 것 등을 권고한 것이다.

후서의 재림지연 이외에도 처음의 감사문 가운데 박해에 대한 언급과 하나님께서 박해받는 그리스도인에게는 보상해주실 것이며, 또한 박해자는 징벌받을 것이라는 사상(1 : 5—10)은 역사적인 바울의 가르침이라기보다는 한 세대 이상이 지난 후대의 것이다(계 16 : 5—7 ; 19 : 2). 그리고 바울은 신앙의 대상을 하나님에게 한정시킨 하나님 중심이었는데(살전 3 : 11—13), 그 이후의 세대는 하나님의 속성과 기능을 그리스도론의 발전에 따라 예수에게로 돌리는 경향을 강하게 나타내고 있다(살후 2 : 16 ; 3 : 5). 그러므로 후서에 나타난 중요한 신학적 입장들은 바울의 진정한 서신인 전서보다는 후대의 보다 발전된 것으로 나타난다.

(2) 골로새서

이 서신의 어휘나 문체는 바울의 것과는 현격한 차이를 보인다. 그리고 바울의 진정한 서신들에 나타나는 의, 의인, 율법, 구원, 계시, "형제들"과 같은 특징적인 여러 개념들이 이 서신에서는 발견되지 않는다. 무엇보다도 서신의 저자는 수신자들인 교인들과는 직접적인 접촉이 없었던 것 같다. 그렇지만 교인들에게 그리스도교의 올바른 지식을 가르쳐 완전에 이르게 할 목적으로 서신을 쓰게 되었음을 밝히고 있다(1 : 9—10 ; 2 : 6—7). 이것은 그 당시의 교회에 그리스도교에서 파생된 이단적 변형과 싸우기 위한 것임을 나타낸다.

골로새의 거짓교사들은 유다교의 제의관습인 축제일, 새 달, 그리고 안식일 준수를 요구하고, 음식에 대한 규정을 만들고, 엄격한 금욕주의적 규정들을 강요했으며, 또한 그들은 "천사들의 예배", "우주의 저급한 영들", 즉 우주에 만연하고 인간 위에 능력을 행사하는 영적인 존재들(허공의 세력들), 그리고 별들의 능력까지도 숭배하기를 요구했다. 이러한 이단적 '철학'은 결국 그리스도의 절대성을 부정하고, 그에 의한 영적 세계의 다스림도 의심케 한 것이다. 그렇기 때문에 서신의 저자는 바울 전승에 근거해서, 그리스도교가 어떠한 유다주의적 혼합주의나 영지주의적 이방종교보다도 우월하다는 주장을 함으로써, 그러한 거짓 가르침을 반박하기 위해서 서신을 기록했던 것이다.

저자는 먼저 부정적으로 "장차 나타날 것의 그림자"에 불과한 피조물을 중요한 종교적 대상으로 삼게 하는 거짓교사들의 제의적 명령들을 저주한다. 그는 영지주의의 비밀스런 지혜란 나타난 지혜에 불과하고, 사실 "인간의 전통에 따른 가소로운 속임수"요, 헛된 "철학"이라고 일축해버린다(2 : 8, 22이하). 그리고 그는 "숭배자들의 환상에 따라 속이는 제의", "지나친 자기비하", 혹은 "육체의 금욕"(2 : 13)도 실상은 인간적인 감성과 어리석은 상상에서 지어낸 것으로 매도해버린다.

저자는 거짓 가르침에 대항하여 참된 가르침을 대비시켜 나간다. 그는 그리스도의 우주적 역할과 영적 세력들에 대한 승리를 강조하고, 또한 그리스도는 초자연적인 어떠한 존재들보다 더 우월하며, 그가 준 구원도 영지적 "지식"에 의해 주어진 구원보다 더 우월하다고 주장한다. 왜냐하면 그리스도는 보이지 않는 하나님의 형상일 뿐만 아니라, 만물 곧 모든 살아 있는 피조물, 심지어는 모든 천상적인 존재들의 기원이요, 머리되시며 화해자가 되시며, 특히 그의 십자가는 모든 천상적 세력들에 대한 승리요, 그분 안에는 하나님의 모든 충만이 구체적으로 거하시고, 그리고 그분 안에서 온 세계는 모두 완전한 존재, 구원, 참지혜를 갖기 때문이라는 것이다. 결론적으로 저자는 그리스도 안에서 허락된 "충만"에서 오는 기쁨을 스스로 저버리고 헛된 철학에 빠지는 자들을 꾸짖는다.

저자는 후대에 상당히 발전된 그리스도론을 제시하고 있다. 바울의 서신인 로마서 8장 29절에서 하나님이 모든 그리스도인들을 그의 아들과 같은 모습이 되도록 미리 정하셨는데, 이는 그리스도가 많은 형제들 중에서 맏아들이요, 부활의 첫열매가 되게 하려 함이라 했다. 그런데 골로새서 1장 15-20절에는 그리스도가 바로 보이지 않는 하나님의 형상이요, 모든 피조물의 처음이라고 한다. 여기서 그리스도는 더 이상 다른 사람들이 닮아갈 수 있는 모범이나 맏아들과 같은 유사성을 띠지 않는다. 그대신 그분은 이제 하나님의 대리인이요, 보이지 않는 하나님을 보게 하는 하나님의 형상으로 나타난다. 이로써 그는 더 이상 세례를 통해서 새롭게 태어나고, 부활 때에는 새로 태어남을 서로 나눌 수 있는 믿는 자들의 처음 열매가 아니라, 모든 피조물의 처음이 된 것이다.

바울은 고린도전서 8장 6절에서 하나님이 창조의 목적이고, "만물이 그(하나님)로부터 존재하며, 우리는 그를 위해서 존재한다"고 말했다. 그러나 골로새서에는 그리스도가 모든 피조물의 목적이고, 만물은 그를 통해서 그를 위해서 지음받았으며, 그 안에서 존재한다고 한다. 이것은 그리스도론이 우주론적으로 확대된 것이다.

바울에게 있어서 몸과 머리는 교회 안에서의 그리스도인 서로의 상호의존성을 표현하는 독특한 은유적 표현이었다(롬 7 : 4 ; 12 : 5 ;

고전 12 : 12－31). 그러나 골로새서 1장 18절에서는 그리스도가 우주적 사역을 감당할 뿐만 아니라, 몸된 교회의 머리가 되신다고 표현된다. 그러므로 여기에서의 "몸"은 우주적 실재를 지칭한 것이다(1 : 18, 24 ; 2 : 19 ; 3 : 15).

마지막으로, 골로새서는 공교회로서 제도화되어 가는 교회의 발전과정을 보여주고 있다. 이 서신은 바울의 서신들과는 달리 성직에 대한 호칭(1 : 7, 23, 25), 믿음의 개념의 변화, 세례의식의 강조, 그리고 화해의 강조와 같은 제도화된 교회의 가르침을 많이 반영하고 있는 것이다.

(3) 에베소서

첫 인사말은 바울의 것과 병행되지만, 이 서신은 바울을 개인적으로 알지 못했던 사람들을 위해 쓰여졌음에 틀림없다(3 : 2이하). 그렇다면 바울이 2년여 동안 일했던 에베소에 있는 그리스도인들을 위해 쓰여진 것이라고 생각할 수는 없는 것이다. 만일 우리가 첫인사(1 : 1－2), 관례적인 감사문(1 : 15－23), 바울의 개인적인 선교에 대한 언급(3 : 1－13), "주님을 위해 갇힌 자"라는 구절(4 : 1), 그리고 두기고에 대한 언급들을 떼어내면 서신의 모든 형식은 없어지고 마는 것이다. 그리고 남게 되는 것은 새로이 세례를 받은 그리스도인들에 대한 간단한 설교를 포함한 예식문 같은 것이 된다. 사실 서신에는 어떤 특정지역 상황이나 특정교회에 대한 언급이나 누구로부터 누구에게 보낸다는 인사도 없다. 그리고 특정한 역사적 정황이나 논쟁이나 또는 문제도 나타나지 않는다. 그리고 가장 오래된 사본들에는 "에베소에 있는"이라는 교회의 이름도 없다. 그러므로 우리는 이 서신을 수신인이 없는 서신, 곧 일반교회를 수신인으로 하는 "회람서신" 혹은 "공개서신"이라고 부르는 것이다.

이 서신도 문체, 골로새서와의 문학적 관계, 그리고 보다 발전된 신학사상, 특히 교회론 등으로 미루어 보아 바울 이후 세대의 저작으로 간주되고 있다. 이 서신의 저자는 이미 바울의 서신들을 아주 잘 알고 있었던 것 같다. 저자는 골로새서를 인용하고 발전시킨 것이 분명하다. 이 서신의 155개 절 중에 73개 절이 골로새서와 평행되며 형식도 유사하다. 이 서신은 바울서신들과도 많은 평행구를 가지고 있을 뿐만 아니라, 때로는 바울서신들의 내용을 요약하고 있다. 특히 이 서신에서 우리가 은혜를 통해서 믿음으로 의롭게 되었다는 것, 그리고 유대인과 이방인이 모두 그리스도 안에서 하나가 되었다는 것은 바울의 가르침과 일치하며, 또한 많은 본문들이 바울서신들을 잘 반영하고 있다. 그러나 이 서신의 주제가 되는 유대인과 이방인이 하나가 될 수 있는, 그리스도의 몸인 우주적 교회에 대한 강조는 아주 독특하며, 바울 이후의 교회론의 발전을 보여주는 것이다.

바울이 말하는 '교회'는 특정지역에서 모이고 있는 믿는 무리, 곧 지역적 공동체를 지칭하는 것이었다. 그러나 에베소서의 저자는 '교회'라는 단어를 우주적인 공교회의 개념으로 배타적으로 사용하고 있다. 에베소서에 나타난 교회는 하나의 우주적인 공교회(One Universal Catholic Church), 즉 하나님과 세상 사이의 절대적인 기관으로서 획일적이며 배타적인 의미를 갖고 있다(1 : 22 ; 3 : 10, 21 ; 5 : 23—25, 27, 29, 32). 이러한 교회관은 1세기 후기의 제도화된 "위대한 교회"의 특징이지, 결코 바울의 교회관은 아닌 것이다. 그리고 3장 4—6절에 나타난 "그리스도의 비밀"은 그리스도의 몸(교회) 안에서 유대인 그리스도인들과 이방인 그리스도인들의 연합을 의미한다. 그렇다면 바울 자신이 늘 논쟁했던 유대인과 이방인 사이의 갈등문제는 이미 과거지사가 된 1세기 후기, 최소한 85년 이후의 발전된 교회상을 반영해주는 것이다. 이때는 벌써 교회내의 거짓 가르침의 영향과 로마 제국의 박해상황, 그리고 세상 권력과의 관계 등등의 교회내외적인 요인 때문에, 교회는 그리스도론에 근거해서 강력한 교회론을 발전시켰던 것이다.

바울의 서신들과의 더욱 근본적인 차이는 재림에 대한 어떠한 언급도 없다는 사실이다. 그리고 에베소서의 "신비"는 이방인들도 유대인들과 함께 구원을 얻게 된 것을(3 : 3), 모든 사람들이 그리스도 안에서 하나가 된 것을(1 : 9), 그리고 그리스도와 교회와의 천상적인 결합으로서의 결혼을(5 : 32) 의미하는데, 이러한 의미들 모두는 바울에게는 낯선 것이다.

우리는 이와 같은 언어와 문체, 그리고 신학적인 차이들 때문에 바울이 에베소서를 썼다는 전통적인 입장을 받아들일 수 없고 위명성으로 돌릴 수밖에 없는 것이다.

(4) 목회서신들(디모데전 · 후서/디도서)

목회서신들인 디모데전서와 후서, 그리고 디도서는 바울이 그의 조력자들인 디모데와 디도에게 보낸 서신형식을 취하고 있다. 그러나 사적인 서신의 특징은 없고, 오히려 내용상 교회 안에서 목회직을 수행하기 위한 행동지침 같은 특성이 나타난다. 그리고 교회의 비슷한 상황, 언어와 문체, 똑같은 신학적 세계, 같은 조직, 같은 거짓교사들이 전제되어 있으며, 서신들 서로는 아주 밀접한 관계를 갖고 있어서 전통적으로 바울서신들 중의 한 그룹을 형성하게 된 것이다.

디모데전 · 후서는 바울이 에베소의 디모데에게(딤전 1 : 3 ; 딤후 1 : 15), 그리고 디도서는 그레데 섬의 디도에게(딛 1 : 5) 각각 보낸 것으로 되어 있다. 두 사람 다 바울의 선교 초기부터 잘 알려진 동역자들이었다.

루스드라(Lystra, Lycaonia) 출신인 디모데는 이방인 아버지와 유대인 어머니 사이에서 태어났다(행 16 : 1 ; 딤후 1 : 5). 그는 바울이 1차 전도여행중에 그의 고향에 들렀을 때, 바울의 설교를 듣고 개종한 후, 2차 전도여행 때에는 바울의 선교동역자로 따라나섰다(행 16 : 3). 그 이후 그는 바울의 충성스런 동역자가 되었으며(행 17 : 14이하 ; 18 : 5 ; 19 : 22 ; 20 : 4 ; 살전 1 : 1 ; 살후 1 : 1 ; 고후 1 : 1, 19 ; 몬 1절), 때로는 바울의 특별한 사명을 띠고 특정교회에 파견되기도 했다(살전 3 : 2, 6 ; 고전 4 : 7, 16 ; 빌 2 : 19, 23).

그는 바울이 이방인 교회들이 거두어준 헌금을 갖고 예루살렘에 갔을 때도 동행했으며(행 20 : 4), 또한 바울과 함께 수감되기도 했었다(몬 1절 ; 골 1 : 1). 바울은 이러한 디모데의 인품과 충성스런 봉사에 대해 크게 감격하고 감사해한 적도 있다(빌 2 : 20－21). 신약성서에서 디모데에 대한 언급은 히브리서 13장 23절을 끝으로 그 이후부터는 그에 대한 성서의 증언이 없어지고 만다.

디도도 이방인 그리스도인이었던 것은 확실한데, 사도행전은 이상하게도 그에 대해 아무런 언급도 하지 않는다. 그러나 그는 예루살렘의 사도회의에 참석하는 바울의 동행자들 중의 일원으로 바울서신에서 처음 언급된다(갈 2 : 1－3). 그때 그는 유대인들로부터 할례 요구를 받았으나, 바울의 도움으로 할례를 받지 않았다. 그는 고린도 교회에 바울의 이른바 "눈물의 편지"를 전하기도 했으며, 사도와 고린도 교회 사이의 불화를 없애는 데 앞장섰었다.

사도와 교회 사이의 관계가 정상화된 후에는 그가 사도를 대신해서 적극적으로 예루살렘 교회를 위한 헌금모금을 수행했었다(고후 2 : 13 ; 7 : 6이하, 13이하). 그후 그는 한 번 더 바울의 파송자로서 그의 서신(고린도후서)을 갖고 고린도를 방문하기도 했다(고후 8 : 6, 16이하 ; 12 : 18). 디모데후서 4장 10절은 그가 바울과 함께 로마에서 달마디아까지의 여행에 동행했음을 말하고 있다.

목회서신의 바울 저작설은 2세기 말 정경으로 인정된 후부터 19세기 초까지는 전혀 도전을 받지 않았다. 가장 확실시되는 진정성의 근거는 초대교회의 전승이었다. 그런데 교회전승도 2세기 후반 이전에 목회서신들이 존재했었다는 확실한 증거는 제시하지 못한 것이다. 철저한 바울주의자이며 최초로 누가복음과 바울의 서신들만을 정경이라고 주장했던 마르키온(Marcion, 150년대 사람)도 그의 정경에 목회서신들은 포함시키지 않았고, 또한 후대의 그의 추종자들도 목회서신들을 사용하지 않은 것으로 미루어 보아, 터툴리안의 "그는 목회서신들을 알았으나 배척했다"는 주장처럼, 그가 교리적인 문제로 목회서신들을 정경화 과정에서 배제했을 것 같지는 않다.

바울서신들의 가장 오래된 사본인 3세기 초의 B46(the Chester Beatty papyrus)에도 목회서신들은 포함되어 있지 않다. 사본의 필사자가 목회서신들을 뺐을 리는 없고, 또한 사본의 잃어버린 7페이지도 목회서신들인 것 같지는 않다. 2세기의 안디옥(Antioch)의 이그나티우스(Ignatius)와 서머나(Smyrna)의 폴리캅(Polycarp)의 서신에는 목회서신들의 몇몇 구절과 아주 유사한 구절이 언급되고 있으나, 이는 목회서신들에서 인용했다기보다는 자료상 교회의 같은 전승에 의존한 것임에 틀림없다.

이들 평행구절들에 대한 가장 가능성있는 추정은 이그나티우스(Ignatius, 110년 사망)의 서신들과 목회서신들이 비슷한 연대에 공통된 상황에서 교회의 같은 전승자료들을 사용했으리라는 것이다. 그러므로 비록 2세기 말부터 목회서신들이 논란없이 바울의 서신들로 간주되기 시작했으나(Muratorian Canon, Irenaeus, Tertullian), 우리는 2세기 후반(175년경) 이전에 목회서신들이 교회에 알려졌다는 확실한 증거를 갖고 있지 못하고, 따라서 확실한 저작연대도 판단할 수 없는 것이다.

목회서신들은 교회 사역자들의 기본적인 지침서다. 교회내에 다양한 분파운동들에 맞서 공교회가 제도화를 강화시킬 필요성을 갖게 되었던 2—3세기에 이런 문학양식은 아주 중요하게 되었던 것이다. 예를 들면 2세기에 기록되었을 '디다케'(Didache)나 "12사도들의 가르침" 등등이 있다. 목회서신들은 그러한 문학양식에 교회의 중요한 예배와 성직에 대한 지침들과 그 시대에 적절한 권면, 즉 "가훈표" 같은 것을 결합시킨 것이다. 그 결과 헬레니즘 세계의 일반 가정의 구성원들의 행동지침들이 이제는 교회의 "하나님의 가족"에게 말한 것으로 변형된 것이다. 이와 같은 예는 폴리캅의 서신에도 나타난다.

3) 제2바울서신들의 특징

이 서신들의 가장 중요한 특징은 교회 안에서의 사도 바울의 영향력이다. 모든 저자들은 바울의 추종자들로서 그의 가르침을 받은 자들이거나 그의 서신들을 잘 알고 있었던 자들로서, 그 시대의 교회가 직면한 새로운 문제와 도전을 조심스럽게, 그리고 의식적으로 바울의 가르침에 따라 해결하려 했기 때문에 그들이 기록한 서신들에는 바울과 그의 가르침이 많이 반영되었다. 그러나 바울의 제자들은 새로운 문제에 직면했기 때문에 선생의 가르침을 독특한 방법으로 재해석하거나 수정해야 할 경우도 있었다. 그 결과 바울의 서신들에는 나타나지 않고 있는 새로운 개념, 또는 보다 발전된 사상이 나타나는데, 그 특징들은 다음과 같다.

첫째, 재림지연의 문제다. 바울은 임박한 재림을 늘 말하곤 했다. 그는 특히 데살로니가전서나 고린도전서에서는 주의 재림을 자신의 생애 중에 일어날 사건으로까지 기대했었다. 그러면 바울 이후 2, 3세대 때에는 예수가 세상을 심판하기 위해서 이미 하늘의 구름을 타고 오셨어야만 했다. 그러나 그분은 그렇게 오시지 않았고, 교회 안에서는 여전히 열광적인 시한부 재림주의자들이 '주의 재림'을 기대하며 일하지 않고 심지어는 일상생활까지 전폐하고 사람들을 선동하는 사태까지 일어났기 때문에, 바울 이후의 신약성서 저자들은 재림의 시기에 대한 재해석이 불가피하게 되었을 것이다.

바울 자신이 데살로니가전서에서 임박한 재림을 기대했던 것과는 반대로, 데살로니가후서의 저자는 그날이 오기 전에 일어나야 할 일들을 제시하면서, 상당한 시간이 경과한 후에야 임할 것이라는 재림지연의 당위성을 설명한다(2 : 1—12). 그는 "주의 날이 이미 이르렀다"고 선동하는 사람들의 말에 현혹되지 말 것(2 : 2)과 게으르고 아무 일도 하지 않으며 남의 일에만 참견하는 사람들에게는 "말없이 일해서 제 힘으로 벌어 먹도록" 엄히 경고한다(3 : 6—12).

둘째, 그리스도론의 발전이다. 바울은 하나님께서 그리스도인들에게 그의 아들의 형상을 본받게 하기 위해서 그리스도를 많은 형제 중에서 맏아들이 되게 하셨으며(롬 8 : 29), 또한 부활의 첫열매가 되게 하셨다고 선언했다(고전 15 : 20). 그러나 데살로니가후서의 저자는 이전 세대가 하나님께만 돌렸던 모든 능력과 영광을 예수에게 돌린다. 그리고 골로새서의 저자도 그리스도의 본성과 역할을 영지주의적 용어를 사용해서 더욱 발전시킨다. 그는 그리스도가 보이지 않는 하나님의 형상이며, 모든 창조물보다 먼저 나신 분이라고 한다(골 1 : 15). 이로써 그리스도는 더 이상 다른 사람들이 본받아야 할 대상이 아니라, 이제는 보이지 않는 하나님을 볼 수 있게 한 하나님의 형상이며, 또한 그분은 세례를 통해서 거듭나고, 그와 함께 부활의 영광도 함께 나누게 될 믿는 자 중의 맏아들이 아니라, 모든 창조물 중에 처음 나신 분이 된다.

더 나아가, 그리스도는 이제 모든 창조물이 그를 통해서, 그를 위해서 창조되었기 때문에 모든 창조물의 예배대상이 된다. 이런 사상은 바울이 고린도전서 8장 6절에서 "하나님은 만물을 창조하신 분이시며 우리는 그분을 위해서 존재한다"고 하면서, 하나님을 모든 창조물의 예배대상으로 소개하는 것과는 아주 대조적이다. 비록 골로새서의 저자가 당시의 영지주의적인 찬송시를 인용했다 해도, 그는 그 찬송시를 자신의 생각과 동일시할 수 있었기 때문에 사용했던 것이라면, 이는 바울의 사상과는 뚜렷한 차이를 보이는 것이다.

셋째, 교회론의 발전이다. 최초의 예수운동은 팔레스타인의 유대교 안에서의 묵시운동의 성향을 띤 개혁세력에 불과했으며, 바울이 헬라 문화권에 이 예수운동을 소개할 때만 해도 하나의 신흥종교운동(cult)으로 받아들여졌다. 바울이 말하는 '교회'도 항상 여러 지역에 산재해 있는 '예수 그리스도의 이름을 부르는 사람들'이었고(고전 1 : 2), 조금 더 발전된 사상도 그리스도인의 모임인 그리스도교 공동체, 즉 개체교회를 지칭했다. 그러나 골로새서 1장 18절, 에베소서 1장 23절, 5장 23절에 언급된 교회는 그리스도의 몸으로서의 우주적인 실체이며, 만물을 창조하고 완성하시는 분의 충만, 그리고 하나님의 모든 비밀과 지혜가 계시되는 유일한 곳이며, 또한 그리스도는 교회의 머리이며, 교회에 생명과 능력을, 그리고 방향을 제시해주시는 분으로 묘사되고 있다. 이와 같은 '교회'에 대한 이해는 바울 시대보다도 더욱 발전되고 조직화되어 가는 교회의 자이해를 반영한 것임에 틀림없다. 왜냐하면 바울 자신은 결코 그리스도를 몸인 교회의 머리라고 말하지 않았기 때문이다. 그가 교회를 그리스도의 몸이라고 표현한 경우(롬 7 : 4 ; 12 : 5 ; 고전 12 : 12－31)에도 그 표현은 교회 안에서 그리스도인들의 상호연대 관계를 나타내는 상징적인 것이었다.

에베소서에서 교회는 '거룩하고 우주적인 하나의 공교회'(The One Holy Catholic Church)를 의미하는데, 이것은 바울의 이해와는 아주 대조적이다. 교회가 공식적인 기관으로 언급되기 시작하면서 더 이상 여러 지역에 산재한 개체 그리스도교 공동체들을 지칭하지 않게 된 것이다. 이 시대의 교회가 하나의 우주적이고 보편적인 기관으로 이해되기 시작했다는 것은 그리스도교의 발전과정에서 아주 중요한 전환을 시사하는 것이다. 왜냐하면 이것은 그리스도 교회가 그 영향권에서 더 이상 개혁세력이나 소종파가 아니라, 하나님께서 세상에서 당신의 목적을 이루시는 유일한 기관이라는 자의식에서 나온 당당한 표현을 나타내는 것이기 때문이다. 이 우주적인 교회는 하나님께서 인간에게 자신을 계시하시는 유일한 기관이며, 또한 이 교회를 통해서만 인간이 하나님께 나아올 수 있다는 것이다. 지난 수세기 동안 숱한 박해와 시련의 역사 속에서도 교회를 특징짓고 유지, 발전하게 한 것도 이와 같은 교회의 강력한 자의식 때문이었을 것이다.

넷째, 골로새서와 에베소서에서는 화해자로서의 그리스도가 하나의 주제로 나타난다(골 1 : 19—20 ; 엡 2 : 16). 물론 바울도 이런 주제를 언급한 바는 있으나(롬 5 : 10 ; 고후 5 : 18—19), 여기서 '화해하다'의 헬라어 동사가 바울의 것과 다를 뿐만 아니라, 보다 발전된 개념인 것이다. 바울의 제자들은 새로운 역사적 현실을 직시하면서 교회를 하나의 우주적인 실체로 이해한 다음, 그리스도가 교회의 머리이시며 화해자라는 개념을 발전시켰음이 분명하다. 이 시대의 역사적 배경은 예루살렘이 이미 로마인에게 함락되었고, 성전도 파괴되어 더 이상 존재하지 않게 되었으며, 또한 유대인 방랑 선교사들을 바울의 이방인 교회들에 보내어, 이방인 그리스도인들도 유대인처럼 율법준수와 할례를 받아야 된다고 논쟁을 일으켰던 예루살렘 교회도 없어져 버린 후였다.

바울 시대에 갈라디아, 빌립보, 고린도, 그리고 그밖의 여러 지역에서 굉장한 논쟁을 불러일으키며 유대주의화를 획책했던 무리는 사라지고, 자연히 유대주의의 율법과 할례는 더 이상 문제시될 수도 없게 되었던 것이다. 그리스-로마 세계에서 독립된 기관으로서 자리를 잡아가고 있던 교회 안에는 이미 유대인과 이방인 모두가 동등한 구성원이 되었을 것이다. 그렇기 때문에 에베소서 저자는 하나님의 교회 안에서 구원의 기쁨을 함께 누리게 된 유대인과 이방인의 현실을 찬양하고 있는 것이다(2 : 19-22). 이때에 자연스럽게 화해자로서의 그리스도가 강조된 것이다.

다섯째, 이들 서신들에 나타난 가장 중요한 발전은 보다 자유스럽고 카리스마적인 원시 그리스도교 공동체가 보다 분명한 정체성을 띠며 조직화의 과정을 나타낸다는 것이다. 교회는 안으로는 거짓교사들의 출현과 싸워야 했고, 밖으로는 로마 제국과의 관계를 고려해서 강력한 지도체제와 성경과 교리를 확정해야 할 필요성을 갖게 되었을 것이다. 사도적 전승, 교회의 전통, 그리고 교회의 건전한 교훈이 강조되고, 성직제도도 집사, 장로, 감독체제로 발전된 것이다.

'할례'가 바울의 서신들에서는 그리스도인에게는 폐기된 유다교의 한 종교의식일 뿐이었다면(롬 2 : 25-29 ; 3 : 1, 30 ; 4 : 9-12), '세례'는 그리스도인이 '그리스도 안에' 거하게 되어 완전히 새롭고도 다른 생활로 들어가는 역동적인 수단이었다(롬 6 : 3-11). 그러나 골로새서 2장 11-14절에는 로마서 6장 3-4절의 언어가 사용되었으나, 로마서의 것보다는 훨씬 더 공식적이고 제도화된 이해가 나타난다. 특히 여기에서 세례는 유다교의 할례와 같은 그리스도 교회의 일원이 되는 공식적인 의식으로 이해되고 있는 것이다. 이러한 예는 여러 가지로 나타나는데, 에바브로디도를 우리를 위한 '그리스도의 신실한 일군'(=종, 사역자-diakonos, 고전 3 : 5 ; 고후 6 : 4 ; 11 : 23 ; 15 : 8과 비교), 그리고 목회를 '하나님이 주신 직분'(골 1 : 7, 23, 25)이라고 지칭한 것 등이다. 그리고 목회서신에서는 성직을 다시 집사, 장로, 감독으로 세분했는데, 이런 호칭들은 보다 발전되고 조직화된 교회에서 사용되던 표현들이었음에 틀림없다.

여섯째, 윤리에 대한 강조다. 바울서신들 속에서는 발견되지 않는 가훈표(Household Code)가 골로새서와 에베소서, 그리고 목회서신들에서는 중요시되고 있다. 이것은 바울이 주장했던 임박한 재림사상이 퇴조함에 따라 다시 일상성과 세상을 살면서 필요한 질서가 중요시되면서, 자연히 윤리에 대한 관심이 점증되었음을 시사하는 것이다. 바울 이후의 이 시대에는 그리스도교회가 그리스-로마 문화권에서 차츰 자리를 잡아가고 있었을 뿐만 아니라, 주위 환경과의 문화적 결착으로 말미암아 헬라적인 자료, 사상, 그리고 그 시대의 윤리규범 등을 수용하게 되었던 것이다.

마지막으로, 믿음에 대한 이해에 있어서도 초기의 예수 그리스도에 대한 역동적이고 고백적인 믿음보다는 전수받은 권위있는 전통을 생활의 규범으로 받아들여 그에 순종하는 태도로 그 강조가 바뀐다. 그러나 이런 이해가 바울의 서신에서는 발견되지 않는다. 바울은 그리스도인의 생활지침이나 교회의 예배의식(고전 11：23-26)과 연관될 때만 전통을 인정했지, 결코 믿음의 요체나 대상으로 언급하지는 않았던 것이다.

4) 결론

이상에서 살펴본 대로 제2바울서신들은 언어와 문체는 물론, 전제된 역사적 배경과 신학적 차이들 때문에 바울의 진정한 서신들과는 구별된다. 역사적 배경은 역사적인 바울의 활동시기라기보다는

1세기 말경의 거짓교사들의 출현과 교회에 대한 로마 제국의 박해 상황, 그리고 제도화된 공교회의 상황을 전제하고 있다. 이들 서신들의 신학에 대한 많은 연구들도 바울이 쓴 것으로 확실시되는 서신들 속에서 유사한 예를 들기가 어려운 사상들의 발전을 전제한 것이다. 특히 데살로니가후서의 종말론, 골로새서의 기독론, 에베소서의 교회론, 그리고 목회서신들의 성직제도 같은 것들은 그 대표적인 예다.

후대의 열정적이지만 미성숙한 회심자들은 재림이 지연되고 있을 때, 바울 자신의 임박한 재림대망에 대한 가르침들(고후 6 : 2)과 헬라화된 그리스도 교회들에서 행했던 세례의식(엡 2 : 4—6)에서 직접 "주의 날이 이미 왔다"는 결론에 이르렀든지, 아니면 후대의 영지주의적 거짓교사들이 그럴 듯한 계시를 말하면서 "주의 날이 이미 왔다"는 증거를 바울의 선교—설교와 서신들 속에서 찾았을 가능성도 있다. 이들은 부활의 개념을 영적으로 해석해서 모든 육체적 염려나 세상일로부터 영혼의 현재적 자유로 이해한 것처럼 묵시적 개념을 영적으로 해석하기도 했던 것이다. 이런 일은 오래지 않은 과거에 이미 고린도 교회에서 실제로 일어났었다. 데살로니가후서의 저자는 바울의 묵시적 열렬한 종말 대망이 결국은 후대의 교인들에게 오해되고 거짓교사들에게는 악용되어, 교회에 나쁜 영향을 끼치고 있는 현실을 직시하고 교회에 적절한 종말론을 제시해줄 필요성을 느꼈을 것이다.

그래서 데살로니가후서의 저자는 교인들이 주의 재림에 대한 지나친 대망으로 들떠 있음을 알고 자숙케 하기 위해서 서신을 썼던 것이다. 저자는 교인들이 생각한 것처럼 주의 날이 이미 이르른 것이 아니라, 아직은 미래적인 것임을 알리기 위해, 그날이 오기 전에 반드시 먼저 일어날 사건들의 시나리오를 제시한다(2 : 1—12). 그리고 시한부 종말론을 주장하면서 교회를 소란케 하며 일상생활의 의무와 책임을 부정하고 게으른 생활을 일삼는 자들에 대해서도 경고한다(3 : 6—16).

골로새 교회의 거짓교사들은 축제일, 새 달, 그리고 안식일 준수를 요구하고, 음식에 대한 규정을 만들고(2 : 16, 12), 또한 엄격한 금욕주의적 규정들을 강요했다. 그들은 "천사들의 예배", "우주의 저급한 영들"(2 : 8), 우주에 만연하고 인간의 능력을 갖는 영적인 존재들, 그리고 어쩌면 별들의 능력까지도 숭배하기를 요구했다(2 : 16). 모든 연구 결과에 따르면, 골로새 교회의 이단적 철학은 그리스도교와 절충된 유대적 영지주의(Jewish Gnosticism combined with Christianity)의 형태를 띤다고 말할 수 있겠다. 그런데 이러한 이단적 철학은 결국 그리스도의 절대성을 부정하고 그에 의한 영적 세계의 다스림도 의심케 한 것이다. 그렇기 때문에 서신의 저자는 바울 전승에 근거해서 그리스도교가 어떠한 영지주의적 혼합주의보다도 우월하다는 주장을 함으로써 그러한 거짓 가르침에 대응해야만 했던 것이다.

저자는 먼저 부정적으로 거짓교사들이 "장차 나타날 것의 그림자"에 불과한 피조물을 중요한 종교적 대상으로 삼게 하는 제의적 명령들을 배격한다. 그는 영지주의의 비밀스런 지혜란 한낱 나타난 지혜에 불과하고, 사실 "인간의 전통에 따른 가소로운 속임수"요, 헛된 "철학"이라고 일축해버린다(2 : 8, 22). 그리고 그는 "숭배자들의 환상에 따라 속이는 제의", "지나친 자기비하", 혹은 "육체의 금욕"(2 : 1)도 실상은 인간적인 감성과 어리석은 상상에서 비롯된 것으로 매도해버린다. 그런 다음, 저자는 거짓 가르침에 대항해서 참된 가르침을 대비시켜 나가는 과정에서 그리스도론을 절대화시켰던 것이다. 그는 그리스도의 우주적 역할과 영적 세력들에 대한 승리를 강조하고(1 : 15—17, 19 ; 2 : 9 이하), 또한 그리스도는 초자연적인 어떠한 존재들보다 더 우월하고, 그가 준 구원도 영지적 "지식"에 의해 주어진 구원보다 더 우월하다고 논증한다.

에베소서의 교회관은 하나의 우주적인 공교회(The One Holy

Catholic Church), 즉 하나님과 세상 사이의 절대적인 기관으로서 획일적이며 배타적인 의미를 갖고 있다. 그리고 "그리스도의 비밀"(3：4—6)은 그리스도의 몸인 교회에서 유대인 그리스도인들과 이방인 그리스도인들의 연합을 의미한다. 이와 같은 교회관의 발전은 바울 자신이 늘 논쟁했던 유대인과 이방인 사이의 갈등문제는 이미 과거지사가 된 1세기 후기, 최소한 85년 이후의 발전된 교회상을 반영한 것이다. 이때는 벌써 교회내의 거짓 가르침들의 영향과 로마 제국의 박해상황, 특히 세상권력과의 관계 등등의 교회내외적인 이유 때문에, 교회는 그리스도론에 근거해서 강력한 교회론을 발전시켰던 것이다.

저자의 관심은 새롭게 전개되는 역사적 현실 속에서도 하나된 교회의 통일성 유지와 영속화인 것 같다. 그는 바울 전승에 의존하면서도 사도의 종말론적인 강조를 크게 약화시키고, 영지주의의 신화로 그리스도론과 교회론을 보다 더 절대화시키고, 그리고 초기 공교회의 특징적인 요소들인 제도화와 윤리화를 꾀함으로써 바울 신학을 더욱 발전시켰던 것이다.

목회서신의 저자들은 어쩌면 스스로 바울 전통에 서 있다고 믿는 바울학파의 제2, 혹은 제3세대에 속한 사람이었을 것이다. 어쩌면 그들이 상대하고 있는 거짓교사들도 바울의 서신들을 인용하고 있어서, 저자들은 그들의 잘못된 경향에 맞서 바울에 대한 참된 이해를 제시하려 했을 것이다.

저자들은 바울서신의 잘 알려진 형식을 취하고 개인적인 언급들을 적절하게 첨가함으로써, 아직 살아 있는 사도가 말하는 것처럼 권위있는 교회의 문서를 만들어서 다양한 이단들의 활동에 직면한 그 시대의 교회들을 도와주려 했을 것이다. 그러므로 문학적으로 서신의 형식을 취한 것이라든지, 바울의 개인적 언급이나 그의 동역자들로 잘 알려진 사람들에 대한 언급 등등은 바울이 쓴 것으로 믿게하기 위한 문학적 고안일 뿐이다. 저자들은 바울의 이름을 사용하여 권위있게 교회의 지도자들에게 어떻게 거짓교사들을 물리칠 것인지를 권면하는 것이다.

그들은 교회에 바른 신학과 질서를 세움으로써, 올바른 교훈들을 통해서, 사도와 교회의 가르침에 따른 경건한 생활을 통해서, 그리고 모든 그리스도인들이 '마지막 때에 받을 영원한 생명의 상속자들이 되리라는' 소망을 갖고 이단들의 활동에 대처할 것을 천명한 것이다. 그러므로 목회서신들은 베드로후서처럼 서신의 형식을 띠고 있음에도 불구하고, 내용적으로는 교회 안에 점증된 유대적 영지주의적 이단들의 위협에 대한 교회의 백서요, 선언서요, 또한 교회 조직정비의 필요성에 대한 자연스런 응답이었던 것이다.

제2바울서신의 저자들이 자신들의 변화된 역사적 현실과 교회의 상황에 맞게 바울의 가르침들을 적절하게 재해석하고 수정, 보완함으로써, 과거의 바울이 아니라 그들 시대에서도 여전히 영향력을 갖고 교회에 유익한 말씀을 들려주는 사도가 되게 한 사실은 오늘의 우리에게도 강력한 도전이 된다 : 과거에 들렸던 하나님의 말씀들을 어떻게 하면 오늘 우리의 동시대 사람들에게 적절하게 들려지는, 살아 있는 하나님의 말씀이 되게 할 수 있겠는가?

2. 목회서신들의 진정성

목회서신들의 바울 저작설은 2세기 말에 정경으로 인정된 후부터 19세기 초까지는 전혀 도전을 받지 않았었다. 그러나 슈미트(J. E. C. Schmidt)가 1804년에 맨 처음으로 디모데전서의 진정성에 대해 의문을 제기한 이후, 슐라이에르마허(F. Schleiermacher, 1807)도 언어와 사도의 개인적이고 전기적인 언급들을 살핀 후, 디모데전서의 진정성을 배격했다. 몇 년 후 아이히호른(J. G. Eichhorn, 1812)은 다양한 종교적 언어를 비교, 분석한 후, 이러한 판단을 목회서신들 전체로 확대시켰다. 그리고 바우르(F. C. Baur, 1835)에 이르러서는 목회서신들이 2세기의 영지주의와 연관된 것을 증명함으로써 진정성 문제를 일축해버렸다.

홀츠만(H. J. Holtzmann)이 그동안 논의되었던 목회서신들의 위명성에 대한 모든 이유들을 취합해서 제시한 후에야 목회서신들의 위명성은 보편화되기 시작했다(Jülicher, Goodspeed, Dibelius, Conzelmann, Bultmann, Schweizer, Wegenast). 그리고 어떤 학자들은 위명성은 인정하면서도 목회서신들 안에는 최소한 바울의 진정한 서신 단편들이 포함되었다는 입장을 취하기도 한다(Appel, Goguel, Harrison,

Sparks, Scott, Michel, Schmithals).[6]

다른 한편, 카톨릭 학자들 이외에도 직접적이든 간접적이든 바울의 진정성을 고수하는 학자들 수도 여전히 만만치 않다(Schlatter, Jeremias, Feine—Behm, Guthrie, Klijin).[7]

우리는 목회서신들의 언어와 문체, 서신에 전래된 역사적 배경, 신학, 그리고 거짓교사들과의 논쟁 등을 살펴보면서 진정성 문제를 논의해보려 한다.

1) 언어와 문체

목회서신들의 언어와 문체는 전반적으로 다른 바울서신들의 것과는 확연히 다르다. 목회서신들의 848단어 중에 306개는 바울서신들에 전연 나타나지 않을 뿐만 아니라, 골로새서나 에베소서에도 없는 단어들이다. 306개 중에 175개는 신약성서 어느 곳에도 나타나지 않으며, 211개는 2세기의 그리스도교 문헌들에 나타난다. 이것은 2세기 그리스도교 이전에는 사용되지 않았던 단어들이 목회서신에 많이 나타난다는 말이다. 특히 중요한 것은 바울서신들에 자주 나타나는 분사나 짧은 접두사들[8]의 사용이 현격하게 줄

---

6) 1836년 이후 학자들은 목회서신들 안에는 일단의 바울서신 단편들이 있다고 주장했으나, 우리에게 알려진 바울의 생애와 맞춘 이 서신 단편들은 어디까지나 가설일 뿐 확실하지 않고, 또한 얼마나 짧은 서신들이 보존되었으며, 목회서신들의 저자는 무슨 목적으로 바울의 서신 단편들을 삽입시켰는가가 불분명하기 때문에 신빙성이 없다 ; Kümmel, 『신약정경개론』, 박익수 역(서울 : 대한기독교출판사, 1988), p. 271.

7) Kümmel, p. 261 ; L. Goppelt, *Die Apostolische und nachapostolische Zeit, Die Kirche in ihre Geschichte* I. A., 1962, p. 71.

어들었다는 것이다.

또한 바울의 가장 특징적인 용어들 중의 몇몇은 전연 나타나지도 않고, 그대신에 헬레니즘의 문학이나 종교에서 사용되었거나, 심지어는 황제숭배와 관련된 용어들이나 구절들이 나타나는 것이다. 어떤 단어들은 바울서신에서 가졌던 의미와는 전혀 다르게 사용되고 있기도 하다.[9] 더욱이 인상적인 것은 신학적인 전문용어들의 차이다.[10]

바울은 언제나 특정교회의 문제들이나, 때로는 교회를 혼란케 하고 있는 적대자들의 활동소식을 접한 후, 멀리 떨어져 있는 자신을 대신할 수 있는 서신들을 썼기 때문에, 그의 문체는 역동적이며, 지극히 감정적인데, 이는 적대자들과 극적인 논쟁을 벌이기 위한 것이었다. 그렇기 때문에 대화체의 수사학적 논쟁 중에도 자신의 감정을 쉽게 노출시키면서 구체적이거나 은유적으로 적대자들과 자신을 포함한 동역자들을 대립시켰던 것이다. 그런데 진정한 바울서신과는 달리, 목회서신들의 문체는 훨씬 더 평온하고 명상적이며, 히브리서나 베드로전서의 것과 유사한, 지극히 헬레니즘적인 헬라어 문장으로 쓰여 있는 것이다.

이러한 언어와 문체의 문제 때문에 우리는 바울의 초기 서신들과 5—6년 이후, 혹은 로마 수감 이후 바울 자신이 기록한 서신들의 자연스런 차이라거나, 바울이 필사자에게 서신들을 쓰게 한 다음

---

8) an, ara, dio, eite, eti, nuni, ouketi, palin, sun, wste 등등.

9) dikaios가 바울서신들에는 "의"와 관련되었으나 목회서신들에서는 "옳음"으로 사용되고 있다. 바울서신들에서 믿음을 pistis로 표기했으나 목회서신들에서는 "그리스도교 신앙과 교회전통을 받아들이는 것"과 관련되어 사용되고 있다.

10) 바울은 영적 능력 혹은 권위를 arxai로, 그러나 디도서 3장 1절은 세상 지배자들로 이해, 그리고 바울은 하나님께 감사하자 할 때 euxaristein을 사용했으나, 디모데전서 1장 12절이나 디모데후서 1장 3절에는 xarin exein이 사용되고 있다.

(누가나 두기고의 비서설은 Jeremias, Guthrie), 자신은 다른 서신들이 전제한 상황과 수감되어 있는 자신의 현상황(딤후 1 : 8, 16 ; 2 : 9)에 맞도록 문장들을 고쳤다는 입장이나(O. Roller), 혹은 특정주제에 대한 후대의 임의적인 변형이라는 입장에 동의할 수 없게 된다. 오히려 우리는 목회서신들의 저자가 전반적으로 2세기의 언어와 문체를 무의식적으로 사용하고 있는 경향을 주목해 보아야만 할 것이다. 그러므로 직접적이든 간접적이든 바울의 저작설은 배제되는 것이다.[11)]

2) 서신에 전제된 역사적 배경

디모데전서는 최근까지 바울과 디모데가 에베소서에서 함께 일한 것을 전제한다. 바울이 마케도니아로 잠시 떠난 사이, 디모데 혼자 거짓교사들과 맞서게 된다. 서신은 사도가 없는 동안 디모데가 어떻게 교회를 치리해야 할 것인가에 대한 바울의 지시사항과 같은 것으로 이해해왔다. 그렇지만 만일 바울이 에베소를 떠나야만 했다면, 그는 떠나기 전 이미 그의 동역자에게 구두로 지시했을 것이고, 또한 곧 돌아가게 될 것을 전제했을 때 구태여 서신으로 다시 반복해서 언급할 필요가 있었을까? 더 심각한 문제는, 서신에 전제된 상황들 중 어느 것 하나도 바울서신들과 사도행전에 언

11) W. Michaelis, "Pastoralbriefe und Wortstatistik," *ZNW* 28 (1929) : 69—76 ; B. M. Metzger, "A Reconsideration of certain Arguments against the Pauline Authorship of the Pastoral Epistles," *ExpT* 70 (1958—9) : 91—94 ; W. C. "The Authenticity of the Pauline Epistles. A contribution from statistical Analysis," *HibJ* 47 (1948) : 50—55.

급된 역사적 상황이나 다마스커스에서 로마에 이르는 바울의 생애와 맞지 않는다는 사실이다.

사도행전에 따르면, 바울은 에베소에서 마케도니아로 여행했다(20 : 1 이하 ; 19 : 21 참조). 그러나 그는 분명히 디모데를 에베소에 남겨두지 않았을 뿐만 아니라, 오히려 자신에 앞서 마케도니아로 보냈다(19 : 22). 그리고 바울의 여행목적지는 고린도와 예루살렘이었기 때문에(20 : 2 이하), 에베소에는 다시 들르지 않았다(20 : 16 이하). 마케도니아에 먼저 가 있었던 디모데는 그곳에서 사도를 다시 만나 고린도를 거쳐 예루살렘까지 동행하게 되어 있었던 것이다(20 : 4 이하).

디도서에 따르면, 바울은 그레데 섬에 있다가 그곳에 교회가 조직되기 시작하자마자 교회조직을 완수하도록 디도를 그곳에 남겨놓고 떠났다는 것이다(1 : 5 이하). 서신의 목적은 그 사명에 대한 지시사항일 것이고, 공식적으로는 교회에게 디모데전서의 디모데처럼 디도가 바울의 동역자임을 확인시키려는 것이다. 바울은 곧 아레마와 두기고를 디도로 교체해서 그가 겨울을 보내기로 결정한 니고볼리로 디도가 가능한 한 빨리 돌아와주기를 원하고 있다는 것이다. 어쩌면 법률가인 제노와 아볼로가 서신을 갖고 간 사람들이었을지도 모른다.

바울은 그의 선교여행중에는 결코 그레데와 니고볼리(Epirus에 있는)에 간 적이 없다. 단지 그가 죄수의 몸으로 로마를 향해 항해중에 그레데 해안에 닿았으나, 미항이라는 항구에 정박중에도 선교기회는 전혀 없었다. 게다가 우리는 디도가 그때 바울과 동행하고 있었는지에 대해서 모른다. 그리고 다음 겨울에 바울 일행은 말타로 갔지 니고볼리로 가지는 않았다(행 27 : 7 이하).

디모데전서나 디도서보다 더 개인적인 언급들이 많이 나타나는 디모데후서에 의하면, 바울은 서신을 쓰던 당시에 로마의 감옥에 있었던 것으로 보도되고 있다(1 : 8, 16 이하 ; 2 : 9). 그는 이미 한 차례 법정에서 자신을 변호했으며, 여러 친구들의 도움으로 사자의 입에서 구함을 받았다는 것이다(4 : 16 이하). 에베소의 오네시보로가 바울을 여러 번 방문했고, 지금은 누가만이 그와 함께 있게 되었다(4 : 16 이하). 왜냐하면 바울이 두기고는 에베소로, 그레스게는 갈라디아로, 디도는 달마디아로 보냈지만, 데마는 스스로 바울을 배신하여 데살로니가로 갔고(4 : 10 이하), 동시에 아시아에서 온 형제들 중에 부겔로와 허모게네도 바울을 배신했기 때문이었다(1 : 15).

바울은 디모데에게 고약한 적대자가 된 은세공 알렉산더를 삼가 조심하라고 경고하며(1 : 14 이하), 또한 자신의 죽음이 임박했다고 생각하고, 그에게 겨울이 오기 전에 마가를 데리고 빨리 올 것을 부탁하고 있다(1 : 4 ; 4 : 6—9, 11, 18, 21). 디모데는 오는 길에 바울이 드로아에 있었을 때 가보의 집에 두고 온 겉옷과 책들도 가져올 것을 부탁받는다(딤 4 : 13). 바울은 최근에 밀레도에도 갔었는데, 거기에 병든 드로비모를 남겨둘 수밖에 없었다는 것이다(4 : 20). 디모데는 아직 이 모든 소식을 알지 못한 것이 분명하다. 그가 머무는 곳도 직접 언급되어 있지 않다. 그렇지만 4장 13절은 분명히 아시아를 가리킨다. 그리고 디모데와 함께 있었던 에베소의 브리스가와 아굴라 및 오네시보로에 대한 바울의 문안인사도 이것을 뒷받침한다(4 : 19).

그러나 사도행전에 의하면(20 : 2—16), 바울은 고린도, 드로아, 그리고 밀레도를 방문했었는데, 그때는 디모데가 동행하고 있었기 때문에 디모데후서 4장 9절 이하의 여행을 가리킨다고는 볼 수 없다. 디모데가 서신으로 지시사항을 받을 필요도 없었고, 또한 만일 디모데가 그때 바울과 함께 예루살렘에 갔었다면, 그리고 수년 후가 아니라면 그는 바울이 드로아에 남겨둔 것들을 로마로 가져오라는 명령을 받을 수도 없는 것이다. 서신에는 질병 때문에 밀레도에 남겨둔 것으로 되어 있는 드로비모가 바울과 함께 예루살렘에

갔다고 한다(행 21 : 29). 또한 골로새서에서는 디모데가 바울과 함께 수감되어 있었는데(1 : 1), 이럴 경우 바울이 에베소에 있는 디모데에게 로마로 오라는 것은 모순된다.

지금까지 살펴본 대로 목회서신에 투사된 바울의 상황은 바울의 서신들이나 사도행전에서 알 수 있는 바울의 생애와 사역 등, 어느 점에서도 일치하지 않는다. 만일 목회서신들에 전제된 상황이 역사적인 것이라면, 사도행전 28장의 로마 수감 이후의 시대에 속한다고밖에 할 수 없다. 사도행전의 끝은 바울이 2년간의 연금생활과 아무런 방해도 받지 않고 복음을 선포할 수 있었다는 것 이외에 실제로 그에게 어떤 일이 일어났는지에 대해서는 언급하지 않는다. 그러므로 사도행전의 끝은 바울이 그의 2년간의 연금 이후, 감옥에서 풀려났거나 사형이 집행되었을 것이라는 두 가능성을 모두 남긴다. 한편, 베드로처럼 바울도 64년의 네로의 박해 때에 순교했다는 보도는 6세기 초("Decretum Gelasianum," III, 2)에야 처음으로 나타난다. 그 이후는 바울의 진정성 입장 때문에 거의 논의되지도 않는다.

그러나 다른 한편, 석방가설은 굉장히 많은 사람들이 주장해왔다. 그들은 바울이 풀려나서 그가 로마서 15장 24—28절에서 밝힌 대로 스페인에서 선교사역을 했다는 보도를 전하고 있는 두 자료들을 제시한다.

하나는 1세기 말의 클레멘스 서신(I Clem., 5 : 7)인데, 거기에는 바울을 칭송하는 다음과 같은 말이 쓰여 있다 : "그는 온세계에 의를 가르쳤고 서쪽 끝에 이르렀다(epi to terma tes dusews elthwn). 그리고 그는 지배자들 앞에서 증언했다. 그후 그는 세상에서 데려감을 받았다." 이 서신이 로마에서 쓰여졌기 때문에 그곳에서의 "서쪽 끝"은 스페인일 수밖에 없다.

두번째는 무라토리안 정경이다. 이 정경의 사도행전 서문에는 여러 사건들의 목격자인 누가를 저자라고 밝히면서 다음과 같이 진

술하고 있다 : "그는 베드로의 최후와 바울의 로마에서 스페인에 이르는 여행을 생략함으로써 사도행전을 평범하게 만들었다." 여기에는 바울의 스페인까지의 여행이 베드로의 순교처럼 이미 교회에 잘 알려진 사실로 전제하고 있는 것이다.

그렇지만 1세기 말의 클레멘스일서(I Clement)를 기록한 로마인 저자는 바울이 스페인에서 복음을 전하다가 다시 로마에 붙들려와서 순교당한 것을 알았을 가능성이 높았을 뿐만 아니라, 1세기 말에 로마에서 순교당한 사람들에 관해서 쓰기를 원했는데도(5-6장) 바울의 마지막 생애에 대한 독립된 전승 하나 제대로 갖고 있지 않았다는 것은 그 자료의 신빙성 문제를 제기케 하고,[12] 또한 무라토리안 정경 편집자도 후대에 로마서에서 바울의 스페인 여행계획을 알았겠으나, 베드로의 최후에 대해서는 여의치 않았을 것이다. 이와 같이 두 자료들 모두 바울의 동방으로의 여행을 전제한 상황에 대해서는 아무런 정보도 알려주지 않고 있다.

그 이외에도 사도행전 25장 20절-26장 30절의 베스도와 아그립바의 입장처럼 바울의 무죄가 전제되기 때문에 그는 틀림없이 석방되었을 것이라는 설(Guthrie), 그리고 바울의 죽음이 사도행전 28장 30절 이후 즉시 일어났다면 저자는 그 사실을 언급했을 것이라는 추측 등등이다(Michaelis). 어느 경우건 사도행전 20장 25절과 38절에 바울이 그의 동방의 교회들에게는 결코 돌아갈 수 없음을 분명히 밝혔기 때문에 동방으로의 여행가능성만은 배제되고 있다. 그러나 사도행전에 근거한 주장들은 우리가 로마에서 어떻게 재판이 진행되었는지를 모른다는 사실, 또한 사도행전의 저자가 어떤 목적으로 책을 쓰면서 의도적으로 어떤 사실은 언급하고 어떤 사실은 생략했는지를 간과해서는 안된다는 사실을 고려해야 하는 것이다.

바울이 로마에 다시 두번째로 갇혔을 가능성이 희박한 것처럼, 그가 법정에 한번 선 이후, 디모데에게 "그의 떠날 날이 이르기 전

12) E. Dinkler, *Theologische Rundschau*, 25(1959) : 209f.

에 자신에게 속히 오라"(딤후 4 : 6 이하, 16, 18, 21)고 할 정도로 충분한 시간을 예상했을 가능성도 희박한 것이다. 그러므로 바울의 진정성을 주장하는 사람들이 디모데후서에 근거해서 제시하고 있는 바울의 '두번째 로마 수감설'과 그의 '동방 선교여행설'은 목회서신들 밖의 어떠한 논거도 없는 것이다.

전통적인 입장 그대로 만일 바울이 목회서신들을 썼다면, 그는 로마 감옥에서 석방되었어야 하고, 서방으로의 선교여행을 갔어야만 한다. 그러나 목회서신들에 반영된 상황은 역사적인 것을 반영하기보다는 어쩌면 로마서에 언급된 그의 선교여행 계획들로부터 유출해낸 가상적인 것이거나, 혹은 신빙성이 별로 없는 전승에 의존한 것일 것이다.

3) 목회서신들의 신학

목회서신들에도 바울의 중심사상들과 일치하는 일단의 말씀들이 발견된다 : 그리스도를 통한 죄인들의 구원(딤전 1 : 15f.), 그리스도의 오심으로 계시된 하나님의 은혜(딤후 1 : 99ff.), 그리고 의롭다함이나(딛 3 : 5), 영생에 이르는 길은 행함이 아니라 믿음이라는 것(딤전 1 : 16) 등등이다. 그러나 전체적으로 목회서신들의 신학과 바울의 것에는 엄청난 차이를 보인다. 특히 중요한 것은 그리스도론적인 고백이나 증언에서의 그 초점의 변화다. 바울에게는 강조점이 "그리스도의 죽으심과 부활"이었는데, 목회서신들에는 그리스도의 "현현"(나타나심, 딤후 1 : 10 ; 딛 3 : 6)에 있다. 그런데 그리스도의 "지상적인 현현"과 함께 목회서신들에 자주 나타나는 "구세주"는 사실은 헬레니즘 종교의, 특히 제국의 황제숭배와 관련된 전문적인 용어였던 것이다.

목회서신들에도 바울의 특징적인 개념인 하나님의 선물로서의 구원에 대한 일반적인 언급(딛 3 : 4 이하)뿐만 아니라, 동시에 바울의 적대자들이 주장했던 율법과 선한 행위들에 대한 언급도 나란히 제시되고 있는 것이 특이하다(딤전 1 : 9 ; 딛 2 : 11—14).

전승개념도 역시 후대에 기록된 증거가 된다. 바울은 전승을 아주 중요하게 여겼으나, 아직은 아주 자유스럽고 상당한 유연성을 갖고 인용하거나 자신이 살던 시대에 적용하려고 했다(갈 1 : 12 ; 고전 15 : 3—5). 그러나 목회서신들에서의 전승은 "확고부동한 것"(deposit, paratheke)으로 더 이상 발전되고 해석이 필요한 것이 아니라, 오직 "지키고", "보존할 것"으로 이해된다. 이것은 바울의 전승이해와 비교될 뿐만 아니라, 후대의 공교회의 "산 전승"(living tradition)과도 대조되며, 교회전승을 지키고 수호해야 할 시대의 전형적인 이해인 것이다.

바울의 교회에서는 부르심을 받은 자들, 성령을 받은 사람들, 특별한 은사를 받은 사람들, 그리고 말씀을 선포하는 예언자들의 역할이 중요시되었다. 그런데 목회서신들에서는 이러한 직책들이 더 이상 중요시되지 않는다(딤전 1 : 18 ; 4 : 14). 그대신에 일정한 자격요건을 갖춘 자들 중에 교인들의 지지를 받고 장로회에서 안수를 받아(딤전 5 : 17 이하) 성직자로 택해 세워진 교회의 지도자들의 중요성이 강조되고 있다.

성직자들은 다시 감독들, 장로들(딤전 3장 이하 ; 5 : 17이하 ; 딛 1 : 5이하), 집사들(딤전 3 : 8이하), 그리고 교회의 직분으로 과부들(딤전 5 : 9이하)이 있었다. 바울은 결코 '프레스뷔테로스'(presbuteros—장로)를 성직으로 제시한 적도 없고, 그뿐만 아니라 성적 욕구로부터의 완전한 해방을 위한 끊임없는 기도의 임무를 부여받은 과부의 교회직분(딤전 5 : 3 이하)은 그에게는 더욱 생소한 것이었다.

한 사람의 감독(episkopos) 아래 다수의 장로들(presbuteroi, 딤전 5：17, 19；딛 1：5)이 있는 수직적이고 전제적인 교직을 전제했는지, 혹은 감독은 장로들과 같은 신분이면서도 적어도 장로들의 우두머리였는지, 아니면 감독은 단순히 장로들의 또 다른 명칭이었는지를 분명히 결정할 수는 없다.[13] 그러나 확실한 것은 감독이나 장로들은 특히 말씀을 선포하도록 잘 준비된 설교가나 선생일 뿐만 아니라, 거짓교사들과의 싸움을 인도하며 교회를 지켜야 하는 행정가들이었다는 사실이다(딤전 3：2；딤후 2：2；딛 1：9).

서신들에서 "디모데"나 "디도"로 지칭되는 사람들은 지역교회보다는 높은, 실제적 감독 혹은 대도시나 광역의 감독직을 감당하는 사람들로서 지역교회의 감독과 장로들을 안수하면서(딤전 4：14；5：2) 사도적 전승들과 교회의 전통적인 가르침을 다음 세대에게 물려주고 지켜나가게 하는 임무를 맡고 있었던 것 같다(딤후 2：2, 8). 이것은 제도화된 공교회의 성직제도를 반영한 것이다. 왜냐하면 그때는 사도의 제자들에 의해 전수받은 전승담지자들의 죽음 이후 사도적 전승의 계승과 보존, 그리고 교회 안의 다양한 이단들의 척결이 교회의 새로운 사명으로 부상했기 때문이다. 목회서신들의 저자가 성직자와 평신도 사이의 구별을 전제했는지는 확실치 않으나, 바울의 교회에서 중요시되었던 교인 편의 어떠한 협력이나 책임에 대해서는 전연 언급하지 않은 것이 특이하다.

목회서신들에 나타난 그리스도인의 생활에 대한 언급도 구원에 대한 표현양식만큼이나 다양하고 특이하다. 그리스도인들의 올바

---

13) Kümmel, p. 268；디도서 1장 5, 7절에서 presbuterous를 ton episkopon이 받고, 또한 디모데전서 3장 4—5절과 5장 17절에 언급된 "관리"가 비슷하게라도 감독과 장로에게 적용되는 것이라면, 어쩌면 episkopos와 presbuteros는 동일한 직책을 지칭했을 것이고, 아직은 전제적이지는 않다. 그러나 디도서 1장 17절의 "감독"에 대한 단수 ton episkopon의 사용은 전제적인 감독의 자리를 받아들일 수밖에 없게 한다. 분명한 것은 감독—장로직은 보수를 받는 교회의 관리직이었다는 사실이다.

른 태도로 "경건"(eusebeia, 딤전 2 : 2,9 ; 4 : 7f. ; 6 : 3,5f.,11 ; 딤후 3 : 5 ; 딛 1 : 1)이 자주 언급되고, 또한 "믿음"을 의미하는 '피스티스'(pistis)는 여전히 믿음의 태도를 지칭하나(딤전 1 : 5), 나아가 믿음의 법칙도 의미해서(딤전 3 : 9 ; 6 : 10 ; 딤후 4 : 7) '엔 피스테이'(en pistei) 형식으로 나타나기도 한다(딤전 1 : 2 ; 2 : 7). 이런 의미의 '피스티스'(pistis)와 평행되는 것들은 "선한 교훈"(kale didaskalia, 딤전 4 : 6), "경건에 관한 교훈"(e kat eusebeian didaskalia, 딤전 6 : 3), "올바른 교훈"(ugiainousa didaskalia, 딤전 1 : 10 ; 딤후 4 : 3 ; 딛 1 : 9 ; 2 : 1), 혹은 "바른 말"(ugiainontes logoi, 딤전 6 : 3 ; 딤후 1 : 13)인데, 모든 그리스도인들은 이런 교훈을 따를 것을 요구받고 있는 것이다(딤전 2 : 2 ; 딛 1 : 13 ; 2 : 2, 12). 그리스도인들의 생활과 계명준수의 강조는 에베소서 2장 10절에서처럼 디모데전서 1장 5절, 2장 10절, 3장 10절, 디도서 2장 14절 등에서도 "선한 행위들"(erga agatha)로 나타난다.

그 이외에도 바울에게 있어서 아주 중요했던 용어들 중에 "몸"(soma)은 전연 나타나지도 않고, "성령"(pneuma)도 그리스도에게 주어진 하나님의 영으로서 두 번만 언급된다. 또한 "예수 그리스도 안에"(en xristo lesou)는 그리스도와의 인격적인 만남과 관련되기보다는 단지 구원의 개념과만 관련되어 나타난다(딤후 1 : 1 ; 딤전 3 : 13).

무엇보다도 목회서신들에는 다가오는 마지막에 대한 언급은 있어도 마지막에 대한 열렬한 기대는 전연 없다는 사실이 바울서신과의 아주 중요한 차이가 된다. 다른 말로 하면, 바울서신들의 종말론적 긴장이 목회서신들에는 거의 나타나지 않는다는 것이다. 우리는 여기서 초기의 바울적인 그리스도교는 사라지고, 안정된 세상에 안주하면서 초기의 역동적이었던 "믿음"을 헬레니즘 종교의 특징인 "경건"과 "종교성"의 표로서, 보다 보수적이고 도덕적인 윤리를 부추기는 "올바른 교훈"과 동일시하는, 소위 "부르주아적 그리스도교"(Dibelius)를 보게 되는 것이다.

목회서신들에 나타나 있는 부르주아적 그리스도교가 바울의 그리스도교를 발전시킨 것이냐, 혹은 바울신학을 부분적으로 잘못 해석한 것이었느냐 하는 문제는 쉽게 대답될 수 없다. 그러나 목회서신들은 바울이 쓴 것일 수 없고, 훨씬 후대의 그리스도교에서 초기의 열렬한 재림 대망을 포기하고 자신들의 변화된 역사적 상황에 맞게 처음의 선포들을 새롭게 해석한 것만은 확실하다. 더 나아가 이 서신들은 마치 바울이 자신의 선교지역의 교회에 있는 이단들에게 경고하듯이 사도 바울의 권위를 빌려 자신이 속한 교회 안의 다양한 이단들의 가르침과 활동을 잠재우려 했던 것이다. 또한 디모데후서의 저자는 그럴 듯하게도 다음 세대를 위한 바울의 "마지막 유언과 증언"의 형식까지도 사용한 것이다.

그러므로 목회서신들은 경건과 종교성, 그리고 윤리를 강조했던 후대 그리스도 교회의 문서다. 그 시대에 사도들은 이미 교회에서 거룩한 이들로 추앙받고 있었기 때문에 "사도적 전승들"이 중요시되었고, 그뿐만 아니라 수집된 교회의 전승들을 보증하기 위해서 그들의 이름이 널리 사용되었던 것이다.

4) 거짓교사들과의 논쟁

목회서신들에 언급된 거짓교사들은 할례당(peritome, 딛 1：10)에 속했고, 율법의 선생이 되기를 원했으며(딤전 1：7), 모세의 율법에 대해 논쟁을 유발시켰고(딛 3：9), 자신들의 교리적 설명이나 가르침의 대가를 취했으며(딛 1：11；딤전 6：5), "유대적 신화"를 중요시하며 "인간의 명령들"을 남발했고(딛 1：14), 또한 정결한 것과 불결한 것에 대한 제의적인 제정을 신봉하는 자들이었다(딛 1 : 14 이하). 거짓교사들의 이러한 성향은 부적절한 가르침을 전파하는 유대인 그리스도인들만이 아니라, 오히려 넓은 의미에서 유대적 배경을 가진 사람들에게도 해당되는 것이다.

그리고 그들은 자신들의 보다 높은 지식을 자랑했고(딤전 6 : 20), 일련의 에이온(세계)에 대해, 특히 "신화들"과 천상적 존재들의 계급을 사변적으로 정하는 "끝없는 족보" 논쟁을 좋아했으며(딤전 1 : 4 ; 4 : 7 ; 딛 3 : 9), 또한 결혼금지와 음식규정 등의 금욕주의를 주장했다(딤전 4 : 3 ; 딛 1 : 14). 따라서 구원은 보다 높은 세계의 비밀들을 찾고 금욕적 생활을 통해서 온다는 영지주의적 입장을 가졌던 것이다. 결국 진리를 거짓으로 만들고 일상성을 무시하는 이들의 설교는 그리스도교의 역사상 모든 면에서 무서운 종말론적 잘못들의 전조를 보인 것이다(딤전 4 : 1이하 ; 딤후 3 : 1이하 ; 4 : 3이하). 이들은 연약한, 특히 어리석은 여인들을 꾀었는데(딤후 3 : 6 이하 ; 딛 1 : 11), 그들 중의 두 사람인 후메내오와 빌레도는 그들의 가르침에 따라 "진리로부터 떠난 자들"로 나타나고 있다(딤후 2 : 18).

만일 우리가 목회서신들에 등장하고 있는 거짓교사들을 하나의 통일된 실체로 규정한다면, 이 실체 안에는 두 사상의 뚜렷한 특징들이 결합된 것으로 나타난다. 그것들은 유대교 혹은 유대적 그리스도교와 영지주의 운동이다. 이런 성향은 우리가 골로새서에서 교회에 대한 위협으로 이미 살펴봤던 바로 그 유대적 영지주의적 그리스도교 이단과 연관된다.

우리는 목회서신들에서 이단들의 현재적 활동과 그들에 대한 반박뿐만 아니라(딤전 1 : 19—20 ; 6 : 20—21 ; 딤후 2 : 16 이하 ; 3 : 8 ; 딛 1 : 10 이하 ; 3 : 9 이하), "마지막 때에" 거짓교사들의 출현에 대한 예언(딤전 4 : 1이하 ; 딤후 3 : 1이하, 13 ; 4 : 3—4)도 발견하게 된다. 목회서신들에는 "마지막 때"에 대해서는 아무런 인식도 없다는 우리의 전제가 맞다면, 마지막 때에 대한 예언은 저자가 지금 바울의 이름으로 서신들을 쓰는 '위명성'과 같은 문학적 고안이라고 할 수밖에 없다.

그리고 거짓교사들의 이단적 성격은 그리스도에 대해서 바울과 다르게 선포한 데서 야기된 것이라기보다는 사람들이 지켜야 할 전통적인 가르침(올바른 교훈)에서 떨어져 나간 데서 나타났던 것이다(딤전 4 : 1 ; 6 : 20 ; 딤후 1 : 14 ; 2 : 2 ; 딛 3 : 10－11). 그렇다고 굳스피드(Goodspeed)나 녹스(John Knox)처럼, 이 이단이 2세기의 마르키온(Marcion)을 지칭한 것으로 속단할 필요는 없다.[14] 왜냐하면 이 가설은 마르키온이 구약과 유대교에 강한 반발을 보인 것, 그리고 특히 목회서신들에 마르키온적인 입장에 반대한 어떠한 논쟁도 발견할 수 없다는 것 때문에도 설득력이 없기 때문이다.

이상의 논증들만으로도 목회서신의 위명성이 충분히 입증되겠으나, 목회서신들은 베드로후서와 함께 제도화된 공교회 출현의 특징들을 가장 잘 나타내는 독특한 문서들이라는 사실이 더욱 위명성을 뒷받침해줄 것이다. 실제로 베드로가 베드로후서를 썼다는 것보다는 바울이 목회서신들을 썼다는 것을 받아들이기가 더 어렵다. 이러한 사실들 때문에 우리는 목회서신들이 바울을 직접적으로 알지 못했던 후대의 교회, 곧 세상에서 자리를 잡은 공교회가 지역교회의 성직자들에게 보낸 목회지침서였다는 결론에 이르게 된다.

---

14) Kümmel, p. 267 ; Goodspeed와 J. Knox는 antitheseis tes pseudonumou gnoseos(딤전 6 : 20)와 연관지어 세상과 선한 창조주 하나님의 말씀과 활동이 서로 비교되기 때문에, 여기의 antitheseis는 곧 Marcion을 지칭한다고 주장했던 것이다.

3: 목회서신들의 목적, 저작연대와 장소

저자에 대해서는 전혀 알려진 바가 없다. 서머나의 폴리캅일 가능성이 제기된 적은 있으나, 빌립보에 보낸 그의 서신과의 뚜렷한 문학적 차이 때문에 신빙성은 없다. 그러나 그의 서신과의 관계로 미루어 목회서신들이 어쩌면 소아시아에서 쓰여지지 않았을까 하는 추측은 하게 된다.

세 서신들의 언어, 문체, 신학적 입장, 그리고 관심도 너무 유사해서 소위 "목회자"라고 불리는 같은 저자가 목회서신들을 썼으리라고 추측해볼 수도 있다. 그러나 세 서신들이 모두 똑같은 형식이나 내용을 담고 있는 것은 아니다. 디모데전서와 디도서는 주로 교회조직에 대한 가르침, 각 계층에 대한 가르침, 그리고 거짓교사들에 대한 반박으로 그 내용을 이루고 있다. 즉 이 두 서신은 전반적으로 교회의 직제를 다루고 있는 것이다. 그런데 디모데후서는 마치 죽음을 앞에 둔 바울이 그의 제자에게 믿음과 교회 전승에 굳게 서서 이단과 싸우라고 권면하는 것과 같은 유언형식을 띠고 있다. 목회서신들 모두가 다 자연스럽게 바울을 저자로 나타내는데, 특히 디모데후서는 바울과 관련이 있는 상당한 분량의 개인적 언급들을 포함하고 있다.

앞에서 우리는 이미 많은 사실들에 근거해서 목회서신들의 위명성을 지적한 바 있다. 문제는 이제 저자가 무슨 목적을 갖고 바울의 이름으로 서신들을 썼느냐는 것이다. 그러므로 우리는 이 위명성이 어떠한 기능을 가지며, 무슨 의미를 갖는지, 혹은 서신들의 처음 인사, 개인적인 언급들, 사도와 관계된 사람들에 대한 추가적인 언급들, 그리고 마지막 인사를 어떻게 판단해야 하는지를 물어야 한다.

저자는 어쩌면 스스로 바울 전통에 서 있다고 믿는 바울학파의 제2, 혹은 제3세대에 속한 사람이었을 것이다. 어쩌면 그가 상대하고 있는 거짓교사들도 바울의 서신들을 인용하고 있어서, 저자는 그들의 잘못된 경향에 맞서 바울에 대한 참된 이해를 제시하려 했을 것이다.

저자는 잘 알려진 바울서신의 형식을 취하고 개인적인 언급들을 적절하게 첨가함으로써, 아직 살아 있는 사도가 말하는 것처럼 권위있는 교회의 문서를 만들어서 다양한 이단들의 활동에 직면한 그 시대의 교회들을 도와주려 했을 것이다. 그러므로 문학적으로 서신의 형식을 취한 것이라든지, 바울의 개인적 언급이나 그의 동역자들로 잘 알려진 사람들에 대한 언급 등등은 바울이 쓴 것으로 믿게 하기 위한 문학적 고안일 뿐이다.[15] 저자는 바울의 이름을 사용해서 권위있게 교회의 지도자들에게 어떻게 거짓교사들을 물리칠 것인지를 권면하는 것이다.

그는 교회에 바른 질서를 세움으로써, 올바른 교훈들을 통해서,

---

15) 특히 후서의 개인적 언급들, 그리고 바울과 디모데와의 개인적 관계에 대한 강조는 자신의 서신을 진정한 바울의 것인 양 만들기 위해서 바울서신들과 사도행전의 자료를 사용했을 것이다. X. F. D. Moule, *The Birth of the New Testament*, pp. 220—221 ; R. Fuller, *Intro.*, pp. 139—140 : J. L. Houlden, *The Pastoral Epistles*, pp. 23—25.

사도와 교회의 가르침에 따른 경건한 생활을 통해서, 그리고 모든 그리스도인들이 마지막 때에 받을 영원한 생명의 상속자들이 될 소망을 갖고 이단들의 활동에 대처할 것을 천명한 것이다. 그러므로 목회서신들은 베드로후서처럼 서신의 형식을 띠고 있음에도 불구하고, 내용적으로는 교회 안에 점증된 유대적 영지주의적 이단들의 위협에 대한 교회의 백서요, 선언서요, 또한 교회 조직정비의 필요성에 대한 응답이었던 것이다.

저작연대는 목회서신들과 베드로후서 사이의 관점의 유사성, 그리고 2세기의 그리스도교 문서들과의 언어와 문체의 유사성을 고려해서 2세기 중반으로 생각할 수 있겠다. 그러나 너무 연대를 늦게 잡는 것은 분명히 교회의 생생한 바울 전승의 사용과 서신들에 나타난 영지주의적 성격 때문에 어려워진다.[16)]

---

16) E. Käsemann (*Verkündigung und Forschung*, 1951–2, p. 215)은 목회서신의 저작연대를 Marcion 이후로 놓을 수 없다고 하며, Perrin (p. 385)은 기원 125년으로 추정하나, Kümmel (p. 272)은 가장 적절한 연대를 2세기 직후로 생각하고 있다.

4. 목회서신들의 내용분해

─────· 디모데전서 ·─────

1. 1 : 1—2 / 인사
2. 1 : 3—20 / 거짓교사들에 대한 공격
   1) 1 : 3—12 / 디모데에게 거짓교사들에 맞서 싸울 것을 명함 ——거짓교사들은 끝없는 족보에 관한 신비적 사변에 정신을 잃고, 율법의 참뜻은 헤아리지도 않고 율법의 선생만 되려는 자들이기 때문이다. 5절의 "신실한 믿음"은 교리적 전제들을 받아들이는 것, "그리스도교에 대한 신실한 고백" 곧 "그리스도교 종교"와 동의어가 된다.
   2) 1 : 13—17 / 한때 박해자였던 바울은 이제 하나님의 자비를 힘입어 죄인들을 살리는 복음 전파자가 된다.
   3) 1 : 18—20 / 디모데는 그리스도교 전승을 충성되게 지켜야 한다.
3. 2 : 1—3 : 16 / 교회직제 I

1) 2：1—15/교회예배——"왕들과 고위직에 있는 모든 사람들"을 위한 기도에 대한 규정이 제시된다. 그 근거들은 교회 밖의 세상과 세상에서의 그리스도인들의 좋은 덕망에 대한 제도화된 교회의 관심을 반영한 것이다.

1—7/회중기도에 관한 지침들

8—15/예배에 참석하는 남자와 여자에 대한 규정들

2) 3：1—16/성직제도——감독직이 제도화되는 교회에서 최고위직이 되고 있다.

1—7/감독의 자격요건

8—13/남·여집사의 자격요건

14—16/성직의 중요성——성직자들은 하나님의 집, 곧 교회에서 하나님의 위대한 신비의 안내자들이므로 중요성을 갖는다. 16절에는 교회의 찬송에서 인용한 듯한 신약성서에 있는 위대한 그리스도 찬가들 중의 하나가 소개되고 있다.

4. 4：1—10/거짓교사들의 행동에 대한 공격——저자는 거짓교사들의 행동과 참교사의 기대되는 행동들을 비교하면서 저들의 출현에 대한 예언과 물리칠 것을 촉구한다.

5. 4：11—6：2/교회직제 II

1) 4：11—16/그리스도교 목회자들의 이상적인 상

2) 5：1—6：2/목회자가 신도들을 대하는 태도

5：1—2/여러 계층을 대하는 태도

3—16/과부들의 구분에 관한 규정

17—22/장로들에 관한 규정——감독은 최고위직으로 구분되고 있다.

23—25/참된 목회자상

6：1—2/그리스도인 노예들의 행동지침

6. 6：3—19/일련의 일반적 권면들

1) 6：3—10/거짓교사와 돈을 사랑하는 자들에 대한 경고

2) 6 : 11—16 / 믿음의 싸움에 승리하라

3) 6 : 17—19 / 부자들에 대한 목회적 충고

7. 6 : 20—21 / 결론

1) 6 : 20—21a / 거짓 지식에 대한 마지막 경고

2) 6 : 21b / 축도

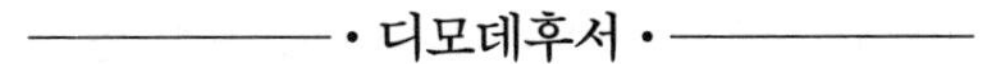

• 디모데후서 •

1. 1 : 1—2 / 인사

2. 1 : 3—2 : 13 / 사도 바울의 모범

1) 1 : 3—5 / 디모데를 위한 중보기도

2) 1 : 6—14 / 안수함으로 그에게 임한 은사를 잘 간직하라는 권면——13—14절에는 제도화된 교회에서의 특징적인 믿음이 나타나는데, 곧 사도들로부터 들려진 "건전한 가르침의 형태"를 잘 지키고 보존하는 것을 의미한다.

3) 1 : 15—18 / 바울과 가까운 동역자들에 대한 언급

4) 2 : 1—13 / 그리스도의 충성스러운 군사——2절과 8절은 로마서 1장 3절을 암시하는데, 이는 저자가 바울서신들의 모음집을 알고 있었음을 시사한다.

3. 2 : 14—4 : 8 / 모든 면에서 모범을 보이라——저자는 거짓교사들이야말로 목회자들이 피해야 할 예(16절의 불경건한 수근거림, 18절의 부활은 이미 과거에 일어났다는 주장, 4장 4절의 "신화들"에 현혹됨)라면, 사도 바울은 본받아야 할 모범으로 제시한 다음, 하나님의 참된 목회자의 기대되는 행동을 제시한다.

1) 2 : 14—26 / 잘못된 길에 들어선 자들과의 어리석은 논쟁을 피하고 진리를 바로 세울 것을 권면

2) 3 : 1—9 / 마지막 때에 특히 어리석은 여인들을 꾀는 거짓 교사들의 출현에 대한 예언——그 당시를 마지막 때로 "사도들의 때"와 구별하고 있다(3 : 1 ; 비교. 유 18절 ; 벧후 3 : 3).

3) 3 : 10—4 : 8 / 마지막 권면

(1) 3 : 10—17 / 바울의 모범과 성경에서 배워라

(2) 4 : 1—5 / "건전한 교훈"만을 선포하라

(3) 4 : 6—8 / 순교를 예상하는 바울에 관한 언급

4. 4 : 9—18 / 바울의 개인적인 상황에 대한 언급들——서신을 바울이 쓴 것처럼 만들기 위해 바울의 서신들과 사도행전에서 취한 문학적 고안일 뿐 역사적 신빙성은 없다.

1) 4 : 9—12 / 바울의 동역자들에 대한 소식

2) 4 : 13—18 / 디모데에게 보내는 개인적인 부탁들

5. 4 : 19—22 / 결문

1) 4 : 19—21 / 작별인사

2) 4 : 22 / 축도

· 디도서 ·

1. 1 : 1—4 / 인사——바울 설교의 내용이 언급되고 있다.

2. 1 : 5—9 / 성직제도에 관한 규정——장로들과 감독들의 직임과 책임에 관한 규정이 나타나는데, 감독과 장로가 구분되었던 디모데전서와는 달리, 여기서는 두 직책에 대한 관계가 상당히 유동적이고 아직은 구분도 되지 않는다.

3. 1 : 10—16 / 거짓 가르침에 대한 공격——유대교 신화들과 금욕주의적 명령을 선포하는 거짓교사들이 교회에 출현했다.
4. 2 : 1—3 : 7 / 그리스도인들을 위한 건전한 교훈들——제도화된 교회에서의 표준적인 윤리적 가르침들이 제시된다(비교. 벧전 2 : 11—3 : 7). 새로워진 재림기대와 예수를 "우리의 위대한 하나님"과 "구세주"로 묘사한 것(2 : 13 ; 비교. 벧후 1 : 1)을 유의해야 한다.
   1) 2 : 1—10 / "가훈집"
   2) 2 : 11—15 / 하나님의 구원의 은총
   3) 3 : 1—2 / 모든 권위에 복종하라
   4) 3 : 3—7 / 하나님의 은혜를 통한 구원을 기억하며 다른 사람들을 대하라.
5. 3 : 8—11 / 거짓 가르침들에 대한 거듭된 경고
   1) 3 : 8—9 / 선을 행하라
   2) 3 : 10—11 / 거짓교사들에 대한 경고
6. 3 : 12—15 / 개인적인 언급과 작별인사
   1) 3 : 12—15a / 개인적인 부탁과 인사
   2) 3 : 15b / 축도

II. 본문주석

디모데전서

서론

목회자들에게 부탁한 일 중에서 가장 중요한 일은 무엇보다도 거짓을 가르치지 말라는 것이다. 저자는 거짓교사들이 갖고 있는 유대적이고 영지주의적인 요소를 공격하며, 수신자들에게 건전한 가르침을 지키고 가르치라고 한다. 뒤이어서 그는 교회의 건전한 가르침이 근거하고 있는 참복음이 무엇인가를 말하고 있다. 곧 복음이란 그리스도 예수가 죄인들을 구원하러 세상에 오셨다는 말씀이다. 저자는 자신이 그 복음의 자비를 입은 하나의 본보기이며, 후배 목회자들에게 이것을 위한 일을 계속하라고 권고하고 있다.

1. 인사(1 : 1−2)

1 우리 구주 하나님과 우리 소망이신 그리스도 예수의 명령을 따
라 그리스도 예수의 사도된 바울은 *2* 믿음 안에서 참아들된 디모
데에게 편지하노니 하나님 아버지와 그리스도 예수 우리 주께로부
터 은혜와 긍휼과 평강이 네게 있을지어다

¶ 개요

본문이 서신 형태를 띠고 있는 것은 먼저 바울서신이 이미 잘 알려지고 회람되고 있었기 때문에 서신−양식을 모방하는 것이 교회에 더 친숙하고 받아들이기 쉬운 방법으로 제시될 수 있었기 때문일 것이다. 또 다른 이유는 자신이 전하고자 하는 내용을 보다 권위있고 설득력있게 하기 위해서 수신자들이 그 권위를 인정하는 인물의 이름을 사용해서 위명으로 서신을 기록하던 당시의 전통을 저자가 따르고 있기 때문이다.[1] 결론적으로 저자는 목회서신을 받는

1) 페린, 『새로운 신약성서 개론』, 박익수 역(충남, 천안 : 한국신학연구소, 1991), pp. 594−95.

교회가 바울을 잘 알고 있었으며, 그가 전한 복음을 받아들이고 있었고, 특히 그의 서신에 익숙해 있었기 때문에, 당시 그리스도교 공동체내에 발생된 문제를 해결하고, 참된 가르침을 주기 위해서 바울의 이름으로 된 서신의 형태를 취하고 있는 것이다.

¶ 주석

1 저자는 바울이 서신에서 사용했던 것과 같은 형태의 인사를 하고 있다. 당시 그레코-로만 시대의 전형적인 서신 형태를 보면, 발신자, 수신자, 인사의 형태로 되어 있었다.[2] 또한 저자는 자신이 구원자이신 하나님과 우리의 소망이 되시는 그리스도 예수의 명령으로 사도가 되었음을 언급하고 있는데, 이러한 표현은 개인적인 소명의식에서 생겼다기보다는, 이미 사용되고 있던 공식적인 문구(딛 1 : 3 ; 롬 16 : 26)를 저자가 인용한 것으로 볼 수 있다. 왜냐하면 이러한 표현은 이미 교회의 예배와 의식 가운데 고정화되어 사용되고 있었기 때문이다.[3]

바울은 "구세주"란 표현을 예수 그리스도와 관련해서 단 한번(빌 3 : 20) 사용한 바 있는데, 목회서신의 저자는 하나님(딤전 2 : 3 ; 4 : 10 ; 딛 1 : 3 ; 2 : 10)이나, 예수 그리스도(딤후 1 : 10 ; 딛 1 : 4 ; 2 : 13)와 관련해서 "구세주"라는 표현을 자유롭게 사용하고 있다.[4]

---

2) A.T. Hanson, *The Pastoral Epistles*. NCBC (Grand Rapids : Eerdmans, 1982), p. 54 ; G. D. Fee, *1 and 2 Timothy, Titus*. NIBC (Massachusetts:Hendrickson Publishers, 1988), p. 35.

3) 디벨리우스, 『목회서신. 국제성서주석』, 김득중 역 (서울 : 한국신학연구소, 1989), p. 28.

4) 어휘에 관한 탐구로 서신의 저자에 대한 연구 : K. Grayston and G. Herndon, "The Authorship of the Pastorals in the Light of Statistical Linguistics," *NTS* 6 (1959) : 1-15.

"우리 소망이신 그리스도 예수"는 죽음 이후의 영원한 생명이나 재림과 관계된 것이다. 즉 저자는 다시 오실 예수 그리스도에 대한 소망을 수신자들에게 표현하고 있는 것이다.[5)]

2 **믿음 안에서 참아들**로 표현된 수신자에 대한 언급은 다음과 같이 이해할 수 있다. 즉 저자가 어쩌면 에베소 교회의 디모데와 사도 사이의 따뜻하고도 친근한 관계가 후대 교회의 치리자와 교회의 사역자들의 관계에 하나의 이상적인 모범이 됨을 의미하려는 것으로 여겨진다. 다른 한편, 문자 그대로 교회 치리자가 가르치고 안수함으로써 믿음 안에서 수신자들이 참된 자녀가 되었다는 의미를 갖는 것으로 볼 수도 있다.

은혜와 긍휼과 평강은 바울서신에서 자주 사용되는 문구다. 초기의 헬라 서신들에서 흔히 사용되던 인사말은 단지 "문안한다"라는 것이었으나, 유대인들은 "평강"(샬롬)이라는 말을 많이 사용했다. 그런데 바울은 "은혜"라는 말을 "평강" 앞에 내세움으로써 그리스도교의 독특한 인사말이 되게 했다. 그후 신약성서의 서신들에서 가장 많이 사용하게 된 이 "은혜와 평강"은 그리스도교의 독특한 복음의 성격을 띠게 된 것이다. 목회서신 저자는 여기에다가 "긍휼"을 추가시키고 있는 것이다.

"은혜"가 인간에게 베푸시는 하나님의 무조건적인 호의라면, "긍휼"은 그리스도를 통해서 하나님으로부터 오는 "평강"으로 귀결되는 것이다.[6)] 또한 "평강"은 그리스도 안에서 하나님의 은혜를 받는 모든 사람들에게 오는 것 즉 구원을 의미한다. 이로써 구원이란 하나님의 무조건적인 선물이라는 사실이 분명해지는 것이다.

---

5) Hanson, p. 55.

6) Fee, p. 37 ; 디벨리우스, p. 29.

2. 거짓교사들에 대한 공격(1 : 3—20)

1) 거짓 가르침과의 싸움(1 : 3—12)

¶ 개요

저자는 이 단락에서 교회의 사역자들에게 몇몇 사람들이 "다른 가르침", 곧 "거짓 교훈"을 가르치고 있음을 상기시키고, 이를 금지시키라고 명령하고 있다. 4절에 의하면, 그 거짓 교훈은 어리석은 내용을 담고 있는 꾸민 이야기와 끝없는 족보에 대한 것이었다. 그들은 공동체 외부에서 교회를 공격하는 자들이 아니라, 공동체 내부에서 잘못된 교훈을 퍼뜨리는 자들이었다.[7] 물론 본문 속에 그들에 대한 정확한 정보가 나타나 있지는 않지만, 유대교의 금욕적인 면에 관심을 가졌던 집단의 구성원들로 여겨진다. "족보"는 신플라톤주의에서 말하는 '유출설'에서 비롯된 천상적 존재들의 우열관계를 가리킨다. 그러므로 본문의 "끝없는 족보"는 그 당시 천

7) Hanson p. 56.

상적인 존재들의 계급에 대한 논쟁이다. 쉽게 말하면, '누가 더 천상의 존재와 가까이 있는가' 하는 것에 관심을 둔 것으로 보인다. 저자가 볼 때, 그것은 쓸데없이 시간을 낭비하는 일에 지나지 않는 것이었다.

"신화"라는 단어가 디도서 1장 14절의 경우에는 "유대인의"라는 말로 묘사되었는데, 이는 유대인들이 가지고 있었던 "쥬빌리서"에서 그들이 구약을 기초로 해서 족보를 신화적 역사로 편성했기 때문이다.[8] 또 "신화"라는 말은 베드로후서 1장 16절에도 나오는데, 거기서는 영지주의를 가리키는 말로 사용되고 있다. 왜냐하면 영지주의 사상은 주로 신화에 의존하기 때문이다. 목회서신에 나타나는 영지주의적 요소로는 결혼을 금한다든가(딤전 4：3) 하는 절제에 대한 잘못된 이해, 혹은 자기들에게 이미 부활이 이루어졌다고 믿었던 오류(딤후 2：18)에서 찾아볼 수 있다. 구약의 끝없는 족보를 신화적으로 이해하는 영지주의적 해석과 신화적 사변은, 영지주의적 신학에 있어서는 기본적이었지만, 목회서신 저자가 대표하고 있는 정통 그리스도교 신앙, 즉 그리스도 안에서 하나님의 우주적 구원계획을 말하는 하나님의 경륜에 대한 신앙에는 치명적인 위협이 되었던 것이다.[9]

또 거짓 교훈을 전하는 자들은 율법에 관한 논쟁을 일으키고(딛 3：7), 자신들의 교훈적 가르침에 대해 돈을 요구하는 자들이었다(딛 1：11；딤전 6：5). 또한 말다툼을 하거나 율법을 가지고 싸움을 일으키기도 했다(딛 3：9). 그리고 그들은 정한 것과 부정한 것에 대한 제의적 명령들에 집착하기도 했다(딛 1：14).[10] 그래서 저자

8) 거스리, 『디모데전후서. 디도서』 양용의 역, (서울：기독교문서선교회, 1985), p. 82—3.

9) 디벨리우스, pp. 33—4；Hanson, p. 57.

10) R. J. Karris, "The Background and Significance of the Polemic of the Pastoral Epistles," *JBL* 92 (1973)： 562—63.

는 이러한 거짓교사들의 영지주의와 유대적 요소를 동시에 배격하고 있는 것이다.[11]

(1) 거짓 가르침(1 : 3—7)

3 내가 마게도냐로 갈 때에 너를 권하여 에베소에 머물라 한 것
은 어떤 사람들을 명하여 다른 교훈을 가르치지 말며 4 신화와 끝
없는 족보에 착념치 말게 하려 함이라 이런 것은 믿음 안에 있는 하
나님의 경륜을 이룸보다 도리어 변론을 내는 것이라 5 경계의 목
적은 청결한 마음과 선한 양심과 거짓이 없는 믿음으로 나는 사랑
이거늘 6 사람들이 이에서 벗어나 헛된 말에 빠져 7 율법의 선생
이 되려 하나 자기의 말하는 것이나 자기의 확증하는 것도 깨닫지
못하는도다

¶ 주석

[4]b 저자는 3b—4a절의 명령에 대한 이유를 밝히고 있다. 그 이유는 이렇게 다른 교훈을 가르치는 자들의 행동이 단지 쓸데없는 논쟁만 일으킬 뿐이고, 정작 하나님의 구원의 섭리를 알게 하지는 못한다고 말한다. 특별히 "변론"을 뜻하는 단어가 여러 헬라어 사본에서 두 가지로 다르게 나타나고 있다. '언쟁', '논쟁'을 뜻하는 '엑크제테세이스'(ἐκζητήσεις)는 70인역에는 없고, 신약성서에서도 이곳에만 나타난다. 그런데 '제테세이스'(ζητήσεις)는 여러 곳(롬 6 : 4 ; 딤후 2 : 23 ; 딛 3 : 9 ; 행 15 : 2 ; 요 3 : 25)에 나오는데, 그 의미

11) Hanson, p. 23.

는 '의미하다', '조사하다'로 알려진다. 이런 의미에서 그 말이 "변론"이라는 말로 발전하고 논쟁의 의미까지 갖게 된 것으로 보인다. 본문이 의도하는 것에 따르면 '엑크제테세이스'가 더 합당한 것으로 여겨진다.

여기서 "하나님의 경륜"은 하나님의 구원계획, 다시 말해서 하나님께서 인간의 구원을 위해 세우신 구원계획을 뜻하는 것이다. 여기서 저자는 허탄한 신화들을 배격하는 것이 곧 구원사적 개념을 강조하는 것과 일치되고 있음을 명백하게 보여주고 있다.[12] 또한 "하나님의 경륜"에서 "경륜"을 뜻하는 헬라어 단어가 사본들에 따라 두 개의 각각 다른 단어로 나타난다. 즉 어떤 사본에서는 '오이코노미안'(*οἰκονομίαν*)이, 다른 사본에서는 '덕을 세운다'는 의미의 '오이코도멘'(*οἰκοδομην*)이 사용되고 있다. 그러나 저자가 갖고 있는 거짓 가르침을 배격하려는 의도에서 볼 때, 하나님의 경륜을 의미하는 것으로는 '오이코노미안'이 더 합당하게 보인다.

5 저자는 계속해서 거짓교사들의 '목표'라고 할 수 있는 변론과는 반대되는 '목표'를 명령한다. 즉 거짓교사들은 사랑이 결여되고 지적(知的)으로만 만족을 주는 변론만을 일삼지만, 그리스도인은 깨끗한 마음과 선한 양심과 거짓없는 믿음에서 우러나오는 사랑을 목표로 삼아야 한다고 강조한다. 또 저자가 설교의 목표로 택한 "사랑"은 행함의 개념을 포함하고 있는 사랑을 전제한 것으로 여겨진다. 왜냐하면 사랑의 원인들 가운데 믿음 이외에도 깨끗한 마음과 선한 양심이 함께 언급되었기 때문이다.

여기서 **선한 양심**은 도덕적 개념으로 '악한 양심'의 반대를 의미하는 것으로, 이는 그리스도교적 시민상이 어떤 것인지를 나타내주는 특징이기도 하다. 또한 **믿음**의 개념도 인간의 행동으로 변형

12) 디벨리우스의 책, p. 35.

되고 있음을 보게 된다. 바울은 믿음을 "하나님의 은혜의 선물"이라는 개념으로 사용하고 있는데, 목회서신 저자는 믿음을 행위적인 개념으로 이해하고 있다. 또한 바울은 믿음을 [믿음, 소망, 사랑]이란 삼중적인 표현을 떠나서는 나타낸 적이 없는데, 여기서는 '거짓없는'이란 형용사와 연결되고 있는 것이 특이하다.[13] 이러한 표현들도 목회서신의 저자가 바울이 아니라는 결정적인 단서를 제공해준다. 그러므로 목회서신의 저자는 보다 후대의 사람이지만 틀림없이 바울의 영향 아래 있던 사람이다.

6 **헛된 말** 여기에서 저자는 거짓교사들이 이러한 그리스도인의 필수조건에서 벗어나 '쓸데없는 토론'에만 빠져 있다고 지적한다. 여기서 '벗어나다'(*ἀστοχέω*)와 '빠져버리다'(*ἐκετράπω*)라는 두 동사는 그들이 목적을 잃어버림으로써, 방황하게 되고 사랑을 상실하게 되어, 그들이 무슨 말을 하든지 그것은 결국 무의미한 잡담에 불과하다는 것을 말해준다. '쓸데없는 토론'이라는 표현이 바로 그들의 가르침의 무용성(無用性)을 잘 나타내주고 있다.[14]

7 본절에 의하면, 이런 이탈자(離脫者)들이 율법교사가 되려고 함을 알 수 있다. 그들은 명상과 율법적인 고행 준수자들이지만, 사랑에서 벗어나 있기 때문에 율법에 대해서도 올바른 이해를 가질 수 없는 것이다.[15] 이렇게 볼 때, 이들은 아마도 영지주의적 유대그리스도교인들(Gnostic Jewish Christians)일 것으로 여겨진다.[16]

---

13) 디벨리우스의 책, pp. 35—9.

14) 거스리의 책, p. 85.

15) 디벨리우스의 책, p. 41.

16) Hanson의 책, p. 58.

(2) 거짓교사들(1：8－12)

8 그러나 사람이 율법을 법있게 쓰면 율법은 선한 것인 줄 우리
는 아노라 *9* 알 것은 이것이니 법은 옳은 사람을 위해서 세운 것
이 아니요 오직 불법한 자와 복종치 아니하는 자며 경건치 아니한
자와 죄인이며 거룩하지 아니한 자와 망령된 자며 아비를 치는 자
와 어미를 치는 자며 살인하는 자며 *10* 음행하는 자며 남색하는 자
며 사람을 탈취하는 자며 거짓말하는 자며 거짓 맹세하는 자와 기
타 바른 교훈을 거스리는 자를 위함이니 *11* 이 교훈은 내게 맡기신
바 복되신 하나님의 영광의 복음을 좇음이니라 *12* 나를 능하게 하
신 그리스도 예수 우리 주께 내가 감사함은 나를 충성되이 여겨 내
게 직분을 맡기심이니

¶ 주석

8－11 저자는 율법에 대한 잘못된 개념을 바로잡으려고 한다. 율법은 적법하게 사용하면(딤후 2：5) 선한 것이며, 본래 여러 가지 건전한 교훈과 반대되는 인간의 행위들 때문에 제정된 것이라고 말한다. 즉 율법의 목적은 악한 행동을 금하는 일에만 한정되어야 한다는 것이다.[17] 또한 이런 생각을 말하는 것도 저자 자신의 견해가 아니라, 복음을 좇아서 한 것(11절)이라고 결론짓는다.

8절에서 "율법을 적절하게 쓰다"에서 "쓰다, 사용하다"라는 동사에 해당되는 헬라어 단어가 여러 사본들에서 두 가지로 사용되고 있다：'크레타이/크레세타이'(χρῆται/χρῆσεται). 그러나 율법을 사용하는 것을 뜻하는 이 동사는 반복해서 계속되는 동작을 나타내는

17) 거스리의 책, p. 86.

현재능동태 가정법인 '크레타이'가 단순하게 일시적인 동작만을 지시하는 단순과거 가정법인 '크레세타이'보다 더 문맥에 적합하다. 왜냐하면 율법의 적용이란 일회적이 아니라 계속적인 것이기 때문이다.

거짓교사들을 고발하기 위해 사용된 9—10절의 악의 목록에는 희귀한 극단적인 범죄들이 언급되어 있는데, 이것은 악독한 자들에 대한 일종의 표지와 같은 역할을 하고 있다.[18] 물론 이 목록들이 매우 악독하고 극단적으로 표현되어 있지만, 그 당시의 보다 실제적이고 구체적인 모습을 반영한 것일 수도 있다. 특히 우리는 이 "목록들"을 예의 주시할 필요가 있겠다. 여기서 언급된 악의 목록은 바울에게도 잘 알려진 것이었다. 바울은 악의 목록을 열거하면서(고전 5 : 11 ; 6 : 9—10 ; 갈 5 : 19—21), 특별히 로마서 1장 29—31절에서는 하나님을 알지 못하는 이방 사람들의 악행을 고발하고 있다. 그러나 목회서신 저자는 바울과 같은 의도에서가 아니라, 율법을 준수하지 않고 사는 사람들의 예들을 열거하고 있는 것이다. 목회서신 저자는 그의 적대자들을 논박하기 위해서 이 목록들을 언급하고 있다.

저자는 율법이 의로운 자들에게 주어진 것이 아니라, 법을 어기는 자들, 순종치 않는 자들, 경건치 않은 자들과 죄인들과 같은 사람들 때문에 제정된 것이라고 주장한다. **율법**에 대한 이와 같은 견해는 바울의 영향을 받은 것임이 확실하다. 왜냐하면 바울은 갈라디아서 5장 22—23절에서 성령의 인도를 받고 그 열매를 맺으며 살아가는 사람들에게는 율법이 더 이상 법적 기능을 발휘하지 못한다고 주장하고 있기 때문이다.

불법한 자는 율법을 지키지 않는 사람들을 의미하는데, 이것은 바울이 열거한 악의 목록에서는 발견되지 않고 있다. 저자는 율법

18) 디벨리우스의 책, pp. 43—5 ; Karris의 논문, p. 553.

교사가 되고자 하는 적대자들을 논박하면서 그들과 첨예하게 대립되고 있는 "율법문제"와 관계된 "율법을 지키지 않는" 자들을 제일 앞에 첨가시키고 있는 것이다. 특히 이러한 악의 목록 중에서 "음행하는 자와 남색하는 자"만이 바울이 언급한 악의 목록과 공통되고 있다(고전 6 : 9). 이러한 목록들은 대체로 인간의 두 가지 본성에 의해 구분될 수 있다 : 첫째, 내적으로 불경스러운 목록들은 율법을 어기는 자들, 복종치 아니하는 자들, 경건치 아니한 자들이고, 둘째, 외적으로 불순종적인 목록들은 거룩하지 않은 자들과 망령된 자들이다.

그 이하의 목록은 십계명의 제5－9계명과 일치되고 있음을 분명하게 알 수 있다. **아비를 치는 자와 어미를 치는 자**는 제5계명과, **살인하는 자**는 제6계명과, **음행하는 자와 남색하는 자**는 제7계명과, **사람을 탈취하는 자**는 제8계명과, **거짓 맹세하는 자**는 제9계명과 연관되고 있다. 그러므로 십계명과의 이와 같은 밀접한 관계는 저자가 의도적으로 관련시킨 것임이 분명하다. 그러므로 저자는 모세의 율법을 하나의 법으로 인식하고 있었음이 분명하며, 율법이 바로 이러한 종류의 죄들을 금지시키기 위해서 제정되었음을 언급하고 있는 것이다. 저자는 이러한 언급을 통해서 하나님께서 사람들에게 율법을 주신 이유는 결코 부질없는 사색이나 의미없는 논쟁을 위한 것이 아님을 밝히고 있는 것이다.

이상의 내용을 사실상 마무리짓고 있는 10절에서 목회서신의 독특한 개념이라고 할 수 있는 '건전하게 되다'(ὑγιαινειν)란 용어가 처음으로 사용되고 있다. 그리스도교 설교와 관련된 이 용어는 목회서신 이 외에[19] 신약성서의 다른 곳에서는 나타나지 않는다. 바울 역시 이 용어를 사용한 바 없으며, 바울 당시의 그리스도교에서

19) 건전한 교훈－딤전 1 : 10 ; 딤후 4 : 3 ; 딛 1 : 9 ; 2 : 1/건전한 말씀－딤전 6 : 3 ; 딤후 1 : 13/믿음을 건전하게 하다－딛 1 : 13 ; 2 : 2/건전한 말－딛 2 : 8.

도 낯선 개념이었다. 물론 바울에게도 합리적인 논쟁과 자연법(Natural Law)에 대한 신학적인 논의가 부분적으로 나타나기는 하지만, 그의 사상에 변화를 줄 만큼 중요시되지는 않았다.

이 단락의 결론처럼 언급되는 11b—12절은 개인적인 문제를 논의하고 있다(참조. 엡 3 : 7). 주제에 대해서 논의한 다음 짤막하게 개인적인 언급을 표현하는 것은 목회서신의 특징이라 할 수 있다. 즉 목회서신의 저자는 주제를 논의한 후, 바울에 대한 개인적인 언급을 첨가시킴으로써, 서신의 권위에 대한 정당성을 계속해서 유지시키고 있는 것이다. 여기서 저자는 바울이 사용했던 것과 같이(고후 4 : 4 ; 참조. 골 1 : 27), **영광**(δόξα)이라는 말을 사용하고 있으며, 하나님의 신성을 표현하는 '복되다'(μακαρίος)라는 말과 연결시키고 있다. 이는 신적인 영역을 나타내는 말로서 유대적이며 동시에 헬라적인 혼합용어로 간주할 수 있다. 즉 자신의 권위는 최종적으로 그가 전하고 경험한 복음의 확실한 본질이 되신 그리스도 예수에게서 비롯되었음을 강조하는 것이다.[20]

12 바울서신에서는 나타나지 않는 "그리스도 예수 우리 주께 감사한다"라는 문구는 바울서신의 전형적인 문체를 사용한 것이다. 즉 사도로서의 직무에 부름받은 것을 감사한다는 것이다. 목회서신 저자는 이러한 언급을 통해서 자신이 바울의 권위에 기초해서 서신을 기록하고 있으며, 그 안에 기록된 모든 가르침들이 그리스도 예수의 부르심을 받은 바울에 근거하고 있음을 강조하고 있다. 본절의 **감사함**에 해당되는 헬라어는 여러 사본들에서 두 가지로 나타난다 : '카린/카이 카린'(χάριν/καὶ χάριν). 물론 원문에는 접속사 역할을 하는 '카이'(καὶ)가 나타나지 않는다. 그러나 11절과 12절을 내용상 분리되지 않은 것으로 생각하고, '직분을 맡는 것'과 '그것에 대한 감사'가 연결되는 것으로 번역한다면, 접속사

20) Fee의 책, p. 50.

'카이'를 삽입하는 것이 적합하다고 할 수 있다. 직분이 맡겨졌다는 사실이 11절과 12절에 동시에 나타나고 있는 것도 같은 이유가 된다.

2) 바울의 생애에 드러난 하나님의 자비 (1 : 13—17)

13 내가 전에는 훼방자요 핍박자요 포행자이었으나 도리어 긍휼을
입은 것은 내가 믿지 아니할 때에 알지 못하고 행하였음이라 *14* 우
리 주의 은혜가 그리스도 예수 안에 있는 믿음과 사랑과 함께 넘치
도록 풍성하였도다 *15* 미쁘다 모든 사람이 받을 만한 이 말이여 그
리스도 예수께서 죄인을 구원하시려고 세상에 임하셨다 하였도다
죄인 중에 내가 괴수니라 *16* 그러나 내가 긍휼을 입은 까닭은 예수
그리스도께서 내게 먼저 일체 오래 참으심을 보이사 후에 주를 믿
어 영생 얻는 자들에게 본이 되게 하려 하심이니라 *17* 만세의 왕
곧 썩지 아니하고 보이지 아니하고 홀로 하나이신 하나님께 존귀와
영광이 세세토록 있어지이다 아멘

¶ 개요

부활하신 그리스도 예수가 바울을 부른 계시의 사건과 사도적 직무에 대한 언급은 목회서신 안에서 분명하고도 중요한 연관성을 갖고 있다. 곧 저자는 바울이 사도의 직분을 맡았다는 사실을 오직 하나님의 은혜에 대한 본보기로 강조하고 있다.

¶ 주석

13—14. 이 단락에서 저자는 바울의 서신들을 통해서 나타난 바울의 생애에서 그리스도인이 되기 전과 그리스도인이 된 후의 시대로 대조시키고 있다(참조. 고전 15 : 9—10 ; 갈 1 : 13이하). 이러한 바울의 변화에 대한 언급은 전적으로 그리스도인이 되기 이전과 이후 시대의 대조로, 그리스도 예수가 바울에게 얼마나 풍성한 은혜를 베풀었느냐는 관점에서 이해하고 있다. 즉 바울이 모독하고 훼방하고 박해하던 자였다는 것은 곧 그리스도 예수의 긍휼하심을 얼마나 '넘치도록 풍성하게' 받은 것이냐는 것을 말하고자 함이다.

13 **내가 전에는**은 헬라어 '토 프로테론 온타'(*τὸ πρότερον ὄντα*)를 번역한 것이다. 물론 원문에 중성 단수 4격인 '토'(*τὸ*)가 사용되었지만, '온타'(*ὄντα*)의 형태가 현재능동태 남성 단수 4격이므로 '톤'(*τὸν*)으로 사용되는 것이 문법적으로 더 정확할 것으로 보인다. 그리고 '온타'(*ὄντα*) 뒤에는 부정사 '메'(*μή*)가 원문대로 생략되는 것이 옳다.

바울에게 있어서 이교도는 '하나님을 알지 못하는 자'(살전 4 : 5)였다. 다른 성서본문(엡 4 : 18 ; 벧전 1 : 14 ; 행 17 : 23)에서도 이교도들을 '무지(無知)한 사람'들로 규정하고 있다. 이와 같은 "무지"에 대한 언급은 두 가지 의미로 사용될 수 있다. 첫째, 무지는 죄(행 13 : 27)다. 둘째, 무지는 비교적 변명의 여지(행 13 : 30)가 있는 것이다. 본절에서도 무지는 변명의 여지가 있는 것으로 언급되었다. 그러나 그렇다고 해서 바울의 변화와 같은 은혜적 성격을 배제하고 있지는 않다. 왜냐하면 저자는 하나님께서 무지했던 바울에게 자비를 베풀어주셨음을 언급하고 있기 때문이다.

[14] '충만하게 차고 넘치다'(ὑπερεπλεόνασεν)라는 말은 하나님의 은혜가 너무 커서 인간적인 모든 계산과 기대를 초월할 정도로 측량할 수 없다는 점을 강조하고 있다. 또한 공식적인 문구의 성격을 갖고 있는 **믿음과 사랑**이라는 말은 초대 그리스도교의 삼중적 표현을 대신해서 나타난 것으로, 다른 서신(참조. 엡 1 : 15 ; 3 : 17 ; 6 : 23 ; 몬 5절)에서도 나타난다. 이러한 표현은 바울이 단지 하나님의 은총으로 인해서 믿음과 사랑을 누리게 된 인간이 되었다는 것을 뜻하는 것이다.[21]

[15]－[16] 저자는 이제 여기에서 이러한 하나님의 은혜가 구체적으로 예수 그리스도를 통해서 나타났음을 강조하고, 바울의 변화를 하나님의 은혜로 말미암은 것임을 증거하는 교훈적인 본보기로 제시한다. 요한복음 저자는 '예수께서 죄인을 구하시려고 세상에 오셨다'는 말을 3장 17절에서 언급하고 있으나, 바울은 예수를 '세상에 임하신 분'으로 묘사한 적이 없다. 그렇다면 바울에게 생소한 이러한 표현을 목회서신 저자는 어디서 가져온 것일까? 이것은 아마도 당시에 통용되던 공식적 문구를 인용한 "인용문"일 것으로 여겨진다.[22]

저자는 죄인들 가운데서도 바울 자신이 가장 악한 죄인이라고 고백하게 한다. 이러한 표현을 통해서 저자가 의도하고자 하는 바는, 바울이 그리스도의 사도가 되기 이전에 '죄인 중의 괴수'였음을 강조하고자 하는 것이 아니라, 바울이 하나님의 크신 은총과 긍휼을 받았다는 사실을 다른 그리스도인들에게 강조함으로써 하나의 신앙적 모형(ὑποτυπωσις)으로 제시하려는 것이다.

죄인 중에 내가 괴수라는 표현에서 "괴수"는 '첫째'(πρῶτός)라는

21) 디벨리우스의 책, pp. 49－50.

22) Hanson의 책, p. 61.

문자적 의미를 '우두머리'로 해석한 것인데, 저자는 이러한 표현을 통해서 바울이 죄인들 중의 가장 죄가 많은 사람임을 말하려는 것이 아니라, 죄인들이 경험할 수 있는 하나님의 크신 자비를 받은 대표자로서 순서적으로 '첫번째'라는 것을 강조한 것이다. 이것은 또 한편으로 목회서신이 바울 전통에 근거하고 있음을 보여주는 표지가 되기도 한다. 따라서 여기서 저자가 바울에 대해서 언급하고 있는 것은 결코 역사적이거나 개인적인 것에 관심을 갖고 있는 것이 아니라, "바울"이라는 신앙인의 모형을 통해서 가르침을 주고자 하는 교훈적인 적용에 그 목적을 두고 있는 것이다. 즉 그리스도를 본받는 이상적인 본보기로서의 "바울"을 소개함으로써, 저자는 자신이 전하는 복음을 예증하고 있는 것이다.

목회서신은 이제 긴박한 종말론적 관점에서 벗어나 '이 세상'은 머지않아 떠나야 할 일시적이고 가치없는 장소가 아니라, 지연된 종말론적 입장에서 그리스도인들이 계속 살아가야 할 삶의 장소임을 인식하고, 그리스도인들은 신앙인으로서뿐만 아니라 올바른 시민으로서도 모범을 보이며 살아가야 한다고 가르치며, 그에 필요한 올바른 삶의 자세를 제시한다.

저자는 그리스도 예수가 바울에게 먼저 **참으심**을 보였다고 말한다. 여기서 "참으심"이라는 말은 교회에서 그리스도 예수가 하나님의 활동의 현실성을 대표하고 있으며, 따라서 하나님의 활동에 대한 표현을 그대로 그리스도 예수에게 적용할 수 있음을 보여주고 있다.[23)]

17 본절에서 저자는 하나님께 장엄한 송영을 드림으로써 결론을 맺고 있다. 6장 15－16절에서도 나타나는 이러한 표현은 하나님의 유일한 지존을 강조하기 위해서 제정된 예배의식적 용어다.

23) Hanson의 책, pp. 63－4.

아마도 헬라화된 회당의 예배의식의 기도에서 인용한 것으로 보인다. **썩지 아니하고 보이지 아니하고**는 하나님께 대한 헬라적인 묘사이고, **홀로 하나이신 하나님**은 유대적인 표현이다. 목회서신들 가운데 포함된 헬라적인 문구들은 아마도 유대교를 통해서 교회 안에 들어온 것으로 보인다.[24)]

¶ 신학적 문제

다른 복음, 거짓 교훈

바울은 그의 서신들에서 '다른 복음', '다른 예수', '다른 영'에 대해 얘기할 때 영－열광주의자들과, 율법준수와 할례를 강요하는 유대주의화를 획책하는 자들을 전제했다. 바울은 십자가에 달려 죽은 역사적 예수보다는 부활하시고 영광 가운데 고양된 그리스도와 함께 이미 하나가 되었음을 강조하는 열광주의자들과, 자신의 교회에 들어와 율법의 행위와 할례를 강요하는 사람들을 다른 예수, 다른 영, 다른 복음을 전하는 자들이라고 혹독하게 비판하고 경고했던 것이다.

그런데 바울 이후, 그리스도교가 팔레스타인 밖에서 그레코－로만 세계로 활발히 퍼져가면서, 헬라의 여러 철학사상들, 특히 영지주의와 동방의 점성술과 신비주의, 여러 다른 신념들과 종파들과 조우함에 따라 이처럼 다양한 종교사상과 상호작용이 불가피했을 것이다. 자연히 1세기 말과 2세기에 접어들 당시, 그 중에서도 교회의 가장 위험한 투쟁상대는 역시 혼합 절충주의적인 환경 속에서의 유대적 영지주의였다. 이러한 다른 복음, 혹은 다른 교훈들이 그리스도교 공동체에 위협이 되고 있는 상황에서 목회서신의 저

24) 디벨리우스의 책, pp. 54－5.

자는 이들을 이단으로 규정하면서, 교회의 모든 사역자들에게 바울 전승에 굳게 서서 교회의 바른 교훈에 어긋나는 일체의 것들을 배격할 뿐만 아니라, 바른 교훈을 굳게 지키고 전할 것을 권고하고 있다.

목회서신에 나타나는 "다른 복음"이라는 용어가 중요하게 생각되는 것은 제도와 직제를 서두른 공교회가 교회의 "사도적, 건전한, 바른" 교훈을 고수하기 위해 취한 맨 처음의 제도적 대응이기 때문이다. 우리는 목회서신에서 거짓 교훈에 대한 경계들이 이전보다 더욱 단호하게 더 자주 반복되고 있는 것을 발견하게 된다. 문제시된 거짓 교훈이란 골로새서에서 발견되는 것과 유사한 일종의 유대적 영지주의였음이 분명하다.

목회서신 저자는 그들을 가리켜 율법을 굉장히 존중하고 그 타당성을 입증했던 일명 '할례당'이라고 한다(딤전 1 : 7 ; 딛 1 : 10, 14이하 ; 3 : 9). 그들은 자신들의 사상에 있어서 중심어가 되는 '영지'(딤전 6 : 20)를 선전할 뿐만 아니라, '신화와 끝없는 족보이야기'에 전념했다(딤전 1 : 4 ; 4 : 7 ; 딛 3 : 9). 그들의 생활지침은 눈에 띄게 금욕적인 것이었다(딤전 4 : 3 ; 딛 1 : 14이하). 그리고 무엇보다도 그들은 믿는 자들의 부활을 이미 지나간 과거의 사건으로 믿었다는 것이다(딤후 2 : 18). 따라서 그들은 영지(Gnosis)가 우주와 모든 인간을 육의 세계에서 자유롭게 해서 영적 세계로 전입시키는 것을 구원의 개념으로 이해함으로써, 모든 물질적인 것을 극단적으로 경멸했다. 이러한 경향은 교회 내부에 널리 퍼졌고(딤전 1 : 3이하 ; 딤후 2 : 16이하 ; 3 : 5 ; 딛 1 : 13이하 ; 3 : 9이하), 이미 몇몇 사람은 현혹되어 교회에서 축출되어야만 했다(딤전 1 : 19이하 ; 딛 3 : 10이하 ; 참조. 딤전 1 : 6이하 ; 6 : 20 이하 ; 딤후 2 : 18 ; 4 : 14).

그래서 이 시대의 교회는 한편으로 다른 교훈을 퍼뜨리는 사람들을 구체적으로 언급하고 그들의 특징들을 열거함으로써, 교회와 그리스도인들에게 경각심을 높여주었던 것이다. 이름이 거명된 사람들은 후메내오와 알렉산더(딤후 1 : 20), 후메내오와 빌라도(딤후 2 : 17), 혹은 알렉산더(딤후 4 : 14)였고, 그들의 특징들은 목회서신에서는 다음과 같이 제시된다 : 믿음에서 떠나 미혹케 하는 영과 귀신의 가르침을 좇는 자, 자기 양심에 화인 맞아서 외식함으로 거짓말하는 자들(딤전 4 : 1—2), 정욕에 빠진 젊은 과부(딤전 5 : 11), 다시 사탄에게 돌아간 자(딤후 5 : 15), 교만해서 알지 못하고 변론과 언쟁을 좋아하는 자, 경건을 이익의 수단으로 생각하는 자(딤전 6 : 5), 경건의 모양은 있으나 경건의 능력은 부인하는 자(딤후 3 : 5), 부자가 되려는 자(딤전 6 : 9), 여자를 유인하는 자(딤후 3 : 6), 마음이 부정하고 믿음에서 떠나 악한 자들과 속이는 자들, 진리 대적자(딤후 3 : 6, 8, 13), 혹은 바른 교훈을 받지 않고 허탄한 교훈을 좇은 자들(딤후 4 : 3—4)이다.

그 결과 교회는 다른 한편으로는 교회의 교훈을 분명하게 제시할 필요를 갖게 되었던 것이다. 목회서신이 분명히 2세기에 쓰여졌다면 하나의 통일된 형식의 사도적 전승이 교회의 정통성을 가늠하는 시금석으로 확정되어 있었을 것이다. 이것이 목회서신에는 다양하게 '교훈'(딤전 4 : 16 ; 6 : 1 ; 딤후 3 : 10 ; 딛 2 : 7, 10), 또는 보다 특정한 '바른 교훈'(딤전 1 : 10 ; 딤후 4 : 3 ; 딛 1 : 9 ; 2 : 1), '선한 교훈'(딤전 4 : 6), '경건한 교훈'(딤전 6 : 3), '믿음'(11회), '바른 말'(딤전 6 : 3 ; 딤후 1 : 13), 혹은 '부탁한 것'(딤전 6 : 20)으로 묘사되어 있다.

그 전승의 내용은 불확실하지만, 만일 그 '신실한 말씀들'이 교회의 지침이 되었다면, 세 가지의 범주들——케리그마 전승(딤전 1 : 15 ; 딤후 2 : 11 ; 딛 3 : 5—8), 교회의 전승(딤전 3 : 1), 그리고 윤리적 가르침(딤전 4 : 8이하 ; 딤후 2 : 11—13)——을 모두 포함한 것이었을 터인데, 특히 케리그마 전승에는 어쩌면 예수에 관한 복음서의 전승들도 포함되었을 것이다.

목회서신에서 이러한 교회의 가르침은 지켜지고(딤전 6 : 14 ; 딤후

4 : 7), 고수되고(딛 1 : 9), 방어되고(딤전 6 : 20 ; 딤후 1 : 12), 수호되며(딤전 6 : 1), 다음 세대에로 충실하게 전해주어야 할 것으로 단호하게 천명되고 있다(딤후 1 : 12—14 ; 2 : 2). 특별히 바울조차도 전승의 창조자로서보다는 전승의 수호자로, 성령은 전승의 해석자나 재창조자가 아니라, 단순히 과거의 유산을 보존케 하는 능력으로 제시되고 있음이 주목된다.

"이 집은 살아 계신 하나님의 교회요 진리의 기둥과 터다"(딤전 3 : 15) : 이는 교회의 바른 교훈을 이어가는 권위를 교회가 맡고 있다는 강한 자의식의 표현이다. 교회의 권위와 정통성을 이어가기 위해서는 적절한 성직제도가 필요했는데, 성직자의 자격요건도 자연히 매우 엄격했다. 왜냐하면 그들은 진리의 기둥과 터인 하나님의 집에서 행해야 할 사람들이기 때문이다(딤전 2 : 15). 가정을 잘 다스리는 자라야 교회를 사역할 수 있다는 것이나(딤전 3 : 5), 시험 후에 책망할 것이 없어야 하고(딤전 5 : 21), 경솔히 안수하지 말아야 한다(딤전 5 : 22)는 지침들은 모두 교회의 권위를 지키기 위한 사역자들에 관한 조치다.

목회서신의 저자는 하나님과 예수에게서 비롯된 사도적 권위가 바울에게, 다음으로는 디모데에게로, 그리고 교회의 충성된 안수받은 사역자들에게로 전해지는 연결고리를 통해서 사도적 권위의 법통성과 정통성을 교회가 갖고 있음을 천명한다. 바울의 사도직도 "우리 구주 하나님과 소망이신 예수의 명령을 따라 이루어졌다"(딤후 1 : 1), "이 교훈은 내게 맡기신 바 된 것이다"(딤전 1 : 11), 그리고 "예수께 긍휼을 입었다"(딤전 1 : 16)라는 구절들로써 설명되며, 바로 그 사도적 권위에 근거해서 "바울"로 지칭되는 교회의 최고 지도자는 모든 사역자들에게 "하나님과 그리스도 예수와 택하심을 받은 천사들 앞에서 내가 엄히 명하노니…"(딤전 5 : 21), "만물을 살게 하신 하나님 앞과 본디오 빌라도를 향하여 선한 증거를 증거하신 예수 앞에서 내가 너를 명하노니…", 혹은 "하나님과 산 자와 죽은 자를 심판하실 예수 앞에서 그의 나타나실 것과 그의 나라를 두고 엄히 명하노니…"로 다른 교훈들로부터 교회의 건전한 교훈을 지켜야 할 권위와 정통성을 보여주고 있다.

교회의 사도적 계승은 "믿음의 아들"(딤전 1 : 2)과 "우리를 부르사"(딤후 1 : 9)라는 표현을 통해서도 강조된다. 사도적 정통성의 내적 증거도 "우리 안에 거하시는 성령으로 말미암아"(딤후 1 : 14)와 "그리스도 예수 안에 있는 믿음과 사랑으로써"로 강화되고 있다. 그리고 교회의 사역은 헛된 말에 빠지는 자들(딤전 1 : 6)과는 달리 오직 모범을 보여야 한다. 이러한 모범은 예수가 먼저 바울에게 일체 오래 참으심을 보임으로써, 후에 주를 믿어 영생을 얻는 자들에게 본이 되게 하려 하심이었고(딤전 1 : 16), 바울은 디모데에게 다시 그 본을 보여준 바 있다(딤전 2 : 1 ; 딤후 1 : 3). 그러므로 이제 디모데로 지칭되는 교회의 모든 사역자들은 믿는 자들에게 본이 되어야 하는 것이다(딤전 2 : 25).

사도적 계승은 교회를 통해서 나타나는데, 교회는 위임받은 가르침대로 살아야 하고 본을 보이며 가르쳐야 한다. 교회에 대해서는 장차 심판주로 오시는 예수와 그의 나라가 교회의 정통성을 보증해줄 것이다(딤후 4 : 1).

3) 디모데에 대한 바울의 권면(1 : 18—20)

18 아들 디모데야 내가 네게 이 경계로써 명하노니 전에 너를 지
도한 예언을 따라 그것으로 선한 싸움을 싸우며 19 믿음과 착한 양
심을 가지라 어떤 이들이 이 양심을 버렸고 그 믿음에 관하여는 파
선하였느니라 20 그 가운데 후메내오와 알렉산더가 있으니 내가 사

단에게 내어준 것은 저희로 징계를 받아 훼방하지 말게 하려 함이 니라

¶ 개요

이 단락은 문학적으로 중요한데, 이러한 개인적인 권면은 서신 전체에 걸쳐 전반적으로(3 : 14 ; 4 : 6, 11 ; 5 : 21 ; 6 : 3) 자주 나타나고 있다. 이러한 문학적 고안은 각 항목들을 구분시키고, 동시에 교회가 처해 있는 상황과 구체적인 권면을 연결(딤후 2 : 14 ; 딛 2 : 15)시키는 데 이용되고 있다. 말하자면 이러한 문학적 고안을 통해서 자신들이 처한

상황을 간접적으로 묘사하고 있는 것이다. 두 배교자의 이름이 기록된 것은 저자가 처해 있는 실제의 상황을 반영해주고 있는 것으로 여겨진다. 저자는 바울의 입을 빌어 서신을 읽는 공동체가 익히 잘 알고 있는 유명한 이단자들의 말이 거짓임을 알리고 있다.[25] 그러므로 후메내오와 알렉산더를 이 서신이 기록되고 있던 당시에 공동체내에 존재하고 있던 실제적인 인물로 이해하기보다는, 그들과 유사한 가르침을 가지고 공동체의 그리스도인들을 현혹시키는 사람들에 대한 통칭으로 보는 것이 더 합당할 것이다.

¶ 주석

18 '명령을 전한다'는 것은 곧 올바른 전승을 전해준다는 의미다. 즉 바울이 그의 교회에 전승을 전했듯이, 저자 역시 바울이 전해주었던 전승을 전하고 있다는 것이다.

---

25) 디벨리우스의 책, pp. 56-7.

선한 싸움이란 표현은 분명히 교회 안에서 잘 알려진 말일 것이다. 그런데 그러한 표현이 신화적으로가 아니라 교훈적인 의미로 이해되었다. 아마도 이러한 표현은 교회 밖의 통속적인 철학의 영향을 받은 것으로 보인다(딤후 2 : 3—4 ; 참조. 고전 9 : 7).

19 저자는 **믿음** 과 **착한 양심** 을 함께 강조하고 있다. 물론 바울은 "믿음"을 "선한 양심"과 연결시키는 이러한 표현을 사용하지는 않았다. 즉 목회서신 저자는 지연된 종말론의 영향 아래 긴박한 신앙적 결단을 지양하고, 참된 그리스도인뿐만이 아니라 이상적인 시민상까지 염두에 두고, "믿음과 선한 양심"을 언급하고 있는 것이다. 특히 **파선**(ἐναυάγησαν)이라는 헬라적인 단어는 적대자들을 표현하는 초기 형태의 이단논쟁에서 사용된 말이다.

20 저자는 공동체내의 적대자들을 대표하는 자들이 바로 **후메내오와 알렉산더** 라고 밝히고 있다. "그들을 사탄에게 넘겨주었다"라는 표현은 교인들을 경계시키려는 것인데, 아마도 저자는 교육보다는 형벌을 말하고 있는 듯하다. 즉 그들을 사탄에게 내어주었다는 것은 교회로부터의 축출을 의미한 것으로 여겨진다.

저자는 수신자와 친숙한 인사로 시작한다. 그런 후에 곧바로 다른 교훈을 가르치는 자들에 대한 공격을 시작한다. 저자는 수신자들에게 족보 이야기에 정신이 팔려 허황된 생각에 빠져 스스로 속고 있으며, 율법의 진정한 의미를 알지도 못하고 율법교사가 되기를 원하는 거짓된 선생들과 대항해서 싸울 것을 부탁한다(1 : 3—12). 아마도 저자는 강력한 유대적 요소를 가진 영지주의자들로 여겨지는 거짓교사들의 헛된 논쟁에 대한 꾸짖음과 그들이 잘못 가르치고 있는 율법이란 무엇이며, 어떻게 사용될 수 있는가에 대해서 올바른 이해를 제시하려고 했던 것으로 여겨진다.

1：20/93

그런 일을 위해서 자신이 갖고 있는 것은 건전한 가르침이며 하나님의 영광스런 복음에 근거한 것임을 말한다. 그래서 저자는 한때는 박해자였던 바울이 하나님의 자비로 그 일을 위해서 전적으로 은혜에 의해 선택된 본보기임을 알려주고 있다(1：13－17). 그는 결론적으로 또다시 잘못된 길로 가는 자들을 거명하며 선한 싸움을 싸울 것을 당부하고 있다. 곧 그리스도인들에게 그리스도교의 올바른 전승을 잘 보호해야 할 책임이 있음을 권고하는 것이다(1：18－20).

오늘날에도 교회의 복음에서 떠나 현대의 사상적 흐름에 너무 앞선 나머지 허황된 생각에 빠져 부질없는 신학논쟁에 깊이 빠진다든지, 어느 누가 혹은 단체나 교회가 더 참된 신앙생활을 잘 지도하느냐, 구원의 확신을 주느냐는 끝없는 논쟁에 빠지는 경우, 아니면 지난 수세기 동안 신앙생활의 유익을 위해 제정된 교회의 전통적 가르침이 어느덧 교리화되고 법제화되어 또 다른 율법으로 강요되고 있는 것은 아닌지를 살펴야 할 것이다. 그러므로 우리는 하나님의 영광스러운 복음에 근거한 참가르침, 건전한 가르침을 늘 새롭게 선포해야 하는 것이다.

3. 교회직제 I (2 : 1—3 : 16)

목회서신 중에서 특히 디모데전서는 교회의 조직적 구조에 관심을 갖고 있는 제도화된 그리스도교를 반영하고 있다. 디모데전서 저자는 가장 바람직하고 지속적으로 추구해야 할 교회규칙을 2장 1절부터 3장 16절까지와 4장 11절부터 6장 19절까지의 두 부분으로 나누어서 논의하고 있다. 첫째 부분은 교회의 공중예배(2 : 1—15)와 성직제도(3 : 1—16)를 다루고 있다.

1) 교회예배에 관한 규정(2 : 1—15)

¶ 개요

2장 1—15절은 교회의 공중예배의 순서와 내용, 특별히 세상의 치리자를 포함한 모든 사람들을 위한 기도(1—7절), 남자들이 기도

할 때의 주의점(8절), 교회내에서의 여성들의 치장문제 및 여성의 위치에 대해서 다룸으로써, 이제 교회의 예배 및 그 구성에 있어서의 올바른 질서가 제대로 잡혀갈 수 있는 교훈을 주고 있는 것이다.

이 본문에서 특별히 왜 그리스도인들이 왕들과 권세가진 사람들을 비롯한 모든 이들을 위해서 기도해야 하는지의 이유와 예정론에 배치된다고 할 수 있는 하나님의 보편적인 구원계획, 그리고 남자들과 여자들이 기도할 때의 주의점, 그리고 여성들의 교회에서의 위치에 관한 성서적 증거가 다루어지고 있다.

그러므로 이 서신의 저자가 1장에서 거짓된 교훈을 전하는 거짓 교사들에 대해서 권고하고 있다면, 2—3장에서는 교회가 내적으로 더욱 정비되고 성숙해질 수 있도록 '예배에 대한 질서, 특히 기도에 대해서와 예배에 참석하는 사람들, 특히 여인들의 처신문제'를 길게 다루는 것이다.

(*1*) 모든 사람들을 위한 기도(2 : 1—7)

1 그러므로 내가 첫째로 권하노니 모든 사람을 위하여 간구와 기
도와 도고와 감사를 하되 2 임금들과 높은 지위에 있는 모든 사람
을 위하여 하라 이는 우리가 모든 경건과 단정한 중에 고요하고 평
안한 생활을 하려 함이니라 3 이것이 우리 구주 하나님 앞에 선하
고 받으실 만한 것이니 4 하나님은 모든 사람이 구원을 받으며 진
리를 아는 데 이르기를 원하시느니라 5 하나님은 한 분이시요 또
하나님과 사람 사이에 중보도 한 분이시니 곧 사람이신 그리스도
예수라 6 그가 모든 사람을 위하여 자기를 속전으로 주셨으니 기
약이 이르면 증거할 것이라 7 이를 위하여 내가 전파하는 자와 사

도로 세움을 입은 것은 참말이요 거짓말이 아니니 믿음과 진리 안에서 내가 이방인의 스승이 되었노라

¶ 주석

1 기도에 대한 다양한 표현이 나타나고 있다. 즉 **간구와 기도와 도고와 감사**의 기도가 그것이다. 이것은 교회예배 때에 행해졌던 여러 종류의 기도들로 보인다. '기도'를 의미하는 헬라어 단어인 '데에세이스, 프로슈카스, 엔튜크세이스'(*δεήσεις, προσευχάς, ἐντεύξεις*)를 구분해보려는 시도가 있었는데, 특히 어거스틴(Augustine)의 경우, 이 기도의 기능을 개별적으로 이해하기도 했다. 기도에 대한 이와 같은 다양한 표현은 예배의식의 한부분들로서 빌립보서 4장 6절에서도 비슷한 내용이 발견된다.

여기에 나온 네 개의 단어가 약간 다른 뉘앙스를 띨 수도 있으나, 실제로 이 모두는 단순히 '기도'를 의미하고 있는 것이다. 특히 '데에시스'(*δεήσις*)와 '프로슈케'(*προσευχή*)는 신약에서 서로 바꿔 사용할 수 있는 동의어들이다(참조. 살전 1：2에서는 *προσευχή*가, 빌 1：4에서는 *δεήσις*가 사용됨). 그리고 별도로 각각 쓰였다고 해도 단순히 '기도'로 번역되고 있다. '도고', 즉 '중보기도'(*εντεύξεις*)는 디모데전서 4장 5절에서 다시 나타나는데, 역시 기도로 번역되고 있다. 또한 '감사의 기도'(*εὐχαριστία*)가 '성만찬'(Eucharist)을 언급하는 것이라고 주장되어 왔으나, 설득력은 없다.

여기서 저자가 의도하는 것은 기도에 대한 네 가지 표현을 구분해보고자 하는 것이 아니라,[26] **모든 사람을 위한** 다양한 종류의 기도를 나타내고자 하는 것이다. 즉 저자는 "모든 사람을 위한" 것에

26) Hanson의 책, p. 66.

강조를 두고 있는 것이다.

[2] 하나님께 기도해야 할 대상이 언급되고 있다. 저자는 무엇보다도 **모든 사람… 임금들과 높은 지위에 있는 모든 이들**을 위해 기도하라고 권면한다. 여기서는 "모든"이라는 말이 두 번이나 쓰이고 있고, 또한 6절에서도 사용되고 있음을 볼 수 있다. 이처럼 1—6절에서 "모든"(*πάντας*)이 세 번이나 사용되고 있는 것은 저자가 갖고 있는 구원의 보편적 시각을 보여주는 것이다. 이러한 구원의 보편성은 밀교(密教)로 나아가려는 거짓교사들의 영지주의적 경향에 반대해서 세상에서의 한 종교로 발전된 공교회의 당당함을 엿보게 한다.[27)]

"모든 사람들을 위한 기도" 속에는 또한 지배계층——왕들과 모든 권세있는 자들——이 포함되고 있다. 왜 "임금"이라는 단어가 단수가 아닌 복수로 쓰였을까? 이것을 설명하기 위해 여러 가지 해석이 시도되어 왔다. 특히 어떤 학자는 이것을 '시대적으로' 설명하기도 했는데, 기원 137년 이후에 하드리안(Hadrian) 황제는 네 명의 후계자들을 뽑아서 그들 각자에게 제국의 4분의 1씩을 다스릴 통치권을 분배해준 적이 있다는 것이다. 바로 이러한 시기에——로마 제국이 네 명의 지배자에 의해 통치될 때——목회서신의 저자가 그들을 위한 기도를 가르치고 있다는 것이다.[28)] 그러나 이러한 추측에는 여러 가지 문제가 제기될 수 있다. 그러므로 저자는 "임금"이라는 의미를 보다 일반화시키려는 의도에서 "임금들"이라는 복수를 쓴 것으로 볼 수 있다.[29)]

또한 **임금들과 높은 지위에 있는 모든 사람**을 위한 기도는 아마도 유대교에서 영향을 받은 것으로 여겨진다. 예를 들어 에스라(Esra)

27) Hanson의 책, p. 66.
28) Hanson의 책, p. 67.
29) 디벨리우스의 책, p. 63.

6장 10절,[30] 마카베오일서(IMacc.) 7장 33절,[31] 그리고 아리스테아스의 서신(Letter of Aristeas) 44—45장에는 권세자들을 위한 제사와 기도를 언급하고 있기 때문이다. 또한 1—2세기에 기록된 클레멘스일서(I Clement) 60장 4절부터 61장 1절[32]까지와 터툴리안의 글(Tertullian, *Apology* 30)에서도 이러한 내용이 발견되고 있다. 그러나 목회서신의 저자나 혹은 클레멘트도 통치자들의 개종을 의도하고 있는 것으로 보이지는 않는다.

경건과 단정한 중에 문자적으로 "경건하고도 품위있게"(*εὐεβεία καὶ σεμνότης*)라는 이 표현은 목회서신에서 자주 발견할 수 있으나, 바울서신에서는 전연 발견되지 않는다. 이러한 표현이 신약성서의 문맥에서는 매우 독특한 것처럼 보이지만, 당시 헬라 세계에서는 자주 사용되던 표현이다.[33] "경건"과 "품위"란 말은 분명히 선하고 명예로운 시민생활의 이상을 예증해주는 덕목들이다. "경건"이란 단어는 신약성서에서 오직 헬라적인 영향을 받은 문서들에서만 자주 나타나고 있는데, 예를 들면 목회서신[34] 이외에는 사도행전과 베드로후서에서만 나타나고 있다.

여기서 "경건"(*εὐσεβεία*)이란 종교적으로 믿음이 독실하다는 것

---

30) "그래서 그들이 하늘의 하나님이 기뻐하시는 희생제사를 드리게 하고 왕과 왕자들이 잘살 수 있도록 기도하게 해라."

31) "사제들이 성소에서 나와 백성의 원로들과 함께 그를 환영하고 왕을 위한 제물이라고 하면서 번제물을 보여주었다."

32) "땅 위에 있는 우리의 지배자들과 통치자들에게 주재시여 당신께서는 당신의 훌륭하시고 말로 다할 수 없는 능력을 통해 절대적인 통치력을 주셨사오니 저들로 하여금 당신에게서 그들에게 영광과 명예를 주신 것을 알고 당신의 뜻에 거역함이 없이 그들을 복종하게 하시옵소서. 그리고 주여 그들에게 건강, 평안, 일치, 확고함을 주사 당신께서 그들에게 주신 정부를 아무런 잘못없이 잘 다스리게 하시옵소서."

33) 헬라적인 생활태도가 '경건과 품위'라면, 유대적인 생활태도는 누가복음 1장 75절에 나타나듯 '거룩하고 의롭게' 살아가는 것이다.

34) 딤전 3 : 16 ; 4 : 7 ; 6 : 3, 5, 6, 11 ; 딤후 3 : 5 ; 딛 1 : 1.

을 의미하는 것으로 볼 수도 있으나, 인간적으로는 어른들에 대한 존경을 의미하기도 한다. 또한 당시 명예로운 비문들 가운데서 "경건"이라는 단어는 널리 애용되고 있는 '덕'에 대한 도식적인 설명 가운데서 "선", "의", "양심" 등과 나란히 나타나기도 한다. 이러한 면에 관심한 스피크(Spicq)는 "경건"이라는 개념을 로마에 대한 '충성심', 또는 정치적인 의미까지 포함하는 좀더 포괄적이고도 강한 의미를 가진 단어로 이해했다.

"품위"(*σεμνότης*)란 본래 거룩한 사물들에 대한 존경을 나타내는데, 본문에서는 하나님과 사람들에게 기쁨이 될 만한 행동, 위엄, 품행을 의미한다.[35)]

고요하고 평안한 생활은 통치자들을 위한 기도의 결과로서 이해할 수도 있고, 또한 종말론과 연관해서 생각할 수도 있다. 즉 초대 그리스도인들은 긴박한 종말론적 입장에서 자기가 하던 일을 멈추고 복음을 증거하기 위해 공연히 분주하게 돌아다닌 적이 있었다. 그러나 점점 시간이 지나면서 세상의 종말에 대한 시각이 "지연된 종말론"으로 바뀌면서, 교회는 세상을 적대적으로 보지 않고 "어떻게 하면 그리스도인답게 살아갈 수 있을까?"에 관심을 두기 시작했던 것이다. 그러한 관심이 헬라 세계에서 가장 이상적인 "생활자세"인 고요함과 평화로움과 결합되어 그리스도인들에게 권면되었던 것이다.

'고요히 사는 삶'에 대한 관심과 경향은 스토아 학파와 에피큐러스 학파에게서 나타난다. 그들은 자신들의 안정과 행복이 세상으로부터의 '은거와 조용한 생활'로부터 온 것이라 믿었다. 그래서 그들은 공동생활과 정치라는 '감옥'에서 자신들을 자유스럽게 했던 것이다. 그리고 세네카(Seneca)나 키온(Chion)도 은거생활이나 고요한 생활을 찬양하고 있다. 그러므로 "고요히 사는 은거생활"을

35) Lock의 책, p. 26.

선호하는 것이 1—2세기의 일반적인 사조였음을 알 수 있다. 그러나 목회서신의 저자는 그 당시 사회적이고도 정치적인 모든 야망을 포기한 은거나 사회로부터의 탈퇴를 권장하는 일반 사조와는 달리, 일상적인 사회생활을 묵묵히 영위하는 것으로서의 조용한 생활을 말한 것이다. 저자는 지금 '고요히 살아가지 않고' 쓸데없는 소문이나 전하면서 공연히 남의 일에 참견하려는 사람들에게 권면하고 있는 것이다.

저자는 더욱 적극적으로 '경건하고도 품위있게 고요하고 평화로운 삶을 영위할 수 있도록 왕들과 권세있는 모든 이들을 위해서 기도할 것'을 권면하고 있다. 특히 세상을 바라보는 시각에 있어서 우리는 바울서신과 본문의 내용이 확연히 상이함을 알 수 있다. 예를 들어 고린도전서 11장 23—33절의 자기 인생의 곤궁과 위험들에 대해 설명하고 있는 내용과 비교해보면 된다. 바울은 이 세상과 하나님의 나라 사이의 긴장 속에서 살았다.

또한 고린도후서 6장 4—10절에서 자신의 실존적인 고통을 하나님 나라의 시민으로서 당하는 고통이라고 기꺼이 인정하고 있다. 목회서신들의 저자는 이 세상 안에서의 삶을 추구하고 있는데, 이는 그리스도교의 원리들로부터 그렇게 하고 있다는 것이다. 그는 그리스도인들이 세상의 일부가 되기를 원하고 있다. 그에게 있어서는 확실한 인생의 평안이 그리스도인의 목적이 되고 있는 것이다. 그래서 교훈은 "합리적이며"(1, 10절) 일반적으로도 만족할 만하고 본래 전승으로부터 유래된 것임을 알 수 있다(딤후 2 : 2 ; 3 : 14—17 ; 딛 1 : 9).

[3]—[4] 저자는 1—2절에서 기도의 대상에 대해 논의한 다음, 여기에서는 그와 같이 기도해야 하는 이유를 설명하고 있다. 즉 저자는 통치자들을 위해 '기도하는' 일은 "하나님 앞에서 좋은 일이고 하나님께서 기뻐하시는 일이기 때문"이라고 설명한다. 왜냐하면

하나님의 구원계획이 모든 사람을 위한 보편적인 구원이기 때문이며, 또한 하나님께서는 모든 사람이 진리를 알게 되기를 원하시기 때문이라는 것이다.

3절에서 **이것**(τοῦτο)은 모든 사람을 위한 기도를 의미한다. 저자는 이러한 일이 **우리 구주 하나님 앞에**(ἐνώπιον τοῦ Σωτῆρος ἡμῶν Θεοῦ) **선하고 받으실 만한**(καλὸν καὶ ἀπόδεκτον) 일이라고 설명한다. "우리 구주 하나님"이란 구절은 하나님께서 구원사건의 근원이심을 강조하고 있는 것이다(참조. 빌 1 : 28[36]) ; 살전 5 : 19[37])). 특별히 저자가 하나님을 "구주 하나님"이라고 표현한 것은 저자와 이 편지를 읽는 수신자들이 이미 '구주 하나님'이라는 표현에 익숙해져 있음을 보여주는 것이다.[38]) 이것은 목회서신의 저자가 바울이 아니라는 결정적인 증거를 제시해주는데, 바울은 이러한 표현을 결코 사용한 적이 없기 때문이다(참조. 딤전 1 : 1).

오히려 이 표현의 기원은 유대교에서 찾을 수 있다. 특별히 이사야 45장 21절(LXX)에 보면 "나는 하나님이다. 그리고 나 외에는 아무 신도 없다. 나 외에는 어느 누구도 의롭지 않고 구원자도 없다", 또한 22절에 보면 "내게로 돌아오라 그러면 구원받을 것이다"라고 기록되어 있다. 이렇게 본다면 4절에 나오고 있는 예전적인 자료들은 이사야 45장 21—22절에 대한 일종의 그리스도교적인 미드라쉬(midrash)라는 것을 알 수 있다. 그러나 목회서신 저자 자신이 직접 미드라쉬(midrash)적으로 이 본문을 기록했는지는 의심스럽다.

---

36) 또한 어떤 일이라도 대적하는 자들을 두려워하지 않는다는 소식을 나에게 들려줄 수 있게 하십시오. 이것이 그들에게는 멸망의 징조요 여러분에게는 구원의 징조입니다. 이것은 하나님께로부터 오는 것입니다.

37) 하나님께서는 우리를 진노하심에 이르도록 정하여 놓으신 것이 아니라 우리 주 예수 그리스도로 말미암아 구원을 얻도록 정하여 놓으셨습니다.

38) Fee의 책, p. 64.

"모든 사람들이 구원받기를 원하신다"는 표현은 하나님의 사랑의 보편성을 설명해주고 있으며, 이러한 입장은 어거스틴, 칼빈을 비롯한 1700년간의 그리스도교 역사에서 간과되거나 변질되어 이어져온 철저한 예정론적 전통에 직접적으로 배치된 것으로 보인다. 결과적으로 어거스틴과 칼빈은 그 표현이 모든 사람들 중에서 '하나님의 선택을 받은 사람들'을 의미한다고 주장하면서도, 이러한 표현의 직접적이고도 분명한 의미를 기피해야만 했던 것이다. 아마도 저자는 '구원을 엘리트(elite)들에게만 제한시키려는 경향이 있던' 당시의 밀교(密敎)적인 영지주의에 반대해서 그러한 입장을 취하고 있는 것으로 보인다.[39)]

또한 저자는 하나님께서 "모든 사람이 진리를 알기를 원하신다"고 기록하고 있다. "진리의 인식", 곧 '진리를 앎'(*ἐπίγνωσις ἀληθείας*)이라는 표현은 그리스도교를 나타내기 위한 목회서신의 공식적인 용어로서, 그리스도교 신앙에로의 개종을 의미하는 것이다. 그러나 이 용어는 본문 속에서 설명되거나, 상세히 규명되지는 않고 있다. 다만 '그리스도교 신앙에로의 개종'이라는 분명한 의미를 가진 문구가 전제되고 있으며, 그래서 디도서 1장 1절[40)]에서는 "믿음"이란 말과 나란히 동등하게 나타나고 있다. 다른 한편으로 그 문구는 디모데후서 2장 25절[41)]과 3장 7절[42)]에서 온전한 구원상태를 나타내주는 말로 사용되고 있다. 특별히 히브리서 10장 26절에서도 이러한 표현이 사용되고 있는데, 그곳에서의 의미

---

39) Hanson의 책, p. 68.

40) 하나님의 종이요 예수 그리스도의 사도인 나 바울은, 하나님께서 택하신 아들의 믿음을 일깨워주고, 경건함 속에 든 진리의 지식을 깨우쳐 주려고 사도가 되었습니다.

41) 반대하는 사람을 온화하게 바로잡아 주어야 합니다. 그렇게 하면 하나님께서 그 반대하는 사람을 회개시켜서, 진리를 깨닫게 하실 수도 있을 것입니다.

42) 언제나 배우기는 하지만, 진리를 깨닫는 데에는 전혀 이를 수 없습니다.

는 기독교를 받아들인다는 형식적(形式的) 수용을 뜻하고 있다. 여기서 '앎'(knowledge)이란 단어는 헬라어 '에피그노시스'(ἐπίγνοσις)를 번역한 것이다. 로크(Lock)는 이 단어를 '지적으로 그리스도교를 받아들이는 것에 대한 문학적 용어'라고 정의하고 있다. '에피그노시스'는 '그노시스'(γνοσις)와 대조되는데, 저자는 디모데전서 6장 20절[43]에서 '그노시스'가 영지주의자들에 의해 자주 사용되었다는 이유로, 이 단어를 저급한 것으로 보고 사용을 피했다고 볼 수도 있다. 도니어(Dornier)의 경우, 이 두 단어를 명쾌하게 구분하고 있는데, '그노시스'는 일반적인 '앎'이라고 정의하고, 반면에 '에피그노시스'는 계시된 '앎'이라고 정의한다.

5-6 저자는 신앙고백적인 내용을 밝히고 있는데, 이것은 예전적인 형식으로 사용되던 문장을 저자가 인용한 것이다. 그래서 바레트(Barrett)의 경우, "한 하나님"이라는 표현이 에베소서 4장 5절[44]에서 인용된 것이라고 이해한다. **하나님과 사람 사이에 중보도 한 분이시니** 라는 표현은 하나의 파격적인 표현이라고 할 수 있다. 많은 학자들이 '메시테스'(μεσιτης—중재자)에 대해서 많은 논의를 거듭해왔다. 그들은 또한 이러한 표현을 통해서 저자가 영지주의의 가현설에 맞서서 "그리스도의 인성"을 강조한 것이라고 주장해왔다.

바울은 단지 갈라디아서 3장 19—20절에서만 이 단어를 사용하고 있는데, 거기서는 '모세'를 의미하고 있다. 그는 율법이 시내산에서 이스라엘 백성들에게 전해지기 위해서는 중재자가 필요했다고 말하고, 이는 곧 당시 적대자들이 가르치는 '율법신앙'의 열등성을 지적하기 위한 것이었다고 한다. 또한 히브리서에서는 '메시테스'가 '그리스도'를 뜻하는 표현으로 세 번(8 : 6[45]) ; 9 : 15[46]) ;

43) 속된 잡담을 피하고 거짓된 지식에서 나오는 반대이론을 물리치십시오.
44) 주님도 하나요 믿음도 하나요 세례도 하나요 하나님도 한분이십니다.

12 : 24[47]) 나타나고 있다. 그러나 거기에서는 '메시테스'가 옛 계약의 중보자인 모세와는 반대적인 '새 계약의 중보자'로서 묘사되고 있다. 목회서신에서의 '메시테스'는 '그리스도'를 의미하며, 목회서신의 저서 자는 그를 하나님과 인간 사이의 중보자로 표현하고 있다.

핸슨(Hanson)은 '메시테스'를 인용하는 기원이 욥기 9장 31-33절[48] (LXX)에서 발견된다고 제시한다. 욥기에 보면, 욥은 비록 자신이 그러한 중보자가 실제로 존재한다고 믿지는 않을지라도, 하나님과 사람 사이에 그러한 중보자가 있었으면 하는 바람을 표현하고 있다. 이러한 이유로 1세기 초대 그리스도 교회의 그리스도인들이 욥을 '그리스도'를 예언한 예언자로 이해한 것과 클레멘트(Clement)가 욥기에 그토록 지대한 관심을 가지고 있었던 것도 그리 놀랄 만한 일은 아니다. 욥이 구했던 것은 인간이 하나님과 협상할 수 있도록 해줄 수 있는 '중재인'(仲裁人/arbitrator)이었다. 그런데 그 중재인이란 '완전한 하나님'도 아니고, 그렇다고 완전한 인간도 아닌, 중성적인(또는 중간적인-neutral) 존재였던 것이다. 이러한 묘사를 본다면 아마도 욥이 생각한 중재인은 아리우스가 이해했던, 충분히 하나님도 아니며, 충분히 인간도 아닌 '그리스도'와 유사할 것이다. 물론 목회서신의 저자가 그러한 결과를 의도한 것은 아니지만, 아리우스가 이해한 '그리스도'는 우리가 목회서신에서 볼 수 있는 중보자-기독론의 논리적인 결론이라 할 수 있다. 또한 대니엘루(J. Danielou)는 목회서신의 저자가 '미카엘'(Mi-

45) 그리스도께서는 더욱 훌륭한 직무를 맡으셨습니다. 그것은 그가 더 좋은 약속을 바탕으로 해서 세우신 더 좋은 언약의 중재자이시기 때문입니다.

46) 그리스도께서는 새 언약의 중보자이십니다.

47) 새 언약의 중재자이신 예수께 나아왔고……

48) 하나님이 나와 같은 사람이기만 해도 내가 그분께 말을 할 수 있으련만, 함께 법정에 서서 이 논쟁을 끝낼 수 있으련만, 우리 둘 사이를 중재할 사람이 없고 하나님과 나 사이를 판결해줄 이가 없구나.

chael)을 하나님과 인간 사이의 중보자로 묘사하고 있는 다니엘서에서 '메시테스'를 인용한 것이라고 주장하기도 했다. 그러나 바울은 결코 이러한 개념을 갖고 있지 않았다. 결론적으로 이러한 표현 형식은 이위일체론(Binitarianism)에 의해 신앙고백적으로 명시된 것이다. 왜냐하면 거기엔 삼위 중 성령에 대한 언급이 빠져 있기 때문이다.

6절에서 **그가 모든 사람들을 위하여 자기 자신을 속전으로 주셨으니**라는 표현은 의심할 바 없이 마가복음 10장 45절의 "많은 사람들을 위한 대속물로 그의 생명을 주신다"라는 구절을 변형시킨 것으로 볼 수 있다. 그래서 디벨리우스는 목회서신 저자가 마가복음 10장 45절을 헬라적으로 채색해서 표현한 것이라고 주장한다.[49)]

기약이 이르면 즉 "적절한 때에"라는 이 표현은 "그리스도의 희생적 죽음은 하나님이 보시기에 좋은 때에 이뤄진 하나님의 약속의 성취"라는 관점에서 이해해야 한다. 켈리(Kelly)는 이러한 언급이 '하나님의 구원사'(救援史)를 의미한다고 이해했다. 녹스(Knox)는 "정해진 때에 그가 그의 증인을 낳았다"라고 설명했다. 도니어(Dornier)는 그것을 '성부와 성자의 사랑'에 대한 언급이라고 이해했다. 브록스(Brox)는 여기서 선재적인(pre-existence) 언급은 없다 해도, 그리스도가 확실히 신적인 위치(divine rank)에 있는 것으로 보인다고 설명했다. 그는 7절에서는 교회가, 4-5절에서는 성부 하나님이, 6절에서는 죽으심을 통해서 그리스도 자신이 증거되고 있다고 설명했다. 또한 그는 여기에 하나님의 구원사적 계획이 암시되어 있다고 덧붙이고 있다.

7 여기에서 저자는 "바울이 전파하는 자, 사도 그리고 믿음과 진리를 이방인들에게 가르치는 교사가 되었다"고 언급하고 있다. 에베소서 3장 7절에서도 이와 비슷한 언급이 나타나고 있는데, 여

49) 디벨리우스의 책, p. 73.

기에서와 마찬가지로 이방선교가 바울의 본래적인 소명으로 강조되고 있는 것이다.[50)]

문자적으로 **전파하는 자**(herald/χήρυχ)는 클레멘스일서 5장 6절에서 바울을 지칭할 때 사용되었으며, 베드로후서 2장 5절에서는 노아가 "의의 파수꾼"(herald of righteousness)으로 지칭되고 있다. 디벨리우스는 이것을 에베소서 3장 7절(여기서 바울은 "하나님의 은혜를 따른 복음의 사도"로 묘사된다)과 비교했다. 트루머(Trummer)는 디모데전서 2장 5—7절을 에베소서 4장 4—7절[51)]과 연관해서 설명하고 있다. 디모데전서 2장 5—6절이 신앙고백적인 성격을 가진 것이 에베소서 4장 4—6절과 유사하고, 디모데전서 2장 7절의 "전파하는 자, 사도, 교사"는 에베소서 4장 7절의 "하나님께서 우리 각 사람에게 그리스도께서 나누어 주시는 선물의 분량을 따라 은혜를 주셨습니다"라는 구절과 연관된다고 여기고 있다. 그러므로 그 말은 단순히 "설교자"(preacher)를 의미할 수도 있다. 헬라 세계에서는 '전파하는 자'(herald/χηρυχ)가 상당한 권위와 명예를 갖고 가능한 한 여러 곳에 전달해주어야 하는 임무를 맡은 사람들을 가리키는 용어로 나타나고 있는데, 곧 '전령'(傳令)의 역할이라고 할 수 있을 것이다. 그러므로 아마도 본절에서의 '전도자'는 제의적이고 예전적인 기능을 지닌 것으로 이해하는 것이 가장 적절할 것으로 보인다.[52)]

저자는 바울을 **이방인의 스승**으로 소개하고 있다. 이렇게 볼

---

50) 디벨리우스의 책, p. 73.

51) 여러분은 부르심을 받았을 때에 한 희망으로 부르심을 받은 것과 같이 몸도 하나요 성령도 하나요 주님도 하나요 믿음도 하나요 세례도 하나요 하나님도 한분이십니다. 그분은 만유의 아버지이시며 만유 위에 계시며 만유를 통해서 일하시고 만유 안에 계십니다. 그러나 하나님께서는 우리 각 사람에게 그리스도께서 나누어주시는 선물의 분량을 따라 은혜를 주셨습니다.

52) 디벨리우스의 책, p. 74.

때, 현재 서신을 읽는 대부분의 독자가 이방인들이라는 것을 짐작할 수 있다. 바울은 그가 살아 있었을 때보다는 죽은 이후에 더욱 사도로 인정받았으며, 현재 목회서신에서도 '사도'로 공인되었는데, 그 이유는 그가 세운 교회들이 목회서신이 기록되던 당시에도 계속해서 발전하고 있었을 뿐만 아니라, 그의 권위와 영향력이 교회에서 널리 인정받았기 때문이다. 바울이 이방 그리스도교 공동체들의 설립자라는 측면을 스피크(Spicq)는 실제로 쿰란공동체를 설립한 '교부'(教父/father)[53]와 비교했다.

또한 저자는 바울을 **믿음과 진리**(*ἐν πίστει καὶ ἀληθείᾳ*)를 가르치는 교사라고 소개하고 있다. 저자는 이러한 표현을 자주 사용하고 있으나, 그 의미가 무엇인지는 분명치 않다. 즉 저자가 의도하고자 하는 것이 "믿음과 진리"를 가르친다는 것인지, 아니면 "믿음직스럽고도 진실되게" 가르친다는 것인지가 불분명하다. 핸슨(Hanson)의 경우, '믿음직스럽고 진실되게 가르친다'라는 의미로 해석하고 있으나,[54] 전후 문맥을 볼 때 아마도 그들에게 '믿음과 진리'를 가르침으로써 모든 이들이 구원에 이르기를 원하시는 하나님의 뜻에 부합하게 한다고 보는 것이 더 적절한 표현일 것이다.

7b절에서 저자는 아마도 로마서 9장 1절[55]을 염두에 두고 "나는 거짓말이 아니라, 진실을 말하고 있는 것입니다"라는 표현을 쓰고 있는 것으로 보인다. 저자는 수신자들이 본문을 읽을 때 좀더 바울의 권위와 그 가르침의 실제적인 생동감을 느끼도록 하기 위해 이와 같이 직접적으로 바울이 사용했던 표현을 인용하고 있는 것으로 보인다.

여기서 "나는…을 말합니다"(*λέγω*)라는 구절은 사본들 속에서

---

53) 핸슨의 책, p. 70. 쿰란공동체에서 그들은 '의의 교사'로서 신적인 권위를 가진 선생들로 여겨졌을 것이다.

54) Hanson의 책, p. 70.

55) "나는 그리스도 안에서 참말을 하고 거짓말을 하지 않습니다."

두 가지로 나타나고 있다. 많은 사본들(D^{c} H K 614 1241 Byz it^{61}…)은 로마서 9장 1절의 '알레데이안 레고 엔 크리스토'(*ἀλήθειαν λέγω ἐν Χριστῷ*)를 연상시키는, '엔 크리스토'(*εὐ Χρίστῷ*)를 첨가했다. 그러나 A D* G P *Ψ* 81 629 1739 it$^{d.g.r.\ 86}$ Vg Syr$^{p.h}$ Cop^{sa,bo}에서 '엔 크리스토'(*ἐν Χριστῷ*)가 첨가되지 않은 본문이 발견되고 있다. 아마도 목회서신의 저자가 로마서의 '그리스도 안에서'를 생략한 것 같다. 또한 다양한 소문자 사본들에서도 본문의 형태가 다양하게 나타나고 있는데, 이는 필사상의 부주의로 여겨진다.

(2) 남자들이 기도할 때 (2 : 8)

8 그러므로 각처에서 남자들이 분노와 다툼이 없이 거룩한 손을 들어 기도하기를 원하노라

¶ 주석

[8] 여기에서 저자는 다시 1절에서 시작되었던 "기도의 주제"로 돌아가고 있다. 저자는 이제 기도자들에게 필요하고 적절한 '태도와 품행'에 관해서 논의하고 있다. 이러한 문제를 논의하게 된 동기는 아마도 거짓교사들과 관련되어 있는 것으로 보인다. 그러므로(*οὖν*)는 8절을 이전의 내용과 연결시켜주고 있다.

각처에서 (*ἐν παντὶ τόπῳ*)라는 이 표현은 많은 학자들에 의해서 말라기 1장 11절[56]을 인용한 것이라고 주장되어 왔다. 로크(Lock)는 이것을 "너희들이 공적인 예배를 위해서 만나는 곳마다"라고 이

56) 각처에서 내 이름을 위해서 분향하며 깨끗한 제물을 드리리니.

해하기도 하고, 또는 '판티'(*παντὶ*)라는 표현을 씀으로써 서신을 기록하는 저자의 지도 아래 있는 모든 교회들에게 이 규칙이 보다 보편적으로 받아들여지게 하기 위한 것이라고 이해한다.[57] 만약 이러한 표현이 말라기 1장 11절의 인용이라면, 그것은 성만찬 기도로 사용된 것이라고 말할 수 있다. 왜냐하면 "이방인들을 위한 열두 제자들의 교훈집"(Didache)에서 말라기 1장 11절은 성만찬에 대한 예언으로 받아들여졌기 때문이다.[58] 그러나 바르트쉬(Bartsch)가 주장하듯, 이 표현은 이미 오래 전부터 사용되고 있던 초대 그리스도교의 교훈적인 내용을 저자가 목회서신에서 인용한 것인데, 그 자료에 이미 말라기 1장 11절이 인용되어 있었다고 생각할 수 있을 것이다.

분노와 다툼이 없이(*χωρὶς ὀργῆς καὶ διαλογισμοῦ*)라는 표현은 빌립보서 2장 14절과 마가복음 11장 25절[59](마 6 : 14)에 나오는 "분노없이"(*χωρὶς ὀργῆς*)라는 말과 관련해서 이해할 수 있을 것이다. 아마도 초대 그리스도인들은 올바른 기도에 관해 가르쳐주셨던 주님의 말씀을 생각하며 기도했을 것이다. "교훈집" 15장 4절에서는 "네가 우리 주님의 복음서에서 찾아볼 수 있는 것처럼 기도를 드리라"는 표현이 나온다. 또 많은 학자들은 "말다툼이 없이"의 의미와 평행문구인 "분노"란 말 때문에 그것이 "분쟁"이나 "싸움"을 의미하는 것으로 이해하고 있다. 로크(Lock)의 경우도 분노와 다툼을 남자 동료 그리스도인들 사이의 일로 이해하고 있다. 그러나 이 말의 의미는 "논쟁", "말다툼"이라고 번역하는 것이 더 적절할 것이다. 즉 저자는 공동체 안의 거짓교사들과 관련해서 그리

57) Lock의 책, p. 30.

58) Hanson의 책, p. 70.

59) 너희가 서서 기도할 때에 어떤 사람과 서로 등진 일이 있으면 용서하여라. 그래야 하늘에 계신 너희 아버지께서도 너희들의 잘못을 용서해주실 것이다.

스도인들이 기도할 때에, 적대자들에게 화를 내거나 그들과 직접 논쟁하지 말라고 권면하고 있는 것이다.

거룩한 손을 들어와 매우 유사한 표현이 클레멘스일서 29장 1절[60]에서도 사용되었다. 그러나 클레멘트가 목회서신을 인용했다기보다는 아마도 목회서신의 저자와 클레멘스서의 저자가 각각 교회의 질서에 대한 동일한 문서를 사용했을 것이라고 보는 것이 더 합당할 것이다. 여기서 말하는 "거룩한 손"은 헬라의 비극작가들에게 있어서는 제의적으로 '순결한 손'을 의미했다. "손"의 순결성에 대해서는 사해 두루마리 IX.15에서도 다루어지고 있다. 이 순결성이 그리스도교 밖의 문화에서는 도덕적으로 해석되고 있다. 기도할 때에 손을 드는 것은 유대교와 초기 그리스도교에서 일반적인 기도 자세였다.[61] 즉 저자는 "거룩한 손을 들고 기도하라"는 표현을 통해서 그리스도인들이 신앙적으로, 도덕적으로 순결한 생활을 하는 가운데 하나님께 기도하라는 것을 권면하고 있는 것이다.

(3) 교회내에서의 여자들의 처신(2：9—15)

9 **또 이와 같이 여자들도 아담한 옷을 입으며 염치와 정절로 자**
기를 단장하고 땋은 머리와 금이나 진주나 값진 옷으로 하지 말고
10 **오직 선행으로 하기를 원하라 이것이 하나님을 공경한다 하는 자**
들에게 마땅한 것이니라 ***11*** **여자는 일절 순종함으로 종용히 배우라**
12 **여자의 가르치는 것과 남자를 주관하는 것을 허락지 아니하노니**

60) 순결하고 더럽지 않은 손을 그를 향해 들고서 영혼의 성결함 속에서 그에게로 나아갑시다.

61) 문서적인 근거로는 다음과 같다：유대교에 있어서는 왕상 8：54；시 63：4；141：2；마카베오하 14：32；필로, Flaccus 121； 초기 그리스도교에 있어서는 특별히 터툴리안, On Prayer 17에 기록되어 있다.

오직 종용할지니라 *13* 이는 아담이 먼저 지음을 받고 이와가 그 후며 *14* 아담이 꾀임을 보지 아니하고 여자가 꾀임을 보아 죄에 빠졌음이니라 *15* 그러나 여자들이 만일 정절로써 믿음과 사랑과 거룩함에 거하면 그 해산함으로 구원을 얻으리라

¶ 주석

저자는 이제 교회내에서의 여자들의 처신문제에 관한 문제를 다루기 시작한다. 이 단락에서는 이런 교훈들이 분명히 예배에 대한 문제를 규정해주고 있지만, 본래는 여자들의 처신과 관련되었던 교훈들로 여겨진다. 특별히 2장 13절 이하에 제시된 내용은 피조물 가운데서의 여성의 위치와 관련된 것이 아니라, 예배를 드릴 때의 여성의 행동규범과 관련된다. 왜냐하면 그 다음에 바로 소개되고 있는 명령들은 일상생활 속에서의 여성들의 일반적 행동들과 관련되고 있기 때문이다.[62] 본문 자체로 보자면, 예배문제와는 관련이 없는 일반적인 권면으로 보일 수도 있으나, 내용적으로 저자가 이미 '예배상황'을 염두에 두고 있는 것으로 보는 것이 더 타당하다.

[9]-[10] 베드로전서 3장 3—5[63]절과 매우 유사하다. 두 본문은 모두 의심할 바 없이 초대 그리스도교에서부터 전승된 '가훈표'에서 인용된 것이다. 베드로전서 3장 3—5절은 구약성서에 나오는 "거룩한 여인들"을 상기시켜 주고 있다.

---

62) 디벨리우스의 책, p. 76.

63) 여러분은 머리를 치장하거나 금붙이를 달거나 옷을 차려입거나 하는 겉치장을 하지 말고 썩지 않는 온유하고 정숙한 마음으로 속사람을 단장하도록 하십시오. 이것이 하나님께서 보시기에 값진 것입니다. 전에 하나님께 소망을 두고 살던 거룩한 여인들도 이와 같이 자기를 단장하고 자기의 남편에게 순종했습니다.

선행으로(δι' ἔργων ἀγαθῶν) 다시 말해서 "착한 행실로"라는 이 표현은 예배에 참석하는 여성들의 가장 아름다운 장식은 화장이나 금이나 진주나 값진 옷으로의 치장이 아니라, 그들이 행한 '착한 행실'임을 강조하는 것이다. 목회서신 저자는 '착한 행실'이라는 표현을 자주 사용하고 있다(딤전 3 : 1 ; 5 : 10, 25 ; 6 : 18 ; 딤후 3 : 21 ; 딛 2 : 7—14 ; 3 : 1, 8, 14). 그러나 바울은 결코 그러한 표현을 사용한 적이 없다. 단지 바울이 사용했던 표현 중 가장 유사한 것은 '착한 일을 하여'(롬 2 : 7)라는 구절이다. 바울서신에서는 '착한 행실'이란 말이 다른 의미를 갖고 있는 데 반해서, 목회서신에서는 그 표현이 항상 순수한 그리스도교의 표식으로 나타나고 있는 점이 두드러진다.[64]

하나님을 공경한다 하는 이 구절은 "하나님을 섬기기로(하나님을 공경하기로) 고백한"(ἐπαγγέλλομέναις θεοσέβειαν)이라는 의미로서 "하나님 공경"(θεοσέβειαν)이란 단어 역시 바울에 의해서는 한 번도 사용된 적이 없다. 오히려 그것은 목회서신을 기록할 당시의 비그리스도교 세계의 종교적 배경에서 자주 사용되던 표현이었다. 로크(Lock)에 의하면 그 단어는 "하나님을 공경한다"는 의미를 가지고 있을 뿐만 아니라, '교회의 예배에 참석하러 나오는 행위'를 언급하는 것이기도 하다. 실제로 필로(Philo)는 '하나님 공경을 고백한 사람들'이라는 표현을 사용하기도 했다. 스피크(Spicq)는 비록 본문에서 교회 안에서의 여성 구성원들의 위치가 제한되고 있다고 해도, 그리스도교는 이미 여성 구성원들에게 당시 유대교보다도, 아니 오늘날의 정통 유대교보다도 훨씬 더 나은 지위를 배려했다고 지적하고 있다. 브록스(Brox)는 여성들이 거짓교사들의 꼬임에 넘어가기 쉬웠기 때문에, 그들을 매우 조심스럽게 제한시켰을 것이라고 추측한다.

---

64) 디벨리우스의 책, p. 78.

11 - 12 9—10절이 여성들의 치장문제에 관해 논의하는 것이었다면, 이 부분은 교회내에서의 여성들의 위치에 관해 언급하고 있다. 스피크는 앞의 절들과의 어떤 논리적 연결고리도 없이 갑자기 11—12절이 등장하고 있는 것은 저자가 이 단락(2 : 9—15)의 본래의 주제, 즉 교회예배 때에 여성들은 어떻게 처신해야만 하는지에 대한 문제로 되돌아가고 있기 때문이라고 믿고 있다. 그러므로 저자는 계속적으로 교회예배 상황을 염두에 두고 있었음에 틀림없는 것으로 보인다.

순종함으로(*ἐν πάσῃ ὑποταγῇ*) 이 구절은 골로새서 3장 18절에서 그 평행구를 찾을 수 있다. 이러한 규정에 관한 한, 유대적인 윤리적 규범과 헬라적인 윤리적 규범이 서로 일치하고 있다. 유대적인 사고에서나 헬라적인 사고에서나 여성은 남성보다 열등하다고 여겨졌다. 그리고 아내의 의무는 그녀의 남편에게 복종하는 것이었다. 에베소서의 저자는 5장 22—33절에서 이러한 주제를 보다 확대시키고 있다. 그러나 디모데전서 2장 11—15절과는 뚜렷한 차이를 보이고 있다. 에베소서는 남편과 아내의 관계를 그리스도와 교회의 관계로 표현하면서 보다 심화시키고, 보다 영적으로 표현하고 있으며, 아내를 사랑하는 것이 남편의 의무라고 말하고 있다. 그러나 여기에는 그러한 언급이 없다. 골로새서에서와 마찬가지로 에베소서에서는 성서적 근거를 창세기 2장 24절에서 찾고 있으며, 전체적인 내용의 연결은 "그리스도를 존경하는 마음으로 서로 순종하라"는 구절에 귀착되고 있다. 그러나 디모데전서 저자는 에덴 동산 이야기에 강조점을 두고 있는 것처럼 보인다. 바꾸어 말하면, 에베소서의 내용은 디모데전서의 내용보다 훨씬 더 심오하고 영적이며 성서적이라고 말할 수 있다.

여자의 가르치는 것과 남자를 주관하는 것을 허락지 아니하노니 오직 종용할지니라 이 구절은 다시 말하면 "나는 여자가 가르치거나 남자를 지배하는 것을 허락하지 않습니다. 여자는 조용히 해야 합니다"

라는 말이다. 여기에서 '남자'는 틀림없이 여자의 남편을 의미하는 것이다. 아마도 저자는 '교회 안에서 가르치는 여자'와 '자신들의 남편에 대해서 권위를 부리는 여자들'을 연결시키고 있는 것으로 보인다. 영지주의자들은 '예배와 설교'에서 여성들이 지도적인 역할을 담당해야 한다고 가르쳤다. 스피크는 고린도전서 14장 34—35절에 근거해서 바로 이러한 표현이 목회서신 중에서 가장 바울적인 표현 중의 하나라고 주장했다. 그러나 고린도전서 14장 34—35절은 후대에 삽입된 것이다. 이러한 주장에는 몇 가지 근거들이 있는데, 특히 바울의 여성관(참조. 갈 3 : 28—30)이나, 바울의 교회 안에서의 여성들의 지도적 위치나, 혹은 여성들이 교회 공중예배에서 기도하는 것이 매우 정상적인 현상인 것으로 확신하고 있는 고린도전서 11장 5절과 일치된다고 보기가 힘들기 때문이다. 그래서 오히려 누군가에 의해서 후대에 고린도전서 14장 34—35절을 목회서신의 교훈과 일치시키기 위해서 삽입한 첨가라고 제안되기까지 했다.

그러나 핸슨(Hanson)은 이러한 견해가 너무 추리적이라고 반박하면서, 여전히 르메이어(A. Lemaire)의 전통적인 입장을 소개하는데 그친다. 그는 고린도전서 14장 34—35절[65]을 바울의 내적 사상 변화에 기인한 것이라고 설명한다. 그러므로 목회서신의 저자가 단순히 2장 11—12절에서 그의 신앙적 지주인 바울에게 충실하고 있다고 말할 수 있다는 것이다. 그러나 여기서 저자가 일반적인 남녀 종속관계를 논의하고 있는 것으로 보이지는 않는다. 바울 이후의 교회들은 예수와 바울에 의해 과격하게 부정되었던 세상의 질서, 특히 여성의 낮은 지위에 대한 관례를 다시 받아들였다고 보아

---

65) 여자들은 교회에서 잠잠하십시오. 여자에게는 말하는 것이 허락되어 있지 않습니다. 율법에서도 말한 대로 여자들은 복종하시오. 배우고 싶은 것이 있으면 집에서 자기 남편에게 물으십시오. 여자가 교회에서 말하는 것은 자기에게 부끄러운 일입니다.

야 한다. 물론 이때에 고린도전서 11장 2—16절과 14장 34—35절도 삽입되었을 것이다. 그러므로 "나는……허락하지 않습니다"라는 구절은 저자가 그 당시의 교회의 상황을 염두에 두고 말하는 것으로 이해해야 한다. 그러므로 '이 구절들이 과연 모든 시대의 상황에 적용될 수 있는가' 하는 해석학적인 문제는 아직도 논란중에 있다. 신약성서의 다른 내용은 다 문자적으로 받아들이지 않으면서도 이러한 구절들만 문자적으로 그리고 절대적인 것으로 주장하는 사람들은 성서에 대해서 뭔가 잘못 이해하고 있는 것이다.

13—15 저자는 여기에서 자신이 위에서 말한 내용들의 성서적 근거에 대해서 설명하고 있다. 이 내용은 바울서신에서도 자주 대할 수 있는 일종의 구약에 대한 하가다(Haggada)이다. 여기서 저자는 하와가 어떻게 유혹을 당했고 타락했는가에 관심을 두고 있다. '하와가 속았다'는 사실에 대해서는 그때 이미 유대교에서 오랜 동안 많은 사변적인 해석들이 있어 왔다. 서신의 저자는 분명 그러한 전승들을 알고 있었음에도 불구하고, 여기에서는 그러한 전승들을 언급하지 않고 있다. 그는 단지 '하와가 속았다'라는 사실에만 관심을 두고 있는 것이다. 이러한 내용은 고린도전서 11장 2—3, 14절에서도 다루어지고 있다. 그 본문은 목회서신의 본문과 거의 같은 시기의 저작이라는 것을 앞에서 밝힌 바 있다.

고린도후서에서 바울은 고린도 교회를 그리스도께 시집보내려는 처녀로 비유하고 있다. 그렇기 때문에 그는 사탄이 그들을 속일까봐 염려한다고 언급한다. 그는 사탄도 자신을 빛의 천사로 속인다는 신화를 알고 있었음을 나타내고 있다. 그러나 바울과 목회서신의 저자의 견해는 몇 가지 차이점을 나타내고 있다. 다시 말해서 목회서신 저자는 고린도후서에 나타난 본문을 바울과는 달리 신학적으로 변형시키고 있다.

첫째, 브록스(Brox)가 지적했듯이, 목회서신 저자는 아담이 하와

보다 먼저 창조된 사실을 남성이 여성보다 우월하다는 증거로 제시한다. 후대의 삽입구인 고린도전서 11장 8－9절에서도 비슷한 입장이 천명되고 있다.

둘째, 저자는 여성이 선천적으로 남성보다 속기 쉬운 존재라는 결론을 내린다. 그 점은 유대교와 헬라적 사상에서 공통된 개념이다. 그러나 이러한 견해는 바울의 이해와 동일한 것 같지는 않다. 왜냐하면 그는 아담 역시 속임을 당한 것으로 묘사하고 있기 때문이다(롬 7：11[66]). 목회서신의 저자는 여자가 속아서 범죄자가 되었다는 것을 의미하고 있다. 그러나 여기서 다시 바울은 목회서신 저자와 일치하지 않는데, 그는 원죄가 불순종이었다고 생각하기 때문이다(롬 5：15[67]).

셋째, 목회서신 저자는 아내와 어머니로서의 일상적인 의무수행을 통해서 구원받을 수 있다고 믿었다. 그러나 바울의 구원관은 여기에 전혀 일치하지 않는다. 왜냐하면 그는 인간의 어떠한 노력이나 행위, 공적으로도 구원에 이를 수 없다고 여기기 때문이다. 그와 같이 우리는 이러한 짧은 구절들 속에서도 바울과 목회서신 저자의 신학적 관심의 차이를 분명하게 지적해낼 수 있다. 목회서신의 저자가 바울의 영향 아래 있었음에도 불구하고 이러한 신학적 관심의 차이가 나타나고 있는 것은, 아마도 후대의 공교회가 가지고 있던 삶의 자리를 기초로 해서 '사회적/역사적으로' 설명되는 것이 가장 적절할 것이다.

스피크는 15절을 일종의 주석이라고 여긴다. 홀츠(Holtz)는 이 구절들과 고린도전서 14장 34－35절 둘 다를 비바울적인 것이라고

---

66) 죄가 그 계명을 통해서 틈을 타서 나를 속이고 또 그 계명으로 나를 죽였습니다.

67) 하나님께서 은혜를 베푸실 때에 생긴 일은 한 사람이 죄를 지었을 때에 생긴 일과 같지 않습니다. 한 사람의 범죄로 많은 사람이 죽었으나 하나님의 은혜와 예수 그리스도 한 사람의 은혜로 말미암은 선물은 많은 사람에게 더욱더 넘쳤습니다.

주장했다. 또한 이에 관해서 최근의 많은 성서학자들도 바울이 고린도전서 14장 34—35절을 쓰지 않았다고 확신하고 있다. 왜냐하면 33절이 36절과 더 자연스럽게 연결된다는 점, 그 권고내용이 창조질서나 그리스도교의 복음, 심지어는 바울의 신학적 입장과는 상이하다는 점, 그리고 바울이 기록하지 않은 디모데전서 2장 11—15절과 일치하고 있는 것으로 미루어서, 후대에 바울의 제자들이 반—여성적 입장의 사회통념을 받아들여 삽입시켰다고 보는 것이다.[68)]

그러나 중요한 것은 왜 서신의 저자가 바울이 쓴 내용을 변형시켰는가라는 문제다. 아마도 영지주의적 교사들은 결혼이 사탄에 의해서 만들어진 것이라고 주장했을 것이다. 또한 이 세상에 태어났다는 것은 곧 저주를 받은 것이라고 가르쳤을 것이다. 그러나 목회서신 저자는 이와 같은 거짓교사들의 주장에 반대해서 오히려 출산과 출생으로부터 시작되는 구원의 과정을 언급하고 있는 것이다. 더 나아가 저자는 여성이 가정에서 아내와 어머니로서의 일상적인 책임수행을 통해서도 구원을 얻을 수 있다고 믿은 것이다.

해산함으로 구원을 얻으리라 다시 말해서 "아이를 낳음을 통해서 구원을 받을 것입니다"라는 표현에서, 어떤 학자들은 기독론적인 언급을 유추해내기도 한다. 즉 마리아는 하와에 비유하고 그리스도는 아담에 비유하는 것인데, 이와같이 이해하는 대표적인 사람으로는 이레니우스(Irenaeus)가 있다. 그런데 재미있게도 젭(S. Jebb) 같은 학자는 "여자는 헌신적으로 아이를 낳아 기름으로써 남편을 지배했던 오류로부터 구원받을 수 있다"라고 주장했다. 그러나 이러한 가능성을 이야기하기에는 12절과 15절이 너무 떨어져 있다고 여겨진다. 가장 자연스러운 설명은 여자는 연약하고 속기 쉬운 존재이기 때문에 사회나 교회에서의 특별한 지위나 행동보다

68) 박익수, 『고전 III, 우리 성서교재』(서울 : 성서와 문화연구소, 1989), p. 55—56.

는 남편에게 복종하며 가정에서의 일반적인 책무를 잘 감당하면서도 구원받을 수 있다는 것이다. 다시 말해서 남편과 자녀에 대해 애착을 가져야 하는 그녀의 자연스러운 책무를 인정했다는 것이다.

또한 "만약 그들이……계속한다면"은 또 다른 문제를 소개하고 있다. 그렇다면 그들은 누구인가? 어떤 학자들은 결국 아이의 출산을 위해 서로 협력해야 하는 남편과 아내에 대한 언급으로 받아들인다. 그러나 저자가 여기서 아담의 구원을 언급하는 것은 아니므로 '여성들'로 이해해야 더 자연스럽다. "구원받을 것이다"(*σωθήσεται*)라는 표현은 단수로 되어 있다. 이러한 문법적 불일치에 대해서 바르취(Bartsch)는 저자가 교회질서에 관한 자료—전승들로부터 이러한 내용들을 인용하고 있기 때문에 15절에서는 복수형을 사용하고 있다고 주장한다. 아마도 전체 내용의 모델이 되고 있는 유대적인 교훈은 이런 사상을 좀더 분명하게 표현하고 있었을 것이다. 또한 "죄"(*παραβάσις*)라는 말이 언급되고 있기 때문에 하나님의 진노로부터 구원받는 문제가 긴박한 질문이 되고 있다. 그 대답은 "해산하는 일을 통해서 구원받을 것이다"가 될 것이다. 그 말은 "하와"를 가리키는 것이 아니며, 또한 모든 여인들을 가리키는 것도 아니고, 다만 조건절이 보여주고 있는 바와 같이 그리스도인 여자를 가리킨다. 그러므로 15절의 공동번역의 본문은 보다 올바른 이해를 하도록 도와줄 것이다 : "그리스도인 여자는 자녀를 낳아 기르면서 믿음과 사랑과 순결로써 단정한 생활을 계속하면 구원을 받을 것입니다."

¶ 신학적 문제

a. 교회 밖의 사람들에 대한 관심

1—2절에 의하면, 하나님께 기도해야 할 대상이 언급되고 있다. 저자는 무엇보다도 "모든 사람들과 왕들과 권세있는 모든 이들"을 위해 기도하라고 권면한다. 우리는 여기서 "모든"이라는 말이 두 번이나 쓰이고 있고, 또한 6절에서도 사용되고 있음을 볼 수 있다. 이처럼 1—6절에서 "모든"이 세 번이나 사용되고 있는 것은 저자가 갖고 있는 구원의 보편적 시각을 보여주는 것이다. 이러한 구원의 보편성은, 밀교화하려는 거짓교사들의 영지주의적 경향에 반대해서, 세상에서의 한 종교로서의 공교회의 당당함을 보여주는 것이다.

특히 "모든 사람들과 왕들과 권세있는 모든 이들"을 위해 기도하라는 규정과 그 근거에 관해 언급하는 것은 교회 밖의 세상에 대한, 그리고 이 세상 속에서 그리스도인들이 좋은 평판을 얻는 데 대한 제도화된 그리스도교의 관심을 반영한다. 로마 제국 안에서 세계종교로서 자리를 잡아가기 시작한 공교회는 세상에서 계속 예수 그리스도를 증거할 사명을 갖고 있었기 때문에, 로마 제국 당국은 물론, 교회 밖의 세상과의 관계를 반드시 고려해야만 했다. 그러므로 제도화되는 교회의 문서들에는 자연히 당국, 즉 통치자들과 왕들에 대한 관심은 물론, 세상에서의 그리스도인들에 대한 좋은 평판과 "교회 밖에 있는 사람들"에 대한 관심이 나타난다(참조. 딤전 2 : 1—6 ; 딛 2 : 7—8 ; 3 : 1—2 ; 벧전 2 : 11—17).

b. 바울 이후의 교회에서의 여성의 위치(딤전 2 : 9—15)

2장 9—15절에는 여성들을 위한 여러 지시사항들이 나오고 있는데, 이는 예배를 위한 규정이라고 할 수 있지만, 본래는 여성들의 일반적인 행동규범과 관련되었던 것으로 보인다. 이는 예수나 바울이 규정하고 가르친 여성들의 위상과는 일치되지 않는다. 그러나 본문에서 이러한 방식으로 여성들에 관한 문제를 다루고 있는 이유는 목회서신 저자가 전제하고 있는 것이 그레코-로만 세계의 일반적인 사회규범, 특히 헬레니즘계 유대교 관습이었기 때문이다.

여성에 대한 예수와 바울의 태도는 당시의 일반적인 사회규범과 유대교 관습과는 전연 다른 것으로 가히 혁명적이었다. 그들은 여성에게 굉장히 긍정적이었고, 여성이라고 해서 남성과 어떠한 차별도 인정하지 않았으며, 오히려 동등성을 적극 주장했다. 실제로 복음서에는 예수가 여인과 만나는 십여 차례의 경우가 전승되고 있으며, 예수가 여인을 이야기의 주인공으로 삼은 예도 많다(눅 18 : 2-5 ; 막 12 : 41이하 ; 7 : 24-30 등). 그리고 예수가 사용한 언어에서도 여성과 관련된 언어가 많으며, 가부장적 사회구조에서 결정적 역할을 하는 권위를 거부하는 발언도 볼 수 있다(마 23 : 1이하). 바울의 경우는 남녀평등에 대한 가르침(갈 3 : 28-30 ; 고전 7 : 1-4), 그의 교회에서의 여성들의 지도적인 역할, 그리고 공중예배 때 여성들이 기도하는 것이 자연스럽게 받아들여지고 있고, 또한 선교지역내에서 여성들이 가르칠 수 있었던 것 같다(행 18 : 26).

그러나 바울서신에서 후대의 삽입구로 확실시된 본문들(고전 11 : 2-26 ; 14 : 34-5)에는 유대교의 규율에 입각해서 여성들의 차별을 거론하는 것이 발견된다. 목회서신에 와서는 본문의 전체적인 모델이 유대교의 여성관과 기원 2세기의 그레코-로만 세계의 여성관이 그대로 반영되고 있음을 알 수 있다. 교회가 세상에서의 한 기관으로, 하나의 새로운 세계종교를 지향하고 제도화되면서 당시 그리스도교가 처해 있던 사회의 통념과 관습을 정면으로 부정하기보다는 다시 받아들이는 문제가 중요시되었을 것이다. 예수나 바울의 가르침은 이미 제도화된 교회에서는 거의 무의미해지게 되었으며, 오히려 당시의 유대적인 교훈과 사회적 통념이 중요하게 취급되어야만 했다. 본래 그리스도교가 처음 예수에 의해 팔레스타인의 한 급진적 개혁운동으로 태동되었을 때와 바울에 의한 이방선교 교회 공동체 운동 때만 해도 성차별은 없었다. 그러나 2세기 중엽에 들어서면서 교회가 제도화되고 로마 제국내에서 발전되고 확산되는 상황에서 일반적인 사회적 통념은 결코 무시될 수 없었다. 무시될 경우 그리스도 교회는 세상과 정면으로 맞서야 하는데, 이때 교회의 확산과 세계화에는 커다란 장애를 유발하게 될 것임은 분명했다. 그러기에 유대전승과 헬라 세계에서 당시 일반적으로 지켜졌던 성차별의 교훈이 교회내에도 들어오게 되었고, 예배를 위한 규정으로서 중요한 목록으로 자리잡게 되었던 것이다.

목회서신 저자가 창조질서를 견지하려는 입장을 취하고 있는 것을 볼 수 있는데, 이는 당시 교회내에서 물의를 일으키던 여성들(딤전 5 : 3—16 ; 딤후 3 : 5—9)에 대한 해결책으로서 저자가 유대교 전승을 도입한 것이라 생각되며, 또한 영지주의로부터의 위험에서 교회를 보호하기 위한 조치로서 취해진 것이라 본다. 당시 상황은 영지주의자들의 모임에서 결혼하지 않은 처녀들이 특권적인 지위를 가지고 있었으며, 특히 디모데후서 3장 6절은 여인들이 목회서신의 반대자들 가운데서 어떤 역할을 담당하고 있었는가를 잘 보여주고 있다. 저자가 밝힐 수 있는 거짓 가르침들 중의 하나는 "그들은 결혼을 금한다"(딤전 4 : 3)는 것을 들 수 있다.

이렇게 볼 때, 본문이 목회서신 저자의 여성에 대한 편협한 사고방식에서 발원한 진술이라고 하기는 어려우며, 동시에 여성해방의 논의선상에서 타도되어야 할 성서본문으로 간주되어서도 안된다. 본문은 본문 자체로서 당시 교회상황 속에서 읽혀질 때 타당한 근거를 갖게 된다. 그러므로 본문이 현대적 상황에서 적용될 때 여성의 사역을 제한시키려 한다든가, 여성에 대한 남성의 우월을 주장하기 위한 것으로 사용되어서는 안된다.

우리는 목회서신의 여성관을 당시의 교회상황 속에서 다시 읽어볼 것이다. 디모데전서의 내용을 크게 두 가지로 나누어 본다면, 하나는 교회규범에 관한 것이고, 다른 하나는 이단들에 대한 것이다. 그중 오늘의 본문은 교회규범에 관한 첫번째 내용이 되고 있다.

본문내용 가운데 세상의 통치자들과 권세자들에 대한 기도, 구원의 보편성, 교회내에서의 여성들의 제한된 지위문제 등은 오늘날까지도 많은 논란이 있어 왔다. 그러나 한 가지 주의할 점은 성서의 권위를 인정한다는 구실로 본문 자체를 그대로 우리의 현실에 대입시키려는 행위일 것이다. 오늘날 교회 구성에 있어서 70퍼센트가 넘는 여성들에게 성서의 본문대로 '잠잠하라'고만 한다면, 과연 선교와 교회봉사 등이 그토록 열심으로, 또한 자발적으로 가능할까? 오늘 우리가 다룬 본문의 경우, 얼핏 보면 그대로를 현실에 적용하는 것이 성서적인 것처럼 보이지만, 그러나 오히려 그것은 성서적임을 가장한 '비성서적'인 태도일 것이다. 아마도 적용에 있어서 가장 적절한 이해는 본문주석에서 다루었듯이 본문이 어떠한 상황에서 주어졌으며, 그 상황에서 어떠한 해결책을 제시했는가를 문제삼아야 할 것이다. 즉 남녀 모두 자신들에게 하나님께서 믿음의 분량을 따라 할당해주신 직무와 역할, 의무 등을 충실히 실천해야 할 것이다.

특별히 내용적으로 볼 때, 본문은 "모든"이라는 말을 자주 사용함으로써 하나님의 구원의 보편성을 나타내고 있다. 오늘날 교회는 구원의 범위를 점점 넓히기보다는 오히려 그 범위를 제한하고 좁히려는 경향을 보게 된다. 구원은 보편적이어야 하고 교회도 보편적이어야 할 것이다. 모든 이들을 사랑하시고 모든 이들이 구원받기를 원하시는 하나님은, 우리의 하나님일 뿐만 아니라 모든 인류의 '하나님'도 되시는 것이다.

c. 딤전 2 : 9-15과 여성의 위치

인류가 시작된 이래로 지속되어온 가부장제 이데올로기는 모든 이들로 하여금 그렇게 순응하며 살게 만들었다. 그렇기에 오늘날 가부장적 세계 안에서 살아가는 많은 사람들은 여성이 사회적 지도력을 가지는 것에 대해 반감을 가지며, 이를 거부하고 있다. 이것은 단지 사회정치 세계 안에서의 현상만이 아니다. 하나님의 "차별없는" 구원사건의 증인들이 함께 모여 있는 교회공동체 안에서조차도 여성은 현실적으로 지도자의 역할을 담당하기가 어렵다. 오히려 교회여성들은 그 어느 여성들보다 잠잠히 침묵하면서 복종하고 봉사하도록 강요받고 있을 뿐이다.

한국에서는 최근에야 몇몇 교단에서 여자에게 목사직과 장로직을 허락했을 뿐이며,[69] 대부분의 교단에서는 여전히 여성성직을 거부하고, 여성이 남자와 같이 평등한 위치에 서서 지도력을 발휘하는 것을 반대하고 있다. 그런데 재미있는 것은 교회여성의 지도력을 거부할 때, 그 근거를 성서의 구절들로부터 끌어내고 있다는 점이다.[70] 과연 그 성서본문들은 여성의 지도자적 위치와 사회적 지도력을 거부하고 있는 것일까? 바울 이후에 목회적 차원에서 쓰여진 목회서신들 중에 여성을 더욱 비하시키고 여성의 성직을 거부하는 것처럼 보이는 디모데전서 2장 9—15절을 여성신학적 입장에서 살펴보자.[71]

여성을 열등한 존재로 비하하고 여성의 성직을 반대하는 사람들은 이 본문으로부터 다음과 같은 논리를 끌어내고 있다. 1. 여자는 남자보다 나중에 지음받았으므로 남자보다 열등하며, 여자가 속임을 당해 죄에 빠졌으므로 여자는 원죄의 근원이다. 2. 그 때문에

---

69) 안상님, 『여성신학 이야기』(서울 : 대한기독교서회, 1992), p. 275.

70) 한국에서 여성안수를 부결하는 데 큰 공헌을 한 것은 "여자는 잠잠하라"(고전 14 : 34—35)는 구절과 "여자는 가르치지 말라"(딤전 2 : 11—12)는 구절이었다. 안상님, 『여성신학 이야기』, pp. 253—257 참조 ; E Margaret Howe, *Women and Church Leadership*, 김화자 역, 『여성과 성직』(서울 : 도서출판 엠마오, 1990), pp. 44—46 참조.

71) 최영실, "성서는 여성의 사회적 지도력을 거부하는가?" 성공회대학논총 제6호(1992, 11월), p. 88.

여자는 가르치는 일을 해서는 안되고 남자에게 순종하며 배워야 한다. 3. 여자는 감독이나 목사, 장로가 될 수 없으며, 단지 여집사로서 봉사하는 일만을 해야 한다. 4. 여자는 집안에서 아이를 낳고 정절을 잘 지킴으로써만 구원을 얻을 수 있다.[72]

그러나 우리는 여기서 과연 디모데전서 2장 9—15절이 여성을 차별하고 비하시키고 있는 사람들의 주장을 정당화시키기에 충분한가를 검토해야만 한다. 목회서신이 기록되던 당시의 종교·문화적 정황은 제국 안에서 종교와 문화의 혼합주의적 성향을 강하게 띠고 있었다.

헬라 도시들에는 헬라 여신을 숭배하는 큰 사원들이 있었으며, 사원의 여자 사제들은 황홀경에 빠져 들어 남자들에게도 신탁의 예언을 해주며 많은 남자들과 성행위를 갖기도 했고, 사치하고 성적으로 문란한 생활에 빠져들었다. 또 여자들 중에는 경제적으로나 정치적으로도 좋은 입장에서 남자를 가르치며 지배할 뿐 아니라, 권력을 이용해서 서슴지 않고 남자들을 단죄하는 여자들도 있었다.[73] 특히 영지주의적인 방종에 빠져든 여자들이 자녀와 남편을 버리고 성적으로 문란한 생활을 함으로써 많은 가정이 파괴되기도 했다. 젊은이들은 나이많은 사람들을 멸시하며 송사하고(딤전 5 : 1—2, 19—20), 종들은 가혹한 주인에게 반기를 들기도 했다(딤전 6 : 1).[74]

그런데 교회 안에는 당시에 성행하던 이방종교의 영향을 받은 '거짓교사들'이 '거짓 가르침'으로 남녀 교인들을 미혹해서 저들을

72) 채필근, 『선교 70주년 기념 신약성서 주석 디모데전후서 디도서』(서울 : 대한기독교서회, 1972), pp. 57—60은 이 단락이 '남자의 우위성'을 주장한다고 하면서 위와 같은 논리를 끌어낸다.

73) 마르틴 디벨리우스, 『요한서신 & 목회서신』, 국제성서주석, 김득중 譯(서울 : 한신연, 1989), p. 79.

74) E. S. 피오렌자, 『크리스천 기원의 여성신학적 재건』(서울 : 종로서적, 1986), p. 356 참조.

그리스도교의 '복음'의 진리에서 떨어져 나가게 만들고 있었다(딤전 1 : 19 ; 딤후 2 : 16—18). 남자 그리스도인들 중에는 한편으로는 기도를 드리면서도 한편으로는 세속의 분노와 다툼을 일삼은 자들도 있었다(딤전 1 : 8). 영을 받았다고 자처하는 자들은 방종한 자유사상에 빠져들어, 교회의 지도적 위치에 있는 사람들조차 여러 아내를 소유하고 술을 즐기며 부를 탐하고 가정을 잘 다스리지 못했다(딤전 3 : 2—5).

특히 교회의 여성 그리스도인들은 거짓교사들의 가르침에 속아 많은 문제를 일으켰다. 디모데후서 기자는 당시 여성들이 "여러 가지 정욕에 이끌려 죄를 거듭하고, 배우기는 하지만 진리를 깨닫지 못하였다"(딤후 3 : 6)고 말한다. 그리고 이것은 거짓교사들이 "남의 집에 들어가서 어리석은 여자를 유인했기" 때문이며, "여자들이 그들에게 속임을 당했기 때문"(딤후 3 : 6)이라고 한다. 당시 여성 그리스도인들의 행동을 보면 저들은 "머리를 꾸미고 금과 진주로 장식하고 화려한 옷을 입고"(딤전 2 : 9—10), "술의 종이 되고"(딛 2 : 3), "저속한 신화에 빠져들고 있었다"(딤전 4 : 7). 과부들 중에는 이미 정욕에 끌려서 곁길로 나갔거나 다시 결혼한 '과부들'이 있었다(딤전 5 : 5—16). 그리고 공동체의 여자들도 이방종교의 여사제들처럼 황홀경에 빠져 남자를 가르치고 지배했으며(딤전 2 : 11), 성적인 방종에 빠져 가정을 파탄에 빠뜨리고 있었다(딤전 3 : 4—5).

저자는 바로 이러한 상황에서 교회의 남녀 교인들에게 바울이 가르친 그리스도교 '복음'의 '건전한 교훈'을 일깨운다(딤전 1 : 1—20). 그리고 교회의 남녀, 그리스도인들 모두가 '거짓교사들'에게 미혹되지 않고(딤전 6 : 2—21), 그리스도인으로서의 '선한 일'을 하면서 "조용히 살아가게 하려고"(딤전 4 : 16) 이 편지를 쓰고 있는 것이다.

2 : 9—10, "마찬가지로 여자들은 옷을 입을 때에 단정하며 합당한 것으로 자신들을 장식하고, 꼬은 머리나 금과 진주와 값비싼 의

복으로 장식하지 마십시오. 오히려 하나님을 공경하는 여자들에게 적합한 것은 선한 일들을 통하여 장식하는 것입니다." 이제 저자는 "마찬가지로"라는 부사를 사용해 앞에서 남자들에게 권면한 것처럼 여자들에게도 마찬가지로 거짓교사들의 가르침에 물들지 말고 그리스도인으로서의 '선한 일들'을 하라고 요구한다.[75]

2 : 11－12, "여자는 (내가 가르친 가르침에) 순종하면서 조용히 배우십시오. 내가 허락하는 것은 여자가 남자를 가르치는 일이나 지배하는 일이 아니라, 조용하게 생활하는 것입니다." 저자는 '선한 일들'에 관련시켜 여자에게 "조용한 가운데 모든 순종에서 배우라"고 권면한다. 그런데 저자는 왜 이렇게 공동체의 여자들에게 그리스도교의 '건전한 가르침'에 순종하여 "남자를 가르치거나 남자를 지배하지 말고 오히려 조용한 생활을 하라"고 할까? 그것은 당시의 특수한 상황에서 비롯되었다. 당시 교회의 여성 그리스도인들 중에는 '거짓교사들'의 꼬임에 빠져, 영을 받았다고 자처하는 여자들이 이방종교의 신당 여사제들처럼 열광주의에 빠져 황홀경에서 예언을 하고 성적으로도 문란한 생활을 하면서, 자신의 남편을 가르치며 지배하려고 하는 일이 많았던 것 같다. 그 때문에 많은 가정이 파탄에 이르게 되었다.[76] 저자는 바로 이러한 상황에서 공동체의 여성 그리스도인들에게 거짓교사의 가르침에 속아 "남자를 가르치거나 남자를 지배하여" 가정을 파괴하지 말 것을 권고하고, 그대신 여자들이 그리스도교의 "가르침에 순종하여"(딤전 2 : 11), "조용하고"(딤전 2 : 12) "선한 행동"을 함으로써, 그리스도인으로서 "책망받을 만한 일이 없도록 하라"(딤전 6 : 11－14)고 권면

---

75) 저자는 여자들에게 이것을 요구하기 전에, 당시의 구체적인 상황과 관련시켜 먼저 공동체의 남자들에게 그리스도인으로서 수행해야 할 '선한 일들'(딤전 2 : 1－8)을 요구했다.

76) 루이제 쇼트로프, "예수를 따른 신약시대의 여성들," 『여성해방을 위한 성서연구』, 김윤옥 편, pp. 179－192의 '기원 1세기 로마 제국 사회에서 여성의 상황에 대하여' 부분 참조.

하고 있는 것이다.

2 : 13－14, "왜냐하면 아담이 먼저 지음을 받았고 그 다음이 이브이며, 또한 아담이 속임을 당한 것이 아니라 여자가 속임을 받아 범죄하게 되었기 때문입니다." 저자는 여자들이 그렇게 해야 하는 이유를 창세기의 창조기사로 뒷받침하는 것처럼 보인다. 그러나 저자가 인용하고 있는 이 보도는 창세기의 본문과는 거리가 멀다. "아담이 먼저 지음을 받았다"는 기사는 단지 창세기 2장에 있을 뿐, 창세기의 타락설화에 의하면 여자만 속임을 받아 죄에 빠진 것이 아니다. 여자와 남자는 모두가 하나님의 명령을 어기고 죄를 지었으며 그 때문에 남자와 여자 모두가 하나님으로부터 벌을 받는다. 또 여자로부터 인류의 죄가 시작되었다는 진술은 결코 역사적 사실을 보도하는 말이 아니다.[77] 바울에 의하면, 오히려 인류의 죄는 여자가 아니라 아담에 의해 시작되었다(롬 5 : 12－21).

그런데 저자가 진술하고 있는 이 내용은 사실상 저자 자신의 것이 아니라, 당시의 유대교의 가르침으로부터 온 것이다. 유대교는 당시의 여자들이 영지주의의 영향을 받아 남자보다 더 우위에 서서 남자를 지배하는 것을 악으로 규정했다.[78] 그리고 여성을 비하시키기 위해 "여자는 나중에 지음을 받은 열등한 존재"이며, "여자가 속임을 받고 죄를 지었기 때문에 죄가 시작되었다"는 교리와 교설을 만들었던 것이다.[79]

---

77) Phyllis Trible, "Eve and Adam : Genesis 2－3 Read," ed. Carol. Plaskow, *WOMAN SPIRIT RISING. A Feminist Reader in Religion* (New York, Hagerstown, San Francisco, London : Harper & Row, 1979), pp. 74－78.『여성들을 위한 신학』, pp. 150－164 참조.

78) 마르틴 디벨리우스,『목회서신』, 79쪽, 주 60에서 재인용. E. S. 피오렌자,『크리스천 기원의 여성신학적 재건』, 313－319쪽에도 이와 유사한 글들이 많이 인용되어 있다.

79) Walter Lock, *The Pastoral Epistles, A Critical and Exegetical Commentary* (Edinburgh : T & T. Clark, 1978), pp. 33－34.

저자는 왜 여기에서 "여자가 속임을 받아 죄를 짓게 되었다"는 유대교의 교리를 그대로 인용하고 있는 것일까? 그것은 특별히 그 당시 교회의 그리스도인들 중에 거짓교사들의 꼬임에 빠져 죄를 저지른 여자들이 많았기 때문일 것이다(딤후 3 : 6－7). 저자는 여기에서 원죄의 기원을 말하고 있는 것이 아니다. 저자는 단지 당시의 상황과 관련해서 "여자가 속임을 받아 죄를 짓게 되었다"는 유대교의 교리를 이용함으로써, 공동체의 여성 그리스도인들이 거짓교사들의 가르침에 속아 죄에 빠져들고 있음을 지적하고, 여자들이 더 이상 거짓교사들에게 속임을 받지 않도록 하려는 것이다. 저자가 여기에서 원죄의 기원과 여성의 본질을 말하는 것이 아니라는 사실은, 저자가 "여자가 속임을 받아 범죄에 이르게 되었다"(딤전 2 : 14)는 유대교의 교리를 인용한 후, 바로 다음절인 15절에서 그 여자들이 어떻게 구원에 이르게 되는지를 말한 데서 더욱 분명히 드러난다.[80]

2 : 15, "그러나 해산을 통하여 만일 그들이 건전한 판단으로 믿음과 사랑과 거룩함에 머문다면 그녀는 구원을 받을 것입니다." 저자는 속임에 빠진 여자가 어떻게 구원에 이르게 되는지를 말한다. 우리는 저자가 사용하고 있는 "해산을 통해서"가 실지로 여자가 아이를 낳는 해산을 뜻하는지, 혹은 그 다음 문장과 관련하여 "믿음과 사랑과 거룩함에 거하는" 일을 한다는 해산인지에 관해 우선 물어야 할 것이다. 만일 주어 없이 사용된 "해산을 통해서"가 여자의 해산을 뜻한다 하더라도, 그것은 전적으로 "여자가 애나 낳고 가정을 잘 돌볼 때 비로소 구원을 받는다"는 것을 뜻하지는 않는다. 저자는 당시의 이방종교들이 여자의 해산을 불결하고 저주스러운 것으로 말하고 있던 것과는 대조적으로 여자의 해산을 긍정적으로 평가하면서, 여자들이 '믿음과 사랑과 거룩함에 머무는' 선한 행동을

80) 최영실, 『성서는 여성의 사회적 지도력을 거부하는가?』, p. 101.

하는 것과 연결시켜 2장 15절에서 여자들이 구원에 이르게 되는 길을 말한 것이다.

우리말 새번역 성경과 공동번역 성경은 모두 디모데전서 3장 1a절을 뒷문장에 연결시켜 번역하고 있다. 그 때문에 감독직을 바라는 일은 선한 욕망이며, 이 말은 신실하다는 뜻으로 해석되고 있다. 이 문장은 목회서신에서 5회 사용되고 있는데, 모두 앞문장에 연결되고 있으며, 하나님의 구원사적 사건에 관련되어 있다.[81] 말하자면 여기에서 저자는 여자에게도 남자와 똑같이 하나님의 구원의 역사가 이루어짐을 확언하면서, 이 말의 신실함을 말하고 있다는 것이다. 만일 그렇지 않다면 저자는 3장 1b절 이하에서 교회의 지도자적 역할인 감독과 존경할 만한 봉사직과 집사직에서 여자들을 전적으로 배제시켰어야 옳다는 것이다. 그러나 여기서만은 3장 1a절을 뒷절에 연결시키는 것이 더 자연스럽다.

3 : 1-13. 저자는 앞에서 "하나님께서는 모든 사람이 구원을 얻고 진리를 알게 되기를 원하고 계신다"(딤전 2 : 4)는 것을 말하고, 하나님을 섬기는 자들이 "조용한 삶을 영위하기 위해 어떻게 해야 할 것인가"(딤전 2 : 2, 8, 9-12)를 남자와 여자 모두에게 구체적으로 말했다. 남자와 여자가 해야 할 그 '일들'에 대해서 2장 10절

81) "그 말씀은 신실합니다"라는 말은 딤전 1 : 15 ; 3 : 1 ; 4 : 9 ; 딤후 2 : 11 ; 딛 3 : 8에 나타나는데, 모두 앞문장에 연결되어서 구원사적 사건에 대한 신실함을 찬양하고 있다. 마르틴 디벨리우스(『목회서신』, 51-52쪽)는 이것을 올바로 지적했음에도 불구하고 디모데전서 3장 1절의 분석(『목회서신』, 85쪽)에서만은 이것을 3장 1절 하반절에 연결시키려고 한다. 그 이유는 "이 말을 앞의 2장 15절과 연결시키면 어색하게 되기 때문"이라는 것이다. 마르틴 디벨리우스, 『목회서신』, 51-52쪽과 84-85쪽을 비교하라. 그러나 Walter Lock(*The Pastoral Epistles*, 33-34쪽)는 이것이 뒷문장이 아니라 앞의 내용에 연결되고 있다고 본다. 즉 "이것은 유대교에서 여자가 속임을 받아 죄에 빠졌다고 말한 교리에 대해서, 그리스도교는 여자의 구원에 대한 확실성을 말하기 위해서 저자가 여기에 인용하고 있다"는 것이다.

에서는 '선한 일'로 진술되었다. 그런데 저자는 3장 1－13절에서 그 '선한 일'을 '감독', '존경받을 만한 남녀 집사들'이 해야 하는 일로' 말한다.

결국 이 문단 전부를 통해서 저자가 강조하려는 것은 교회의 남녀 그리스도인들로 하여금 이방종교와 문화에 물들어 방종한 생활에 빠지지 않고 그리스도인으로서의 '선한 일들'과 '선한 직무'를 잘 담당하게 하려는 것이다.

우리는 위에서 디모데전서 2장 9－15절이 여성을 비하하고 여성 성직을 반대하는 근거가 될 수 있는가의 문제를 밝히기 위해, 디모데전서가 쓰여졌던 사회적 상황과 디모데전서의 역사비평 연구에 의해 분석했다. 그 결과로, 우리는 다음과 같은 결론을 말할 수 있다.

1) 여자가 남자보다 더 나중에 지음받고, 여자가 속임을 당했기 때문에 남자보다 더 죄가 많고 열등하다는 주장은 성립될 수 없다. 그것은 우선 창세기의 창조설화와 타락설화가 원인론적인 진술일 뿐, 역사적 사실을 말하고 있는 것이 아니라는 점에서 그렇다. 또한 디모데전서 저자가 인용하고 있는 여성비하의 내용이 창세기의 보도와 전혀 일치하지 않는다는 점도 이 사실을 입증해준다. "여자가 나중에 지음을 받았고 여자가 속임을 받아 죄에 빠지게 되었다"는 것은 저자 이전의 유대교의 가르침이었다. 저자는 단지 당시 교회의 여성 그리스도인들이 영지주의적인 거짓 가르침을 가르치던 '거짓교사들'에게 속임을 당해 죄를 짓고 그리스도교의 복음의 진리에서 떨어져 나가는 것을 막기 위해 이 유대교의 교리를 인용하고 있을 뿐이다.

2) 여자는 가르치는 일을 해서는 안되며, 단지 남자에게 복종하면서 배워야 한다는 주장은 전혀 타당하지 않다. 디모데전서 저자는 여자가 다른 사람을 가르치는 일 자체를 금한 것이 아니다. 그는 당시의 특수한 상황과 관련시켜 '여자가 남자를 가르치고 남자

를 지배하는' 일을 금한다. 말하자면 그는 당시 교회의 여성 그리스도인들이 이방종교의 사당 여사제들처럼 황홀경에 빠져 신탁을 하며 남자를 지배하고 가르침으로써, 가정을 파탄으로까지 몰고가는 것을 금하고 있을 뿐이다.

또한 디모데전서 저자는 어디에서도 "여자는 남자에게 복종하고 남자로부터 배워야 한다"고 말하지 않는다. 여자들이 배우고 순종해야 하는 것은 바울이 전한 '건전한 가르침'이다. 이것으로 여자들은 당시의 '거짓교사들'의 꼬임으로부터 벗어날 수가 있었다. 그러나 "가르침에 순종해야 한다"는 권면은 교회의 여자뿐 아니라 남자들에게도 똑같이 요구되었다. 저자는 교회의 남녀 그리스도인들 모두에게 그리스도교의 '건전한 가르침'에 순종하여 '거짓교사들'의 미혹에 빠지지 말라고 경고하면서, 저들이 모두 복음에 입각해서 그리스도인으로서의 '선한 일들'을 하며 조용한 생활을 영위해야 한다는 것을 말하는 것이다.

3) 여자는 감독이나 장로는 할 수 없으며 단지 여집사로서 봉사하는 일만을 해야 한다는 주장은 설득력이 없다. 디모데전서 3장 11절은 오늘날처럼 '장로직'보다 낮은 의미의 '봉사자'로서의 '여집사'에 관해 언급하는 것이 아니다. 저자는 3장 8절에서 '존경받을 만한 남자 봉사자들'에 관해 말한 것처럼, 3장 11절에서는 '존경받을 만한 여자 봉사자들'은 당시의 공동체 안에서 사람들에게 선한 일을 가르치며 지도하는 자로서의 '집사와 장로직'을 담당하고 있었다. 저자는 '여자 장로들'에게 디모데전서 3장 1–9절에서 '감독'과 '존경받을 만한 사역자들'에게 요구했던 선한 행실을 요구하면서, "선한 것을 가르치는 자들이 되라"고 분명하게 명시하고 있다.

4) 여자들은 단지 정절을 잘 지키고 자녀를 낳는 해산을 통해 구원에 이를 뿐이라는 주장은 저자의 진술을 전적으로 오해한 것이다. 저자는 여자들에게 구원을 얻기 위해 집에서 아이나 낳고 얌전히 있으라고 말하지 않는다. 저자는 당시에 여자들의 해산을 저주

받은 것으로 여기던 영지주의의 가르침을 과감히 수정하여, 이것을 오히려 여자의 구원사건에 연결시킨다. 그는 여자들이 '해산과 같은 여성의 일상성에, 그리고 좋은 믿음과 사랑과 거룩함에 머물면' 구원을 얻게 될 것이라고 말하는 것이다. 그러면서 그는 구원의 소식을 들은 그리스도인 여자들에게 이방 여자처럼 사치와 방종에 빠져들지 말고, "믿음과 사랑과 거룩한 행실을 하면서" 적극적으로 "선한 직무를 수행하라"(딤전 2 : 9—3 : 13)고 말한다.

이렇게 볼 때, 우리는 디모데전서 2장 9—15절에 근거하여 여성을 멸시하고 억압하며 여성의 지도자적 역할을 거부하는 일이 얼마나 부당한가를 확인하게 된다. 물론 디모데전서 2장 9—15절에는 여성을 비하시키는 것처럼 보이는 당시의 가부장적 유대교의 가르침이 원용되어 있는 것도 사실이다. 그러나 디모데전서 기자는 결코 이것을 인용하여 새롭게 가부장적인 가정질서나 교회질서를 세우려고 하는 것이 아니다. 오히려 그는 유대교의 가부장적 자료를 이용하여 단지 여자들이 거짓교사에게 속임을 당해 사치와 방종에 빠져드는 것을 막고, 자신의 독특한 편집과 신학적 해석을 통해 당시 가부장적 교리에 의해 억압받던 여성들을 죄와 저주로부터 해방시킨 후에, 그 여인들을 "믿음과 사랑과 거룩함에 거하라"고 요청하고 있다. 또한 당시 유대교가 여자들을 비하시키는 교리를 만들어 여성으로 하여금 사회적 역할을 하지 못하도록 금하고 있었음에도 불구하고 디모데전서 저자는 공동체의 여자들에게 남자들과 동일하게 공동체 지도자로서의 '선한 직무'를 잘 담당하라고 요구한다. 전체 문맥과의 관련 속에서 생각해볼 때, 디모데전서 2장 9—15절은 여성을 비하시키고 여성의 사회적 지도력을 거부하고 있는 것이 아니라, 오히려 당시의 가부장적 유대교의 가르침과는 대조적으로 여성에게 그리스도의 선한 직무를 담당하게 한 여성해방적인 본문으로 이해되어야 할 것이다.

그러므로 우리는 디모데전서 2장 9—15절에 근거해서 여성을 비하시키고 여성의 지도자적 역할을 거부하는 일을 더 이상 계속해서는 안될 것이다. 오히려 우리는 당시의 가부장적 사회 속에서도 여성들을 구원의 복음으로 해방시켜 여성들로 하여금 사회 안에서 그리스도의 가르침을 따라 '선한 일들'을 하며, 적극적으로 '선한 직무'를 담당하라고 요청하는 디모데전서 저자의 말에 귀기울여야 하고, 그 '가르침'에 순종해야만 할 것이다. 그리고 오늘, 한반도의 역사현실에서 이 '선한 직무'를 수행하기 위해 여자들은 남자들과 마찬가지로 교회 안에서뿐 아니라, 구체적인 사회현장에서 '봉사자'로서의 '지도자들'이 되어야만 할 것이다.[82] 그렇게 하기 위해서는 우선 여성들 스스로의 의식이 먼저 깨어야만 한다. 여성 스스로가 먼저, 그리고 남성들도 여자는 남자와 똑같이 하나님의 은사를 받은 한 인격체임을 자각하고 인정해야 한다. 그리고 그러한 자각은 바로 하나님의 "차별없는" 구원사건의 증인들이 함께 모여 있는 교회공동체 안에서부터 먼저 이루어져야 할 것이다.

2) 성직제도(3 : 1—16)

¶ 개요

신약성서 역사의 마지막 시기는 점차 교회가 제도화되는 것으로 특징지어진다. 대략 기원 100—140년의 시기에 그리스도교 운동은 시작된 지 거의 1세기를 맞이하고 있었다. 공교회는 오래된 문제들——예를 들면, 재림의 지연——과 계속 씨름해야 하는 한편,

82) 최영실, 『성서는 여성의 사회적 지도력을 거부하는가 ? 』, pp. 107—110.

새로운 문제들과 시대적 요구들에 직면하게 되었다. 이 시기의 주요 특징은 그리스도교 운동이 교회를 새로운 한 세계종교로서 항구적으로 세상 속에 존재하게 하는 과제에 전념했다는 것이다. 이제 재림은 더 이상 임박한 것으로 기대되지 않았으며, 그리스도인들은 예루살렘과 그 성전의 멸망에 대해 순응하는 것을 배워 왔고, 유대교와 로마 제국과의 관계 속에서 제도적인 규범을 점차 받아들이는 입장을 취하고 있었다.

교회는 이제 세상 속에서 자리를 잡아가며 다른 종교들과의 경쟁을 통해서 그 터를 넓히기 위해 자신의 제도를 발전시켜야 하는 과제를 안고 있었다. 팔레스타인의 예수 운동 이후 거의 100년이 지난 그리스도 교회는 세상 속에 스스로 존립해야 한다는 일련의 새로운 사명을 갖게 된 것이다. 세상에서 존재하면서 제 기능을 하려면 그 운동은 또한 하나의 조직구조와 결정기구, 그리고 그 직제와 사역자들의 기능을 규정할 필요가 있었다.[83] 교회는 안으로는 영지주의의 점증하는 영향력의 위협에 대처해야 했으며, 밖으로는 권력과 영향력을 가진 사람들과의 관계를 개선해야 할 필요성에 의해서 조직과 구조를 정비하게 된다는 것이다. 교회의 조직적 구조에 관심을 갖고 제도화된 그리스도교를 반영하고 있는 디모데전서는 거짓교사들에 대한 공격을 1장 3—20절과 4장 1—10절에서 다루고 있고, 2 : 1—3 : 16 ; 4 : 11—5 : 10에서는 교회규정들을 언급하고 있다. 교회규정의 첫부분에 해당하는 2장 1절부터 3장 16절까지는 교회예배와 성직제도를 다루는데, 특별히 3장은 감독과 집사의 직책, 그리고 교회의 본질에 대해 다루고 있다. 제도화된 교회에서 감독은 이미 최고 직분자가 되어가고 있는데, 이그나티우스의 서신들에도 그런 특징이 나타나고 있다. 물론 바울이 기록한 빌립보서 1장 1절에 이미 '감독'과 '집사'라는 말이 나오고, 또한 '여집사'로 뵈뵈가 언급된 로마서 16장 1절에서도 발견된다. 그러나 바

83) 노만 페린, 데니스 C. 덜링, 『새로운 신약성서 개론』, p. 566.

울의 서신들에 언급된 '감독'이나 '집사'는 각양 은사를 받고 교회를 섬기는 사람들에 대한 호칭일 뿐, 아직은 성직제도의 직분자는 아니었던 것이다.

(1) 감독에 관하여 (3 : 1—7)

1 미쁘다 이 말이여, 사람이 감독의 직분을 얻으려 하면 선한 일
을 사모한다 함이로다 *2* 그러므로 감독은 책망할 것이 없으며 한
아내의 남편이 되며 절제하며 근신하며 아담하며 나그네를 대접하
며 가르치기를 잘하며 *3* 술을 즐기지 아니하며 구타하지 아니하며
오직 관용하며 다투지 아니하며 돈을 사랑치 아니하며 *4* 자기 집
을 잘 다스려 자녀들로 모든 단정함으로 복종케 하는 자라야 할지
며 *5* (사람이 자기 집을 다스릴 줄 알지 못하면 어찌 하나님의 교
회를 돌아보리요) *6* 새로 입교한 자도 말지니 교만하여져서 마귀
를 정죄하는 그 정죄에 빠질까 함이요 *7* 또한 외인에게서도 선한
증거를 얻은 자라야 할지니 비방과 마귀의 올무에 빠질까 염려하라

¶ 주석

1 **미쁘다 이 말이여**(*πιστὸς ὁ λόγος*) 이 문구를 페리(J. Parry)는 2장 15절에 연결되는 것으로 보고 있으나,[84] 내용상 이 구절은 다음에 나오는 내용들과 연결되는 것으로 보는 것이 더 타당하다. 왜냐하면 이 문구를 2장 15절에 연결시킬 경우, 감독에 대한 윤리적

84) D. Guthrie, *The pastoral Epistles*, Tyndale New Testament Commentary (Michigan : Grand Rapids, 1957), p. 79에서 재인용.

교훈을 담고 있는 3장 1b절의 내용은 아무런 서두 없이 갑자기 등장하게 되어 문장의 형식이나 내용이 어색하게 되기 때문이다. 우리는 앞에서 이 문제에 관해서 자세하게 다룬 바 있다.

또한 이 구절이 어떤 사본들(D* it^{d.86} Ambrosiaster mss^{acc. to jerom} Augustine Speculum Se-dulius Scotus)에는 '안트로피노스 호 로고스'(*ἄνθρωπινος ὁ λόγος*)로 나타나고 있다. '안트로피노스'(*ἄνθρωπινος*)는 단순히 '인간적인'이라는 의미를 갖고 있으나, 바울은 '타락한 인간의 본성과 부합되는'이라는 의미로 사용했다(롬 6：19；고전 2：13；4：3；10：13). 스웨트(H. B. Swete)는 서기관(기록자)이 문두의 '피스토스'(*πιστὸς*)를 '아니노스'(*ἀνίνος*)로 잘못 보았고, 번역자가 '피스토스'를 '피노스'(*πίνος*), 즉 '안트로피노스'의 어미로 보았기 때문이라고 장황하게 설명하지만 설득력은 약하다.[85] 오히려 앞뒤의 문맥으로 보아(4：9；딤후 2：11；딛 3：8), 이 구절을 1—9절의 서언(序言/asseveration)의 형식으로 보는 것이 타당하게 여겨진다(cf. 2：15).[86] 그러므로 1절의 "미쁘다 이 말이여!"(*πστὸς ὁ λόγος*)라는 문구는 그 당시 널리 알려져 있던 '사람이 만일 감독의 직분을 간절히 바란다면'이란 말과 연결되면서, 문장의 내용과 형식상 감독이란 직분에 알맞는 신앙적이고도 도덕적인 전제조건들을 소개할 수 있게 된 것이다.

저자는 1절에서 이 단락을 기록할 때에 염두에 둔 대상을 "감독의 직분을 맡고 싶어하는 사람"으로 제한하고 있음이 확실하다. 즉 저자는 이 단락을 일반적인 교인이나 사역자들을 염두에 둔 것이 아니라, 제도화된 교회의 감독직을 맡고 싶어하는 사람에게 적용하고 있는 것이다. 그래서 그는 1절 이하에서 사도적 제자들을 교훈하려는 것이 아니라, 감독들과 또한 당시에 감독이 되려는 많은

85) *Journal of Theological Studies*, vol. 18(1916—17)：p. 1.

86) B. M. Metzger, *A Textual Commentary on the Greek New Testament*(London：United Bible Societies, 1971).

사람들에게 실천적인 윤리적 교훈을 제시하는 데에 관심을 두고 있는 것이다. 그러므로 저자는 그러한 직무를 맡은 자들이 해야 할 특별한 임무들을 가르치기보다는, 그들에게 필요한 교훈을 공식적인 덕 목록의 형태로 한정시켜 평이하게 기록하고 있는 것이다.

2—7 저자는 감독의 자격요건을 설명하고 있다. 2절에서 감독은 첫째로 책망할 것이 없는 사람이라야 한다고 말한다. **책망할 것이 없으며** 라는 말은 5장 7절에서 과부들에 대해서와 종말론적인 상황이 전제된 6장 14절에서도 사용되고 있는데, 이 말은 구체적으로 '흠잡힐 데 없는 처신'과 깊은 연관을 갖고 있다. 사실 "책망할 것이 없는"이라는 말은 뒤이어 나오는 나머지 덕목들을 모두 포괄할 수 있는 일반적이고도 포괄적인 개념이라 할 수 있다.

한 아내의 남편 이란 말에 관해 디도서 1장 6절과 디모데전서 5장 9절의 경우와 마찬가지로, 저자가 일부다처주의나 재혼을 배격하는 것이 아닌가 하는 물음이 오래 전부터 제기되어 왔다. 이에 대한 견해는 다음과 같이 네 가지로 요약해볼 수 있다.

첫째 견해로는 감독은 결혼한 사람이라야 한다는 것이다. 즉 저자가 창조질서를 존중하는 범위 안에서 결혼을 추천하려는 것이라는 해석이다. 거짓교사들은 결혼을 금지하고 있는 반면에, 목회서신 저자는 2장 15절과 5장 14절에서도 볼 수 있듯이, 결혼해서 건전한 가정생활을 영위해 나가기를 주장하고 있기 때문이다. 그러나 이러한 의견에 반대하는 사람들은 2장 15절과 5장 14절이 "여자"와 "……해야만 한다"를 강조하고 있는 반면에, 본문에서는 "단지 한 여자의"를 강조하고 있다면서 이러한 주장을 논박한다.

두번째 견해로는 일부다처제를 반대하고 있다는 해석이다. 그러나 일부다처제는 이교도 사회에서도 흔치 않은 관습이므로, 이것을 그리스도교 공동체에 대한 교훈으로 보기에는 부적절하다. 더욱이 5장 9절에서 과부에 대해 사용된 동일한 구절에도 어울리지 않는다.

세번째 견해로는 디모데전서 5장 9절에서와 같이 재혼을 금지하는 말이라는 해석이다. 이러한 견해는 여러 자료들에 의해서 지적된다. 예를 들어, 여러 종류의 비명(碑銘)들은 '단 한 번 결혼한' 여자들과 남편이 죽은 이후에도 남편과의 단 한 번의 결혼관계에 충실한 여인들을 찬양하고 있다. 이러한 견해로 본다면, 이 본문은 결혼 상대자가 죽은 이후에도 다시 결혼하는 것을 금지시키고 있으며, 특별히 이혼을 금지시키고 있는 것이다.

네번째 견해로는 '한 아내'에게 남편으로서 성실하고도 충실할 것을 요구하고 있다고 해석하는 것이다.

이처럼 다양한 여러 해석들을 종합해볼 때, '한 아내의 남편'이라는 말은 감독의 직분을 맡게 될 사람이 결혼문제에 있어서도 건전한 부부생활을 영위하여, 모든 이들의 도덕적 모범이 되어야 한다는 것을 강조하고 있다고 이해하면 될 것이다.

그 외에 감독직에 알맞는 덕목들로 보다 구체적이고 실제적인 규범들이 소개되고 있다.

절제하며(νηφάλιος)라는 말은 다른 신약성서 본문에서는 발견되지 않고 오직 목회서신에서만 사용되고 있다. 이 단어는 대체로 "술"과 관련해서 사용되었다. 이렇게 본다면 3절에 나오는 "술을 즐기지 아니하며"라는 말과 연결하여 이해될 수 있다. 또한 3절에 나타난 내용들과 관련지어서 "모든 형태의 과도함, 욕망, 무분별함을 멀리하는" 것으로 이해할 수도 있다.

근신하며(σώφρων)와 **아담하며**(κόσμιος)란 말이 함께 등장하는 것은 그리스도인의 이상적이고도 고차원적인 처신을 나타내기 위함인데, 이러한 표현은 그 당시 자주 사용된 표현이었다.[87] 특별히 "아담하며"를 직역하면 '질서가 있으며 잘 정돈된'이라는 의미를

87) Plato, *Gorgias 508a* ; *Lucian Bis Accusatus 17* ; *Kern Inschr. v. Magnesia 162, 6* ; 디벨리우스, 『국제성서주석』, p. 87 재인용.

갖고 있다. 이는 그리스도인으로서 품위있게 행동하는 것을 의미한다.

초대교회 안에서 자주 사용되었던 "나그네를 잘 대접하는"(*φιλόξενια*)이란 말은 딤전 5 : 10 ; 롬 12 : 13 ; 히 13 : 2 ; 벧전 4 : 9 ; 요삼 5이하 ; 클레멘스일서 1 : 2 ; 10—12장에서도 사용되었다. 특별히 헤르마스 목자서신(*Sim*)IX 27 : 2 등에서도 '감독들과 손님 영접하는 일'이 결합되어 발견된다. "나그네 접대"는 본래 헬라적인 덕목 중의 하나였으나, 그것이 그리스도교에 받아들여져서 교단본부에서 파송된 복음 전파자들이 지역교회를 방문하여 사역할 때, 이들을 잘 대접하는 것이 그리스도인 개인뿐만 아니라 모든 교회의 당연한 의무가 된 것이다.

"가르칠 능력이 있다"(*διδακτικός*)는 것은 당시 그리스도 교회의 지도자에게 있어서 가장 중요한 자격 중의 하나였다. 이러한 사실은 딤전 5 : 17 ; 딤후 2 : 24 ; 딛 1 : 9에서도 분명하게 나타나고 있다. 특별히 핸슨(Hanson)은 무엇보다도 그리스도 교회가 올바른 신앙을 유지하기 위해서는 거짓 교훈으로 그리스도인들을 유혹하는 영지주의적인 거짓교사들과 맞설 수 있는 교회 지도자의 "가르칠 수 있는 능력"을 더욱 필요로 했다고 주장한다.

3절의 **술을 즐기지 아니하며**(*μὴ πάροινον*)는 당시에 악덕으로 널리 알려진 '술을 즐긴다'를 인용한 것이다. 그러나 고대의 어떤 저자도 그것 자체를 죄라고 규정하지는 않고 있다. 다만 술에 취한 상태에서 일어날 수 있는 여러 가지 좋지 않은 일들, 즉 남을 폭행한다든지 남을 지나치게 꾸짖는 등의 일들에 대해서 경고하고 있다. "술을 즐기지 하니하며"는 2절에서도 언급했듯이 "절제하며"(*νηφάλιος*)라는 말과 연관될 때 가장 잘 이해될 수 있다.

구타하지 아니하며 오직 관용하며 다투지 아니하며라는 세 가지 요건은 아마도 거짓교사들의 처신을 고발하는 것으로, 그들과의 관계를 전제하고 언급된 것일 수 있다. 왜냐하면 6장 3—5절과 디모데후서 2장 22—26절(참조. 딛 3 : 9)에 나타나고 있는 거짓교사들에 대한 묘사는 그들이 분쟁과 다툼을 유발시키고 있음을 암시해주고 있기 때문이다. 그러므로 교회의 지도자는 그들과는 달리 관용을 베풀 수 있어야 하는데, 심지어는 거짓교사들에게조차도 관용을 베풀 수 있어야 한다는 것이다(딤후 2 : 23—25).

돈을 사랑치 아니하며는 6장 5—10절에서도 계속적으로 강조되고 있는 덕목이다. 이 단어는 교회의 지도자의 자격을 규정하는 본문 중에서 자주 등장하고 있다(3 : 8 ; 딛 1 : 7 ; 참조. 행 20 : 33). 또한 이러한 문제에 관해서는 6장 5—10절과 디모데후서 3장 6—7절에서 더 자세하게 언급될 것이다.

저자는 4—7절에서 교회지도자에게 요구되는 세 가지 요건을 추가시키고 있다. 즉 교회지도자는 모범적인 가정을 가진 사람이라야 하고(4—5절), 새로 입교한 사람이어서는 안되며(6절), 교회 밖의 사람들에게도 좋은 평판을 가진 사람이라야 한다고 말하고 있다. 이러한 요건들은 아마도 서신을 받는 그리스도 교회가 처한 상황을 반영하고 있는 것으로 보인다.

4—5절은 교회지도자가 결혼한 사람이어야 한다는 것을 가정하고 있다(참조. 2절). 감독은 가정을 잘 다스리는 사람이어야 한다. 왜냐하면 하나님의 교회를 잘 돌보아야 할 사람이기 때문이다. "다스리다"(*προϊσταμενον*)는 바울이 쓴 데살로니가전서 5장 12절에서도 발견되고 있으며, 디모데전서 5장 17절에서도 장로들에 대한 자격요건 설명에서 사용되고 있다. 이 단어는 두 가지의 의미를 지니고 있는데, 하나는 본문에서의 해석과 같이 '다스리다', '지배하다'라는 의미를 가지고 있고, 또 다른 하나는 '돌보다', '…에 관심을 두다'를 의미하기도 한다. 본문은 이 두 가지의 의미 모두로 해석이 가능하다. 바울 당시의 교회는 일정한 건물에 그리스도인들이 모여 예배를 드린 것이 아니라, "가정교회"로서 가정이 하나의 교회로서의 역할을 담당하고 있었던 것이다. 목회서신 저자는 이

러한 사실을 염두에 두면서 교회와 가정의 관계를 유비적으로 이해하고 있는 것이다.

자녀들로 모든 단정함으로 복종케 하는 이라는 표현의 의미는 자녀들을 공손하게 복종시킬 수 있는 능력을 말하는 것이다. 그러나 이 표현은 "자녀들로 하여금 존경심을 가지고 복종케 해야 한다"는 것을 의미한다기보다는 "자녀들이 잘 순종하며 또한 올바로 처신하는 것으로 좋은 소문이 나게 할 수 있는 능력"을 뜻하는 것이다. 디도서 1장 6절에서는 저자가 자녀교육과 관련한 교회 밖의 사람들의 평판에 대해서 관심을 두고 있음이 더욱더 분명하게 나타난다. 즉 목회서신 저자는 마치 아버지가 가정을 잘 다스려서 행복한 가정을 이루고 자녀들도 남들에게 좋은 평판을 듣듯이, 교회지도자 역시 한 가정의 가장과 마찬가지로 교회를 치리하여 교회 밖의 사람들에게 좋은 평판을 얻어야 한다는 것을 말하고 있는 것이다.

6—7절은 이제 보다 구체적인 감독의 특성을 말하고 있으며, 신앙을 가진 다른 사람들에게까지도 좋은 증거를 받기를 원했던 교회의 모습을 말해주고 있다. 저자는 당시 교회지도자들에게 새로 입교한 사람이 교직자가 되지 못하도록 명령하고 있다. 그들의 믿음이 약하여 신앙에 어긋나는 처신을 할까 염려해서가 아니라, 그들이 높은 직분을 받았다고 스스로 자만에 빠질 위험성이 있었기 때문이다. 그러나 만약 이러한 규칙이 엄격하게 준수되었다면 키프리안(Cyprian)은 결코 카르타고의 감독이 되지 못했을 것이다. 왜냐하면 그는 기원 약 246년에 그리스도교로 개종했는데, 약 2년이 지난 후에 감독으로 선출되었기 때문이다.[88] 5장 22절에서도 또 다른 표현으로 언급되고 있듯이, 감독은 적어도 신앙적으로 성숙한 사람이어야 한다는 것을 말하고 있다.

저자는 이미 1절에서 많은 사람들이 감독직을 맡고 싶어한다고 밝히고 있다. 저자가 자만심의 위험성을 논의하고 있는 것을 볼

---

88) 핸슨의 책, p. 72.

때, 아마도 감독 직분을 맡은 사람들 중에는 교만과 자만에 빠져 공동체에 덕을 끼치지 못한 이들도 있었을 가능성이 높다.

입교한(νέοφυτος)이란 용어는 문자적으로 '새로이 심겨진'이란 뜻을 가지고 있다. 목회서신이 진정한 바울의 서신이라고 주장하는 사람들조차도 이 단어 때문에 목회서신이 바울의 생애 가운데 쓰여진 것으로 추산할 수 없게 한다. 왜냐하면 선교가 시작되던 초기에는 아직 교회 자체가 제도화되거나 조직화되지 않았으므로 이런 명령을 할 수도, 지킬 수도 없었을 것이기 때문이다. 이 구절은 감독직을 맡을 수 없다는 이유로 저자가 "그들이 교만해져서 마귀가 받을 정죄에 빠질지도 모른다"고 염려함을 언급한다. **교만하여져서** 로 번역된 헬라어 '튀포테이스'(τυφωθεὶς)는 사실 직접적으로 '교만하다'라는 의미를 갖고 있지는 않다. 또한 스피크(Spicq)가 지적한 것처럼, 신약에서 '튀포테이스'가 '교만하다'라는 의미로 사용된 적도 없다. '튀포테이스'의 본래 의미는 '눈먼' 또는 '흐린'이다. 이 단어가 6장 4절에서는 "거짓교사"들에 대한 묘사로 사용되었기 때문에, 어떤 이들은 거짓교사들 중의 몇몇이 "새로 입교한 사람들"이 아닌가 하는 의견을 제시하기도 한다. 그러나 새로 입교한 사람은 아직은 그리스도교의 복음의 진리를 완전히 습득하지 못했기 때문에 넘어지기 쉬웠을 것이라고 이해하면 될 것이다. 신약에서 이 단어는 딤전 6 : 6 ; 딤후 3 : 4에서만 사용되고 있다.

마귀를 정죄하는 그 정죄에 빠질까 함이요 다시 말해서 "마귀를 정죄하는 그 정죄에 빠진다"라는 표현은 그 의미가 모호한 까닭에 오래 전부터 다양한 해석이 적용되어 왔다. 여러 해석들을 종합해보면 다음의 네 가지 가능성에 대해서 논의해볼 수 있다 : a. 교만함으로 인해 사탄이 받는 똑같은 정죄를 받게 된다. b. 사탄이 사람을 교만하게 되도록 유혹해서 심판과 파멸에 이르게 한다. c. 하나님의 대리자로서 사탄이 인간에게 벌을 내린다(참조. 1 : 20). d. 중상 모략가(이교도인 비평가들)에 의해 선언된 벌.

브룩스(Brox)는 a를 주장하고, 스피크(Spicq)는 c를 주장한다. 그러나 본문에 대한 가장 가능성있는 해석은 b일 것으로 보인다. 그래서 이 표현은 '마귀가 하나님 앞에서 받는 것과 똑같은 심판이 직분을 맡은 후 교만해진 사람에게도 내려질 것'이라는 의미로 이해할 수 있다. 이와 관련해서 7절의 사탄이 준비한 올무에 대한 언급을 참조할 수도 있겠다(비교. 딤후 2 : 26).

7절의 **외인**(τῶν ἔξωθεν)은 바울서신에서도 자주 등장하는 단어다(살전 4 : 12 ; 고전 10 : 22 ; 참조. 골 4 : 5). 이 단어는 본래 유대적인 것이다. 바울은 그리스도인들에게 교회 밖의 사람들에 대해서 품위있게 살아가야 하고, 또 아무에게도 신세를 지는 일이 없게 해야 한다고 했다. 목회서신 저자 역시 바울의 영향을 받아 교회 밖의 사람들과의 관계에 대해서 대단히 신중하고 그에 대한 관심이 높다는 것을 알 수 있다.

6절의 교만과 관련되어 언급되는 **마귀의 올무**는 정확한 의미에 대한 설명이 없이도 교육적인 언어로 사용된 것이었다. 그 예로 '올무무에 걸리다'라는 용어는 잠언 12 : 13 ; 시락서 9 : 3 ; 토비트서 14 : 10—11 등에서 일반적으로 사용되고 있고, 특히 쿰란종파의 교육훈련(2권 11. 12)과, 제사장과 레위인의 입회식 때 자주 사용되었다.[89] 이러한 표현은 디모데후서 2장 26절에도 나타나고 있다. 또한 외부인으로부터도 **선한 증거** 곧 '좋은 평'을 얻어야 한다는 것은, 바울이 데살로니가 교회에게 권면하고 있듯이, 감독은 교회 밖의 사람들에게 좋은 평판을 받아야 할 뿐만 아니라, 더 나아가 교인들이 교회 외부의 세력으로부터 불필요한 제재(制裁)조치를 받지 않도록

89) 자기 마음의 우상들에 몰두한 채 이 계약에 들어서서 자기 죄의 올가미를 자신 앞에 설치해놓고 거기에 빠지는 사람은 저주가 있을지어다. 그러나 그의 죄의 올가미가 그의 운명을 영원히 저주받을 자의 한복판에 두게 될 것이다. 참조. 다메섹 문서 IV.15—"벨리알의 올가미는 세 개인데 간음, 불의한 제물, 성소를 더럽히는 일이다."

교회를 대표하고 보호하는 역할도 수행할 수 있어야 한다는 것을 반영해주는 것이다.[90]

(2) 집사에 관하여(3：8—13)

8 이와 같이 집사들도 단정하고 일구이언을 하지 아니하고 술에
인박이지 아니하고 더러운 이를 탐하지 아니하고 *9* 깨끗한 양심에
믿음의 비밀을 가진 자라야 할지니 *10* 이에 이 사람들을 먼저 시험
하여 보고 그후에 책망할 것이 없으면 집사의 직분을 하게 할 것이
요 *11* 여자들도 이와 같이 단정하고 참소하지 말며 절제하며 모든
일에 충성된 자라야 할지니라 *12* 집사들은 한 아내의 남편이 되어
자녀와 자기 집을 잘 다스리는 자일지니 *13* 집사의 직분을 잘한 자
들은 아름다운 지위와 그리스도 예수 안에 있는 믿음에 큰 담력을
얻느니라

¶ 개요

이제 8—13절은 집사들의 자격에 대해서 논의하고 있다. "집사"들은 안수받은 교회의 사역자였음이 분명하다. 그러나 그들이 교회에서 정확히 어떠한 사역을 담당했는지는 알 수 없다. 그러나 8절의 "더러운 이(利)를 탐하지 않는 자"라는 표현을 볼 때, 그들은 아마도 초기에는 어떤 재정적인 책임을 맡지 않았나 추론해볼 수는 있다. 그들은 아마도 교회의 재정을 담당한 것으로 보인다. 그러나 실제로 여기에 열거되고 있는 자격요건들은 보다 넓은 의미에서

90) D. Guthrie, *Op, cit.*, pp. 82—3.

3장 1—7절에서 소개된 감독에 대한 자격요건들과 일치되고 있다. 왜냐하면 만약 9절의 "믿음의 비밀을 가진 자"와 2절의 "가르칠 수 있는 능력이 있는 자"를 보다 넓은 의미에서 연관시킨다면, 집사들에게 요구되는 요건들 아홉 가지 중에서 단지 두 가지를 제외한 나머지 요건들이 모두 일치하고 있기 때문이다. 추가된 두 가지의 요건 중 하나는 견습기간 즉 시험기간에 필요한 요목이므로, 감독에게 적용한다는 것은 적절하지 않은 것이다. 가장 가능성이 있는 결론은 이 두 목록들 모두가 감독이나 집사를 언급하지 않은 어떤 공통된 자료에 기초하고 있다는 사실이다.[91)]

¶ 주석

[8] **이와 같이**(ὡσαυτῶς)란 말은 새로운 목록을 교훈 형태로 소개할 때 자주 사용된 말이다. "단정하고"(신중하고)와 "술에 인박이지 아니하고"(술을 탐닉하지 않고)는 감독직에 대한 설명과 일치되고 있으나(3 : 2—3 참조), "일구이언을 하지 아니하고"(한 입으로 두 말 하지 않고), "더러운 이를 탐하지 아니하고"〔부정한 이(利)을 탐내지 않고〕라는 표현은 새로이 집사에게 부여되고 있는 덕목이다.

일구이언을 하지 아니하고 즉 "한 입으로 두 말 하지 않고"는 헬라어 '딜로구스'(διλόγους)를 번역한 것이다. 이 단어는 목회서신 이전의 헬라 문학에서는 나타나지 않으나, 동사형인 '딜로게인'(διλόγειν)과 명사형인 '딜로기아'(διλόγια)가 자주 나타나는데, 그 의미는 '어떤 말을 반복하다'라는 것이다. 다른 한편, 폴리캅(Polycap)은 그의 서신 빌립보서 5장 2절에서 "집사는 남을 중상하

91) 핸슨의 책, p. 79.

지 않고, 더러운 이(利)를 탐하지 않는다"라고 말하면서, '딜로고이'($\delta\iota\lambda\acute{o}\gamma o\iota$)를 '남을 중상하다'라는 의미로 사용하고 있다. 스피크(Spicq)는 '딜로구스'($\delta\iota\lambda\acute{o}\gamma o\upsilon\varsigma$)를 '시기심이 강한 비판'으로 번역하고 있다. 그러나 크리소스톰(Crysostom)은 '어떤 것을 말하면서 또 다른 것을 생각하는 것'으로 이해한다. 또한 데오도레(Theodoret)는 '한 가지 사실을 이 사람에게는 이렇게 말하고, 저 사람에게는 저렇게 말하는 것'으로 이해한다.

더러운 이를 탐하지 아니하고 즉 "부정한 이(利)을 탐내지 않는다"라는 것은 정당하지 않고, 문제성이 있는 돈은 소유하지 않는다는 것을 의미한다(3절을 참조).

9 **비밀**이라는 단어는 고전 2 : 7 ; 4 : 1 ; 13 : 2 ; 14 : 2 ; 15 : 51 ; 골 1 : 26—27 ; 2 : 2 ; 4 : 3 등에서 사람들이 알 수 없는 무엇인가를 의미하는 것으로 사용된 반면에, 디모데전서 3장 9절에서는 에베소서 4장 6절에서와 같이 예전에 알지 못하다가 이제는 알 수 있게 된 그리스도교 복음의 본질, 혹은 교회의 기본진리를 나타내는 말로 이미 공식 문구화되어 있음을 알 수 있다. 특별히 바울은 고린도전서 2장 6—16절에서 이 단어를 복음의 핵심, 즉 구원의 본질인 그리스도의 죽음을 언급하는 것으로 사용했다.

목회서신 저자는 **믿음의 비밀**이라는 표현을 "믿음"과 같은 의미로 사용하고 있다. 이러한 표현을 통해서 저자가 강조하고자 하는 것은 집사들이 그리스도교 신앙을 가지고 있다는 사실 자체가 아니라, 그들이 깨끗한 양심을 가진 그리스도인이라는 사실인 것이다.[92]

10 본문은 구체적인 시험을 통해서 선별하라는 것이 아니라, 좀더 일반적인 도덕적 평가기준들을 통해서 집사를 임명하라는 뜻

---

92) 디벨리우스, p. 95.

으로 이해하는 것이 타당하다. 그 이유는 이미 6—7절을 통해, 그리고 또한 여기서 **책망할 것이 없으면**(비난받을 일이 없는— *ανεγκλητοι*) 이란 표현을 통해 일반적이고 도덕적인 요소가 집사의 중요한 자격 요건이 되고 있기 때문이다. 10절과 13절을 통해서 우리는 집사가 되려는 사람은 일정한 자격은 물론, 일정한 '견습기간', 또는 '시험 기간' 동안 오늘날 말하는 '자격심사'를 거쳐야만 했음을 알 수 있다.

11 한편 여기에서 지칭하는 대상이 '특별히 구별된 여집사에 관한 것인지, 아니면 단지 집사의 부인을 의미하는 것인지'의 문제는 많은 논란의 대상이 되어 왔다. 이 문장에 대한 정확한 해석이 불확실할 수밖에 없었던 이유는 저자가 집사의 전통적인 임무 지침을 다 충분히 수록하지 않았고, 이로 인해서 그리스도교적 상황에 대한 적용이 충분히 밝혀지지 않았기 때문이다. 그러나 분명히 여기에는 초기 그리스도교 공동체가 제도화되고 조직화되는 상황에서 분명 심방을 위해서나 교회의 손님접대와 같은 다양한 봉사를 위해서 세례받은 여성 그리스도인들 가운데서 지도력이 있는 여성사역자의 필요성이 전제되고 있다는 점으로 볼 때, 집사의 아내라는 가능성보다는 여자 집사에 대한 언급으로 보는 것이 더 설득력을 갖는다.[93)]

12 다시 **집사**라는 주제로 돌아오고 있다. 그런데 본절은 단순히 3장 2—4절을 반복하고 있다고 볼 수 있다. 즉 집사는 한 명의 아내에게 충실한 사람이어야 하고(2절), 자기의 가정을 잘 다스리는 사람이어야 한다(4절)는 것이다.

---

93) D. Guthrie, *Op. cit.*, p. 85.

13 **지위**($\beta\alpha\theta\mu\grave{o}\varsigma$)란 단어는 문자적으로 '등급', 혹은 '계급' 또는 '입장', '위치'라는 의미를 가지고 있다. "아름다운 지위"를 얻게 된다는 표현을 해석할 때, "감독으로의 승진"으로 해석할 가능성이 높다. 실제로 스피크나 바르트쉬 같은 학자들은 이러한 해석을 받아들이고 있다. 그러나 대부분의 학자들은 '바트모스'($\beta\alpha\theta\mu\grave{o}\varsigma$)를 '등급'이나 '지위'로 해석하지 않고 있다. 우리는 이 표현을 5장 17절의 "잘 다스리는 장로들"이라는 언급과 비교해서 이해해야만 한다. 왜냐하면 거기에는 승진(昇進)이나 승급(昇級)의 의미가 나타나지 않기 때문이다. 이 말은 그 뒤에 나오는 **큰 담력**(큰 확신—*πολλὴν παρρησίαν*)이란 평행되는 표현과 함께 이해할 때, 올바로 해석될 수 있다. 이 표현은 감독 직분에로의 승진을 가리키는 것이 아니라, 오히려 교회의 사역자들과 하나님 보시기에 아름다운 지위를 갖게 된다는 의미로 사용된 것이다.

여기서 "확신"(*παρρησίαν*)은 문자적으로 '확고한', '자신있는', '담대한'이라는 의미를 가지고 있다. 특히 사도행전에서는 이러한 의미로 자주 사용되고 있다(행 2 : 29 ; 4 : 13, 29, 31 ; 28 : 31). 바울 역시 담대하게 말할 때 이 단어를 사용했다(고후 3 : 12 ; 7 : 4 ; 빌 1 : 20). 에베소서와 히브리서에도 담대한 행동을 표현하고자 할 때 이 단어가 사용되었다(엡 1 : 12 ; 히 3 : 6 ; 4 : 16 ; 10 : 19, 35).

(3) 교회에 관하여(3 : 14—16)

14 내가 속히 네게 가기를 바라나 이것을 네게 쓰는 것은 ***15*** 만
일 내가 지체하면 너로 하나님의 집에서 어떻게 행하여야 할 것을
알게 하려 함이니 이 집은 살아 계신 하나님의 교회요 진리의 기둥
과 터이니라 ***16*** 크도다 경건의 비밀이여, 그렇지 않다 하는 이 없

도다 그는 육신으로 나타난 바 되시고 영으로 의롭다 하심을 입으시고 천사들에게 보이시고 만국에서 전파되시고 세상에서 믿은 바 되시고 영광 가운데서 올리우셨음이니라

¶ 개요

14—16절은 새로운 항목으로 옮겨가기 위한 한 과정으로 의도적인 저자의 문학적 고안으로 볼 수 있다. 이 본문은 저자가 바울 개인에 대해서 전기적이며 낭만적으로 묘사하고 있는 것이 아니라, 오히려 그리스도교의 전통의 개념을 설명하고 사도적 전승을 제시하는 예전적 본문이다.

이 구절의 역할은 3장 1절부터 13절까지에 걸쳐 교회 내부의 실제적인 사역자들과 그들에게 필요한 도덕적 요구사항들을 제시한 후에 이러한 외형적인 것들이 교회의 전부가 아니라, 그외에도 반드시 그리스도교의 본질이라는 내적 요소가 필요함(3 : 16)을 강조하기 위해 기록된 것이다.

¶ 주석

[14] 여기에서 저자가 이전의 내용과는 전혀 다른 개인적인 내용을 언급하고 있는 것은 이미 밝힌 바 있는 저자의 의도적인 문학적 고안이다. **내가 속히 네게 가기를 바라나 이것을 네게 쓰는 것은** 이라는 표현은 당시 서신을 쓸 때 자주 사용되던 문구였다. 여기서 저자가 "쓰는 것은"이라고 말한 것은 서신 전체의 내용을 의미하는 것이다. 저자는 이러한 문학적 표현을 통해서 주제를 일단락짓고, 또다시 새로운 주제를 시작하기 위해서 잠시 주의를 환기시키는 것

이다. 또한 저자가 하나의 주제를 다룬 후에 바울의 사적인 일을 언급하고 있는 것은 본문에 기록된 내용들이 곧 바울이 직접 전한 복음과 일치하고 있음을 수신자들에게 환기시키려는 의도에서일 것이다.

15 교회를 **하나님의 집**으로 표현한 것은 바울 이후의 그리스도교에서 매우 일반적인 현상이었다(엡 2 : 20—22 ; 벧전 2 : 5 ; 벧후 4 : 17 ; 히 3 : 6 ; 참조. 고전 3 : 16 ; 고후 6 : 16). 핸슨은 그 의미가 구체적으로 실제적인 하나님의 집이라든지 하나님의 성전을 뜻하는 것이라고 보지는 않는다. 그것은 건축물이 아니라, 가족과 같은 의미로 이해해야 된다고 주장한다.[94] 그러므로 "하나님의 집"이라는 말은 건축물이나 집회장소를 의미하는 것이 아니라, 회중 자체를 의미하는 것으로, 곧 하나님의 집을 드나드는 그리스도인들을 가리키는 것이다. 다른 한편, **하나님의 교회**라는 말 역시 예전적인 어조를 갖고 있다. 이 말을 통해서 저자는 하나님께서 교회 안에 현존하시며, 그리스도께서 교회를 보호하신다는 것을 의미하고 있다.

기둥(*στῦλοσ*)이라는 말은 시락서 36 : 29(260)의 '보에토스'(*βοη-θόϛ*—기둥, 갈 2 : 9)와 평행을 이루고 있으며, 좀더 일반적인 의미인 '지주', '기초'란 뜻을 갖고 있는데, 여기서는 '터'라는 평행되는 표현 때문에 그 말을 쓰고 있다. 이러한 전승의 삶의 자리는 예전 가운데서 찾는 것이 옳을 것이다. 특별히 **진리의 …터**라는 표현은 쿰란사본(1 QS V.5.6)을 참조해볼 수 있는데, 거기에는 "이스라엘을 위해서, 영원한 계약의 공동체를 위해서 진리의 터를 닦고, 아론의 성결과 이스라엘의 진리의 집을 위해 봉헌된 모든 사람들의 죄를 속죄하기 위해"라는 표현이 나타나고 있다. 또한 여기서

94) A. T. Hanson, *The Pastoral Epistles*, p. 82.

말하는 "진리"란 단지 교조적이고 이론적인 성격을 띤 것이 아니라, 생활화된 진리를 의미하는 것이다.

16 **경건의 비밀** 이라는 말은 실제적으로 "믿음의 비밀"(3 : 9)이란 말과 동의어인데, 여기서는 다음에 나오는 시적인 인용문 전체에 설명되어 있는 구원 메시지의 핵심을 나타내는 표현이다. "비밀"이란 말은 은폐된 사건과, 또한 그것에 대한 선포를 나타낸다.

또한 송시의 내용 중에 **육신** 과 **영**, **세상** 과 **영광** 을 대립시켜 표현한 것은 분명히 **천사들** 과 **만국** 이란 표현을 사용함으로써, 하늘과 땅의 세계, 즉 천사와 인간을 대립적으로 표현하고 있는 것을 나타내려는 의도임을 알 수 있다. 즉 이것을 도식적으로 표현하자면 다음과 같다.

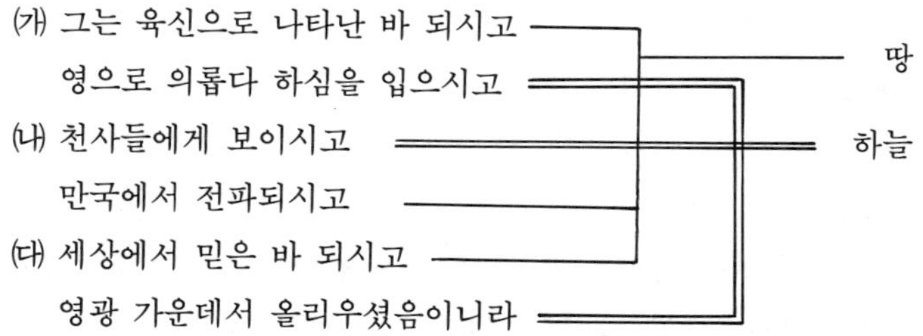

"영과 육"의 대조에 대해서 많은 학자들은 로마서 1장 3—4절에서 바울이 인용한 초대 그리스도교의 신앙고백적인 도식에 영향을 받은 것이라고 믿어 왔다(참조. 벧전 3 : 18—육으로는 죽임을 당하시고, 영으로는 살리심을 받으셔서…). 왜냐하면 이 송시는 전체적으로 그리스도에 대한 본질적인 사실들을 설명하고 있는 일종의 신앙고백문이기 때문이다. 그러나 "그리스도의 죽음"에 대한 설명이 빠진 것은 매우 특이하다(비교. 계 12 : 1—5).

한때 해석상 문제가 제기되어 왔던 "영으로 의로움을 입증하셨고 천사들에게 보이셨다"는 말은 죄의 용서를 뜻하는 것이 아니라, 솔로몬의 송시 31장 5절과 같이 의롭다 칭함을 받아 하나님의 영역으로 들어간다는 것을 의미하는 것으로 보는 것이 옳다. 한 가지 덧붙여야 할 점은, 이 구절에서는 바울신학의 핵심이라 할 수 있는 그리스도의 죽으심과 부활하심에 대한 언급이 전혀 발견되지 않는다는 점이다. 아마도 그 이유는 이 서신이 바울의 저작이 아니라, 그의 제자들이 후대의 발전된 그리스도론을 반영한 것에서 찾을 수 있을 것이다.[95] 어떻든 16절 전체의 내용은 목회서신 저자가 자기 교회의 예배의식에서 사용한 장엄한 그리스도론적인 찬양들 중의 하나를 인용한 것으로 볼 수 있다.

¶ 신학적 문제

성직제도

a. 감독(ἐπίσκοπος)

헬라 시대에 이 '에피스코포스'(ἐπίσκοπος)라는 용어는 국가의 관직을 맡은 사람의 역할과 관련시켜 '감독자', '지키는 자'를 의미했으며, 따라서 '보호자'나 '후견인' 혹은 '감독과 관련된 여러 직책들'에 대해 사용되었다. 종교적으로 사용된 용례는 신들에 대한 것이었다. 헬라 세계에서의 신은 인격화된 세력들이었다. 그들은 가장 가까운 피조물들과 연관되어 있어서 그 피조물들을 보호한다고 알려져 있었다(예를 들면 샘들, 작은 숲들, 도시들, 개인들 등). 신들은 모든 피조물을 지키고 통치하며, 사회 안에서 인간의 삶에 신성함을 부여한다는 것이었다. 그래서 그들을 '에피스코포이'(ἐπίσκοποι)라고 부르게 된 것이다. 신들은 조약의 증인이 되어 주

95) D. Guthrie, *Op. cit.*, p. 91.

고 도시들을 돌보며, 시장들을 보호하고 또한 범죄자들을 주시하며, 그들에게 적절한 벌을 내린다고 믿어 왔다.

70인역 성서는 세속적이고 헬레니즘적인 이중의 의미로 '에피스코포스'를 사용했다. 한편으로는 하나님으로 인용되었고, 또 다른 한편으로는 감독관의 의미로 사용된 것이다. 여기서 유대인들은 이 용어를 하나님께서 특별히 인간의 마음속을 감찰하셔서 인간 영혼의 깊숙한 곳까지 보신다는 의미로서 사용한 것이다.

바울의 서신에서 교회직책의 이름을 분명히 발견할 수 있는 유일한 경우는 빌립보서 1장 1절이다(참조. 행 20 : 28). 이 서신은 "감독"과 "집사"와 함께 빌립보에 있는 "그리스도 예수 안에서 거룩한 자들"을 언급한다. 바울의 빌립보 교회에 실제로 그러한 직책이 이미 있었느냐는 문제는 그동안 많은 논란거리가 되어 왔다. 로드(J. Rohde)는 바울의 교회에도 지도력을 훈련받았던 일단의 그리스도인들, 그러나 후대의 교회직책과는 다른 사역자들이 있었다고 주장한다. 바울의 교회 안에 특수직분 소지자들이 있었느냐는 문제를 단순히 이들 용어의 사용에만 의존해서는 안된다. 왜냐하면 이 용어들은 목회서신을 제외하고는 빌립보서의 서두에만 언급되고 있기 때문이다. 바울의 서신들 전체를 살펴볼 때, 교회내에 특정한 직무수행 및 행정업무를 담당한 자들이 특별히 있었던 것은 아니다. 교회 안에서 그리스도인들 각자가 부과된 책임을 공유했을 것이며, 지도체제는 교회생활에서 자연스럽게 영적 은사에 의해 인정되었을 것이다.

바울의 서신을 보면 그 당시의 교회에도 특별한 직분에 대한 시사가 나타난다. 바울은 데살로니가 교회에서 특별한 책임을 떠맡은 사람들을 언급한다(살전 5 : 12—3). 또한 그는 고린도전서 12 : 28—31과 로마서 12 : 6—8에서도 똑같이 몇몇 직분자들을 열거하며, 이들은 하나님의 은사(*χάρισματα*)를 받았다고 말한다. 우리는 이들을 바울 이후의 교회에 있었던 전문적인 성직계급으로 이해하기보다는, 단순한 교회의 봉사자들 혹은 주 안에서 수고하는 자들을 지칭한 것으로 보면 될 것이다. 이처럼 바울을 중심한 헬레니즘계 공동체에는 아직 특별한 직책이 없었던 것이다.

마찬가지로 팔레스타인의 초대교회에서도 처음에는 교회의 직제와 직책들의 제정에 관한 생각이 없었다. 이것은 교회들이 마지막 시대에 서 있다는 종말론적인 인식에 따른 것이었다. 그리고 팔레스타인의 초대교회는 처음에 유대 공동체의 제도를 따름으로써, 교회의 새로운 조직을 구성하게 되는 데까지 생각이 미치지 못했기 때문이다. 유대교에서 팔레스타인계의 그리스도교 공동체가 따로 떨어져 나오게 되었을 때도 아직 사제계급은 없었다. 이 공동체는 "거룩한 사제단"이고, "왕의 사제단"인데, 이것은 그리스도인 모두가 사제의 자격을 지니고 있다는 것을 의미했다(참조. 벧전 2 : 5,9).

그리스도교 공동체 안에 어떤 직제와 지도력이 필요했을 때 처음에는 직책의 성격을 띠지 않은 권위적 인물들로 충족되었을 것이다. 팔레스타인계의 공동체에는 베드로와 요한, 주의 형제 야고보가 있었고, 헬레니즘계의 공동체에는 물론 그 공동체들의 설립자인 사도들이 있었다. 그러나 사실 권위를 가진 사도들은 공동체에 정주하지 않았기 때문에, 권위적인 인물로 등장한 것은 공동체 안에서 계속 말씀을 선포하는 자들, 즉 "예언자들"과 교사들이었을 것이다. 이들은 직책자들이 아니라, 그때마다 "성령"에 의해 부름받고 은사(χάρισμα)를 받은 인물들이었다.

그러나 얼마 후에 팔레스타인의 초대교회에서 "장로"의 직책이 생겨났을 것이다. 그리스도교 공동체가 권위적인 인물과 직책이 결합된 사람들을 필요로 했을 때, 자연히 유대교 회당 공동체들의 "장로"를 그 표본으로 삼았을 것이다. 그래서 장로들과 장로들의 회가 바로 교회의 지도적인 권위를 갖게 되었을 것이다. 사실 초대교회는 처음 유대교의 회당에서 출발되었기에 자연스럽게 유대교의 형식과 직제를 많이 따랐던 것이다.

헬레니즘 세계의 그리스도교 공동체들에서도 비슷한 현상이 나타난다. 여기서도 회당 전통의 전래를 따라 "장로들"(πρεσβυτέροι)이 공동체의 지도자가 되었음이 중요한 사료들에 의해 증명된다. 특히 베드로전서 5장 1-5절에서는 이 사실이 분명히 드러나 있다. 주로 이방 그리스도인 공동체들에서 그 지도자들은 '에피스코포이'(ἐπισκοποι-감독들)라는 칭호를 가지고 있었던 것이다.

비록 신약성서에서의 '에피스코포스'라는 말은 다양하고 풍부한 배경을 갖고 있지만, 그리스도교적인 토양에서 더욱 풍부한 발전을 거듭했다. 그러나 신약성서에서는 단지 다섯 번만 언급된다. 먼저 베드로전서 2장 25절에서는 그리스도 자신이 '에피스코포스'(ἐπισκοπος)로 불린다. 얼핏 보면 단순히 목자라는 말로만 여겨지지만, 그 단어는 양떼를 돌보는 자를 말하는 것이다. 일반적으로 이 말은 양들을 돌보는 일을 설명하는 것과 밀접하게 연관되기 때문이다.[96)]

목회서신에서 '에피스코포스'를 직접 정의한 곳은 디도서 1장과 디모데전서 3장이다. 여기서는 공통적으로 감독을 단수로 기록하고 있다. 그것은 한 교회에 감독이 한 명만 있다는 것을 의미하는 것은 아니다. 단순히 하나의 직분자로서 감독에 대한 언급이기 때문이다. 감독의 실질적인 직무는 '권력'이라기보다는 '섬김'에 있었다. 그리고 그의 권위는 성령으로부터 온 것으로 이해되었다.

교회는 안으로 영지주의의 점증하는 영향력으로부터의 위협과, 밖으로는 세상의 권력과 영향력을 가진 사람들과의 관계를 개선해야 할 필요성에 직면했을 때 서둘러 교회의 조직과 제도에 관심을 갖게 되었을 것이다. 이와 같은 다양한 필요성에 부응하여, 교회는 제도화되어 가는 교회의 특성들을 발전시켰다. 이런 제도화의 특징 중에서 그 조직적 구조에 관심하면서 생긴 자연스런 결과는 성직

96) N. 페린, 『새로운 신약성서 개론』, p. 590.

제도였다.[97)]

교회의 성직제도가 자리를 잡게 되었을 때 중요한 문제는 누가 '에피스코포스'라고 불렸는가 하는 것이다. 먼저 사도나 예언자는 그렇게 불리지 않았고, 단순히 공동체의 지도자들에게만 사용되었다. 디모데전서 3장 1절에서는 감독이 사도나 예언자가 아닌 교회의 지도자로서의 직분으로 언급되고 있다. 감독은 분명히 장로들의 회의에서 선택에 의해 뽑힌 자로서 공동체를 이끌고 있음을 말하고 있다. 이와 평행되는 본문은 디도서 1장 5—9절이다. 디도는 그레데에서 장로들을 택하는 임무를 띠고 있다. 제도화되는 교회의 문헌(특히 목회서신)에는 차츰 감독과 장로의 직책이 분리되기 시작했으며(딤전 3 : 1—7), 집사, 장로, 그리고 감독의 직책에 관한 명확한 지침들(딤전 3 : 8—13)과 분명히 동의어로 사용된 것으로 보이는 장로와 감독의 직책에 관한 지침들(딛 1 : 5—9)이 나온다.

초대교회가 점차 제도화되면서 교회 안에서의 제도적 기능수행을 위해서 직제를 정하기에 이르렀을 때,[98)] 감독은 교회의 대표적 직무수행자로서, 초기에는 주로 경제적인 기능, 즉 가난한 자들과 과부들을 보살피는 일을 맡았다가 후에는 교회를 다스리고 외부세계에 대해서 교회를 대표하게 되었고(딤전 3 : 7), 이단교설에 맞설 수 있는 권위(딤전 1장)를 가지게 되었을 것이다. 또한 성례전과 같은 교회의 제의와 사무를 총괄하는 목회와 행정적 기능도 수행하게 되었을 것이다. 목회서신에서 감독의 권위와 직무는 '보살피고', '다스리고', '교회를 대변하는 중요한 대표자', '목회적인 교육활동'을 감당했던 것으로 기록되어 있다.

우리는 여기에서 처음에는 부르심을 받고 은사를 받은 사람들이 자발적으로 교회를 위해 수고한 것이 차츰 기능적인 역할을 위해 교회에서 임명된 인물들로 바뀌게 되었다는 것을 알 수 있다. 즉

97) N. 페린의 책, p. 594.

98) 초대교회의 직제를 목회서신에서는 감독, 장로, 집사, 과부로 정하고 있다.

처음에는 교회에서 단순히 "수고하는 자들"(*κοπιοῶντες*), "동역자들"(*συνεργοῦ*), 혹은 "인도하는 자들"(*προίσταμενοι*, 살전 5 : 12 : 고전 16 : 6) 대신에 후대에는 전문적인 성직자들로서 "장로들"(*πρεσβυτέροι*) 또는 "감독들"(*ἐπίσκοποι*)이 언급된다는 것이다.

목회서신에서의 '프레스뷔테로이'나 '에피스코포이'는 단지 용어상의 차이일 뿐이다. 이 두 칭호는 처음 동일한 인물들인 공동체의 지도자들을 지칭했다. 감독과 장로와의 관계는 초기부터 서로 밀접하게 연결되어 있었는데, 우리는 목회서신에서 감독과 장로 사이의 관계에 대한 다음의 사실을 확인해볼 수 있다. 한편으로는 "장로들"만이 언급되고(딤전 5 : 1, 17 ; 딛 1 : 5—7), 다른 한편으로는 "감독들"과 "집사들"이 같이 언급되고 있다는 사실이다(딤전 3 : 1이하 ; 딛 1 : 7이하). 문제는 저자가 전자에 대해 말할 때 후자에 대해 침묵을 지키고 있으며, 또한 후자에 대해 말할 때는 전자에 대해 침묵을 지키고 있다는 것이다. 그래서 이 세 직무가 교회의 행정구조 안에서 어떤 관계가 있는지는 전혀 언급되지 않고 있다.

초기의 목회서신(특히 디도서)이 쓰여질 당시의 상황에서 감독과 장로는 서로 동일한 직책으로 소개되고 있음을 알 수 있다. 그 예로 디모데전서 5장 17절에서 '지도하는 장로들'이란 말은 '감독의 일을 보는 장로들'이며, 장로회의의 의장으로서 '감독'의 행정적 기능까지 행사하고 있는 장로들이라고 생각할 수 있다. 반면에 디모데전서 3장 5절에는 같은 직무를 감독에 대해 적용하고 있다. 그리고 디도서 1장 7절에서의 "감독"은 분명히 5절에 나타나고 있는 "장로"와 동일한 직분에 대한 언급이다. 그러나 디도서 1장 5, 7절에서 "장로"와 "감독"이 이상하게 혼용되고 있는 점은, 디도서 1장 7절 이하가 디모데전서 3장 2절 이하의 경우와 마찬가지로 오직 감독에 대해서만 말하고 있는 전통적인 규정자료를 사용했기 때문이라고 설명할 수 있다. 아마도 감독이 되는 사람은 항상 장로들의 무리로부터 나온 사람이었을 것이다. "지도하는 장로들" 이외에 감독이 되어 본 적이 없는 다른 장로들도 많이 있을 수 있었던 것이다.

종합하면, 먼저 기록된 디도서에서의 감독은 장로와 구별없이 사용된 직명이었다. 당시에는 장로나 감독의 뚜렷한 구분이 정해지지 않은 상태이기 때문이었을 것이다. 그러나 디모데전서에서는 이미 감독과 장로의 구별이 뚜렷해지는 경향이 나타난다. 원래는 감독과 장로는 구별되지 않았었는데, 차츰 여러 장로들 가운데서 감독직을 수행하는 사람을 선출했을 것이다. 그러므로 우리는 후대로 오면서 감독직의 권위가 점점 강화되어 자연스럽게 장로나 집사와 구별되었다고 이해하면 될 것이다. 목회서신의 저자는 교단의 지도자[99]로서 개교회의 문제를 해결하기 위해 사도적 위명[100]으로 기록한 것이다. 저자는 디도서 1장이나 디모데전서 3장에서 '에피스코포스'가 교회 안에서 어떠한 자격요건을 갖추어야 하는가를 가르치고 있다.

---

99) 2세기 초엽 목회서신의 저자는 아마도 감독이었거나 장로였을 가능성이 많다. 왜냐하면 저자의 관심사가 교회지도를 위한 실제적 훈계를 다루고 있기 때문이다.—박창건, 『초대교회의 직제』, p. 154.

100) 위명성은 신약성서에서 제도화된 교회에 보내는 서신들에 자주 나타난다. 예수의 형제들인 야고보나 유다도, 베드로나 바울도 이 문헌에서 그들의 이름을 내세우나, 그 책들의 실제 저자는 아니니다. 속사도시대에 기록된 어떠한 책도 그 책을 쓴 저자의 이름을 밝힌 것은 없다. 다시 말해서 예외없이 모든 문헌은 사도시대의 어떤 인물의 이름으로 기록된 것임을 알게된다. 이러한 위명문헌은 쉽게 이해될 수 있다. 저자들은 결정적으로 사도들에게 유일회적으로 주어졌고, 또한 사도적 전승을 통해 교회에 전승된 믿음의 수호자들로서 자기 자신을 이해했을 것이다. 목회서신이 기록되던 시대에도 바울이 생시의 상황들을 신중하게 구성했을 때와 같이, 그렇게 그들은 사도들의 이름으로 글을 썼으며, 심지어 "진정성"을 확실히 하기 위해 상당한 시간적 경과를 무시할 수 있었던 것이다. 사도시대와 사도적 전승이 바로 그들의 영감과 권위의 원천이 된 것을 확신하기에 사도시대의 인물의 이름으로 글을 쓴 것이다.—N. Perrin, 『새로운 신약성서 개론』, pp. 356—358.

디도서에서 감독은, "하나님의 청지기로서 흠잡을 데가 없으며, 자기 고집대로 하지 않으며, 쉽게 성내지 않으며, 술을 즐기지 않으며, 폭행을 하지 않으며, 부정한 이득을 탐하지 않아야 한다. 오히려 손님을 잘 대접하고, 선행을 좋아하며, 신중하며, 의로우며, 경건하며, 자제력이 있으며, 신실한 말씀의 가르침을 굳게 지켜야 한다. 이는 그가 건전한 교훈으로 권면하고 반대자들을 책망할 수 있게 하려 함이다"(딛 1 : 7—9)라고 기록되었다.

디모데전서에서 감독은, "책망받을 일이 없으며, 한 아내의 남편이며, 절제하며, 신중하며, 단정하며, 나그네를 대접하며, 가르치기를 잘하며, 술을 즐기지 않으며, 난폭하지 않고 너그러우며, 다투지 않으며, 돈을 사랑하지 않으며, 자기 가정을 잘 다스려서 자기 자녀들로 하여금 아주 공손히 복종하게 하는 사람이라야 하고, 새로 입교한 사람은 교만해서 악마가 받을 심판에 떨어질 위험이 있어서 바람직하지 않으며, 교회 밖의 사람들로부터 좋은 평판을 받는 사람이라야 한다"(딤전 3 : 1—7)라고 기록되었다.

바이어(Beyer)는 목회서신에 나타난 감독의 자격요건을 다섯 가지로 축약했다.[101] 첫째, 인격적 성품을 갖추어서 도덕적 신뢰성이 있어야 한다. 둘째, 자신의 가정에서 지도력이 나타나야 공동체를 지도할 수 있다. 이에 대해서 카톨릭의 방법은 성직자의 독신을 대안으로 채택하고 있다. 셋째, 숙련된 교사로서 유능한 설교자여야 한다. 넷째, 성숙한 그리스도인으로서 모든 유혹을 물리치고 마귀와 싸워 이기며 하나님의 종으로 희생과 봉사에 성숙도가 있어야 한다. 마지막으로, 세상 사람 앞에서 모범이 되어 부끄럽지 않아야 한다. 이처럼 감독에게 부과된 높은 자격요건들은 그가 교회를 대표한다는 것 이외에도 권위를 지닌 목회자로서의 직무와 경영자적 직무를 이행해야 한다는 것을 확인시켜 준다.

---

101) Beyer, "επίσκοπος" ; G. Kittel, *Theological Dictionary of the New Testament* vol. II (1968) : 617.

'에피스코포스'는 교회를 대표하며 교회 안밖의 위협으로부터 교회를 수호하기 위해서 특별한 권위를 가진 것도 사실이다. 경제적으로 가난한 자들과 과부들을 보살피고, 외부의 이단적 요소가 교회로 들어오는 것을 막는 직무를 수행했다. 쉴리어(Schlier)는 목회서신에 나타난 감독—장로들의 중요한 직무를 네 가지로 축약한다. 1) 건전한 신앙을 가르쳐야 하고 이단에 대해 방어해야 한다. 이 직무는 집사들에게도 요구되는 것이었다(딤전 3 : 9 ; 4 : 11—13 ; 5 : 17 ; 딤후 2 : 2 ; 3 : 16—7 ; 딛 1 : 9 ; 2 : 1, 15). 2) 예배와 교회의 사회적 활동을 조정한다(딤후 2 : 1이하 ; 2 : 8 ; 5 : 3—16). 3) 공동체의 구성원들에게 교회의 규율을 지키게 한다(딤전 5 : 20, 22). 4) 때에 따라서는 자신의 대리인과 계승자들을 임명한다.[102)]

2세기 말경의 클레멘스일서에 의하면, 감독의 주요 임무는 우선 성만찬 예식을 주관하는 것이었으며, 그 의식을 집례할 때에 감독들은 집사들의 보좌를 받았다는 것을 알 수 있다. 그리고 힙폴리투스의 저서 『사도 전승』과 같은 후기 문헌에도 감독의 중요한 직무 중 하나가 교회의 성례전 예식의 집례자 역할을 하는 것이었음을 나타내고 있다. 그러므로 원래 감독들은 성만찬 예식의 주관자로 임명된 그리스도교 공동체의 사역자들이었는데, 이는 그들이 이러한 직책을 감당할 만한 "영적 은사"를 받은 것으로 인정되었기 때문이라고 추정하는 것이 타당하다.

초기 그리스도교 시대에 각 교회와 교인들을 위한 감독, 감시자가 있었다는 것은 충분히 가능하다. 그러다가 후대에 오면서 한 감독에게 모든 권위가 집중되는 현상이 일어났을 것이다. 왜냐하면 성만찬을 관리하는 직분을 맡은 감독은 그러한 권위를 구축하는 데 아주 유리한 위치에 있었기 때문이다. 감독은 이미 중요한 예배의식을 관장하는 사역자로서 설교자들과 교사들과 예언자들이 사도들의 전승과 교훈을 충분히 따르는가를 결정할 수 있었으므로 사도

---

102) Hanson, p. 34.

들의 신앙에 근거해서 이들이 말하는 것을 허락하거나 거절하거나 했을 것이다. 또한 감독들은 그리스도인들의 헌금을 관리하고, 아울러 그리스도인들 중에서 교리적인 이유에서건 윤리적인 이유에서건 올바른 위치에서 벗어난 사람들을 공중예배나 성만찬 참여를 금지시킬 수 있는 권한을 갖게 되었을 것이다.

안디옥의 순교자요, 감독인 이그나티우스의 서신들은 교회에서 감독의 지위와 책임에 관한 가장 초기의 완전한 내용을 증언해준다. 이그나티우스는 자신을 "하나님 아버지의 권위"를 가진 인물로 그리스도교 공동체에 부각시키고 있다. 그는 자신의 참여나 허락 없이는 교회에서 세례와 성만찬이나 애찬을 위한 합법적인 모임을 갖지 못하게 했다. 장로들은 자신을 보좌하고 조언을 주며 돕도록 조치했으며, 자신의 부재시에만 자신의 대리인 역할을 하도록 한 것이다. 집사들은 예배와 심방시에 감독을 도왔다. 이그나티우스는 다른 교회와 서신교환을 할 때 교회를 대표했으며 필요시에는 특사를 임명하기도 했다. 그는 다른 사람들에게 설교를 위임하기도 했으며, 교회에서의 모든 설교와 교육의 책임자가 되었다.

우리는 지금까지 "감독"이란 어원적으로 원래 교회용어로 만들어진 것이 아니라, 사회 속에서 통용되던 말이 교회의 직책을 나타내는 말이 되었음을 살펴봤다. 목회서신에 나타난 감독 칭호도 원래 사회에서 통용되던 것이 교회에 적용되어 고정된 것으로 볼 수 있다. 그러나 감독은 교회의 직책으로 사용될 때 그냥 교회내부의 '감시, 감독, 보호하는 사람'으로 불린 것이 아니라, '책임과 의무가 주어진 특별한 임무'에 따라 감독으로 불린 것이다. 성직계급으로서 감독은 교회에서 봉사하는 최고의 직책인 것이다. 이 제도는 오늘날까지 이어져 내려오고 있는 귀중한 교회의 제도인 것이다.

b. 장로(*πρεσβυτέροι*)

목회서신들에서 감독과 함께 언급되는 사람들은 '프로스뷔테로

이'(장로)나 '디아코노이'($\delta\iota\acute{\alpha}\kappa o \nu o \iota$—집사)다.

사도행전 4장 23절에서 "대제사장들과 장로들"이란 유대교적 표현만 보더라도, 분명히 '프레스뷔테로이'는 유대교에서 그리스도교로 넘어온 칭호임을 알 수 있다. 70인역에서는 나이가 많은 사람, 가정과 지파의 우두머리를 장로라고 불렀고, 야웨의 명령으로 선택되었으며(민 11 : 16—24), 그 직위는 직무상으로, 가부장적으로, 도덕적으로 규정된 것이었기 때문에 그들은 존경받는 자들이었다(출 3 : 16—22 ; 삼하 3 : 17).

그러나 초대교회의 장로는 유대교의 장로와는 차이점이 있었다. 유대교의 장로들은 공동체 구성원들의 대표로서 율법과 전통을 고수하는 직임과 결부되어 있었다. 그들은 율법을 해석, 적용함으로써 전통을 세웠으며(막 7 : 3 ; 마 15 : 2), 율법의 수호자로 부름받았다. 반면에 초대 그리스도교 공동체의 장로들은 처음부터 달랐다. 율법의 해석자도 아니었고 수호자도 아니었으며, 오히려 체험된 새로운 현재, 즉 다가오는 하나님의 나라와 주의 재림에 대한 희망을 갖고 목회적 의무들을 행했다(벧전 5 : 1—4 ; 약 5 : 14). 이처럼 초대 그리스도교회에서 장로의 직무는 교회의 치리였다(행 14 : 23 ; 벧전 5 : 1—4). 그들은 양떼를 돌봐야 했고, 영지주의적 거짓 교훈과 싸워서 사도적 증거를 지킬 의무를 가지고 있었다.

이처럼 장로는 교회에서 특별한 자격을 가진 대표자였다. 처음에는 사도 중심이었던 공동체가 사도들을 돕기 위해 교회에서 위임한 봉사활동자로서의 집사를 임명할 때까지 장로는 등장하지 않았다. 그러나 사도행전 11장 30절에 의하면, 안디옥 교회는 바나바와 바울을 예루살렘에 있는 장로들에게 보냈다는 기록이 있고, 사도행전 14장 21—23절에서는 바울과 바나바가 교회에서 장로들을 세웠다고 전한다. 사도행전 15장 4절에서는 예루살렘 교회의 장로들이 바울과 협상하기 위해 나타나는데, 바울과 그의 동지들은 사도와 장로들의 영접을 받는다. 이후로부터 장로는 빈번히 성서에 등장한다(행 15 : 6, 22, 32 ; 21 : 18 ; 6 : 3—4).

그러나 목회서신에는 장로의 의미와 역할이 이와는 전연 다르게 나타나고 있다 : 1) 디모데전서 5장 1절의 장로는 분명히 연장자, 즉 나이가 많은 사람이다. 2) 디모데전서 4장 14절의 '장로의 회'는 교회 안에서 지도력의 직임과 수행자로 장로가 위임받고 있음을 보여주고 있다. 바로 이들이 디모데의 안수에 참가했던 것이다. 3) 디도는 지역교회에서 장로들을 임명한다. 4) 디모데전서 5장 22절을 분석해보면 디모데가 경솔히 안수하지 말아야 하는 것과, 장로들에 대한 송사를 어렵게 함으로써 장로의 직임을 보호하려는 저자의 의도를 볼 수 있다. 디모데전서 5장 17절에서 잘 다스리는 장로들을 배나 존경하라고 한 것은 그들의 직임을 강화시키려는 것이며, 5장 18절에서도 이러한 견해가 더욱 강화되고 있다.

목회서신이 쓰여질 당시의 장로는 감독과 서로 동일한 직분으로 소개되고 있음을 알 수 있다. 그 예로 디모데전서 5장 17절에서 '지도하는 장로들'이란 말은 '감독의 일을 보는 장로들'이며, 디도서 1장 5, 7절은 모두 장로가 '감독직'을 이어받을 수 있어야 한다는 것을 의미한 것이다. 아마도 감독이 되는 사람은 항상 장로들의 무리로부터 나온 사람이었을 것이다.

장로는 예언이나 가르침, 또는 두 가지를 다 할 수 있는 영적 은사를 가지고 있었음에 틀림없다. 그리고 장로직과 감독직을 동일한 것처럼 말하고 있는 구절들이 목회서신에서 상당히 많이 발견된다. 감독제는 점차적인 과정을 통해 장로제로부터 유래되어 지역교회의 장로들 중의 한 사람이 감독의 지위로 승격되었으리라고 추정해볼 수 있다. 모든 감독들이 교회를 다스릴 때 장로들과 함께 직무를 수행했다는 점에서 장로들로도 간주될 수 있을 것이다. 그러나 모든 장로들이 다 감독은 아니었으며, 성만찬을 집례한다든지 교회를 대표하며 치리하는 장로로 피택된 사람만이 감독이 되었을 것이다.[103]

c. 집사($\delta\iota\acute{\alpha}\varkappa o\nu o s$)

헬라어인 '디아코노스'($\delta\iota\acute{\alpha}\varkappa o\nu o s$)는 종이 상전을 향한 봉사와 희생의 개념이 있고, 또 하나는 인간이 신을 향한 봉사와 사랑의 개념이 있다. 이 두 가지 개념이 내포된 낱말이 교회에서 때로는 전자의 개념으로, 때로는 후자의 개념으로 쓰이면서 '디아코노스' 개념은 다양하게 쓰이게 되었다.

신약성서에서 나타나는 집사($\delta\iota\acute{\alpha}\varkappa o\nu o\varsigma$)의 기능도 다양하다. 음식을 날라다 주는 심부름꾼(요 2 : 5—9), 구제하는 일(롬 16 : 1), 성도를 섬기는 사람(고전 16 : 15), 주 안에서 수고하는 사람(살전 5 : 12), 지배자, 주인의 "종"(마 22 : 13)——이런 의미에서는 그리스도교인들은 예수 그리스도의 종이다. 그러나 그의 책임 중에는 동료들을 돌보는 것도 있다. 신령한 능력을 가진 "종"(고후 11 : 14f. ; 롬 8 : 38), "그리스도의 일군"(고후 11 : 23), 아주 특별한 의미에서 사도는 그리스도의 종이다.——"하나님의 일군"(살전 3 : 1—3), "하나님의 사자"(롬 13 : 1—4) 등이다.

그러나 교회의 성직제도의 한 직책으로서의 '디아코노스'는 특별한 직분을 지칭한다. 맨 처음 '디아코노스'는 감독, 장로, 집사 모두를 다 포함한 넓은 의미의 봉사자였다. 그렇기 때문에 집사의 기원이 감독과 밀접한 관계가 있음이 디모데전서 3장 1절 이하에 나타난다. 집사의 자격이 감독의 자격(딤전 3 : 8—13)과 함께 언급된 것은 밀접하고 가까운 관계를 나타내는 것이다. '에피스코포스'($\dot{\varepsilon}\pi\acute{\iota}\sigma\varkappa o\pi o\varsigma$)와 같이 '디아코노스'($\delta\iota\grave{\alpha}\varkappa o\nu o\varsigma$)도 흠이 없고 온유하며, 한 아내의 남편이요, 가정을 잘 다스려야만 한다. 그런데 감독은 집사보다 더 많은 자격요건을 갖추어야 된다고 했다. 그리고 집사에게는 '믿음의 비밀'과 '선한 양심'을 가져야 한다고 강조되었

103) 박창건, "초대교회에 있어서 은사와 직제," 『신학과 세계』, 제18호(서울 : 감신대, 1989, 봄호), pp. 152—154.

다(딤전 3 : 9).

'디아코노스'의 기본 일은 재정적인 관리책임과 실질적인 봉사가 중요한 직무가 된다. '디아코노스'란 우선 식탁에 심부름하는 사람이면서 종의 개념이 내포되어 있는 자원봉사자인 것이다. 두번째의 자격요건은 성실한 자로 '에피스코포스'와 원만한 관계를 갖고 있어야 한다. 마지막으로 '디아코노스'는 은사를 따라 의무를 잘 수행하는 자를 말한다.

사도행전 6장에서는 집사에 대해서 '디아코노스'라는 말이 사용된다. 거기에서도 우리는 집사란 실제적인 봉사활동과 말씀선교를 위한 일을 맡은 자임을 분명히 알게 된다. 2세기로 접어들면서 사도적 유산을 관리, 보전하기 위해서 감독, 장로, 집사의 직무는 더욱 중요하게 되었는데, 이를 위해 영적 근거를 가진 안수제도가 보편화되었다.[104]

목회서신(딤전 3장)에서 '디아코노스'는 교회직제에 있어서 "특별한 직분으로서 주어진 직책"을 수행하게 되었음을 알 수 있다. 그러므로 '디아콘'(Deacon)이라고 쓰거나 '미니스터'(Minister)로 쓰였다. 교회활동의 덕을 세우는 사람으로 집사는 지도자의 반열에 들어갔으며, 이전보다 강조된 교회직책을 맡은 그들의 위치를 말하고 있다.

---

104) 박창건, *Ibid.*, pp. 155—157.

4. 거짓교사들과 그리스도의 훌륭한 목회자상(4 : 1—10)

¶ 개요

목회서신의 저자는 본문에서 표출된 두 가지 문제, 즉 거짓교사들의 활동과 디모데(서신을 받는 목회자)의 역할에 대해서 말하고 있다. 4장 1—5절에서 저자는 거짓교사들의 출현은 결코 놀랄 일이 아니며 그것은 이미 경고되었던 것이고, 거짓교사들의 가르침의 본래의 출처는 사탄에게서 온 것이라고 가르친다. 그리고 그는 거짓교사들의 몇 가지 잘못들과 왜 그들이 잘못되었는지에 대한 이유를 보여주고 있다.

4장 6—10절은 앞 단락의 거짓교사들의 윤리와 대비되는, 그리스도교의 훌륭한 목회자에게서 기대되는 행위를 언급하고 있다. 또한 교회의 지도자들에게 개인적인 권면을 언급하고 있다. 저자는 먼저 거짓교사들에 대해 어떻게 대응해야 하는가를 말한다. 교회의 지도자들은 거짓교사의 반대 입장에서 자신들의 목회생활을 잘 지켜 나가야하고, 각별히 주의해서 진리를 가르쳐야 한다. 개인적으로 교회 지도자들에게 대한 요구는 거짓교사들의 허탄한 신화에 빠져들지 아니하고 진정한 신앙심을 갖도록 훈련받으라는 것이다(7절).

1) 거짓교사들(4 : 1—5)

1 그러나 성령이 밝히 말씀하시기를 후일에 어떤 사람들의 믿음
에서 떠나 미혹케 하는 영과 귀신의 가르침을 좇으리라 하셨으니 *2*
자기 양심이 화인 맞아서 외식함으로 거짓말하는 자들이라 *3* 혼인
을 금하고 식물을 폐하라 할 터이나 식물은 하나님이 지으신 바니
믿는 자들과 진리를 아는 자들이 감사함으로 받을 것이니라 *4* 하
나님의 지으신 모든 것이 선하매 감사함으로 받으면 버릴 것이 없
나니 *5* 하나님의 말씀과 기도로 거룩하여짐이니라

¶ 주석

[1] **밝히**(ῥητῶς)란 말은 문자적으로 '분명하게' 또는 '실수함이 없이'라는 의미다. 저자는 이러한 표현을 통해서 하나의 예언을 하고 있음을 암시하는 것이다. 이것은 예언의 영과 관련되었고, 묵시문학에서는 장래에 임할 "배교"를 의미한다. 배교는 마지막 때가 오기 전에 일어날 것으로 기대된, 믿는 자들의 배교와 그로 인해서 생기게 될 혼돈상태를 의미한다(살후 2 : 3—4).[105] "성령이 밝히 말한다는 것"에 대해서 성령이 어떻게 언제 이것을 말했는가를 물을

105) 디벨리우스, p. 102.

수도 있다. 그러나 여기에서 우리는 지금 저자가 "바울의 목소리로" 자신의 메시지를 전하고 있다는 사실을 기억해야만 한다.

여기서 **후일에**(ἐν ὑστέροις καιροῖς)라는 표현은 디모데후서 3장 1절의 "말세에"라는 표현과 연관시켜 이해할 수 있다. 홀츠(Holtz)는 그것을 '묵시문학적 언급'이라고 말하고 있으며, 해슬러(Hasler)는 '예언자적 계시형식'이라고 말하고 있다.[106] 그러나 "후일에"라는 표현은 강한 종말론적인 예언이나 긴박한 파루시아(Parousia)를 의미하지는 않는다. "후일에"라는 표현을 통해서 저자가 의도한 것은 먼 미래를 가리키려는 것이 아니다. 실제로는 저자가 이 서신을 기록하던 시기를 지칭한 것이다. 그러므로 저자는 마치 다니엘서가 사후예언(事後豫言)이라는 형식을 통해서 사실이 이루어진 후에 예언을 하는 것처럼, 현재 교회내에서 벌어지고 있는 문제들을 마치 미래에 일어날 일처럼 예언하고 있는 것이다.[107]

저자가 거짓교사들의 가르침을 **미혹케 하는 영과 귀신을 가르침**으로 매도한 것은 바울의 사상과 일치한다. 왜냐하면 바울도 고린도교회에서 활동하고 있던 그의 적대자들 배후에는 사탄의 활동이 있는 것으로 보았기 때문이다(참조. 고후 11 : 3, 13-15). 이런 의미에서 카리스(R. H. Karris)가 이 표현을 저자가 자신의 시대의 거짓교사들에게 직접적으로 대항하는 구절이라고 주장한 것은 옳다.[108] 저자는 신앙적인 오류를 악마적인 것으로 낙인찍어 버린다. 이 말은 역사적 사실에 대한 신화론적인 표현일 수도 있는데, 결과적으로는 구체적이고 역동적이었던 종말론적 개념이 희석되고 있는 것이다.

---

106) 핸슨, 87.

107) 바울이 사도행전 20장 29-30절에서 에베소 교회의 장로들에게 자신이 죽은 후 거짓교사들이 에베소 교회에 나타날 것임을 예언하고 있다.

108) *JBL* 92(1973) : 549.

2 **자기 양심이 화인 맞아서** 의 낙인(화인)은 두 가지의 다른 목적으로 쓰였는데, 노예나 범죄자의 몸에 표시를 하기 위한 것이거나, 혹은 육신의 질병을 치료하기 위해 불꼬챙이로 몸을 지지는 경우다. 대부분의 학자들은 첫번째의 견해에 동의한다(Lock, Easton, Kelly, Brox). 그러나 어떤 학자들은 '눈에 보이지 않는 표시'를 주장하기도 한다. 어떻든 그 의미가 분명하게 정의되기는 어려운 것이 사실이다. 또 다른 가능성의 하나로, 그들의 양심에 표시된 것은 그들이 마귀에게 속했다는 사실을 안다는 것을 의미하는 것일까? 그러나 이것 역시 저자의 의도와는 맞지 않는 것으로 여겨진다. 거짓교사들은 거짓말쟁이인데, 그들은 아무런 양심의 가책도 없이 의도적으로 거짓말을 하며 자신들이 전하는 것을 믿지도 않았기 때문이다. 스피크(Spicq)가 주장한 대로 그들은 자신들의 주장을 처음에는 믿지 않았으나, 마침내는 믿게 되었을 것이라는 견해도 확실치 않다.[109] 저자는 거짓교사들의 양심 불감증과 가르침 뒤에 은밀한 죄악이 있다고 여기고 있음이 분명하지만, 유대교와 율법에 대한 거짓교사들의 양심 불감증과 입장이 무엇이었는지는 확실하지 않다.[110]

3a **혼인을 금하고 식물을 폐(금)하는 것** 은 토라에 근거한 유대 음식규정에서 유래한 영지주의의 초기 형태의 것으로 보인다. 특정 음식을 제한시키는 것은 유대주의와 관련되지만, 결혼을 금하는 것은 훨씬 후대의 영지주의적 금욕주의와 관련된 것임에 틀림없다. 왜냐하면 이러한 거짓 가르침은 육체적인 일에 대해서 악하게 보는 편견을 강하게 갖고 있는 것인데, 이러한 편견도 유대주의와는 상당한 차이를 보이는 것이다.[111]

109) 핸슨, p. 87.
110) 디벨리우스, p. 103.
111) 핸슨, pp. 87—88.

유대주의와 영지주의가 혼합된 성격을 띤 거짓교사들은 물질적인 세계를 경멸하면서 결혼생활을 금하고, 또 어떤 음식들은 먹지 못하게 규정했을 것이다. 이들은 육의 세계를 악으로 규정하고, 또한 "부활이 이미 이루어졌다"고 믿었으므로(딤후 2 : 18) 결혼을 금했던 것으로 보인다. 여기에 언급된 거짓교사들의 성격은 골로새서에 나타난 자들의 것과 같아 보인다(참조. 살후 2 : 1-2 ; 고전 15 : 12). 그러나 목회서신 저자는 결혼생활과 아이낳는 것이 바람직하다고 생각했다(딤전 12 : 15 ; 3 : 2, 12 ; 5 : 14). 혼인을 금하는 일은 고린도전서 7장의 가르침이 유대주의적·영지주의적 혼합과정에서 극단화된 것으로 보인다. 이러한 지시는 성경의 내용을 극단화하려는 경향을 경고하는 의도를 가지고 있는 것이다. 또한 목회서신 저자는 음식을 금하는 것이 잘못이라고 논박하고 있다. 왜냐하면 저자는 하나님의 창조물은 모두 선하다고 믿고 있기 때문이다.

3b-5 여기에서는 디모데전서의 제의적인 동기가 나타나고 있다. **믿는 자들과 진리를 아는 자들**은 그리스도인들의 자기 명칭으로 딤전 2 : 4 ; 딤후 2 : 27 ; 3 : 5 ; 딛 1 : 1에서 찾아볼 수 있다. 저자는 이 두 가지 표현을 통해서 "믿는 자들"과 "진리를 아는 자들"을 구분하려는 것이 아니라, 단순히 '세례받은 그리스도인들'을 의미하려고 한 것으로 보인다. 저자는 그리스도인인 "믿는 이들과 진리를 아는 사람들'은 음식에 관한 율법에 더 이상 사로잡혀 있지 않음을 말하고자 한 것이다(참조. 막 7 : 19 ; 행 10 : 9-16).

4절의 **감사함으로 받으면**(*εὐχαριστίας*)이라는 단어는 바울서신 이후 안디옥의 이그나티우스가 주의 만찬에서 사용했다. 트루머(Trummer)는 이러한 표현이 어떤 특정한 그리스도교 자료보다는 자연신학에 대한 이단적 교훈에 대한 것이라고 한다. 그러나 그의 주장보다는 더 깊은 의미가 있는 것 같다. 모든 음식은 감사한 마음으로 받아 그것을 성별해야 하는데, 고린도전서 10장 30절의 감사의 기도와도 연관이 있다. "감사함으로 받으면"(*εὐχαριστίας*)과 "거룩해진다"(*ἁγιάζεται*)는 표현은 초대교회의 성례전적 예식을 강하게 연상시킨다. 또한 이러한 용어들은 성만찬과 함께 세례도 연상케 한다.[112)]

5절의 **하나님의 말씀과 기도로 거룩하여짐이니라**에서 "하나님의 말씀"이 과연 무엇을 의미하는지에 대한 많은 논의가 학자들 가운데 있어 왔다. 대체로 학자들의 의견을 종합해보면 다음의 네 가지로 요약해볼 수 있다.

(1) 하나님의 말씀은 성육신한 그리스도의 말씀에 대한 언급이라는 것이다. 그는 우리를 위해서 식물을 축복하셨다. 그러나 이것은 저자의 기독론과 상당한 거리가 있다.

(2) 창조적인 하나님의 말씀이라는 것이다. 창세기 1장 31절에 하나님이 만드신 것을 보시고 보시기에 좋았더라는 것과 연관한다(이러한 견해는 Easton, Houlden에 의해서 주장된다).

(3) 이것은 음식 위에 내리는 은혜를 말하는 것이다. 이러한 축복은 경건한 유대인과 같이 경건한 그리스도인들이 먹으려고 하는 음식을 의미한다고 한다(Jeremias, Kelly, Spicq, Brox에 의해서 주장된다).

(4) 성찬식에서 신성한 빵과 포도주를 언급한다는 것이다.[113)]

특별히 피이(G. D. Fee)는 "하나님의 말씀"을 구약의 감사기도에서 자주 사용된 하나님의 말씀으로 이해하면서, 이러한 용례를 고린도전서 10장 25—26절에서 바울이 시편 24편 1절을 사용한 데서 찾고 있다. 그러므로 목회서신 저자가 "하나님의 말씀"으로 의미하고자 한 것은, 넓은 의미로는 바로 "그리스도교의 복음"을 의미

---

112) 핸슨, p. 88.

113) 핸슨, pp. 88—89.

하는 것이지만(딤후 2 : 9 ; 딛 1 : 3 ; 2 : 5 ; 참조. 딤전 5 : 17 ; 딤후 2 : 15 ; 4 : 2), 보다 직접적으로는 하나님의 말씀이 성서적 표현으로 되어 있는 식탁기도를 가리키는 것이라고 이해하는 것이 좋다. 이것은 목회서신 저자가 유대교의 제의 언어의 영향을 받아 인용한 것으로 보인다.[114)]

결론적으로 서신의 저자는 혼인을 금하거나 음식을 먹지 말라고 하는 금욕주의적 "절제"는 그리스도교 복음과는 아무런 관계가 없으며, 결혼과 음식에 대한 강제적인 절제는 극단적으로는 사탄의 가르침이기 때문에 서신을 받는 교회는 그러한 가르침에 현혹되지 말라는 것을 강조한 것이다.[115)]

교회가 발전해가면서 교회내에 여러 이단자들의 잘못된 사상이 들어오게 되는 것은 예나 지금이나 다름없는 현상 중의 하나다. 목회서신의 저자는 바울의 편지형식을 빌려서, 교회의 사역자들에게 그들이 당면하고 있는 위협의 심각성을 일깨우고, 그 대응방안에 대해서 적절한 지시를 하고 있다.

4장에서 나타나는 첫번째 주제는 저자가 이단에 대해서 바울의 이름을 빌려 성령께서 이미 예언하신 일이 이루어질 것으로 보도함으로써, 거짓교사들의 주장인 결혼을 금하거나 금식을 강요하는 거짓 가르침에 대해서 하나님의 올바른 뜻을 밝히고 있는 것이다 (4 : 1-5). 이러한 일들이 머지않아 일어날 것으로 예언된 바 있었는데, 실제로 현재 이루어지고 있다는 것이다. 저자는 이런 일들이 현실적으로 지금 나타나고 있는 위협인 것으로 생각하고 있는 것이다.

---

114) 디벨리우스, p. 103.

115) G. D. Fee, pp. 100-101.

2) 그리스도의 훌륭한 목회자(4 : 6—10)

6 네가 이것으로 형제를 깨우치면 그리스도 예수의 선한 일군이
되어 믿음의 말씀과 네가 좇은 선한 교훈으로 양육을 받으리라 *7*
망령되고 허탄한 신화를 버리고 오직 경건에 이르기를 연습하라 *8*
육체의 연습은 약간의 유익이 있으나 경건은 범사에 유익하니 금생
과 내생에 약속이 있느니라 *9* 미쁘다 이 말이여 모든 사람들이 받
을 만하도다 *10* 이를 위하여 우리가 수고하고 진력하는 것은 우리
소망을 살아 계신 하나님께 둠이니 곧 모든 사람 특히 믿는 자들의
구주시라

¶ 주석

6 여기에서 말하는 **형제**는 물론 교회의 지도자들만을 의미하는 것이 아니다. 당시 그리스도 안에서 한 형제요 자매가 된 지역교회 회중 전체를 의미하는데, 이 말은 바울이 처음 자신이 세운 그리스도교 공동체의 교인들을 부를 때 사용한 표현이었다.

그리스도 예수의 선한 일군이라는 표현에서 "일군"(*δίακονος*)은 일반적인 의미에서 그리스도와 교회를 위해 헌신하는 모든 사람을 지칭한 것이라기보다는 교회의 어떤 특정한 직제, 곧 사역자를 뜻하는 것이다. 저자가 이러한 단어를 쓴 이유는 다음의 스토아 철학의 교육적 이론을 지칭하는 전문적인 용어들——"양육하다", "따르다"(7절), "당신 자신을 훈련하라"——과 연관시키기 위함이었을 것이다.[116]

116) 핸슨, p. 89.

저자는 수신자들에게 **믿음의 말씀과 선한 교훈으로 양육을 받으라**고 권면한다. 여기서 "믿음의 말씀과 선한 교훈"은 분명히 저자가 살던 시대에 교회에서 사역자들을 훈련시켰던 교과과정으로, 문자화되었거나 아니면 구전으로 전해져 내려온 일종의 『교리문답』을 의미할 것이다. 로마서 6장 17절에도 이와 비슷한 언급이 있는 것으로 미루어 보아, 이러한 표현은 결코 목회서신 저자의 새로운 '창작물'이 아님이 확실하다. 그러나 바울의 시대와 목회서신이 기록되던 시대 사이의 차이점은 다음과 같다 : 바울 시대에는 사도나 지역교회의 교인들 중에서 특별한 은사를 받은 사람이 이러한 가르침을 주었다면(롬 12 : 7), 목회서신 저자 당시에는 안수를 받은 사역자들의 특권이었던 것이다. 특별히 "선한 교훈"은 1장 10절에 있는 교회의 "바른(건전한) 교훈"을 의미한다. 그런데 건전한 교훈이란 복되신 하나님의 영광을 드러내는 그 복음에 근거를 둔 것으로, 복음을 전하는 임무를 맡은 사람이 바로 교회 목회자들이었던 것이다.

"좇다"(따라가다 — *παρακολούθειν*)는 선한 교훈에 대해 이해하고 수긍하는 태도를 나타내는 단어인데, 종종 '…을 이해하다'와 '…을 지속적으로 실천하다'라는 의미와 함께 사용되었다. 저자가 의미하고자 하는 것은 그리스도교의 사역자들은 예수 그리스도의 일군이므로, 먼저 교회에서 가르치는 믿음의 말씀과 선한 교훈을 지속적으로 몸소 실천하며 살아야 한다는 것이다.

7 **망령되고 허탄한 신화**(*μύθους*)는 어리석고 거짓된 이야기들, 즉 거짓교사들의 허황한 가르침을 의미하는 것이다. "망령된"(*βεβήλοις*)은 문자적으로 '이교도적이며 신성을 모욕하는 부정한'이라는 의미를 가지고 있으며, "허탄한"(*γραώδεις*)은 문자적으로 '늙은 여자들에게 어울리는'이라는 의미를 가지고 있다. 이러한 표현은 당시의 "불합리한 철학"을 나타낼 때 사용되었다. 당시 그리

스도인과 유대인들은 자신들의 종교에 신화적인 요소가 없다는 것에 대해서 대단한 자부심을 가지고 있었던 것으로 여겨진다. 왜냐하면 그들은 공통적으로 신이나 여신에 대한 어떤 이야기도 가지고 있지 않았기 때문이다. 아리스테아스의 편지 (*Letter of Aristeas*, p.168)에 보면, 2세기 유대인들의 변증이 나타나는데, 거기에는 "우리의 성서 (scripture)에는 불합리하거나 신화적인 것이 없다"라고 기록되어 있다. 그러므로 우리는 저자가 염두에 두고 있는 "망령되고 허탄한 신화"란 절대자와 인간 사이의 중간세계의 허다한 영적·천상적 존재들의 실재를 믿고 그러한 신적 존재들의 우열과 서열에 대한 추종자들 사이의 끝없는 논쟁과 다툼으로, 이러한 사상은 영지주의적인 우주체계의 유출설에서 나온 것이라고 추측해볼 수 있다.

오직 경건에 이르기를 연습하라는 표현에서 "연습하다" (*γύμναζειν*) 라는 동사의 의미는 문자적으로 '훈련하다'라는 의미로서, 스스로 자기 자신에게 훈련자가 되어야 한다는 것을 강조하는 표현이다. 저자는 신체적인 훈련뿐만 아니라 영적인 훈련까지를 포함하고 있는데, 이는 경기에서 승리하거나 건강해지려고 하는 것을 나타내려는 것이 아니라, 신앙적인 삶에 있어서 필수적이라는 것을 강조하는 것이다.[117] 즉 저자는 결혼을 하지 않거나, 어떤 음식을 먹지 않는 외적인 절제와는 대조적인, 참된 신앙적 절제를 강조하고 있는 것이다. 경건해지도록 자기를 훈련시킨다는 것은 참된 믿음을 지닐 뿐만 아니라, 그러한 믿음을 실생활 속에서 실천해나가야 한다는 것을 강조하는 것이다. 그래서 저자가 강조하는 경건의 훈련은 오히려 극단적인 금욕주의를 강조하는 거짓교사들과 좋은 대조가 되고 있다.[118]

117) 로크의 책, p. 51.
118) 핸슨, p. 90.

8 저자는 경건에 대한 목적으로 "범사에 유익한" 이유를 설명해 주고 있다. **육체의 연습은 약간의 유익이 있으나** 라는 것은 금욕주의적 실천이나 육체적 연습을 통해서 유익이 된다는 것이 아니다. 여기의 분명한 관심은 진정한 가치가 있는 **경건**에 있다. 경건은 디모데전서에 나타난 그리스도인의 믿음에 대한 순수한 표현이다. 거짓교사에게는 이것이 부족했고, 육체적 훈련과 비교되는 경건은 실제로 망령된 신화와 대립되며 현재와 미래에까지 생명과 관계가 있는 것이다.[119] 여기서 이야기하는 신체적인 연습은 혼인금지나 음식규정 등의 금욕주의적 훈련을 의미한다.

그런데 "경건"(*ἐυσέβεια*)이란 단어가 바울서신에서는 결코 발견되지 않는다. 그러므로 목회서신 저자의 이 핵심적인 단어는 신학사상에서나 또는 그 어휘 사용에서 바울서신들과 뚜렷하게 구별되는 또 하나의 특징이 된다. 디벨리우스에 의하면, 이 단어가 가지고 있는 핵심적인 의미는 목회서신 저자 당시에 그리스도교가 교인들에게 사회생활 속에서 요구했던 "도덕성"과 관련된다는 것이다. 또한 브록스(Brox)도 이러한 사상은 예수 그리스도의 메시지, 또는 바울이나 요한복음 저자의 메시지와 양립될 수 없는 것이라고 지적한다. 그러나 그는 목회서신 저자에게 "경건"은 그리스도교적인 의미에 한정된 것으로, '그리스도교의 진리를 아는 것'을 의미한다고 주장한다. 그러므로 이 문장은 영지주의적 금욕주의에 대한 논쟁의 의미로 이해하거나, 혹은 육체적 훈련을 반대하는 것으로 이해할 수 없다. 오히려 그리스도교의 진리인 복음을 바로 깨닫는 지적인 활동이 유익하다는 사실을 의미하는 것이다.[120]

경건이 범사에 유익이 되는 이유로 **금생과 내생에 약속이 있느니라**는 서신 저자의 표현은 분명히 비바울적인 것이다. 생명에 대한 이

119) G. D. Fee의 디모데전서 4장 8절의 주석.

120) 디벨리우스, p. 109.

약속은 이 세상에서의 번영과 동일시될 수는 없는 것이다. 그러나 이 약속은 오히려 경건의 축복을 요약해주는 것으로 보인다. 그리스도인들은 현재의 상황과 관계없이 금생과 내생의 가장 좋은 것들을 소유하게 된다고 말하는 것이다.[121)]

9 **미쁘다 이 말이여**는 1：15；3：1에 이어 세번째 나타나는 구절인데, 여기에서는 "모든 사람이 받을 만하다"라는 표현이 보충되고 있다(참조. 딤후 2：11；딛 3：8). 그러나 9절의 "미쁘다 이 말이여!"가 과연 8절을 의미하는 것인지, 아니면 10절을 의미하는 것인지는 많은 논란의 여지를 안고 있다. 그러한 논의를 요약하자면 다음과 같다： (1) 그것은 10절 전체를 의미한다.——"이를 위하여 우리가 수고하고 진력하는 것은 우리 소망을 살아 계신 하나님께 둠이니 곧 모든 사람 특히 믿는 자들의 구주시라." (2) 그것은 10b절을 의미한다.——"우리 소망을 살아 계신 하나님께 둠이니 곧 모든 사람 특히 믿는 자들의 구주시라." (3) 그것은 8절 전체를 의미한다.——"육체의 연습은 약간의 유익이 있으나 경건은 범사에 유익하니 금생과 내생에 약속이 있느니라." (4) 그것은 8b절을 의미한다.——"금생과 내생에 약속이 있느니라."

물론 이 문제를 결정하기란 그렇게 쉽지는 않다. 그러나 이 문제는 본문을 이해하는 데 있어서 대단히 중요한 것도 아니다. 왜냐하면 바로 뒤에 이어지는 "모든 사람이 받을 만하도다"라는 감탄조의 표현이 본문 자체에 전체적인 어떤 의미를 제시하고 있기 때문이다. 그러므로 9절의 "미쁘다 이 말이여!"라는 표현은 어느 한 구절에 국한해서 생각하기보다는 저자가 주제를 깊이 논의하면서 자신이 기록하는 본문에 하나의 휴지부 역할을 하면서도, 본문에는 "장엄성"을 더해주는 하나의 문학적인 고안으로 보는 것이 보다 타당

121) 거스리, p. 138.

할 것이다.

본문에서 문맥과는 아무 관계없이 "말(씀)"이란 단어가 사용되었기 때문에, 이는 "설교"가 아닌 저자 자신의 말 즉 글을 가리키고 있는 것이며, "미쁘다"(받을 말한, 신실한)의 의미 또한 이 말씀이 신뢰할 만하다는 것을 나타내준다. 거의 규칙적으로 이 문구 전후에는 문맥과 상관없는 내용을 담은 문장이 나오기 때문에 대체로 일반적인 의미로 이해하면 될 것이다. 이러한 확정된 인용문구는 사도적 전승과 저자의 현재화 작업 사이의 연관성을 강조하고 있는 것이다.[122)]

10 **이를 위하여 우리가 수고하고 진력(盡力)하는 것**이라는 표현에서 "이를 위하여"는 아마도 8절의 내용, 즉 그리스도교적 "훈련"의 "목적"을 가리키는 것으로 이해하는 것이 가장 좋을 것이다. 왜냐하면 7절의 "훈련하다"란 말이 "우리가 수고한다"는 말로 다시 언급되고 있기 때문이다.[123)] 이때의 '호티'(*ὅτι*)의 의미는 '왜냐하면'이다.

본절은 아마도 골로새서 1장 29절을 인용한 것으로 보인다. 그러나 골로새서에서는 골로새서 저자가 바울선교 특성의 의미를 밝히고 있는 반면에, 목회서신 저자는 "경건의 훈련"을 의미하고 있다. 특별히 이 문장에서 "수고하다"(*κοπιῶ*)와 "진력하다"(*ἀγωνιζόμαι*)라는 단어는 핵심적인 성격을 가지고 있다. "수고하다"는 육상경주에 참가하는 것과 관계가 있다(6 : 12 ; 딤후 4 : 7 ; 참조. 고전 9 : 25). 7절에서 시작된 육상경주에 대한 비유가 여기까지 계속되고 있는 것이다.

'아고니조메타'(*ἀγωνιζόμεθα*—진력하다)가 어떤 사본들(ℵ[c] D L P)에 의하면 '오네이디조메테'(*ὀνειδιζομέθε*)로 나타난다. 그러나

122) 디벨리우스, pp. 51—53.

123) 디벨리우스, p. 109.

이 둘 사이의 구별이 확연치 않다. 대다수의 학자들은 전자에 더 비중을 둔다. "진력하다"라는 단어는 "수고하다"라는 표현보다 더 흔하게 사용되었는데, 장로들의 가르치는 사역에 대해서 언급하고 있는 5장 17절에서도 나타난다.

여기서의 **구주**는 '생명의 약속'을 참되게 하시는 '살아 계신 하나님'을 의미한다. "구주"란 칠십인역(LXX)에서는 '사사'나 '조력자'의 의미로 쓰였고, 또한 '구원하는 자'(σῴζων), '구하는 자'(ῥυόμενος)란 말과 동의어로 사용되기도 한다. 헬라적 개념에서는 '주인'의 의미가 배제되었고, 일반적인 의미에서는 구주에게서 신의 계시와 통치를 보게 된다고 생각되었다(신적 대리자). 그래서 그리스도인들은 예수의 신성을 증거하려고 "구주"란 명칭을 사용했던 것이다. 그럼에도 불구하고 본문에서는 생명의 약속을 참되게 하시는 **살아 계신 하나님**을 의미한다.

특별히 본절에서 목회서신 저자는 **모든 사람**과 "믿는 사람"을 구분하는데, 바울에게서는 이론상으로 모든 사람은 믿는 사람이 될 수 있었던 것과는 대조적으로, 목회서신의 저자는 믿는 자들이 인류의 일부로서 하나님 나라의 대리자들이라고 생각하고 있다.[124] 스키트(T. C. Skeat)는 **특히 믿는 자들의**라는 구절에서 "특히"란 단어를 첨가함으로써, 저자는 하나님이 다른 사람들보다 믿는 자를 구원하신다는 의미보다는 누구든지 '믿지 않는 한 구원받지 못한다'는 한계를 규정한 것으로, 하나님이 모든 사람의 구주가 되신다는 일반적인 진술을 간단하게 수정하고 있다고 본다. 저자는 지금 우리가 알고 있는 '현대적 의미'에서의 보편주의를 주장하는 것이 아니다.[125] 오히려 본문에서 "특히 믿는 자의 구주가 되시는 살아 계신 하나님"이란 말은 보편성이 아닌 제한성을 의미한다. 이것은 공교회 시대에서 교회라는 울타리로 구원을 한정하고 있는 것이다.

---

124) 디벨리우스, p. 109.

125) 핸슨, p. 92.

이 구절은 예수나 바울에 의해 주장되었던 초기의 구원의 보편성이 제도화된 공교회에서는 구원의 제한성을 부각시키는 공교회의 자구책으로 보인다. 하나님은 모든 사람의 구세주가 되시기 때문에 모든 사람을 구원하시는 것이다. 그런데 하나님의 구원은 사실 특별히 믿는 자들에게 영향을 미친다고 표현되고 있다. 이것은 디모데전서 2장 4—6절의 구원의 보편성과는 상반되고 있음을 보여준다.[126] 이것은 구원의 제한성이 공교회에 의해 주장되던 시기에도 아직은 구원의 보편성에 대한 이해 또한 상존했다는 증거가 된다.

126) Fee의 책, p. 106.

5. 교회직제II(4 : 11—6 : 2a)

1) 그리스도교의 이상적인 목회자상(4 : 11—16)

11 네가 이것들을 명하고 가르치라 *12* 누구든지 네 연소함을 업
신여기지 못하게 하고 오직 말과 행실과 사랑과 믿음과 정절에 대
하여 믿는 자에게 본이 되어 *13* 내가 이를 때까지 읽는 것과 권하
는 것과 가르치는 것에 착념하라 *14* 네 속에 있는 은사 곧 장로의
회에서 안수받을 때에 예언으로 말미암아 받은 것을 조심없이 말며
15 이 모든 일에 전심전력하여 너의 진보를 모든 사람에게 나타나게
하라 *16* 네가 네 자신과 가르침을 삼가 이 일을 계속하라 이것을
행함으로 네 자신과 네게 듣는 자를 구원하리라

¶ 개요

본문에서 저자는 교회 지도자들에게 경건한 삶(12절), 그리고 목

회를 위한 모델(13－14절)로서 맡겨진 직무에 충실하며, 부단히 노력해서 스스로 발전하고 있음을 보이고, 가르침의 내용을 늘 확인할 것을 요구하고 있다. 이러한 권면은 전반적으로 임박한 종말론의 퇴조와 함께 윤리가 강조되는 시대적인 배경을 가지고 있으나, 직접적으로는 거짓교사들의 준동에 직면했던 교회가 거짓 가르침들에 맞서기 위해 서둘러 성직제도를 발전시켜 나갔던 공교회의 상황이 전제된 것이다.

¶ 주석

11 저자는 6절에서 시작되었던 교회 지도자들에 대한 권면을 계속하고 있다. **이것들** 이라는 언급에 대해서 핸슨(Hanson)은 의심할 바 없이 선행절에 연결되는 것이라고 주장한다. 스피크(Spicq)도 이것들을 4 : 1－10까지의 모든 것을 의미한다고 주장했다.[127] 그러나 이것은 목회지침서의 형식으로 볼 때, 후반절과 연결되어야 그 의미가 잘 연결된다. 여기서 저자가 문제시하는 것은 "수신자"들이 아직 젊기 때문에 교회를 치리함에 있어서 겪는 여러 가지 어려움에 대해서 가르침을 주어야 한다는 것이다. 그러므로 이 권면의 대상은 일반적으로 "나이가 젊은 교회 사역자들"이다.

12 **본**(모범－*τύπος*)은 교육적 성격을 드러내고 있는 안디오쿠스 1세의 비문의 문체와 유사하다. 그리고 빌 3 : 17 ; 살후 3 : 9 ; 벧전 5 : 3에서도 교회의 지도자들이 그리스도인들의 모범이 될 것을 강조하고 있다. 일찍이 바울은 자신이 그리스도를 본받고 있음을 강조하면서, 교인들에게 자신을 본받으라고 말한 바 있다. 데살로니

---

127) Hanson의 책, p. 92.

가 교인들은 바울을 본받음으로써 주를 본받게 되어 다른 교회의 모범이 되었던 것이다(살전 1 : 7—8). 목회서신의 저자도 바울의 전통에 서 있기 때문에 교회의 사역자들은 교회의 모범임을 상기시키고 있는 것이다.

로크(Lock)는 "젊음"(νέοτης)이라는 말이 40세된 사람에게까지도 적용될 수 있기 때문에 상대적인 의미로 받아들여져야 한다고 주장했다.[128] 또한 고린도전서 16장 11절에서 바울은 고린도 교인들에게 디모데를 업신여기지 말아야 한다고 권면했다. 그러므로 디모데전서 4장 12절은 디모데에 대한 역사적 전승을 기억하고 있는 것이며, 특히 고린도전서 16장 11절의 여운을 남김으로써 바울과 디모데의 관계를, 디모데전서의 저자는 자신과 서신의 수신자들인 교회의 사역자들의 관계에 적용시키는 것이다. 저자는 젊은 사역자인 경우에 외부로부터 받을 수 있는 업신여김이나 경멸을 상쇄하기 위해서 그리스도인들의 본이 되는 삶을 살기를 부탁하는 것이다. 그래서 디벨리우스와 브록스(Brox) 같은 학자들은 "당신의 젊음을 업신여기지 못하게 하라"는 것을 지역교회에서 직책을 맡고 있는 젊은 감독이나 사역자들을 업신여기지 말라는 경고라고 이해한다.[129]

저자는 교회 지도자들에게 필요한 자격으로 **사랑과 믿음과 정절**(순결)을 천거하고 있는데, 이 세 항목이 서로 어떤 연관성이 있어 보이지는 않는다. 특히 "사랑"(ἀγάπη)의 경우, 골로새서 1장 8절의 영향으로 '아가페'(ἀγάπη) 다음에 '엔 프뉴마티'(ἐν πίστει)가 삽입되었다. 이것은 짧은 독법으로 알렉산드리아와 서방본문이 모두 이 영향을 강하게 받은 것으로 나타난다.

"정절"(순결—ἁγενέια)이라는 단어 자체는 실제로 바울에 의해서 사용된 적은 없으나, 그 개념은 자주 사용되었다. 헬라 세계에서

128) 거스리, pp, 139—140.
129) 핸슨, p. 92.

이 단어는 뚜렷한 차이가 있는 두 가지 의미로 사용되었다. 하나는 육체적이고 성적인 순결을 의미하며, 다른 하나는 예전적인 순결을 의미했다. 여기서는 첫번째의 의미로 사용된 것으로 보인다.[130] 바울은 갈라디아서 5장 22－23절에서 이런 의미로 교회 지도자들이 마음속에 훌륭한 그리스도인의 특성을 새겨야 한다고 말한 바 있다. 브록스(Brox)는 여기 12b절과 디모데후서 2장 22절을 함께 읽으면 더욱 잘 이해할 수 있다고 한다.[131]

13 **내가 이를(올) 때까지** 라는 표현은 바울의 권위가 교회내에서 여전히 계속되고 있음을 강조하는 것이다. 특히 이 절은 교회의 지도자가 목회자로서 해야 할 세 가지 직무를 제시하고 있다. 녹크(Nauck)는 이러한 세 가지의 직무들이 모두 회당의 관례에서 유래되었다고 주장한다.[132]

(1) 읽는 일 : 이것은 성경에 대한 개인적인 연구를 의미할 수도 있으나, "회중 앞에서 선택된 본문을 낭독하는 일", 즉 성경봉독이나 말씀선포로 이해하는 것이 보다 올바른 해석이라 하겠다. 성경 읽는 일을 개인적인 읽기로 보는 것은 적당하지 않으며, 당시의 회당의 관례대로 공식적인 낭독으로(참조. 눅 4 : 16－7) 받아들이는 것이 더욱 타당할 것이다.

(2) 권하는 일 : 이것은 공중예배에서 성경의 설명, 즉 설교를 의미하는 것이다. 다시 말해서 여기서의 "권하는 일"이란 공중예배에서 사용된 성서본문에 대한 설명과 적용을 의미한다.

(3) 가르치는 일 : 바울은 로마서 15장 4절에서 "가르치는 일"과 "권하는 일"을 결합시켜서 사용하고 있다. 목회서신이 기록되던 시기에는 교회에서 공식적으로 복음의 기본적인 진리를 가르치는

130) 핸슨, p. 92.

131) Hanson의 책, p. 92.

132) 핸슨, p. 93.

일, 즉 교인들을 "교육시키는 일"이 보다 전문화되었을 것이다.

[14] **장로의 회**에서 안수받은 사역자들의 권위와 위엄을 나타낸다. 안수는 교회가 사도적 전승뿐만 아니라 직무 은총을 부여해주는 성례전적 규례를 실천하는 것이다.[133] 그러므로 이러한 안수를 통해서 사도적 은사가 임하고 사도적 전승이 전해지는 것이며 목회자로서의 은사가 부여되는 것이다.

더브(David Daube)는 교회의 안수, 즉 "장로회에서 손을 얻은 것"은 본래 회당의 랍비가 다른 사람에게 회당을 위임시키려 할 때 후임자에게 손을 얹는 랍비위임 의식에서 그리스도교화된 것이라고 한다. 케제만(Käsemann)도 목회서신에 언급된 안수는 바로 유대교에서 교회로 가져온 안수예식이라고 믿는다.[134] 디벨리우스는 목회서신의 성직수여식은 수여자의 은사(χάρισμα)가 전달되는 성례전적 실천이라고 주장한다. 이 구절은 장로들에 의해 교회의 성직이 수여되는 것을 의미한다. 브록스(Brox)에 의하면, 교회의 예언자들(사역자들)은 하나님의 선택된 자들을 가리키는 것이며, 장로의 모임에서 안수를 받았던 것이다.[135] 그러므로 우리는 여기에서 저자가 자신의 시대에 행해졌던 성직수여식을 묘사하고 있다고 결론지을 수 있다. 그런데 보른캄(G. Bornkamm)은 이 구절의 "안수"와 디모데후서 1장 6절의 "안수"가 서로 다른 목적을 가지고 있다고 말하면서, 이 두 절을 구별해서 이해하는 것이 타당하다고 주장하지만, 설득력이 없다.

결론적으로 교회 지도자들이 취임할 때 장로들은 안수하고, 예언자들은 사명에 관한 교훈을 준 것으로 보인다. 이것이 바로 예언의 의미이며, 교회 지도자들은 그 훈시를 되새기고 교직자로서 받

---

133) 디벨리우스, p. 110.

134) 핸슨, p. 94.

135) Hanson의 책, p. 94.

은 은사 곧 사도적 전승을 전해받음으로써, 목회자로서의 은사가 부여된 것을 실천에 옮기라고 권면하는 것이다.[136)]

15 **이 모든 일**(ταῦτα)은 13—14절의 권면과 연관되어 "이런 종류의 행동"이란 뜻을 가진다.[137)] 핸슨에 의하면, 이러한 의무는 6절 이하 전체의 서신에서 주어진 교훈을 의미한다. 또한 교회 지도자의 직무수행을 의미할 수도 있다. "그것에 전심전력을 다하라"는 표현은 문자적으로 "이러한 일들 가운데 있어라"로 표현된다. 스피크는 이러한 표현——"내가 아버지의 집에 있어야 된다", 즉 문자적으로 "내 아버지의 일을 하여야 한다"——을 즉 "내 아버지의 사업에 전력해야 한다"는 누가복음 2장 49절과 잘 비교시키고 있다.[138)] **모든 사람에게 나타나게**라는 문구는 명예비문들 가운데 많이 나타나고 있고, **진보** 즉 "발전"이란 말은 스토익(stoic) 사상에서 중요한 개념이었다.[139)] 디모데후서 2장 16절과 3장 9절에 의하면 "진보"라는 말은 거짓교사들이 강조한 용어였음을 알 수 있다. 저자는 이 용어를 역설적으로 사용해 거짓교사들에게 대응하고 있다고 생각할 수 있다.

16 **이 일**(αὐτοῖς)은 15절에 나온 '타우타'(ταῦτα)와 '투토이스'(τούτοις)에 관계되고 있음을 암시하고 있다. 교회의 사역자들에게 주어진 약속이 다른 곳에서도 일반적인 의미로 언급되고 있다.[140)] 저자는 역사적 디모데의 도덕적 행동이 그리스도교의 도덕규범에 일치한 것처럼, 교회 지도자들의 가르침도 그리스도교 정통의 표

136) Elmar Lang의 책, p. 32.
137) 디벨리우스, p. 95.
138) Hanson의 책, p. 95.
139) 디벨리우스, p. 112；핸슨, p. 95.
140) 디벨리우스의 책, p. 113.

준에 일치해야만 한다고 명령하고 있는 것이다.

"그대는 그대뿐만 아니라 그대의 말을 듣는 사람들도 구원할 것입니다"라는 표현은 하나님의 뜻에 그 자신을 전적으로 맡긴 바울과는 두드러지게 대조적이다. 바울은 로마서 9장 3절에서 자기 동족들을 위해서라면 "그리스도에게서 떨어지는" 아픔이라도 기꺼이 감수하겠다고 한다. 그러나 목회서신에서는 보다 사려깊고 조심성 있는 윤리를 발견할 수 있다. 디벨리우스는 야고보서 5장 20절과 이 구절을 비교하면서, 그가 죄인들을 구원하며 그 자신의 죄도 속죄한다는 의미라고 했다.[141] 저자는 하나님과 그리스도만이 우리를 구원하신다고 확신하고 있기 때문에, 인간이 자신을 구원할 수 있다는 뜻이 아니라, 하나님의 구원사업에 적극적으로 참여해서 다른 그리스도인들의 구체적인 모범이 됨으로써, 그들을 구원으로 인도할 수 있어야 한다고 강조하는 것이다.[142] 교회 사역자들은 복음전파에 전심전력을 다하고, 또한 자신이 전파하고 있는 복음의 내용에 합당한 생활을 함으로써, 자신을 포함한 모든 사람이 구원에 이르도록 힘써야 한다는 것이다.

우리는 목회서신 전체에서 바울서신보다 훨씬 많은 도덕적인 강조점들이 나타나고 있음을 볼 수 있다. 그러므로 의심할 여지없이 본 서신의 저자는 바울보다는 훨씬 후대에 임박한 종말에 대한 기대가 사라진 후, 세상의 질서를 중요시한 공교회가 윤리와 도덕적인 면에 관심을 두던 때의 사람으로서 바울보다는 덜 신비적임을 알 수 있다. 목회서신의 저자는 공교회의 특성인 일반적인 윤리를 강조할 뿐만 아니라, 교회의 치리에 대한 구체적인 지침을 하달하고 있는 것이다.

이 단락은 4장의 두번째 주제로서 현재 교회를 담임하고 있는 목

141) Hanson의 책, p. 95.

142) Elmar Lang의 책, p. 32.

회자에게 주는 일종의 지침서다. 목회자는 늘 교회의 건전한 교훈을 알려주고 경건의 훈련을 해야 한다. 교회는 목회자가 연소하다고 해서 그의 가르침을 무시하거나 멸시해서는 안되며, 이럴 때 목회자는 더욱 말이나 행실이나 사랑이나 믿음이나 순결에 있어서 믿는 사람들에게 본을 보여야 하고, 목회자의 3대 직무인 공중예배에서의 성경봉독, 성경연구를 통한 설교, 그리고 그리스도교의 복음의 진리를 가르치는 일에 전심전력해야 하며, 성령의 은사를 통해서 진정한 진보를 이룩해가야 한다는 것이다. 당시에 목회자들 자신조차도 바른 교훈에 서서 자신들의 진보를 이루지 못하고 있는 자들이 있었을 것이다. 그래서 저자는 이상에서 언급한 모든 가르침으로 먼저 목회자 자신을 가르치고 있는 것이다. 목회자들은 자신이 가르치는 것과 일치하는 생활을 함으로써 목회자는 먼저 자기 자신의 구원을 이루고, 또한 목회자의 모범된 생활은 다른 사람이 구원을 성취할 수 있도록 도와주게 되는 것이다. 목회자들 가운데는 다른 영혼 구원에만 전념한다는 미명 아래 뜻밖에도 자기 자신의 구원을 소홀히 함으로써, 자신은 구원에 이르지도 못하고, 아무런 믿음의 진보도 없으며, 교회에 모범도 보이지 못하고, 결국은 교회에서 어신여김과 조소의 대상이 되는 경우가 있는 것이다.

¶ 신학적 문제

안수

디모데전서 4장 14절의 본문은 5장 22절과 디모데후서 1장 6절과 함께, 초대 그리스도 교회에서 성직을 수임하는 안수가 행해졌음을 증거해주는 구절이다. 다른 곳에서와 마찬가지로 여기의 본문에서도 사도적 권위와 능력을 전달하는 수단으로 머리에 손을 얹어 안수했다.

안수(Laying on of hands)는 사도적 전승뿐만 아니라, 직무의 은총을 부여해주는 성례전적 교회의식이다. 손은 일차적인 접촉의 도구이기 때문에 손을 얹는 것은 어떤 능력이나 자질이 이 사람에게서 저 사람에게로 전달되는 수단으로 종종 간주되었다.

손을 얹어 안수하는 것이 성경에는 여러 경우로 나타난다. 구약의 율법에 의하면, 번제와 속죄제에서 제사를 드리는 사람들이 번제물을 가져왔을 때였다. 사제들이 제물 위에 손을 얹는 것은 제물을 드리는 자의 죄가 번제물에게 전가되는 것을 의미하는데, 이러한 절차를 통해서 제물이 희생될 때 제물을 드리는 자의 죄가 속죄받는 것을 의미했다(출 29 : 10 ; 레 1 : 4 ; 4 : 4, 24, 29, 33 ; 8 : 14 ; 민 8 : 10, 12).[143] 필로는(*On the Special Laws I*. 203—4) 제사를 드리는 자가 희생제물에 안수하는 것을 순수한 의도와 흠없는 생명의 표적으로 이해했다.[144] 이와 같은 맥락에서 불경한 자를 심판할 때도 증인들은 그들의 손을 불경자에게 얹고 안수한 후 돌을 던졌다(레 24 : 14).

손을 얹는 것은 축복을 전달할 때도 사용되었는데(왕하 3 : 16), 야곱은 자신의 아들 요셉의 아들들을 축복할 때도 이와 같이 손을 얹었다(창 48 : 14). 예수도 안수함으로써 어린아이들을 축복한 적이 있다(마 19 : 15 ; 막10 : 13, 16).

또한 안수는 영적인 능력을 전달하여 육적 혹은 영적인 치료를 나타내는 수단으로 사용되었다. 예수는 야이로의 딸을 치유할 때(막 5 : 23), 가버나움에서의 치유에서(눅 4 : 40), 눈먼 자에게(막 9 : 27), 또한 여인에게(눅 13 : 13) 손을 얹어 고쳐주셨다. 그리고 아나니아가 바울의 시력을 회복시킬 때도 안수함으로써 치유가 되

143) M. H. Shepherd, Jr., 『기독교대백과사전』, vol. 10(서울 : 기독교문사, 1983), 1249.

144) 위책, p. 1249.

었다(행 9 : 12, 17). 사도들도 계속해서 안수함으로써 병인들을 고쳐 주었다(막 16 : 18 ; 행 3 : 7 ; 5 : 12, 15 ; 19 : 11 ; 28 : 8).

이밖에도 안수는 성령을 받지 못한 자에게 성령을 전해주고자 할 때도 시행되었다(행 8 : 17). 이러한 안수는 종종 히브리서 6장 2절에서의 언급과 함께 교회에서 세례 뒤에 행하는 견신례의 근거가 되는 구절로 취급된다. 그러나 사도행전에서 이러한 성령의 은사는 방언을 말하는 것과 같이 외적이고 눈에 보이는 성령의 활동의 표상들과 특별하게 연관되어 있다.[145]

이 모든 경우, 안수는 항상 그 당시에 먼저 독특한 은사를 소유한 사람들에 위해 수행되었다는 사실이다. 구약에서 모세는 여호수아를 안수함으로써 자신의 계승자로 세웠다(민 27 : 18, 23 ; 신 34 : 9). 랍비적 유대주의는 이것을 성직수여의 기원으로 보고 있다. 이 임명식은 여호수아의 영적인 자격을 인정하는 것에 대한 외적인 표적이었는데, 이로 인하여 여호수아는 하나님의 백성을 공식적으로 영도할 수 있는 권위를 얻었던 것이다. 신약에서는 사도들에 의해 초대교회의 일곱 집사들을(행 6 : 6), 그리고 안디옥 교회의 교사들과 예언자들에 의해 바울과 바나바를 안수함으로써 특별한 직임을 수여했다(행 13 : 3). 바울은 안수를 통해서 영적인 은사를 전달했다(딤전 4 : 14 ; 딤후 1 : 6).[146] 이처럼 안수는 어떤 직무를 맡길 때에 수반되었다.

목회서신 딤전 4 : 14과 딤후 1 : 6에 의하면, 장로들의 모임에서 안수를 통해서 새로운 목회자들의 성직이 수여되었음을 증거한다. 이 두 절에 의하면, 디모데는 장로들에 의해 안수받았거나, 혹은 바울로부터 직접 은사의 직분을 수여받은 것으로 나타난다. 더브(David Daube)는 "장로들이 그들의 손으로 안수할 때"라고 번역된

145) M. H. Shepherd, Jr., p. 1249.

146) R. K. Harrison, *The Zondervan Pictorial Encyclopedia of the Bible*, vol. 3. (Zondervan Corp, 1978), p. 29—30.

디모데전서 4장 14절은 '장로의 직무를 위해 안수함으로써'라는 의미이고, 랍비를 임명하는 유대교의 관례와 일치한다고 주장한다. 랍비적 유대교의 관습인 "장로들에게 주는 율법수여식"이 그리스도교로 전이되었다는 것인데, 케제만(Käsemann)과 같은 학자들도 이에 동의한다.

목회서신의 진정성을 주장하는 사람들은 바울이 직접 디모데에게 성직을 수여한 것으로 이해할 뿐만 아니라, 안수도 유대교의 랍비임명식에서 온 것으로 이해하려 한다. 그러나 다른 학자들, 예를 들면 샌드(A. Sand) 같은 학자는 이러한 입장에 반대한다. 그 이유로 첫째, "장로들의 모임"을 기원 1－2세기보다 훨씬 먼저 생겨났을 유대교의 관례와 연관시킬 필요가 없다는 것이고, 둘째, 랍비가 다른 랍비에게 회당을 이임시키는 예식과 목회서신에 나타난 성직수여식의 개념 사이에는 현격한 차이가 나타난다는 것을 들고 있다. 우리는 그리스도교와 유대교의 안수 사이의 관계에 대해서는 로제(E. Lohse)의 연구를 참조할 수 있을 것이다. 그가 쓴 유명한 논문 "후기 유대교와 신약성서에서의 성직수여식"(1951)에 의하면, 손을 얹는 실제적인 예식은 교회가 유대교로부터 배워온 것이 사실이지만, 목회서신의 안수를 통한 성직수여식은 단순한 후임자나 제자들을 임명하는 행위가 아니라, 공교회가 제도적으로 사역자들을 성별하여 "권한을 부여"하는 예식이라는 것이다.

우리는 바울 이후의 익명의 저자가 그 자신의 시대의 교회의 성직수여를 바울시대에 행해졌던 것으로 묘사하고 있다는 것을 알아야 한다. 사실 디모데는 결코 장로로 불릴 수도 없었을 뿐만 아니라, 장로들의 모임에서 안수를 받았을 가능성도 없는 것이다(A. Cousineau). 그렇다면 이 두 구절은 목회서신이 기록되던 때는 이미 교회가 장로들의 모임에서 성직자들을 안수하여 세웠음을 나타낸다. 그러므로 디모데후서 1장 6절에서 바울이 안수했다는 언급은 단순히 저자의 문학적 고안에 불과한 것이다.

목회서신 시대에 안수를 통해서 성직을 받은 사람들은 벌써 일반 그리스도인들과 구별되는 카리스마를 지닌 자로서의 권위를 행사할 수 있었다. 그들은 교회에서 복음의 사역을 감당하고, 그리스도인들을 가르치며, 그들의 믿음을 확인하고 일깨우며 훈계하고 책망하며 시험하고 적대자들을 물리치며, 그들이 또다시 다른 사람들을 안수함으로써 성직을 계속 수여할 수 있었던 것이다.

목회서신의 안수는 성직수여와 직결되고, 특별한 직무를 위한 파송과 연결되고 있다. 디모데로 지칭되는 성직자는 안수를 통해서 여러 교회들을 다스릴 수 있는 직무에 임명된 것이다. 영적인 요소와 직무 사이의 관계에 있어 독특한 점은 예언자의 선언이 장차 성령을 받아 행사할 자를 규정해준다는 것이다. 이로써 안수는 성령의 우선적인 활동의 예표로 이해되었고, 안수는 공교회가 교회의 구성원 가운데서 특별한 직무나 사명을 갖는 성직을 수여할 때 행하게 되었던 것이다.

안수와 관련된 본문들로 목회서신의 기록순서를 추정하는 학자들도 있다. 디모데전서 4장 14절에서는 안수가 회집된 장로들의 권위에 근거되어 있는데, 디모데후서 1장 6절에서는 사도의 권위에 근거하고 있다. 슈발츠는 전자가 비교적 역사적인 것으로, 그리고 후자는 사도적 전승의 의미로 기록해놓은 것이라고 보고 있으며, 그는 교회법의 발생순서에 근거해서 목회서신들의 기록순서를 디모데후서, 디도서, 디모데전서의 순서라고 결론짓는다. 또한 목회서신의 기록순서에 관한 문제는 서신들의 성격에 따라 가장 잘 설명될 수가 있을 것이다. 즉 디모데전서와 디도서에서는 교회 규정들이 나오고, 디모데후서에서는 사도의 유언이 나오기 때문이다.

2) 교회의 여러 계층에 대한 목회자의 올바른 처신 (5 : 1—6 : 2a)

서신의 저자는 이 본문에서 교회내의 다양한 무리인 나이 많은 남자들과 젊은 남자들(1절), 그리고 나이 많은 여자들과 젊은 여자들에 대한(2절) 목회자의 목회지침을 주고 있다. 그리고 저자는 특히 3—16절에서 과부의 직제에 대한 자격과 교회내외의 직무수행에 대한 태도, 과부직제를 위험스럽게 했던 젊은 과부들의 그릇된 행위들과, 과부와 함께 사는 가족, 친척들의 책무에 대해 권면하고 있는 것이다.

(1) 교회의 각 계층들에 대한 태도(5 : 1—2)

1 늙은이를 꾸짖지 말고 권하되 아비에게 하듯 하며 젊은이를 형제에게 하듯 하고 2 늙은 여자를 어미에게 하듯 하며 젊은 여자를 일절 깨끗함으로 자매에게 하듯 하라

¶ 개요

본문은 앞 단락인 4장 11—16절과 연결시킬 수도 있고, 뒤이어 나오는 5장 3—25절과도 연결시킬 수 있다. 먼저 5장 1—2절을 디모데전서 4장 11—16절과 연결시킬 수 있는 것은 형식적인 면에서는 명령조 형태로 두 가지 추가적인 명령을 하고 있기 때문이며, 내용적으로는 4장 11—16절과 같이 교회 공동체내에서의 관계형성의 방법을 제시하고 있기 때문이다. 그리고 5장 3－25절과 연결시킬 수 있는 이유는 1－2절이 다음 내용을 전개하기 전에 의례적으로 나타나는 서론으로 생각해볼 수 있기 때문이다. 그러나 전체적인 내용이나 논조를 고려해 보았을 때, 1－2절은 바로 뒤이어지는 5장 3－25절에 연결해서 이해하는 것이 더 타당할 것이라고 여겨진다.

이 부분은 다른 종류의 대중적인 도덕철학의 형식으로 된 권면이다. 이런 표현들이 널리 유포되고 있었다는 데 대한 증거는 여러 비문들에 의해 제시되고 있다.

¶ 주석

1 **늙은 이**는 헬라어 '프레스뷔테로'(*πρεσβύτερω*)를 번역한 것인데, 이것이 여기서 교회의 사역자를 의미하는 것인지는 확실치 않다. 그러나 아마도 이러한 언급은 일반적인 "나이먹은 사람들"에 대해 말하는 것으로 보인다. 노인들은 부모와 같이 대하고, 젊은 이들은 마치 형제자매와 같이 대하라는 권면은 당시의 헬라 문학에서 일반적인 교훈이었다.[147] 또한 스피크는 이러한 표현을 바울의 것과 비교하고 있는데, 그 이유는 로마서 16장 13절에서 바울이 "…그의 어머니는 내 어머니이기도 합니다"라고 언급하고 있기 때문이다.[148]

꾸짖지 말고(책망하지 말고－*μὴ ἐπιπλήξῃς*)에서 "꾸짖다" 또는 "책망하다"(*ἐπιπλήξῃς*)란 동사는 문자적으로 '심하게 꾸짖다'라는 의미를 가

147) 예를 들어 Plato, *resp.* V.463c에는 다음과 같은 내용이 있다 : "그가 어떤 사람을 만나든지간에 그는 자기가 형제, 자매, 아버지, 어머니, 아들, 딸 또는 그 자손들을 만나고 있는 것으로 느껴야 한다"라고 기록되어 있다.

148) 핸슨의 책, 96.

진 말로서, 나이가 많은 노인들을 그렇게 대해서는 안된다는 것을 권면하는 것이다.

만일 그들의 잘못을 고쳐주어야 할 필요가 있을 경우에, 저자는 '간청하거나', '권면해야'(*παρακάλεω*) 한다고 가르치고 있다. 이와 같은 사실은 늙은 여자들에게도 똑같이 적용된다. 또 젊은 그리스도인들에 대해서는 마치 형제나 자매를 대하듯 진정한 우애심을 보여야 한다는 것이다.

저자는 그리스도교 공동체에서 교회 지도자들이 "하나님"을 아버지로 모신 "한가족"이라는 개념을 바탕으로 해서 구성원들을 대할 때, 마치 자신의 가족을 대하듯 존경함과 우애심을 가지고 지도하고 가르쳐야 한다고 권면하고 있다.

(2) 과부직제와 과부에 대한 올바른 처신(5：3－16)

3 참과부인 과부를 경대하라 **4** 만일 어떤 과부에게 자녀나 손자
들이 있거든 저희로 먼저 자기 집에서 효를 행하여 부모에게 보답
하기를 배우게 하라 이것이 하나님 앞에 받으실 만한 것이니라 **5**
참과부로서 외로운 자는 하나님께 소망을 두어 주야로 항상 간구와
기도를 하거니와 **6** 일락을 좋아하는 이는 살았으나 죽었느니라 **7**
네가 또한 이것을 명하여 그들로 책망받을 것이 없게 하라 **8** 누구
든지 자기 친족 특히 자기 가족을 돌아보지 아니하면 믿음을 배반
한 자요 불신자보다 더 악한 자니라 **9** 과부로 명부에 올릴 자는
나이 육십이 덜 되지 아니하고 한 남편의 아내이었던 자로서 **10** 선
한 행실의 증거가 있어 혹은 자녀를 양육하며 혹은 나그네를 대접
하며 혹은 성도들의 발을 씻기며 혹은 환난당한 자들을 구제하며
혹은 모든 선한 일을 좇은 자라야 할 것이요 **11** 젊은 과부는 거절

하라 이는 정욕으로 그리스도를 배반할 때에 시집가고자 함이니 *12*
처음 믿음을 저버렸으므로 심판을 받느니라 *13* 또 저희가 게으름을
익혀 집집에 돌아다니고 게으름뿐 아니라 망령된 폄론을 하며 일을
만들며 마땅히 아니할 말을 하나니 *14* 그러므로 젊은이는 시집가서
아이를 낳고 집을 다스리고 대적에게 훼방할 기회를 조금도 주지
말기를 원하노라 *15* 이미 사단에게 돌아간 자들도 있도다 *16* 만일
믿는 여자에게 과부 친척이 있거든 자기가 도와주고 교회로 짐지지
말게 하라 이는 참과부를 도와주게 하려 함이니라

¶ 개요

과부에 대해서 서술하고 있는 이 단락은 목회서신에서 논란이 많은 내용 중의 하나다. 저자는 이 단락에서 오직 과부의 문제만을 다루고 있다. 9절에서는 과부의 명부가 존재하고 있음을 밝히고 있고, 10절에서는 과부들의 직제와 의무에 대한 규정이 존재했음을 알려주고 있다. 그러나 이 단락에서 저자가 논의하려는 주요 논제는 과부들을 명부에 올리고 그들의 의무를 규정하려는 것이 아니라, 몇몇 젊은 과부들의 비난받을 만한 처신의 문제인 것이다. 호울덴(Houlden)은 저자가 교회내의 다른 어떤 집단보다도 과부들에게 많은 분량을 할애하여 기록한 것은, 그들의 수효가 교회내에 많았고, 또한 그들 중에 몇몇은 많은 문제를 일으켰기 때문이라고 지적했다.[149)]

이 단락을 자세하게 본다면 내용상 두 가지로 나눌 수 있다. 첫째는 어떻게 "참과부"를 규정하여 교회로 하여금 그들을 보살피게 할 수 있을까 하는 것이고, 둘째는 왜 젊은 과부들은 명부에 올려서는 안되며, 그들은 재혼을 해야만 하는가 하는 문제다. 그러나

149) 핸슨의 책, 96.

이 단락의 전체적인 내용에 비추어 본다면 두번째 문제가 더 시급한 것으로 보인다.[150)]

¶ 주석

3 **참과부인 과부**가 무엇을 의미하는지는 분명하지 않으며, 과부가 재혼하는 것이 바람직한가 하는 문제에 관해서도 불분명한 입장을 보이고 있다. 하지만 저자는 당시의 교회내에 과부들에 대한 어떠한 직제가 있었음을 전제하고 있다. 교회에서 직첩을 받은 과부들은 다른 사람들을 위한 중보의 기도와 교회의 손님을 대접하는 것을 돕는 등의 몇 가지 의무를 수행함으로써, 교회가 그들에게 제공하는 도움을 받았던 것이다. 그러므로 "참과부들"은 60세를 넘고 과거에 이혼이나 재혼도 하지 않아 교회에서 과부의 직첩을 받은 사람일 것이다. 또 다른 한편, "참과부들"은 '진실로 궁핍한 이들'을 의미한다고 볼 수 있다. 이그나티우스(Ignatius)가 '과부들이라 불리는 처녀들'에 대해서 언급한 그의 서신에서도(*Smyr*. 13) 이러한 견해를 찾아볼 수 있다.

이상의 단편적인 언급을 종합해보면 다음과 같다. a. 교회내에 과부들이 따라야 하는 과부 직제——실제적으로 궁핍해야 하고, 60세를 넘어야 하며, 과거에 이혼이나 재혼도 하지 않은——가 있었다는 것이다. b. 경제적으로 궁핍한 과부는 아마도 교회로부터 도움을 받았을 것이다. c. 저자는 과부들의 재혼을 원칙적으로 반대하지 않았는데, 직첩을 받은 과부들만이 자신들을 그리스도께 바친 것으로 간주되었다. d. 과거에 젊은 과부들에게도 직분을 주어 보았지만 그것이 그리 성공적이지는 못했다는 것이다.

---

150) Fee의 책, 114.

경대(敬待)**하라** 즉 "존경하라"는 이 언급은 참과부들에게 도움을 주고 보살펴주라는 의미로 볼 수 있다(참조. 5 : 17). 그러나 전반적으로 볼 때에 저자는 방탕한 생활을 하거나, 생계수단이 있음에도 교회의 도움을 요구하는 과부들과는 달리, 참과부는 존경받아야 함을 말하고 있는 것이다. 특히 바르취(Bartsch)는 후기 그리스도교에서는 과부들이 안수받은 교회의 지도자들과 같은 특권을 갖기 시작했고, 특별히 교회로부터 보살핌을 받기 시작했음을 보여주고 있다. 그러나 교회의 성직 반열에 과부직제가 있었다는 이러한 주장은 여전히 논란의 대상이 되고 있다.[151]

[4] 원문은 문장의 주어가 아무 설명 없이 제3인칭 명령형의 복수형 주격으로 바뀌었다. 이러한 사실은 이 절을 해석하는 데 약간의 혼란을 야기시켰다. 그래서 3인칭 복수 주격은 "과부들"이라고 추측되었다. 그렇지만 이 문장의 문맥상 확실한 것은 **자녀**는 "배우게 하라"의 주격으로 생각되어야 한다는 사실이다. 그래서 **저희로 먼저 배우게 하라**는 구절의 "저희"는 과부들의 자녀와 손자들을 의미하는 것이다. 그들은 자신들의 혼자된 어머니나 할머니를 도움으로써 부모님에 대한 "그들의 신앙적 의무"를 배워야 한다. 도니어(Dornier)도 이러한 해석에 동의한다. 그러나 라틴어 번역(Vulgata) 성경에서는 이 구절이 과부들에게 적용된다는 것을 지적한다: "그녀는 그녀의 아이들에게 가족에 대한 의무를 가르쳐야만 한다."

우리는 이 절을 8절과 함께 과부의 가족들에게 지시하고 있는 것으로 보아야 한다. 저자는 어떤 과부에게든지 부양가족이 있다면, 그 가족들이 먼저 가족의 일원인 과부를 보살피고 선대해야 할 책임이 있으며, 이것이 그들의 첫번째 종교적 의무임을 가르치라는 것이다. 저자는 여기서 과부의 의무에 관해 관심하는 것이 아니

151) 핸슨의 책, 96.

라, 다만 그들과 함께 살고 있는 그들의 부양가족의 의무에 관심을 두고 있는 것이다. 저자는 교회가 부양해야 할 과부의 수효를 꼭 필요하다고 인정되는 정도까지로 줄이기를 바라고 있다. 그래서 저자는 자녀들이나 가까운 친인척들은 교회에 호소하기 전에 그들 중의 과부를 부양하려는 모든 노력을 다해야 한다고 강조하는 것이다.

보답하기를(보답을 하도록–*ἀμοιβὰς ἀποδιδόναι*)이라는 말의 문자 그대로의 뜻은 '마땅히 돌려줄 것을 돌려주는 것'이다. '아모이바스'(*ἀμοιβὰς*)는 신약성서에서 이곳에만 나온다. 그러나 칠십인역 (LXX)에는 흔히 나오는 표현이다. 그리고 이 단어는 유명한 고전 헬라어 저술가들의 작품 속에서도 자주 나타난다. 어버이들은 그들의 자녀들이 어렸을 때 양육하고 돌봐주었다. 그러므로 자녀들은 그들의 부모들이 연로했을 때, 자신들이 받은 부모의 양육에 대해서 부모님께 마땅히 보답해야 할 책임이 있는 것이다.

또한 본문에서 자기 집에서 **효**라고 표현된 헬라어 '톤 이디온 오이콘 유세베인'(*τὸν ἴδιον οἶκον εὐσεβεῖν*)은 문자적으로 '자기 가정을 존귀하게 여긴다', 또는 '자기 식구들을 존경한다'라는 의미를 가지고 있다. 특히 '유세베이아'(*εὐσεβεῖα*)가 신이나 황제에 대한 충성을 나타낼 때 사용된 반면에, '유세베인'(*εὐσεβεῖν*)은 '하나님' 또는 '신적인' 존재를 제외한 모든 대상에 대해서, 특히 그중에서도 부모에 대한 종교적 의무로서 사용되었다. 그러므로 본문에서 종교상의 의무를 "효"라고 표현한 것은 참으로 한국인의 심성에 맞게 그 의미를 잘 이해한 적절한 번역이라 할 수 있다. 그리고 **하나님 앞에 받으실 만한 것**이라는 표현은 스피크에 의하면 구약의 표현을 저자가 인용한 것으로 보인다. 브록스는 이러한 표현에 대해서 모든 인간 본연의 의무를 그리스도교적인 의무에 포함시키는 것이 바로 목회서신 저자의 특성이라고 말한다.

5–6. 참과부에 대해서 두번째의 자격요건을 말하고 있다——과

부는 하나님 앞에서 경건한 사람이어야 한다. 비록 이 문장이 서술적이기는 하지만, 직접적으로 과부들 자신에게 지시되고 있음이 분명하다.

5 꼭 도움을 필요로 하는 과부들만이 교회에서 직첩을 받았을 것이지만, 그들에게 소위 적절한 종교적인 의무를 지움으로써 그들에게는 교회의 재정적 도움에 대한 최소한의 자존심을 지켜주고 있다.[152] 그리고 여기서는 참과부의 특징들이 열거되고 있다. 첫째, 참과부는 "홀로 남겨진" 여인이다. 둘째, 참과부는 "하나님께 희망을 둔" 여인이다. 이러한 사실은 그녀를 믿지 않는 다른 과부들과 구별을 지어준다. 그리고 셋째, 참과부는 주야로 항상 기도와 간구를 하는 여인이다. 스피크는 **주야로**(밤낮으로)를 히브리적인 표현이라고 말하는데, 그 이유는 유대인들은 하루의 시작을 일몰로부터 보았기 때문이다(참조. 창 1장 ; 살전 2 : 9).[153]

과부들의 직무 중의 하나가 교회와 성도들을 위한 중보기도였음을 밝히고 있다. 누가복음 2장 37절의 안나가 그리스도인 과부의 좋은 예가 되는 것처럼, 저자는 참과부의 이상적인 모델을 제시하려는 의도가 강하다. 여기에서 "기도"가 개인적인 기도나, 혹은 공중기도를 의미하는 경우를 제외하고는, 간구(supplications)와 기도(prayers)는 의미의 차이가 별로 없어 보인다. "하나님께 소망을 둔다"라는 표현의 근원에 대해서는 두 가지의 설명이 가능하다. 첫째, 헬라적인 작품에서 더 이상의 피난처를 찾지 못한 인간이 오직 신에게 자신을 내맡길 때 쓴 표현이며, 둘째, 구약 시편에서 과부를 포함한 가난한 자들이 오직 하나님만 신뢰하고 하나님께만 소망을 둔다는 표현에서 그 유래를 찾을 수도 있다.

152) 핸슨의 책, p. 97.
153) 핸슨의 책, p. 97.

6 **일락을 좋아하는 이**(과부)는 방종한 과부를 의미하는데, 그들은 '참과부'의 범주에서 제외되었다. 그리고 이러한 표현은 방종을 모르는 궁핍한 과부에게는 적용하기 어려운 표현이다. "일락을 좋아하는"이라는 의미는 헬라어 '스파타로사'(*σπαταλῶσα*)의 번역으로서 문자적으로는 '사치스럽게 산다', 또는 '자기 탐닉적으로 산다'라는 의미다. 그러나 본문에서는 성적인 유희를 함축한 것으로 성을 절제하지 못하는 과부들을 지칭한 것이다.

살았으나 죽었느니라(*ζῶσα τέθνηκεν*)는 말은 방종한 것보다 더욱 악화된 상태를 말한다. 이와 같은 표현은 누가복음 15장 24절에서도 나타나지만, 당시에 매우 일반적인 사회상의 한 면을 묘사한 것으로 보인다.[154] 이 표현은 요한계시록 3장 1절, 쥬빌리서 8장 85절에서도 발견되는데, 필로(Philo)는 이 표현을 특히 육체적으로는 살았으나 영적으로는 죽은 사람에 대한 상징으로 자주 사용하곤 했다.

7 저자는 그들을 가르쳐서 더 이상 비난받는 일이 없게 하라고 말함으로써, 당시 교회 안에서 '방종한 과부들'로 인해 일어난 불미스런 문제를 조속히 해결할 수 있도록 교회 지도자들에게 권면하고 있다. 특히 "명하고—가르치고—기대하는 것"은 목회서신에서 자주 발견되는 두드러진 목회자의 주요 사역활동이다. 여기서 **이것**은 5—6절에 기록된 과부들에 대한 권면을 말하는 것이다. 저자는 당시에 과부를 부양할 책임을 교회에만 전가시키려는 경향을 잘 알고 있었던 것 같다. 이러한 사실은 뒤에 "비난받지 않도록"이라는 표현에 의해 보충되고 있다.[155] **책망(비난)받을 것이 없게**(*ἀνεπίλημπτοι*)라는 형용사는 신약성서에서 목회서신 즉 디모데전

154) 로크, 58—59.
155) Fee의 책, 117.

서 3장 2절과[156] 6장 14절에만[157] 나오는데, 당시의 일반 헬라어에서 일반적으로 사용되고 있었던 말이다.

8 과부들에 대한 교훈들을 계속하기 전에 저자는 4절에서 언급한 것처럼 과부들의 인척들에게 다시금 부양에 대해서 권면한다. 이로써 우리는 당시 가족이나 친척 중에 과부를 둔 사람들이 과부들을 제대로 부양하지 않고 교회에 그 책임을 전가시키려는 경향이 있었음을 알 수 있다. 저자가 **자기 친족**과 특히 "자기의 가족"을 결합시키고 있는 것은 특별히 한 지붕 아래서 살고 있는 가족 구성원들에 대해서 강조하고 있는 것이다. 이것은 아마도 교회 안의 어떤 그리스도인이 자신의 홀로된 어머니나 할머니에게 소홀히 대했다는 사실을 암시해준다(참조. 16절).

믿음을 배반한 자는 그리스도를 받아들임으로써 자신에게 생겨난 믿음을 부정하고 부인한다는 의미다. 여기에서 "믿음"(*πίστις*)은 하나님의 은혜의 선물을 수용하는 인간편의 절대 신뢰를 역설한 바울의 서신들과는 달리, 실천적이고 구체적인 믿음으로 그리스도교 신앙의 내용을 의미한다(참조. 계 2 : 13 ; 3 : 8). 또한 **불신자보다 더 악한 자니라**라는 표현은 목회서신의 전체적인 논조, 즉 '그리스도인의 처신은 교회 밖의 사람에게 책잡힐 만한 일이 없이 언제나 그들에게 모범이 되어야 하며, 적어도 도덕 윤리적으로 그들만큼은 살아야 한다'는 가르침과 좋은 대조가 되고 있다. 저자는 여기서 비그리스도인들을 정죄하는 것이 아니고, "비그리스도인들조차도 그들의 가족을 보살피고 부양하고 있음"을 역설적으로 말하는 것이다. 저자는 4절에서의 언급을 보다 강화시켜서 만약 자기의 친족,

---

156) 그러므로 감독은 책망받을 일이 없으며 한 아내의 남편이며 절제하며 신중하며 단정하며 나그네를 대접하며 가르치기를 잘하며.

157) 그대는 우리 주 예수 그리스도께서 나타나실 때까지 그 계명을 지켜서 흠도 없고 책망받을 것도 없는 사람이 되십시오.

특히 자기의 가족을 보살피지 않는 사람이 있다면, 그는 믿음을 배반한 자이며, 오히려 비그리스도인보다 더 악한 자라고 말하고 있는 것이다.

우리는 4—8절에서 하나의 교차대칭 구조(chiastic structure)를 발견해낼 수 있는데, 그것을 도식으로 나타내보면 다음과 같다.[158]

a 과부의 가족들에 대한 교훈(4절)
　b 과부들에 대한 교훈(5절)
　b′ 순종치 않는 과부들에 대한 정죄(6—7절)
a′ 순종치 않는 가족들에 대한 정죄(8절)

그러므로 8절은 4절과 연관해서 이해할 수 있고, 6—7절은 5절과 연관해서 이해하는 것이 타당하게 보인다.

9—10. 단지 궁핍한 과부라고 해서 모두가 다 과부—직첩을 받은 것은 아니었다. 교회에서 과부—직첩을 받기 위해서는 일정한 자격요건이 있었는데, 첫째는 나이가 60세 이상이었고, 둘째는 그녀의 남편에 대해서 신실했어야 하고, 셋째는 선행을 충실히 행했어야 했다. 즉 자녀들을 잘 양육하고, 나그네를 융숭히 대접하며, 성도들의 발을 씻겨주고, 어려움을 당한 사람을 도와주며, 모든 선한 일에 투신했던 사람이라야 했다. 이러한 과부들이 '과부—직첩에 맞는 책무'를 잘 수행하도록 교회로부터 신분을 보장받고 정기적인 재정적 도움도 받았던 것이다.

9 **명부에 올리다**(*καταλεγέσθω*)는 문자적으로 '…에 등록하다'라는 의미다. 이 단어는 신약성서에서 이곳에서만 사용되고 있으며, 칠십인역에서도 이와 같은 의미로 사용되고 있다. 이 동사는 소집된 장정들의 등록을 나타내는 전문용어다. 터툴리아누스는 교회적

158) Fee, 117—118.

인 의미로 "성직에 받아들이다"라고 번역하기도 했다.[159] 터툴리아누스가 번역한 것처럼, 이 단어는 직제를 말해주는 기술적인 용어인데, 이는 전임사역자의 명부나 목록표가 작성되어 있었다는 것을 나타낸다. "장로들은 유대교의 형식을 따라 안수를 받았으나" (4 : 14) 여자가 종교적인 활동에 헌신하는 문제는 유대교의 전례가 없었기 때문에 단순히 과부는 "명부에 올린다"라고 설명하는 것 같다. 그러나 이스턴(Easton)은 명부에 올리는 절차가 공식적인 모임의 전체 회중 앞에서 장엄하게 거행되었을 것이라고 말한다. 왜냐하면 이 단어는 일반적으로 공식적인 목록이나 명부에 기입하는 것을 뜻하는 단어이기 때문이다.

나이 육십이 덜 되지 아니하고(육십 세가 덜 되지 않은)라는 표현은 아마도 60세를 정신적인 지도자로서 가장 적당한 나이로 생각했던 것 같다. 그래서 플라톤도 일찍이 다음과 같은 규정을 만든 일이 있다 : "이상적 국가에서는 제사직이나 여제사직은 육십 세 이상이어야 한다." 그리고 동방의 종교적인 사람들은 60세를 속세의 일반 활동에서 은퇴해서 명상의 생활로 들어가는 데 알맞는 연령이라고 보고 있다.[160] 본절에서 60세 이상이라는 조건이 언급되고 있는 과부가 3-8절에 언급된 과부와 같은 의미로 이해해야 할지(즉 경제적으로 가난한 과부), 아니면 교회의 직첩을 받게 되는 과부라는 의미로 이해해야 할지에 대해서는 어려움이 많다. 전자의 경우는 교회가 가난한 과부들에게 도움을 줄 때에 그와 같이 독단적으로 나이를 규정했으리라고 생각하기는 힘들며, 반면에 후자의 경우 공식적인 교회의 직첩을 받을 수 있는 나이가 60세 이상이어야 했다는 사실은 믿기가 어렵다. 왜냐하면 그때의 60세는 지금의 60세보다도 훨씬 더 늙은 층에 속했을 것이기 때문이다. 따라서 교회 내의 몇몇 직첩은 교회에서 재정적 도움을 받고 있던 몇몇 늙은

159) 디벨리우스, 117.

160) Lock의 책, p. 59.

과부들에게 배정되어 있었으며, 자격요건을 갖춘 과부 중에서 명부에 올리는 공식적인 승인이 베풀어졌으리라고 추론하는 것이 더 타당할 것으로 보인다.

저자는 나이 제한 이외에도 두 가지 요구조건을 더 첨가시키고 있다. 첫째로 과부는 한 남편의 아내였던 자여야만 하고, 둘째로 그녀는 또한 가정에서와 다른 곳에서 그녀의 행동에 대한 좋은 증거가 있어야 한다는 말이다. **한 남편의 아내**란 그녀의 남편이 죽은 후 재혼하지 않은 자여야 하며, 또 다른 의미에서는 남편이 살아 있을 때, 남편에게 성실하고 신실했던 자라야 한다는 것이다.

10 **선한 행실의 증거가 있어** 남편이 죽은 후, 즉 과부가 된 이후부터가 아니라, 그녀가 남편이 살아 있던 때에도 착한 행실을 계속적으로 수행했어야 함을 말한다. "선한 행실"은 바울서신들에서는 단수형으로 사용되고 있고, 따라서 다른 의미를 가지고 있는 반면에, 목회서신에서는 그 단어가 항상 순수한 그리스도교의 표식으로 나타나고 있다. 이것은 유대적인 영향일 수 있다. 그러나 이상적인 사회생활을 목표로 하는 그리스도교의 합리적인 이해가 아니었다면 그런 용어는 채택되지 않았을 것이다.

자녀를 양육하며(아이를 잘 양육하고)는 자녀가 없는 과부는 자격이 없다는 것을 의미하는 것이 아니다. 오히려 자녀가 없는 과부들은 교회의 많은 도움이 더욱 필요했을 것이다. 또한 "자녀를 양육하고"라는 말은 여기서 에픽테투스의 경우와 마찬가지로 음식을 먹여 기르는 것에만 한정되는 것은 아니다.

만일 우리가 이 구절을 첨가나 삽입이 아닌 본래의 것으로 생각한다면, 5장 4절에 근거해서 과부들의 자녀들이라기보다는 오히려 '고아들'을 지칭하는 것으로 생각해야 할 것이다.[161] 그러면 왜 고

161) 디벨리우스의 책, p. 118.

아들에 대한 돌봄이 과부들에게 있어서 선한 행실로 여겨졌는지는 그 당시의 결혼관이 극도로 문란한 상황에서 비롯된 것이다 : "이혼하기 위해서 결혼하고, 결혼하기 위해서 이혼하는 것 같았다." 그래서 홀로 된 여인들의 어린아이들은 재혼의 방해물로 생각되어 유기되는 일이 흔히 있었다. 그 당시에 아이를 낳으면 그 아이를 그 아비되는 사람의 발앞에 놓았다. 만일 몸을 굽혀 아이를 안으면 그 아이를 기르겠다는 뜻이고, 외면하고 돌아서면 그 아이에 대한 양육의 책임을 지지 않겠다는 뜻이었다. 후자의 경우, 그런 아이들은 내버려지기 쉬웠다. 그래서 인육상(人育商)이 그런 아이들을 모아 여아는 길러서 창녀로 팔고, 남아는 길러서 노예로 팔거나 검투사로 만들었던 것이다. 그러므로 교회는 이처럼 부모들로부터 내버려진 아이들을 모아 그리스도인 가정에서 양육하기를 힘썼던 것이다. 그러므로 이 선한 과부들은 고아와 기아들을 자기 집에서 양육했던 것이다. 이러한 행실은 사회·문화적으로뿐만 아니라 교회적으로도 여인들에게 요구되는 덕목이 되었다(참조. 2 : 15).

나그네를 대접하며(후대하며)란 말은 그 당시 고대사회에는 '여관'이 아주 더러웠고 값도 비싸고 부도덕했기 때문에, 교회본부에서 파송을 받은 설교자들과 그리스도인들이 복음을 전파하기 위해서 여행중에 있을 때, 그들을 그리스도인들이 자신들의 가정으로 초대하여 융숭히 대접하는 것을 중요한 봉사로 여겼음을 시사하는 것이다. 그러므로 과부는 언제나 "나그네를 잘 대접하기로" 소문난 사람이어야 했던 것이다. 저자는 단지 이곳에서만 그리스도인들을 **성도**라고 칭하고 있다. "디다케"에서는 교회를 옮겨다니면서 사역을 하는 예언자나 설교자들을 "성도"라고 묘사했다. 그렇다면 우리는 복음을 전파하기 위해 여행중에 있는 사역자들을 포함한 모든 그리스도인을 "성도"로 이해하면 될 것이다.

또한 발 씻기는 행위에 관해서는 요한복음 13장 5절과 누가복음 7장 44절을 참조할 수 있다. **성도들의 발을 씻기며**(씻어주고)는 그 행동이 그리스도인의 겸손 및 손님접대의 한 태도의 본보기로 언급되고 있다. 이런 행동이 모두 사랑의 행위는 아니지만 과부의 직첩을 받기 위한 하나의 전제조건이었던 것으로 보인다. 본문의 발 씻기는 행위를 문자적으로 이해해야 할지, 아니면 상징적으로 이해해야 할지는 확실치 않다. 이러한 어려움은 우리가 당시의 문화적·사회적 관습에 관해서 가지고 있는 정보가 너무 제한되어 있고 빈약하기 때문이다. 우리가 발을 씻어주는 행동을 문자 그대로 이해한다면, 과부가 극도의 자기 겸손을 표현하는 것이라고 이해할 수도 있지만, 반드시 문자 그대로의 뜻으로 받아들일 필요는 없을 것으로 보인다. 당시에 어떤 사람의 발을 씻기는 것은 노예가 하는 일이었다. 그것은 가장 비천한 임무였다. 그래서 이 말은 그리스도인 과부들이 그리스도와 그의 백성들에 대한 봉사에 있어서 가장 비천한 일이라도 기꺼이 행하는 사람들이 아니면 안된다는 뜻으로 받아들여야 할 것이다.

환난(어려움)**당한 자들을 구제하며**는 '강탈당한 이들을 위로하는 것'인지, 혹은 '궁핍한 이들을 도와주는 것'인지 불분명하나, 두 가지 모두 타당성이 있는 듯하다.

11－15. 이 단락은 그 당시의 사회적인 배경을 잘 보여준다. 당시에는 독신녀나 과부가 성실하게 일해서 스스로 자신의 생계를 꾸려 나간다는 것이 거의 불가능했다. 그와 같은 여성들이 할 수 있는 일이라고는 거의 없었던 것이다. 그래서 많은 과부들은 생계를 위해서 거의 매음으로 빠져들어 가는 것이 고작이었다. 이 구절은 그러한 배경을 생각하며 읽어야만 한다. 이러한 여자들은 결혼을 하든지, 그렇지 않으면 교회봉사에 철저하게 자기 생애를 헌신함으로써 교회의 재정적 도움을 받을 수 있어야 했던 것이다.

[11] 여기에 언급된 **젊은 과부**는 60세 이하의 과부일 것이다. 이

들이 진짜 궁핍해서 교회의 도움을 받을 만한 처지에 있다고 할지라도, 그들에게는 교회의 어떤 공식적인 직첩을 주어서는 안된다는 것이다. 왜냐하면 저자가 과거에 젊은 과부들에게 교회의 직첩을 주어 보았으나, 결국에 가서는 실패했고, 교회적으로도 혼란을 일으켰기 때문이라고 한다.[162] 교회의 젊은 과부들이 한때는 자신들이 결단한 대로 신실하게 교회에 헌신함으로써 과부의 명부에 선별 등록되었으나, 결혼할 기회가 왔을 때에는 교회봉사를 그만두고 결혼해 버리는 경우가 많았음을 반영해준다. 명부에 올릴 때 재혼하지 않고 남은 생애를 교회봉사 활동에 바치겠다는 서약을 했는지의 여부는 분명치 않다. 그러나 12절에서는 '젊은 과부들'이 그와 같이 서약한 것처럼 보이고 있다.

그리스도를 배반할 때에 시집가고자 함이니라는 구절은 저자가 그리스도를 과부들의 신랑이라고 생각했음을 보여주는 것이다. 젊은 과부들의 재혼은 필연적으로 교회직책을 수행할 수 없게 했을 것이므로 "시집가고자 함"은 일종의 정신적인 음행과 같은 부정으로 보는 것이다. 당시의 사회에서 과부들의 재혼은 그 당사자뿐만 아니라 교회까지도 비난을 받게 하는 일이었을 것이다. 그래서 이 문제를 다룰 최선의 방법은 재혼할 수 있는 나이의 젊은 과부는 아예 교회의 명부에 올리지 못하게 해서 처음부터 변절의 가능성을 예방하는 것이라고 저자는 강조한다.

12 **처음 믿음**(서약−*πίστιν*)**을 저버렸으므로**(깨뜨렸으므로)라는 것은 재혼하는 젊은 과부들이 그리스도교의 신앙을 져버렸다거나, 혹은 두번째 남편을 맞고자 하는 것을 말하는 것이 아니라, 남편 대신에 그리스도에게 그들을 내어맡기기로 하며 교회의 직첩을 받았던 서약을 저버렸다는 의미로 보인다. 이는 14절에서 저자가 재

162) 핸슨, 98.

혼에 대해서 원칙적으로 반대하지 않고 있음을 보여주기 때문이다.

13 교회에 등록된 과부들은 직무를 수행하기 위해서 성도들의 가정을 방문하여 말씀으로 권면하고 때로는 격려하는 일을 공식적으로 맡았던 것 같다. 그것은 오늘날로 말한다면 바로 여자 심방전도사의 직무였을 것이다. **저희가 게으름을 익혀**(그들은 게으른 것을 배울 것입니다)라는 구절의 의미가 무엇인지는 정확히 정의 내리기가 어렵다. 그러나 모페트(Moffatt)는 그의 성서번역에서 본문이 변형되었음을 전제하고, 이 구절을 "그들이 불식간에 죄에 빠져들었다"라고 수정했다.

집집에(이집 저집들을) **돌아다니고**란 문구는 본래 '페리에르코메나이 타스 오이키아스'(*περιερχόμεναι τὰς οἰκίας*) 즉 "집들을 찾아다니고"란 뜻으로, 공식적으로는 목회적인 가정심방을 가리키는 것으로 그것은 과부의 임무에 속하는 것이었다.[163] 과부들은 어쨌든 그들의 책무를 수행하기 위해서 다른 교우들의 가정을 방문했을 것이다. 그래서 이런 사역의 성격상 젊은 과부들에게는 여러 가지 부정적인 일들도 일어났을 것이다. 그들은 가정들을 방문할 때에 때로는 게으름을 익혀 무료히 시간을 보내거나, 불식간에 죄에 빠져들거나, 본연의 직무에서 떠나, 다른 사람들의 말을 전하거나 특정인물에 대해서 험담을 하거나, 아니면 쓸데없는 세상의 이야기나 잡담만을 하고 다님으로써, 교회 안팎으로 문제를 일으키는 경우도 있었던 것 같다. 저자는 바로 이러한 부정적인 문제들을 염두에 두고 말한 것이다. 13절에 의하면, 결국 젊은 과부들이 과부직제에서 제외된 것은 그들이 마땅히 해야 할 일을 하지 않고, 하지 말아야 할 일들을 교회 직무수행이라는 구실을 명분삼아 저지르고 다니기 때문이었다.

---

163) 디벨리우스의 책, p. 119.

14–15. "나는 원합니다"라는 말은 젊은 과부들의 부정적인 행실에 대한 단호한 법적인 조처라는 의미로 사용되고 있는 말이다. 이처럼 확실하고 단호한 표현을 통해 목회서신의 저자는 도덕과 질서에 대해 최고의 가치를 두고 있음을 표명하고 있다. 이러한 사실 역시 여기에서도 바울서신들과의 현격한 차이를 보이는 것이다. 바울서신에서는 모든 것이 종말론적인 관점에서 서술되고 있는 반면에, 목회서신에서는 세상이 계속 지속될 것을 염두에 두고, 어떻게 하면 그리스도인들이 세상 안에서 가정을 기초로 한 건전한 시민으로서 올바른 신앙생활과 시민으로서의 도덕적인 삶을 살 수 있을까에 관심을 두고 있는 것이다.

14 **대적**(대적자들)은 아마도 영지주의자라기보다는 여기서는 사탄과 같은 '영적 세력'으로 여겨진다.[164] 왜냐하면 어떤 과부들은 "이미 사탄에게 돌아가기 위해(의 뒤를 따라)" 곁길로 나아갔기 때문이라는 15절의 말씀은 그들이 거짓교사들에게 끌려갔다기보다는 오히려 매춘과 같은 성적 타락의 길로 나서게 되었다는 것을 의미하는 듯하다. 스피크도 그들이 도덕적으로 타락했다는 의미로 보았으나, 브록스는 이단자들에 의해 현혹당한 것으로 간주한다. 그에 의하면, 저자는 단지 우리에게 신선한 충격을 주려고 했다는 것이다. 그러나 핸슨(Hanson)은 브록스의 주장에 타당성이 없는 것으로 간주한다. 교회가 젊은 과부들에게 직첩을 맡기려 했으나 실패한 경험은 허구가 아니라, 고통스러운 실제적 경험이었다는 것이다. 또한 잘못된 길로 빠져든 과부들의 슬픈 운명도 상상된 이야기라기보다는 그 당시 몇몇 젊은 과부들에게서 실제로 일어났던 사실처럼 보인다.[165]

164) 3장 6–7절 참조.

165) 핸슨의 책, pp. 99–100.

16 **만일 믿는 여자에게 과부 친척이 있거든** 은 사본들에 따라 다양한 본문들로 나타난다. 어떤 필사본은 "믿는 여성"(piste) 대신에 '믿는 남성"(pistos)을, 또 어떤 사본에는 두 가지 모두 나타난다. 즉 "믿는"(*πίστη*/ℵ A C F P 33 81 1739 1881 it vg cop eth 등) 대신에 D K L과 대부분의 소문자 사본에는 '피스토스 헤'(*πίστος ἡ*)가 첨가되어 있다. '피스토스 헤'는 필사될 때 실수로 우연히 빠졌을 가능성도 있다. '피스토스'(*πίστος*)라는 단어는 번역본에만 나타나는데, 이러한 사실은 처음부터 그렇게 번역되었던 것으로 보인다. 바르취(Bartsch)는 아마도 초기의 필사가가 알고 있을 만한 교회제도와 연관되어 있으나 본문에는 나타나지 않는 사건이 있을 것으로 추측했다. 모페트(Moffatt), 이스턴(Easton) 그리고 '새로운 영어성경'(NEB)의 번역자들도 '믿는 여자 혹은 믿는 남자'를 본래적인 것으로 받아들이고 있다. 어떤 학자들은 이 구절을 '남자에 대해 금욕적으로 사는 처녀들'의 관습과 연관시키기도 한다. 스피크는 아예 16절 전체를 후대의 변형으로 간주한다. 여기에 대한 결론은 여전히 논란의 대상으로 남아 있다. 과부들에 대한 책임을 교회에만 지우는 것은 교회의 재정적 부담을 가중시켜 결국은 교회의 커다란 시험이 되었을 것이다.

이 단락은 교회가 세상 속에서 존재하기 위한 제도와 구조의 정비를 시작할 즈음에 과부—직첩에 대한 권리와 자격 그리고 임무에 대해서 기록한 것이다. 이 단락은 당시 모든 과부들이 다 교회의 직첩을 받아 특정업무를 수행하고, 교회로부터 재정적인 도움을 받은 것은 아니었으며, 또한 새로운 제도의 도입과 그에 따른 부작용들, 예를 들면 젊은 과부들의 부정적인 행위들이 발생했음을 보여준다. 이런 면에서 본문은 과부—직제가 점차 직제화되고 전문화되어 가는 과정에 기록되었음을 알 수 있다.

우리는 당시 신앙의 공동체가 특수계층인 과부들을 그냥 무시해버리지 않고, 그들에 대한 관심과 재정적인 도움을 주었을 뿐만 아니라, 그들의 여가를 제도적으로 적절히 수용해서 목회사역에 동참시켰다는 것에 큰 의의를 두어야 할 것이다.

¶ 신학적 문제

과부(寡婦/χήρα)

이 단어 '케라'(χήρα)는 '과부'라는 뜻인데, '버려진'이라는 뜻을 가진 어간에서 파생된 것이다. 따라서 남편이 없이 사는 여자는 누구든지 해당된다. 후에 '홀아비'를 뜻하는 '케로스'(χήρος)라는 단어도 발견된다. 동사 '케로오'(χήροω)와 '케류오'(χήρευω)는 '과부로 만들다', '과부가 되다'라는 뜻인데, 여기서 파생된 명사인 '케레이아'(χήρεια)는 '과부 신세'라는 뜻이다(사 54 : 4). '케류오'(χηρευω)는 유딧 8장 4절에, '케레이시스'(χήρεισις―과부의 의복)는 창세기 38절 14, 19절에 나오는 표현이다.

과부에 관한 구약의 많은 본문들은 그녀들의 처지가 매우 불행했으며, 가혹한 대우를 받았다는 점 등을 알려준다. 그래서 과부들은 많은 사람들이 관심을 두어야 할 대상으로서 때때로 고아나 아버지 없는 아이와 함께 언급되었다. 과부의 운명은 실제로 비참했으며(출 22 : 25), 과부 신세는 마치 하나님의 벌로 간주될 정도였다(출 22 : 22ff.). 히브리어에서 '과부'란 말은 '말하지 말라'란 뜻의 히브리어 '알람'(אָלַם)과 유사한데, 이 말은 과부 신세란 수치스러운 까닭에 잠자코 있으라는 것을 암시한다. 그들은 불의(사 10 : 2)나 권리의 상실(사 1 : 23) 때문에 고통을 겪었을 뿐만 아니라 비천한 대접을 받아야 했다(사 54 : 4). 심지어 과부들은 구별된 옷을 입었고(창 38 : 14), 창녀들이나 이혼녀와 마찬가지로 대제사장들과 결혼할 수도 없었다(레 21 : 14 ; 참조. 겔 44 : 22).

유대인의 율법에는 과부의 재산상속을 금하고 있었는데, 율법이 이처럼 과부를 경시한 이유는 늙기 전에 남편이 먼저 죽는 것은 하나의 재앙이며, 살아 남아 있는 아내에게까지 확대되는 죄의 심판이라고 믿은 그들의 신앙 때문일 것이라고 추측된다. 그러므로 과부가 된다는 것은 치욕스러운 일이었다(룻 1 : 20, 21 ; 사 54 : 4).

반면에 몇몇 율법들은 과부에게 어느 정도 배려를 하고 있다. 수혼법(Levirate law)은 그 본래의 목적이 무엇이었든지 간에 과부의 생활을 상당히 보장해주었다. 아이를 낳지 못하는 과부는 적어도 그녀가 제사장의 딸인 경우에(레 22 : 13 ; 참조. 룻 1 : 8) 친정으로 돌아가 거기서 수혼법에 의한 결혼을 기다릴 수 있었고, 심지어는 아직 태어나지 않았거나 결혼하기에는 너무 어린, 죽은 남편의 형제가 결혼할 연령에 이르기까지 기다리기도 했다(창 38 : 11 ; 룻 1 : 11). 그러나 죽은 남편의 형제들이 없거나 또는 너무 가난해서 그녀를 부양할 수 없을 때, 과부는 의지할 곳이 없게 되었다. 과부가 서약을 했을 경우라도 그것을 직접 파기할 남편이 없으므로 그 서약은 유효했고(민 30 : 9), 또한 과부는 재혼할 수도 있었다(레 21 : 14 ; 룻 1 : 9, 13 ; 삼상 25장 ; 겔 44 : 22).

예언자들과 그밖의 성서기자들은 과부를 부당하게 취급하는 것을 포함해서 그들에 대한 모든 불의에 대해 가차없는 질책을 퍼부었다(사 1 : 23 ; 참조. 욥 22 : 9 ; 24 : 3 ; 31 : 16 ; 시 94 : 6). 또한 심판의 날에 하나님은 품꾼과 과부와 고아들을 압제한 자를 속히 심판하실 것이라고 예언하기도 한다(말 3 : 5). 구약성서에 이러한 불의의 행위에 대한 질책의 말들이 두드러지게 나타나고 있는 것은, 구약시대에 과부에 대한 부당한 대우가 빈번했음을 충분히 입증해준다.

그 당시 과부들이 유일하게 받았던 보호는 사회적으로 동정심이 많은 사람들이 자비와 의로운 행위를 그들에게 보이는 것뿐이었다. 과부들은 계약공동체의 일원으로서 나그네와 고아들과 함께 자비의 대상이 되었고(신 14 : 29), 그들의 옷을 저당잡아서는 안 되었다(신 24 : 17 ; 참조. 암 2 : 8). 곡식과 포도를 추수할 때에는 과부들의 굶주림이 참작되어, 그들이 이삭을 줍도록 추수것 중 일부를 남겨놓아야 했다(신 24 : 19—21). 그리고 레위인과 떠돌이, 고아와 과부들은 제삼년에 추수한 것의 십분의 일을 받았다(신 26 : 12 ; 참조. 27 : 19).

또한 하나님께서는 과부를 특별히 보호할 뿐만 아니라, 그들에게 양식과 의복을 제공하신다고 믿었다(신 10 : 18). 그래서 과부와 고아들은 하나님을 신뢰하기만 하면 하나님의 보호하심을 받을 수 있다고 믿었다(렘 49 : 11). 하나님은 고아의 아버지이며 과부의 재판장으로 표현되었고(시 68 : 5), 고독한 자와 고아와 과부를 돌보시는 분으로 언급되기도 했다(시 146 : 9). 하나님께서는 과부들에게 불의를 행한 자들을 심판하겠다고 경고하시고, 과부들을 돕는 자들에게는 축복을 약속하신다(출 22 : 21ff. ; 렘 7 : 6). 구약에 나오는 모든 의인들은 과부들을 잘 도왔던 것으로 묘사된다.

"과부"란 용어가 때로는 상징적인 의미로 사용된 적도 있다. 예를 들어 바벨론의 도시를 상징적으로 '과부'라고 비유하여, 그녀(바벨론의 도시)가 자녀를 잃고 과부가 될 날이 곧 임박할 것이라고 이사야 47장 9절에 기록되었는데, 여기서 자녀를 잃는다는 말은 곧 백성을 잃음을 의미한다. 황폐한 이스라엘은 환호성을 울리며 '과부 때의 치욕'을 다시 기억하지 않게 될 것이라고도 기록되었다(사 54 : 4이하). 어느 한 시인은 마음속에 슬픔을 가득 안고 "예루살렘이 어찌 그리 적막히 앉았는고, 이제는 과부의 신세와 같구나"(애 1 : 1)라고 시를 읊었고, 또 다른 시인은 "우리 어미는 과부 같으니"라고 슬피 외쳤고, 그 증거로서 계속해서 궁핍과 노역에 대해 언급했다(애 5 : 3, 4). 또한 요한계시록 저자는 한 천사가 바벨론이 무너졌다고 힘차게 외치는 소리를 들었고, 또한 그녀(바벨론)가 득

의하여 "나는 과부가 아니라, 결단코 애통을 당하지 아니하리라" (계 18 : 7)고 자신만만하게 외치고 있음을 선포하는 다른 음성을 들었다. 누가복음 18장 2절 이하에 나오는 과부는, 말세에 하나님의 백성이 최후의 설욕을 위해 탄원하는 믿음에 대해 응답이 있을 것으로 기대하는 모습을 비유한 것이다.

신약에서의 과부도 통상적인 헬라어 '케라'(*χήρα*), 즉 '버려진'이라는 뜻을 가진 어간에서 파생된 것이다.

마가복음 12장 40절[166)]과 그 평행구에서 예수는 과부에게 행한 불의에 대해 예언자적인 저주를 하고 있다. 서기관들은 겉으로는 과부들을 도와 그들의 권익을 옹호하는 듯하지만, 사실은 그들의 재산을 탐했던 것을 지적한 것이다. 마가복음 12장 41절[167)] 이하에서는 외식하는 서기관들과 부자의 탐욕과 대조적으로, 비록 보잘것 없는 것이지만 자신이 가진 전부를 바침으로써, 자신의 헌신적인 신앙심을 보여준 가난한 과부의 이야기가 나온다.

누가복음 4장 25－26절[168)]에는 구약에 나오는 선택된 한 과부의 예를 들어 하나님의 사자가 자기의 완고한 백성들에게 보냄받지 않고, 사렙다 과부에게만 보냄받았음을 언급하고 있다. 누가복음 7장 11절 이하[169)]에서는 나인성 과부의 유일하게 남아 있던 아들의 죽음이 보도된다. 누가복음에서는 처음부터 이미 동정녀 마리아와 시므온과 나란히 능력있는 과부 안나가 등장한다(2 : 36ff.). 이 여자는 평생을 재혼하지 않고 끊임없이 기도와 금식생활을 하면서,

---

166) 그들은 과부들의 가산을 삼키고, 남에게 보이려고 길게 기도한다. 이런 사람들이야말로 더 엄한 심판을 받을 것이다.

167) 막 12 : 41－44절은 과부의 헌금에 관한 내용이다.

168) 내가 진정으로 너희에게 말한다. 엘리야 시대에 삼 년 육 개월 동안 하늘이 닫혀서 온 땅에 기근이 심했을 때에, 이스라엘에 과부들이 많이 있었지만, 하나님께서 엘리야를 그 많은 과부 가운데서 다른 아무에게도 보내지 않으시고, 오직 시돈 지방 사렙다의 한 과부에게만 보내셨다.

169) 예수가 죽은 과부의 아들을 살리는 내용이 나온다(11－17절).

여성 선지자로서 아기 예수에 대한 증인이 되는 특권을 얻고, 후에 교회에서 여자 증인들의 본보기 역할을 한다(눅 18 : 33ff.).

사도행전 6장 1절[170]에는 교회가 과부들을 구제하는 언급이 나타난다. 본문에 의하면, 헬라화된 유대인 그리스도인들이 자기네 과부들이 구제받는 일에서 소홀히 여겨진다는 이유로 유대인 그리스도인들에게 불평을 터뜨린다. 이러한 불평 때문에 결국은 사도들이 개입하고 일곱 집사를 임명하게 되었다고 한다. 또한 사도행전 9장 36–43절의 다비다가 다시 살아난 이야기는 교회가 과부들에 대해서 관심을 가지고 있음을 나타내는 일례가 될 것이다. 사도행전에 '케라이'(χήραι)에 대한 언급이 '하기오이'(ἅγιοι–성도)와 함께 나오는 것을 보면(41절), '케라이'가 이미 특별한 계층으로 여겨졌다는 것을 암시해준다(참조. 눅 4 : 26 ; 7 : 11ff.).

바울은 고린도전서 7장 8–9절에서 처녀들과 과부들에게 권면하고 있는데, 거기에서 그는 특히 젊은 과부들은 육체적인 욕정만 견딜 수 있으면 결혼하지 않은 채로 남아 있는 것이 더 좋다고만 말한다. 그러나 바울 이후의 바울주의자에 의해 기록된 목회서신인 디모데전서 5장 3절 이하에서는 과부를 위한 초기의 규정들이 발견된다.

이 규정들은 가정에서 돌보아줄 사람이 있거나, 집안에서 할 일이 있는 과부들은 교회의 보살핌이나 교회봉사에서 제외시킬 것을 지시하고 있다. 주석가들은 자녀들과 손자들을 돌보는 사람이 과부들인지, 과부들을 돌보는 사람이 자녀들과 손자들인지에 대해서 의견의 일치를 보지 못하고 있다. 그러나 두 견해 모두가 타당하며 상호간의 의무가 중요할 것이다. 과부들은 자기들이 당장 해야 할 일을 게을리해서는 안될 것이며, 친척들도 과부들에 대한 의무를

170) 이 시기에 제자들이 점점 불어났다. 그런데 그리스 말을 하는 유대 사람들이 히브리 말을 하는 유대 사람들에게 불평을 터뜨렸다. 그것은 매일 구제하는 일에 있어서 자기네 과부들이 소홀이 여김을 받았기 때문이었다.

교회에 대한 의무처럼 여기고 그들을 보살피는 것을 게을리해서는 안될 것이다.

목회서신에서는 과부들을 여러 그룹으로 나누어 언급하고 있는 것이 특이하다. 젊은 과부들은 당장 해야 할 일들도 많을 뿐만 아니라, 쉽게 경솔한 행동을 하거나 육욕에 빠지기 쉽다는 것이다. 만약 젊은 과부들에게 교회의 직분을 맡겼다가 그후에 재혼하게 되면, 그들은 그리스도에 대한 처음의 충성심을 파기하게 될 것이다. 젊은 과부들은 또한 일을 하는 중에 수다를 떨거나 교회에 나쁜 평판을 듣게 할 위험성이 있으므로, 그들은 재혼을 해서(딤전 5：14) 나쁜 일에 빠져들 기회를 없애야 한다는 것이다.

"참"과부들은 교회에서 봉사하도록 택함을 받았다. 이것이 디모데전서 5장 9, 11절의 "명부에 올린다"라는 뜻에 내포되어 있다. 선발기준이 되는 자격은 가족이 없어야 하고(5절), 선행의 증거가 있어야 하며(10절), 적어도 60세 이상이 되어야 한다(9절). 그리고 전에 남편이 오직 하나였어야 하고(9절), 재혼할 생각이 없어야 한다(11절). 그들은 하나님만을 믿으며 밤낮으로 기도에 힘쓰는 여자들이어야 한다.

한 남편에 대한 규정은 첫 남편의 사후에 재혼하지 않은 것을 말하는지, 이혼한 후에 재혼하지 않는 것을 말하는지에 대해 논란이 많다. 예수는 남편의 사후에 재혼하는 것을 허용했지만, 이혼하고 재혼하는 것은 허락하지 않았다(막 12：24ff.；10：12). 바울은 전자의 경우를 원칙적으로 자유로운 상태라고 말하고 있다(롬 7：2—3).[171] 누가복음 2장 36—37절[172]은 단 한번만 결혼했던 과부를

171) 결혼한 여인은 그 남편이 살아 있는 동안에는 법을 따라 남편에게 매여 있으나, 남편이 죽으면 남편에게 매여 있던 그 법에서 해방됩니다(롬 7：2).

172) 안나라는 여예언자가 있었는데, 나이가 많았다. 그는 결혼하여 일곱 해를 남편과 함께 살다가 과부가 되어, 여든네 살이 되도록 성전을 떠나지 않고 밤낮으로 금식과 기도로 하나님을 섬겨왔다.

찬양하고 있다. 과부들의 임무에는 기도와 집에서 하는 일과 같이 교회에서 여러 가지 일들과 또한 아마도 젊은 부인들에 대한 교육이 들어 있었던 것 같다. 이것은 디도서 2장 3절[173] 이하에 나오는 나이 많은 여자들(*πρεσβύτιδας*)과 함께 한 일들이었을 것이다. 부유한 과부들은 가정교회를 책임질 수도 있었다(예. 루디아, 마가의 모친 마리아, 글로에, 골 4 : 15의 눔바). 그러나 교회는 아무도 돌보는 이 없는 참과부들은 부양했다(딤전 5 : 16).[174]

초기의 교부들의 문헌들에서 과부문제에 관한 많은 언급들이 발견되는데(IClem. 8.4 ; Justin, *Apolgy* 44.3, etc), 특히 참과부들의 실례들도 발견된다(예. Apostolic Constitutions 3.7. 6, 8). 그리고 바나바서신 20장 2절은 과부와 고아를 연결시키고 있고, 폴리캅의 서신 6장 1절은 과부들과 억눌린 사람들을 동일시한다. 헤르마스 목자서 훈령편 8, 10은 하나님을 기쁘게 할 수 있는 사랑의 행위로 과부를 돕는 일을 추천하고 있다. 과부들에게 관대한 것은 하나님께 대한 감사의 표시라고까지 언급된다.

제도화된 공교회는 과부들과 병든 자들에 대한 보살핌을 규정하고 있다. 로마나 안디옥에 있는 교회들은 매일 수백 명의 과부들에게 양식을 공급하고, 그들을 위한 집도 세워 주었다. 감독들은 그들의 명단을 관리했으며 교회를 통해서 선물들이 주어졌다(Ignatius, *Polycarp* 4.1 ; *Apostolic Constitutions* 2.25.2). 장로들과 집사들, 그리고 부유한 평신도들도 이들을 도와주었다(*Hermas Similitudes* 9.26.2). 예배드릴 때 과부들은 기혼여자들 곁에 특별히 만들어진 자리에 앉았다. 더 늙은 과부들은 스스로 살아갈 수 있다고 여겨지는 젊은 과부들보다는 우선권이 있었다. 콘스탄틴 황제 치하에서는

173) 이와 같이 나이 많은 여자들도 행실을 거룩하게 하고 헐뜯지 말며 술의 노예가 되지 않도록 해서, 좋은 것으로 가르치는 사람이 되게 하십시오.

174) 어떤 여신도의 집안에 과부들이 있거든 그 여신도가 그들을 도와주어야 할 것이요, 교회에 짐을 지우지 말아야 할 것입니다. 그렇게 하여야 교회가 참과부들을 도울 수 있을 것입니다.

법으로 세금이 면제되었고, 과부들을 위한 법적인 도움과 과부나 고아들을 보살피는 일들이 국가의 소관으로 넘어갔다.

이때는 벌써 과부들에 대한 특별한 규정들이 만들어졌는데, 과부들은 가르치거나 수다를 떨거나 이익을 추구해서는 안되었다. 그들은 집에 있게 될 때는 늘 기도해야 했으며, 너무 많은 포도주를 마시거나 너무 많이 웃어도 안되고, 혹 재산이 있으면 가난한 자들을 위해서 사용해야 했다. 과부들은 그들의 집을 지키기 위해 홀아비들과 영적으로 결혼할 수는 있었다. 보통 젊은 과부들은 한 번 재혼하는 것이 허락되었다. 그러나 후에 금욕주의적인 경향 때문에 재혼을 금하는 입법이 생겨났다.

과부들이 안수받은 교역자 서열이었는지에 대해서는 논란이 있지만, 과부—직제가 발달된 것만은 사실이었다. 인정받는 "참"과부가 되기 위해서는 일정한 시험기간을 거쳐야만 했고, 결혼경력은 한 번만이어야 했으며, 깨끗하고 단정한 생활을 하며, 선행을 쌓아야 하고, 자기 가족들을 잘 보살펴주며, 일정한 연령에 도달해야만 했다. 교회의 인준을 받은 과부는 재혼하지 않겠다는 서약을 지켜야만 했다.

후대의 규정에는 교회에서 봉사하는 과부들의 수가 제한되었으며, 과부들을 감독들이나 장로들 또는 집사들과 같이 분류하기도 했다. 여자 집사들은 과부들을 감독하고 지시하는 역할을 맡았기 때문에, 과부들보다 직위가 높았지만 종종 처녀들이나 과부들 가운데서 뽑기도 했다. 그래서 우리는 과부인 여자 집사에 대한 기록을 찾아볼 수 있다. 그러나 훨씬 후대에도 이 두 직분은 동일하게 여겨지지 않았다.

교회에서 과부가 담당해야 할 임무에는 기도, 병자의 간호, 죄인 방문, 여행중인 설교자들에게 자선을 베푸는 일, 여성 초심자들이나 여성 그리스도인들을 교육하는 일 등이 포함되어 있다. 과부들이 교회에서 하는 일 때문에 그들은 상당히 교회에서 존경을 받았고, 예배 드릴 때에는 장로들의 왼쪽 뒷좌석에 앉았으며, 집사 다음에 성찬을 받았다. 그러나 초대 교회시대 말엽에 가서는 이 제도는 사라졌다. 그것은 아마도 여인들을 위한 수도원 규칙에 새로운 형태가 등장했고, 여 수도승들이 원래는 과부들이 했던 일을 대부분 떠맡았기 때문인 것 같다.

(3) 장로에 대한 규정(5 : 17—25)

a. 장로의 예우(5 : 17—18)

17 잘 다스리는 장로들을 배나 존경할 자로 알되 말씀과 가르침에 수고하는 이들을 더할 것이니라 *18* 성경에 일렀으되 곡식을 밟아 떠는 소의 입에 망을 씌우지 말라 하였고 또 일군이 그 삯을 받는 것이 마땅하다 하였느니라

¶ 주석

17 잘 다스리는 장로들을 배나 존경할 자로 알되(여겨라)에서 "장로"는 물론 '프레스뷔테로이'(*πρεσβύτεροι*)를 번역한 것이며, "잘 다스리다"는 '프로에스토테스'(*προεστῶτες*)를 번역한 것이다. "장로들"은 여기서 "나이를 많이 먹은" 사람을 가리키는 것이 아니라, 공식적인 직제, 적어도 3장 17절의 감독까지 포함하는 용어일 가능성이 높다. 그런 가능성은 디도서 1장 5—6절, 사도행전 20장 17절에서도 나타난다. 장로 중에서 감독이 선택된 것으로 미루어 보아 이러한 견해를 지지할 수 있다.[175]

175) G. D. Fee, *1 and 2 Titus*, NIBC(Peabody : hendrickson Publishers, 1984), p. 128.

바울 역시 "다스리다"라는 동사를 사용해서 지역교회에서 지도적인 역할을 수행하는 사람들의 활동을 의미했다(살전 5 : 12 ; 롬 12 : 8). 대부분의 학자들은 여기에서도 이러한 용법이 적용되고 있다고 여기고 있다.[176] 다른 한편, 이 단어는 성만찬을 집행하는 사람의 행위를 나타낼 때 사용한 것이라고 한다(Justin). 이러한 견해에 비추어본다면, 본문은 "성만찬식을 잘 집행하는 장로들"이라고 이해할 수도 있다. 이러한 두 가지 해석은 목회서신 저자가 살던 시대가 바울과 유스틴 중간이었기 때문일 것이다. 그러나 가장 적절한 해석은 무엇보다도 바레트(Barrett)의 견해라고 할 수 있는데, 그는 이 용어가 단지 성만찬을 잘 집행해야 하는 의무도 포함할 수 있으나, 일반적인 의미에서 장로직 혹은 감독직을 잘 수행하는 "지도력"을 의미하는 것으로 받아들이는 것이 가장 타당하다고 주장한다.[177]

또한 "배"(διπλῆς τιμῆς)라는 말을 어떻게 해석해야 할지에 관해서는 의견이 분분하다. 문자적으로는 '두 배의 보상, 존경' 또는 '임금'(賃金)을 의미하기도 한다. 거스리(Guthrie)와 이스턴(Easton)은, 이 말을 18절에 비추어볼 때, 장로가 받을 물질적인 보상을 가리킨다고 보고 있다. 거스리는, '디플레스'(διπλῆς)는 치리와 교육을 담당한 장로가 보상을 받되, 아주 풍성하게 받아야 한다는 의미로 설명하고 있다.[178] 이 입장을 지지하는 사람들은 '디플레스 티메스'(διπλῆς τιμῆς)를 5장 3절의 '참과부인 과부를 존경하라'와 관련시키기도 한다. 즉 5장 3절의 존경은 물질적인 도움을 의미하므로 참과부를 존경한다는 것이 과부를 물질적으로 도와주는 것이라면, 잘 다스리고 가르치는 장로를 '두 배나 존경'하는 것은 물질

176) J. P. Meier(CBQ 35, 1973, p. 327)와 A. Sand 등등.

177) 핸슨, 101.

178) 거스리, 『목회서신』, 틴델주석시리즈(서울 : 기독교문서선교회, 1985), p. 151.

적으로 많이 보상하는 것이 당연하다는 견해다. 그렇다면 감독직에 있는 사람에게 교회가 과부—직첩을 맡은 자들에게 주는 보수보다는 최소한 두 배는 주어야 한다는 의미일 수도 있다. 그러나 이스턴의 경우는 '두 배의 존경'이란 말을 그렇게 이해하지 않는다. 그는 단지 '좀더'라는 의미로 해석하고 있다.[179)]

'두 배로 존경하게 해라'를 장로의 나이와 연관시키는 해석도 있다. 즉 나이가 많은 연로한 장로는 '배나 존경을 받아야 한다'는 것이다. 디벨리우스는 장로들이 그들의 뛰어난 지도력 때문이 아니라, 아무런 경제적 보상을 원치 않고, 목회활동에 전념하기 때문에 "배나 존경"을 받아야 한다고 생각한다.[180)] 미카엘리스는 3장 4절의 "감독은 자신의 가정을 잘 다스려야 하고, 자녀들을 순종하게 하고 품위있게 하라", 3장 12절의 "집사들은 한 아내의 남편이어야 한다. 그리고 자녀와 가정을 잘 돌보아야 한다"를 근거로, 아무런 대가 없이 가정을 다스리고 자녀를 양육하는 것처럼, 장로들이 아무 보상 없이 교회의 성도들을 가르치기 때문에 두 배나 존경받아야 한다고 생각하고 있다.[181)]

지금까지의 모든 논의를 종합해보면, '디플레스 티메스'(διπλῆς τιμῆς)라는 표현은 오히려 재정적인 의미에서의 두 배의 보상을 의미하는 것으로 이해하는 것이 더 타당할 것 같다. 교회는 잘 다스리는 장로, 즉 감독의 직에 있는 사람들에게 그러한 물질적 배려를 통해서 마땅히 존경을 표시해야 한다는 것이다.

'장로'에 대한 지금까지의 언급들을 종합해보면, 장로는 첫째, 교회를 잘 다스리는 사람이어야 하고, 둘째, 장로들의 직무는 '말씀을 전하는 일과 가르치는 일'이며, 셋째로, 말씀을 전하고 가르

---

179) B. C. Easton, *The Pastoral Epistles* (London : SCM Press, 1948), p.159.

180) 디벨리우스, p. 121. Jeremias와 Holtz도 역시 이러한 의견에 동의하고 있다.

181) 디벨리우스, pp.121—122.

치는 장로들은 배나 존경을 받아야 한다는 것이다.[182]

17절은 마치 여러 등급의 장로가 있었음을 암시하고 있는 것처럼 보인다. 그래서 바레트(Barrett)는 두 종류의 장로, 즉 '말씀을 전하고 가르치는' 장로들과 '그렇지 않은'(행정직) 장로들로 구분하고 있다.[183] 그는 교회의 장로들이 이 두 종류의 역할분담을 통해서 지도력을 행사했을 것이라고 추정하고 있다. 그러나 핸슨은 바레트와는 달리 두 종류의 장로의 집단을 생각할 필요가 없다고 주장한다.[184] 그는 '잘 다스리는 장로'와 '말씀을 전하고 가르치는 일에 수고하는 장로'를 동격으로 취급하고 있다. 그래서 그는 치리하는 장로와 목회적인 임무를 맡은 장로들을 구분하지 않는다.

이런 주장에 있어서도 학자들 가운데 의견이 일치되고 있지는 않지만 핸슨의 입장이 더 지지될 수 있다. 아마도 17절은 굳이 장로들이 역할에 따라 구분되었다는 것을 보여주고 있는 구절이라기보다는 당시의 지역교회를 담당하고 있던 장로들의 직무에 대한 간접적인 암시이거나, 장로들의 역할 중 가장 중요한 요소들만을 각각 언급한 것으로 보는 것이 더 타당할 것이다. 특히 바르트쉬는 "집사나 감독"들은 전적으로 교회의 사역에 종사했던 반면에, "장로들"은 자기의 생계수단이나 직업을 갖고 있었던 것으로 보고 있다. 그러나 이러한 견해는 설득력이 매우 약하다. 오히려 여기의 "장로들"은 감독의 피선거권을 갖거나 동등한 성직자임이 확실하기 때문이다.

18 **곡식을 밟아 떠는 소의 입에 망을 씌우지 말라**는 말은 신명기

182) Fee, *Ibid*., pp. 128—129.

183) Barrett, *The Pastoral Epistles* (Oxford : Clarendon Press, 1963), p.79.

184) A. T. Hanson, *The Pastoral Epistles* NCBC (Grand Rapids Eerdmans, 1982), p. 101.

25장 4절을 인용한 것이다. 바울도 이 인용문을 고린도전서 9장 9절에서 "복음을 전하는 사람은 복음전함을 받는 사람에게 대접받을 권리가 있다"는 의미로 사용했다. 그리고 로마서 4장 4절에서도 "일하는 자가 그 삯을 받는 것은 당연하다"고 했다. 또한 누가복음 10장 7절에서는 "일하는 자는 그 대가를 받을 만하다"는 구절이 나타나고 있다. "일군이 그 삯을 받는 것이 마땅하다"가 누가복음에서 인용된 것이라면, 목회서신은 누가복음이 기록된 이후의 저작이라는 사실이 뒷받침된다. 그러나 이 문장이 누가복음에서 인용한 것이 아니라면, 누가복음보다 좀더 초기의 유대교 문서에서 유래되었을 가능성도 있다.[185] 그러나 목회서신이 초기 공교회적 특징을 뚜렷이 나타내고 있는 사실에 주목하면, 누가복음 유래설이 타당하다고 할 수 있다. 또한 '헤 그라페'(ἡ γραφή)가 '성경'을 지시하는 전문적인 용어이므로 구약 신명이나 누가복음에서 유래된 것으로 볼 수도 있다.

반면, 디모데전서의 저자가 바울이라고 주장하는 사람들은 18b절을 설명하면서 또 다른 문제에 봉착하게 된다. 왜냐하면 누가복음의 연대가 바울보다 후대이기 때문에 바울이 누가복음을 인용했다고 가정하기란 쉽지 않기 때문이다. 핸슨(Hanson)은 이 문장이 마태복음 10장 10절과 누가복음 10장 7절에서 공통적으로 발견되는 것을 근거로 해서 이것이 Q자료로부터 나온 것이라고 주장하지만, 저자가 누가복음을 사용했는지 Q자료를 사용했는지, 아니면 다른 어떤 것을 사용했는지에 대해서는 전혀 알 수 없다고 설명하고 있다.[186] 그러나 우리는 목회서신의 저자가 바울의 전통 가운데 서 있음을 이미 확인했기 때문에, 그는 이 경우에는 바울서신(고전 9 : 9)에서 인용했을 것이라고 생각된다.

---

185) 디벨리우스, *op. cit.* p. 122.

186) Hanson, *op. cit.*, p. 103.

18b절의 출처가 어디인가 하는 것은 목회서신의 저자의 사상적 신학적 배경과 초기 공교회적인 특징을 고려해서 확증할 문제로 보인다. 18절의 중심적인 주제는 교회를 위해 일하는 사람들에 대한 정당한 보상의 원리를 하나님께서 허락하고 인정하셨음을 지적하는 데 있다. 정당한 보상의 대가가 물질적인 것이든, 존경이라는 정신적인 것이든, 그것은 교회에서 직첩을 받아 일하는 성직자들에 대한 교회의 정당하고도 자연스러운 예우라는 사실이다.

b. 장로 처벌규정 (5 : 19—25)

_19_ 장로에 대한 송사는 두세 증인이 없으면 받지 말 것이요 _20_
범죄한 자들을 모든 사람 앞에 꾸짖어 나머지 사람으로 두려워하게
하라 _21_ 하나님과 그리스도 예수와 택하심을 받은 천사들 앞에서
내가 엄히 명하노니 너는 편견이 없이 이것들을 지켜 아무 일도 편
벽되이 하지 말며 _22_ 아무에게나 경솔히 안수하지 말고 다른 사람
의 죄에 간섭지 말고 네 자신을 지켜 정결케 하라 _23_ 이제부터는
물만 마시지 말고 네 비위와 자주 나는 병을 인하여 포도주를 조금
씩 쓰라 _24_ 어떤 사람들의 죄는 밝히 드러나 먼저 심판에 나아가고
어떤 사람들의 죄는 그 뒤를 좇나니 _25_ 이와 같이 선행도 밝히 드
러나고 그렇지 아니한 것도 숨길 수 없느니라

¶ 개요

첫번째 항목(17—20절)에 이어 장로들에 대한 두번째 항목이 언급되고 있다. 저자는 여기서 장로들에 대한 처벌에 초점을 맞추고 있다. 저자는 두 가지 원칙을 규정하고 있다. 첫째는 두세 증인이 없는 고발은 받지 말라는 것이고, 둘째는 유죄로 판명되면 공개적으로 책망해야 한다는 것이다. 첫번째 원칙에서 우리는 '장로' 직위를 둘러싸고, 모종의 알력이나 긴장관계가 있었다고 추측해볼 수 있다. 또는 '장로'라는 성직에 대해서 또 다른 이해가 존재함으로써 교회내의 분열이나 혼란이 야기되고 있는 초기 교회의 상황을 그려볼 수도 있겠다. 3장 1절에 의하면 감독이 되려는 사람이 많았고, 또한 감독은 장로회의에서 선출되었을 것이므로 이러한 추측은 개연성이 있다고 할 수 있다.

¶ 주석

19 **장로에 대한 송사는 두세 증인이 없으면 받지 말 것이요** 이 구절은 신명기 19장 15절에서 인용된 것이다. 본절은 첫번째 규정에서 제기되고 있는 문제에 대한 저자의 의도가 내포되어 있는 적절한 예다. 저자는 "장로"에 대한 처벌규정을 설명함으로써, "장로" 직위로부터 파생되는 교회의 혼란을 합리적으로 해결하려고 한다. 특히 여기서 "두세 증인"은 동료 장로들을 의미하는 것이 아니라, 교회의 구성원을 말하는 것으로 이해해야만 한다. 또한 이 본문을 전체적으로 이해한다면, 고발을 접수하고 판단하여 선고를 내릴 수 있는 권위를 가진 어떤 사람이 있었다는 것과, 또한 그러한 사건을 심의하고 의논할 수 있는 상위조직이나 '위원회'와 같은 조직이 있었음을 짐작해볼 수 있다. 이러한 사실은 이미 "단일 감독제"가 실시되고 있음을 추측해볼 수 있게 해준다.

18절에 인용된 신명기 25장 4절과 마찬가지로, 신명기 19장 15절 역시 초대 그리스도교에서 자주 인용되었다. 바울은 이 구절을 고린도 교회의 적대자들과 논쟁하는 상황을 담고 있는 고린도후서

13장 1절에서 인용한 바 있다. 우리는 또한 마태복음 18장 16절과 히브리서 10장 28절에서 보다 신학적인 의미로 인용되고 있음을 발견할 수 있다. 그러므로 우리는 저자가 그의 신학적·신앙적 지주인 바울을 본받아서 이 인용을 구약에 대한 '할라카'(Halaka)로서 인용하고 있다고 이해할 수 있다. 호울덴은 이 본문이 쿰란종파의 영향을 받은 것이라고 말하고, 바르트쉬는 이미 장로들의 면책에 대한 규정이 존재하고 있었다고 가정하기도 한다.

20 a **범죄한 자들**(죄를 지은 사람들－*τοὺς ἁμαρτάνοντας*)은 유죄혐의가 있는 장로들인지, 일반적인 교회내의 죄인인지는 불분명하게 나타나고 있다. 그러나 17절부터 시작된 전체적인 상황이 장로들에 대한 내용이고, 또한 19절이 장로에 대한 고발을 다루고 있는 것을 볼 때, '범죄한 자들'은 분명히 '잘못을 저지른 장로들에 대한 언급'임이 분명하다.

또한 **나머지 사람**(*οἱ λοιποὶ*)들이 장로들을 가리키는지, 아니면 교회 회중을 가리키는지 하는 것도 논쟁의 여지가 있다. 헬라어 단어의 뜻은 막연히 다른 사람들, 즉 교회 안의 다른 사람들을 뜻하는 것이다. 그러나 왜 굳이 "나머지 장로들을"이라는 문구를 적어넣지 않았는가 하는 물음에 대해서는 여전히 설명이 미흡하다. 이러한 물음에 대해서 캄펜하우젠(Campenhausen)은 "나머지 사람들"(*οἱ λοιποὶ*)이 장로를 포함한 교회 회중 전체를 가리킨다고 주장한다.[187] 그러나 핸슨의 경우, 이 단락 전체의 주제가 장로들에 대한 규정이므로 "나머지 사람들" 역시 "나머지 장로들"에 대한 언급이라고 주장한다. 또한 로크(Lock) 역시 전체적인 단락의 상황이 "나머지 사람들"을 장로들로 제한시켜야 한다고 주장한다. 이러한 주장들 이외에도 전체적인 문맥으로 보아, '같은 부류의 다른 사람

187) 디벨리우스, *op. cit.*, p. 122 재인용.

들'은 다른 장로들을 뜻한다고 보는 것이 더욱 타당하다.[188]

이제 전체적인 상황을 가정해본다면, 장로들을 치리할 수 있는 위원회와 같은 조직이 벌써 조직되어 있었으며, 아마도 "감독"일 것으로 여겨지는 권위자가 장로들을 치리했던 것으로 보인다. 또한 장로들에 대한 고발은 그들의 지도적 위치를 고려해서 함부로 다루지 않고, 만약 그들에 대한 고발이 사실로 인정되면, 나머지 장로들 앞에서 꾸짖어서 그러한 일이 또다시 재발되지 않도록 했다는 것을 알 수 있다.

21 본절은 앞의 내용과 연결된 것인지, 아니면 새로운 내용의 시작인지는 논쟁의 여지가 있다. 문단을 나누는 문제는 **이것들**(ταῦτα)이 앞의 내용을 가리키는지, 혹은 뒤의 내용을 가리키는 것인지를 결정하기에 달려 있다. 거스리와 피이(Fee) 같은 학자들은 "이것들"(ταῦτα)이 17—20절을 가리킨다고 생각한다. 또한 디벨리우스는 문맥의 문제를 두 가지의 가능성으로 생각하면서, 하나는 "이것들"이 20절에 언급된 지시사항을 가리키는 것일 때, 22절은 장로들의 안수문제와 관계된 것으로, "남의 죄에 동참하지 말라"는 말은 공교회가 알지 못하는 가운데 죄인을 장로로 세운 경우를 가리키는 것이라고 설명하고 있다. 다른 하나는 22절이 앞에 나온 내용과 아무런 관계가 없다면, "이것들"은 죄인들이나 이단자들을 다시 받아들이는 것을 의미하는 것이라고 주장한다. 그는 본절이 새롭게 시작되고 있는 문맥이므로, 이 구절은 믿음으로부터 떨어져 나갔던 자들이 다시 교회에 입회하려 할 때를 가리키는 것으로 해석하는 것이 더욱 타당하고 주장한다.

저자는 교회 지도자에게 "하나님과 그리스도 예수와 택함을 받은 천사들 앞에서 편견없이 공평하게" 장로를 안수해 세우는 일과 그들이 잘못했을 때는 엄히 다스릴 것을 권면하고 있다. **편벽되이 하**

188) Fee와 Dibelius도 이러한 견해에 동의하고 있다.

지 말며는 헬라어 '카타 프로스클리신'(*κατὰ πρόσκλισιν*)을 번역한 것이다. 이 단어는 중립적인 의미로서 "인간적이며 당파심이 없이"란 뜻으로 사용되기도 했다. "편견"이란 호의적 또는 비호의적인 선입관을 가지고 내리는 판단을 말한다. 저자는 교회의 지도자에게 편견없이 공평하게 일을 처리할 것과 다른 어떤 기준에 의해서가 아니라, 오직 "하나님과 그리스도 예수와 택함을 받은 천사들 앞에서" 올바르게 지도해 나가라고 권면하고 있는 것이다. 저자는 이러한 권면을 통해서 교회의 지도자가 다른 장로들에게뿐만이 아니라, 자기 자신에게도 똑같은 원칙을 적용해야 한다는 것을 강조하고 있는 것이다.

하나님과 그리스도 예수라는 표현은 삼위일체가 아닌 이위일체적 언급이다. 특히 **택하심을 받은 천사들**이라는 표현은 신약의 다른 본문에서는 발견되지 않는다(비교. 계 14 : 10). 이러한 언급에 대해서는 약 1세기 초에 기록된 것으로 여겨지는 "솔로몬의 송시"(*Odes of Solomon*) 4장 8절을 참조해볼 수 있다.[189] 호울덴(Houlden)은 누가복음 9장 26절과 연관시켜 선택받은 천사들은 타락한 천사들과 비교되고 있다고 지적한다. 저자는 여기서 마지막 심판 때에 하나님과 함께 심판에 참여하는 천사들에 대해서 언급하고 있는 것으로 보인다.

22 4장 14절과 디모데후서 1장 6절과 함께 초대 그리스도교의 **안수**를 증거해주는 본문이다. 손을 얹어 안수하는 것은 구약의 모세의 율법에 근거를 두고 있는데, 거기에서 율법은 "번제물을 가져왔을 때 안수할 것"을 규정하고 있다. 또한 불경한 자를 심판할 때에도 증인들은 그들의 손을 불경자에게 얹고 안수한 후 돌을 던졌다(레 24 : 14). 또한 손을 얹는 것은 축복할 때도 사용되었는데,

189) "당신의 인장이 알려졌기 때문에……그리고 택함을 받은 천사장이 그것을 갖고 있기 때문에."

야곱은 자신의 아들 요셉의 아들들을 축복할 때도 이와 같이 손을 얹었다(창 48 : 14).

신약성서에서 안수는 영적인 능력을 전달하여 육적 혹은 영적인 치료를 나타내는 수단으로도 사용되었다. 야이로의 딸을 치유할 때(막 5 : 23), 예수가 제자들에게 위임명령을 할 때(막 16 : 18), 가버나움에서 치유할 때(눅 4 : 40), 아나니아가 바울의 시력을 회복시킬 때도 안수를 했다(행 9 : 12, 17). 예수는 안수함으로써 축복한 적도 있다(마 19 : 15 ; 막10 : 13, 16). 또한 안수는 성령을 받지 못한 자에게 성령을 전해주고자 할 때도 시행되었다(행 8 : 17). 이러한 안수는 종종 히브리서 6장 2절에서의 언급과 아울러 교회에서 세례 뒤에 행하는 견신례의 근거가 되는 구절로 간주되기도 했다. 그러나 사도행전에서는 안수함으로써 수여되는 성령의 은사는 방언을 말하는 것과 같이 외적이고 눈에 보이는 성령의 활동의 표상들과 특별하게 연관되어 있다.[190]

또한 안수는 여호수아를 모세가 계승자로 세울 때도 베풀어졌다. 이러한 안수식은 특별한 영적 능력을 통해서 이스라엘을 지도하는 공적인 권세를 부여하는 것을 의미했다. 이러한 경우는 초대교회의 일곱 집사의 경우에도(행 6 : 6), 바울과 바나바에게 선교사로서 위임할 때에도(행 13 : 30) 적용되었으며, 바울은 자신의 안수를 통해서 영적인 은사를 전달했다(딤전 4 : 14 ; 딤후1 : 6).[191] 그리고 좀더 시간이 지난 뒤 참회하는 자, 이단자들을 교회 안에 다시 받아들일 때에도 안수가 시행되었다.[192]

목회서신에 의하면, 교회 지도자들은 안수를 통해서 여러 교회

---

190) M. H. Shepherd, Jr., p. 1249.

191) R. K. Harrison, *The Zondervan Pictorial Encyclopedia of the Bible*, vol. 3 (Zondervan Corp, 1978), pp. 29—30.

192) 마틴 디벨리우스, 『목회서신』 김득중 역(한국신학연구소, 1992), p. 110—111.

들을 다스릴 수 있는 성직에 봉직되었다. 영적인 요소와 직무적인 요소 사이의 관계에서 독특한 점은 예언자의 선언이 장차 성령을 받아 행사할 자를 규정해준다는 것이다. 무엇보다도 목회서신이 기록되던 당시에는 손을 얹어 안수하는 유대교의 후임 랍비의 위임식을 교회가 받아들인 것일 것이다.

경솔히 안수하지 말고(χεῖρας ἐπίτίθει)는 문자적으로는 '서둘러서 머리에 손을 얹지 말라'라는 의미인데, 이는 두 가지 설명이 가능하다. 첫째, 남을 꾸짖거나 고발을 받아들임에 있어서 서둘지 말라는 의미다(약 5 : 15 ; 고후 2 : 6—11). 다시 말하면 공동체내의 화합의 차원에서 이해하는 것이다.[193] 즉 이것은 배교자나 출교자를 다시 공동체에 받아들이는 의식으로서의 안수인 것이다. 둘째, 성직를 위임하는 "안수를 경솔하게 하지 말라"는 의미다. 왜냐하면 신중하게 안수를 해야지 서두르거나 경솔하게 안수하게 되면, 안수를 받은 사람 가운데 나중에 문제를 야기시킬 사람이 있을지도 모르기 때문이다. 만약 교회의 지도자가 안수한 사람이 나중에 문제가 되면, 그것은 결국 안수를 해준 사람의 책임이 되기 때문이다. 이러한 견해를 대부분의 학자들이 받아들이고 있다(Bernard, Higgins, Jeremias, Käsemann, Dibelius, Barrett, Dornier와 Brox). 특히 이러한 견해는 집사가 되기 위해서는 수습기간이 필요했음을 시사하고 있는 3장 10절에 의해서 더욱 확실시된다. 비록 저자가 이 본문을 기록할 당시에 안수는 장로들의 모임에 의해서 거행되었으므로 교회 지도자인 감독이 아무리 성급히 안수를 주려고 해도 그렇게 될 수 없는 상황이었다 해도(4 : 14) 이러한 해석이 좀더 본문의 상황에 가까워 보인다. 또한 뒤이어지는 내용들 역시 안수받은 사람의 잘못에 대해서 언급하고 있기 때문이다.

---

193) 로크의 책, 62—63 ; 핸슨의 책, p. 103. Lock와 Hanson을 비롯해서 Falconer, Easton, E. Schweizer, Campenhausen, Bartsch, Holtz, Hasler 등도 이러한 견해에 동의하고 있다.

다른 사람의 죄에 간섭지 말고를 문자적으로 해석하자면 "남의 죄에 동조하지 말며"라는 것이다. 이것을 올바로 이해하려면 바로 전에 언급한 "성급히 안수하는 행위"와 연관시켜야 한다. 즉 교회 지도자가 신중하게 하지 않고 서두르거나 경솔하게 안수하여, 안수받은 사람이 다시 죄를 지을 경우, 안수를 한 사람이 그의 죄에 동참하게 되는 것이라는 권고다.

네 자신을 지켜 정결케 하라는 저자의 다소 갑작스러운 명령은 교회의 지도자가 존경을 받기 위해서는 일차적으로 정직한 행위를 해야 한다는 권면으로 해석되어야 한다. 특별히 이러한 명령은 4장 12절에서와 동일한 목적, 즉 사역자는 교회의 모범이 됨을 상기시키기 위해 언급된 것이다.

23 여기에서 갑자기 나오는 음식조절에 대한 충고는 전체적인 문맥에서 본문의 위치가 부적절한 것으로 보이게 하고 있다. 디벨리우스는 이처럼 위치적으로 부적절해 보이는 23절을 금욕주의적인 생활에 대해 권고하는 것으로 생각하고 있다.[194] 그는 교회 지도자들의 금욕주의적 경향을 저자가 전제하고 있다고 해석한다. "물만 마신다"라는 말은 경건한 생활, 즉 모든 것을 포기한 생활을 의미한다는 것이다. 어떤 학자는 "포도주를 좀 사용하라"는 말을 의학적인 목적으로 포도주를 이용하는 것을 의미하는 것으로 여기고 있다. 이는 유대인과 헬라인들이 포도주가 치료에 효능이 있는 것으로 여기고 사용했다는 사실에 착안하고 있는 것 같다.[195]

또 다른 학자는 이와는 다르게 23절의 문제를 설명하고 있다. 목회서신의 저자가 바울이라고 생각하고 바울이 편지를 써내려 가다가 디모데의 건강상태를 상기하게 되고, 그래서 포도주의 의학적인 가치를 상기시켜줄 필요성을 느끼게 되어 23절을 적어 넣었

194) *Ibid*., p. 123.

195) Fee, *op. cit*., p. 135.

다고 해석하고 있다. 물론 이러한 해석이 새로운 시각이기는 하지만, 목회서신의 저자가 바울이 아니라는 것이 여러 연구를 통해서 판명된 오늘날에는 적합하지 않다.

그러나 위에서 언급한 23절의 문제는 사실 간단한 문제로 보인다. 초기 공교회의 제도화 과정에서 노정된 문제들을 해결하고자 하는 저자는, 당시에 일반화되었던 "위명성"이라는 방식을 통해서 초대 그리스도 교회가 직면한 상황에 해결점을 제시한다는 사실을 인식하는 것이다. 이러한 관점에서 우리는 23절의 문제를 저자가 '교회 안에 선택받은 사역자들에 대한 규정조항'(17—20절)을 조목조목 나열해 나가다가 독자들의 주의를 환기시키기 위해, 앞에서도 이미 지적했듯이 "개인적인 언급"을 첨가시키고 있음을 알 수 있다. 또한 앞에서 이미 언급했듯이, 이 서신의 모델이 되고 있는 "바울과 디모데"의 관계를 보다 현실감있고 생동감있게 하기 위해서 저자는 중간중간에 마치 바울과 디모데가 현재 "생존해서" 이러한 가르침을 전하고 있는 듯한 분위기를 기술적으로 창출하고 있는 것이다. 이러한 서신의 특징은 목회서신 전반에 걸쳐 나타나고 있다.

24-25 이 절들이 이 단락의 주제와 어떻게 연결될 수 있는지는 25절을 어떻게 해석할 것이냐에 달려 있다. 디벨리우스는 23—25절을 22절의 "너 자신을 지켜 정결케 하라"에 대한 보충적인 설명이라고 주장한다.[196] 이 구절은 자연스럽게 22절, 즉 성급하게 안수해 죄악에 동참하지 말라는 구절과 연결되어 있다. 너무 급하게 안수하지 말아야 하는 이유는 어떤 사람들의 죄악은 금방 눈에 띄지 않고, 시간이 흐른 뒤에야 드러나기 때문이다. 이 구절은 성직을 원하는 사람들에게 세심한 주의를 기울여 안수함으로써 그들의 죄에 자신도 모르는 사이에 동참하지 말 것을 강조하고 있는 것이다.

---

196) 디벨리우스, *op. cit.*, p. 124.

내용적으로 24절은 '악한 일을 행한 자'에 대한 내용이고, 25절은 '선한 일을 행한 자'에 대해서 언급하고 있다. 즉 24절과 25절은 서로 대구를 이루고 있고, 동시에 둘 다 교회의 치리에 관계되어 있다. 이 구절들이 전하고자 하는 핵심은 사람의 행위를 보고 그 사람이 악한지, 선한지 판별하는 것은 결정적인 것이 되지 못하지만, 하나님께서는 종국에 모든 옳고 그름을 판별하실 것이라는 사실이다.[197)]

(*4*) 노예에 대한 규정(6：1—2a)

1 무릇 멍에 아래 있는 종들은 자기 상전들을 범사에 마땅히 공경할 자로 알지니 이는 하나님의 이름과 교훈으로 훼방을 받지 않게 하려 함이라 **2a** 믿는 상전이 있는 자들은 그 상전을 형제라고 경히 여기지 말고 더 잘 섬기게 하라 이는 유익을 받는 자들이 믿는 자요 사랑을 받는 자임이니라

¶ 개요

이 구절이 왜 여기에 등장하고 있으며, 그 요점이 무엇인지는 그렇게 간단한 문제가 아니다. 그러나 5장 3, 17절에서 나오는 과부와 장로에 대한 존경과 마찬가지로 "종들은 주인을 존경해야 한다"는 문제를 다루고 있다는 점에서 우리는 하나의 일관성을 발견해낼 수 있다.[198)] 그러나 과부와 장로가 교회의 직제인 데 반해서, 노예

197) 핸슨, p. 23.

198) Fee, *op. cit.*, p. 137.

는 그렇지 않다는 사실 때문에 5장 3—25절과는 다르다. 한 가지 명확한 사실은 목회서신 당시에 교회는 노예와 주인의 관계를 재정립시켜 주는 일이 절실한 문제로 대두되었다는 것이다. 아마도 종들이 그리스도인이 된 후에 한 하나님, 같은 주님을 섬기게 되었다는 것을 구실삼아 교회내에서 주인과 평등한 지위를 누리려고 했었기 때문일 것이다.

종들은 집으로 돌아가서는 사회적으로 결정된 계급의 등급 아래 살아가야 했다. 그러나 어쩌면 어떤 종들은 가정을 교회의 연장으로 생각하고 집에서도 교회에서처럼 주인과의 동등성을 내세웠을 것이다. 2a절에서 나타나는 것처럼, 모든 사람이 형제라고 하는 초기 교회의 가르침이 주인도 예수 그리스도 안에서 한 형제라는 인식을 노예들이 갖게 되었기 때문일 것이다. 이 때문에 노예들은 당시의 사회적인 계급질서의 규범을 어기며 주인들을 동등하게 대하려 했을 것이다. 초기의 교회는 새롭게 대두되는 이러한 문제에 관심을 두고서 그에 대한 해결의 실마리를 신앙의 빛 아래에서 모색하게 되었다고 추론해볼 수 있다. 이러한 상황을 문제시한 교회 밖의 사람들은 교회를 비난했을 것이다. 왜냐하면 그러한 행동은 기본적인 사회의 질서를 혼란케 하고, 전면적으로 부정하는 것으로 보였을 것이기 때문이다. 대부분의 노예들은 전쟁이나 경제적인 필요 때문에 노예가 되었는데, 이 노예제도는 그리스도교가 로마의 국가 종교로 공인된 이후에도 계속 존속되고 있었던 것이다.

우리는 이 본문을 통해서 저자가 '사회질서'라는 대전제 아래 그리스도교의 신앙과 교회를 지키고 성장시키고자 하는 의도를 발견할 수 있다. 이 또한 임박한 종말기대의 퇴조를 잘 반영하고 있는 바울 이후의 시대적 특징이라고도 볼 수 있다.

대부분의 학자들은 1절이 그리스도인인 종과 이교도인 주인의 관계를 나타낸다고 생각한다. '휘포 쥐곤'(*ὑπὸ ζυγὸν*)이란 말이 이교도 주인을 가진 노예를 나타낸다고 보면, 멍에에 매여 있다는 것은 믿는 주인을 가진 노예에 비교해서(25절), 믿지 않는 주인의 수하에 있는 노예의 상태를 가리킨다고 볼 수 있다. 그러나 어떻든 이것은 비그리스도인인 노예가 아니라, 그리스도인인 노예인 것만은 분명하다.

저자는 노예들이 그의 주인에게 복종해야 하는 이유로 **하나님의 이름과 교훈으로 훼방을 받지 않게 하려 함이라**고 설명한다. 이것은 이사야 52장 5b절을 인용한 것인데, 이러한 표현은 로마서 2장 24절에서도 나타나고 있다. 그러나 저자가 의식적으로 성서를 인용하고 있는 것으로 보이지는 않는다. 왜냐하면 목회서신이 기록되던 당시에 본문의 그러한 내용은 그리스도인들이 행해야 할 덕목으로 이미 일반화되어 있었기 때문이다. 예를 들어 폴리캅에게 보낸 이그나티우스의 편지를 보면 "그리스도인인 노예는 교회의 돈으로 노예신분에서 해방될 것을 기대해서는 안된다"고 기록되어 있다. 이러한 견해는 이미 바울이 오네시모를 빌레몬에게 돌려보내는 장면이 묘사되어 있는 "빌레몬서"에서도 발견되고 있다. 한편 피이(G. D. Fee)는 저자의 이러한 견해가 종말론적인 입장에서 기록된 것이라고 설명하고 있다. 다른 한편으로 바레트(Barrett)는 이교도인 주인에게 성의껏 봉사해야 하는 이유를 선교적인 입장에서 설명하고 있다.[199] 즉 주인을 개종시키기 위한 선교적 노력이라고 말하는 것이다.

¶ 주석

1 본절이 믿는 종과 믿지 않는 주인의 관계를 문제삼고 있다면, 2a절은 믿는 종과 믿는 주인의 관계를 다루고 있다. "믿는 주

199) Barrett, *op. cit.*, p. 125.

인들이 형제라고 해서 무시하지 못하게 하라"고 권면하고 있다. 그 이유는 주인과 종이 둘 다 그리스도를 받아들임으로써 믿기 전의 "주인과 종의 옛 관계"가 믿은 후에는 그리스도 안에서 새로운 관계로 뒤바뀌기 때문이다. 그러나 종과 주인, 둘 다 그리스도인이라고 해도 사회적인 질서가 완전히 뒤바뀌는 것은 아니라는 것이다. 저자는 새로운 관계에 대해 다음과 같이 설명하고 있다 : 종은 믿기 전에는 강요된 의무로서 주인에게 봉사해야 했지만, 믿은 후에는 동일한 한 하나님을 믿는 형제이기 때문에 더욱더 주인들을 존경해야 한다. 주인은 하나님이 사랑하는 자이기 때문이다. 그리스도교적인 가르침은 종과 주인과의 관계가 사회적 계급질서의 의무라는 관계가 아니라, 하나님과의 관계에서 나온 자발적인 의무라고 설명하고 있다.

2 a 이 구절을 문자적으로 해석하면 "종의 섬김을 받는 자들이 믿는 자들이요, 사랑받는 자들이기 때문이다"라고 이해할 수 있다. 이 문장을 이해함에 있어서 세 가지 가능성이 제기되어 왔다. 첫번째 이해는 먼저 스피크(Spicq), 도니어(Dornier)와 같은 학자들이 받아들이고 있는 영어개역성경(RSV)에서는 "그들이 종들의 봉사를 통해서 유익을 얻는다"로 이해하고 있다. 그러나 이러한 이해는 헬라어 '유에르게시아'(εὐεργεσία—봉사)에 대한 이해 부족에서 온 것이다. 왜냐하면 '유에르게시아'는 열등한 지위를 가진 사람이 보다 높은 지위를 가진 사람에게 "봉사"하는 것을 의미하지 않고, 신 앞에서 동등한 지위에 있는 사람들 사이의 봉사를 의미하기 때문이다. 두번째는 "주인들은 믿는 자들이며 그들의 종들의 복지를 위해서 애쓰는 사랑받는 자들이다"라는 이해다. 이는 디벨리우스, 홀츠(Holtz), 브록스(Brox) 등에 의해 주장되고 있다. 이러한 견해는 모든 주인들을 "인간적인" 사람들로 보는 낙관주의적인 관점이 있기는 하지만, 그래도 이러한 이해에는 타당성이 있다고 말할 수

있다. 마지막 세번째는 위의 첫째와 둘째를 종합한 이해다. 즉 "그리스도께 봉사하는 종을 소유한 주인들은 믿는 자들이요, 사랑받는 자들이기 때문에"라고 해석하는 것이다. 세번째의 의견은 헬라어 본문과 완전히 일치하고 있으며, 또한 당시에 일반화된 상황과 잘 어울리고 있고, 또한 마가복음 10장 45절(인자는 섬김을 받으려 온 것이 아니라 섬기러 왔다)을 연상시키고 있다. 이러한 의견을 주장하는 대표적인 학자로는 바레트(C. K. Barrett)와 해슬러(Hasler)가 있다.

본문에서는 아직 근본적으로 인간의 동등성에 대한 이해를 구체적으로 보여주지는 못하고, 오히려 현실적인 사회질서를 인정하고 있는 것이다. 그 사회질서 속에서 종들에게 믿는 주인을 더욱 잘 섬길 것만을 권면하고 있는 것이다.

6장 1−2a절은 초대 그리스도교 교훈의 일부로서, '가훈표'에 나타나는 가르침으로 여겨진다(골 3 : 22 ; 엡 6 : 5 ; 벧전 2 : 18 ; 딛 2 : 9 ; 골 4 : 1).[200] 그러나 목회서신의 가정 규율서에는 다른 문서들과 비교해볼 때, 주인에 대한 의무가 전혀 언급되지 않는 것이 특징이라고 할 수 있다.

우리는 1절에서 하나의 의문을 가지게 된다. 그것은 '종이 주인에게 마땅히 해야 할 행동들에 대해서는 규정하고 있지만, 왜 주인에 대한 규정조항은 보이지 않는가?'라는 것이다. 주인에 대한 규정조항이 없는 이유는 본문 속에 구체적으로 나타나 있지 않다. 다만 우리는 목회서신의 특징들을 전체적으로 고려해볼 때, 분명한 사실은 초기 교회가 노예와 주인의 관계에 대해 분명한 지침을 그리스도인 종들에게 제공해야 할 필요성을 강하게 느끼고 있었다는 사실이다. 이는 교회가 당시의 '사회적 정황'에서 문제를 야기시키고, 교회 밖의 사람들에게 비난받을 가능성이 많은 종들에게 사회적인 계급질서를 그리스도교화시켜준 것이다.

---

200) 디벨리우스, *op. cit.*, pp. 124−125.

5장 17절부터 6장 2a절까지에는 진정한 바울의 서신들에서는 나타나지 않는 초기 공교회적 특징들이라고 할 수 있는 임박한 종말의 퇴조, 신조와 성직제도의 형성이 뚜렷이 나타나고 있다. 또한 목회서신이 서신의 성격을 띠고 있음에도 불구하고 본문은 공식적인 문서의 성격을 지니고 있음을 명확하게 보여주고 있다. 특히 장로의 안수문제와 같은 직제에 대한 언급 속에서 뚜렷하게 나타나고 있다. 본문은 5장 17—20절에서는 장로에 대한 규정을, 21—25절은 장로의 안수문제에 대해, 그리고 6장 1—2a절은 노예에 대한 문제를 다루고 있다.

이러한 내용들은 당시의 공교회가 '장로'라는 성직을 중심으로 제기되고 있던 문제에 대해서 저자가 바울과 디모데 간의 친밀한 관계를 빌어 장로에 대한 예우규정과 처벌규정을 제시하는 것이다. 또한 안수문제의 심각성과 중요성에 대해서 강조하고, 당시의 고대사회에서 사회질서의 한 제도로서 규정받고 있던 노예와 주인이 맺고 있던 사회적 계급관계의 갈등이 어떻게 교회 안에서 노정되기 시작했으며, 동시에 어떻게 해소되어야 하는가를 저자는 바울의 이름을 빌려 당시의 지역교회 사역자들에게 그 해결의 실마리를 그리스도교 신앙의 빛에서 권면하고 있는 것이다.

6. 일련의 일반적 권면들(6 : 2b—19)

1) 거짓 가르침에 대한 경고와 자족에 대한 권면 (6 : 2b—10)

¶ 개요

2b—10절은 거짓교사들의 가르침과 그들의 특징을 묘사하면서 교회 지도자들에게 거짓 가르침에 대한 경고를 하고 있다. 또한 저자는 교회 지도자들에게 실제적인 생활과 관련된 자족함과 참부요함에 대해서 마지막으로 권면하고 있다. 다시 세분하면, 2b—5절은 거짓교사들의 잘못된 행태와 그들과의 논쟁에 대해서 논의하고 있으며, 6—10절은 자족에 대한 권면과 탐욕에 대한 경고로서 실제적인 삶의 교훈을 주고 있다. 특별히 저자가 "돈"과 연관해서 언급한 내용은 당시의 헬라 철학의 영향을 받은 것으로, 그리스도교화되어 수신자들에게 전해지고 있는 것이다.

(1) 거짓 교훈에 대한 경고(6 : 2b—5)

**2b 너는 이것들을 가르치고 권하라 3 누구든지 다른 교훈을 하
며 바른말 곧 우리 주 예수 그리스도의 말씀과 경건에 관한 교훈에
착념치 아니하면 4 저는 교만하여 아무것도 알지 못하고 변론과
언쟁을 좋아하는 자니 이로써 투기와 분쟁과 훼방과 악한 생각이
나며 5 마음이 부패하여지고 진리를 잃어버려 경건을 이익의 재료
로 생각하는 자들의 다툼이 일어나느니라**

¶ 주석

[2]b **이것들을 가르치고 권하라**는 표현은 이미 언급되었던 내용들을 강조하는 표현이며, 특히 어떤 주제에서 다음 주제로 옮겨갈 때에 사용된 저자의 문학적인 기술이다. 이러한 표현은 이미 3 : 14 ; 4 : 6, 11 ; 5 : 7, 21절에서도 사용된 바 있다. 여기서 "이것들"이란 바로 이전 절의 내용들, 즉 5장 3절부터 6장 2절까지로 볼 수 있고,[201] 넓게는 이제까지 논의되었던 것 전체를 가리키는 것으로 볼 수도 있다. 2b—5절에서 저자는 직접적으로는 4장 1—5절에서 논의했던 주제로 다시 돌아가고 있으며, 1장 3절 이하의 사상과 내용들을 다시 인용하고 있기 때문이다. 그러나 "이것들"은 또한 다음에 나올 권면들(3—10절)로 볼 수도 있다. 그러므로 2b절을 전환구문으로 이해하면 될 것이다.

[3] **다른 교훈을 하며**(ἑτεροδιδασκαλεῖν)는 건전한 교훈, 또는

201) Fee, p. 140.

건전한 말씀과 반대되는 것을 가르치는 경우를 말하는 것이다. 이는 저자가 의도적으로 두 개념을 대조시킴으로써 교회의 지도자들에게 더욱더 경각심을 높이려고 하는 것이다. 저자는 "바른말, 곧 건전한 말씀"(참조. 1 : 10)에 관해 목회서신에서 계속적으로 언급하고 있다(딤후 1 : 13 ; 4 : 3 ; 딛 1 : 9, 13 ; 2 : 1, 2, 8). 그런데 건전한 말씀은 이미 1장 10절에서 '바른 교훈'이라는 의미로 살펴본 바 있다. 특별히 저자는 '건전한' 또는 '건강한'이라는 의학적 은유를 사용해서, 교회의 지도자들에게 하나님의 영광의 복음인 '건전한 교훈'과 '거짓 교훈'과의 차이를 이해시키고 있는 것이다.[202]

예수 그리스도의 말씀 이 여기서 실제적인 예수 그리스도의 가르침을 의미하는 것인지, 아니면 복음서에서 발견되는 전체적인 내용을 말하는 것인지는 논란의 여지가 있다. 스피크는 주저없이 그것은 "저자가 누가복음이나 또는 다른 복음서의 내용"을 말하는 것이라고 결론짓는다. 그러나 디벨리우스는 이것을 디모데전서 1장 8절과 비교하면서 단순히 "복음"을 의미한다고 주장한다. 브룩스 역시 이 의견에 동의하고 있다. 특별히 그는 목회서신에 나타난 그리스도교의 메시지의 통일성은 그동안 사도적 전승에 따라 각각 독자적인 선교의 길에 나섰던 여러 그리스도교 공동체들이 보편적이고 거룩한 하나의 공교회(One Holy Catholic Church)의 산물로 보인다고 덧붙인다. 그리고 히긴스(Higgins)에 의하면, 저자는 "우리 주 예수 그리스도의 말씀"이라는 표현을 통해서 단지 그리스도 교회의 전통을 의미한 것이라고 말한다.

[4] **교만하여** 는 3장 6절과 관련해서 이해할 수 있는데, "교만하여"로 번역된 헬라어 '튀포데이스'(*τύφωθεις*)는 사실 직접적으로 '교만하다'라는 의미를 가지고 있지는 않다. 또한 스피크가 지적한 것처럼, 신약에서는 '튀포데이스'가 '교만하다'라는 의미로 사용된

202) Fee, p. 141.

적이 없다. 그러므로 여기서 보다 본래적이고 정확한 의미를 찾아 본다면, 그것은 판단력과 분별력에 있어서 '눈이 먼' 또는 '눈이 흐린'이란 뜻이다.

이로써 투기와 분쟁과 훼방과…는 로마서 1장 18—32절의 내용과 연관하여 이해할 수 있다. 로마서 1장 18절부터 32절까지에서 바울은 자신의 시대에 있었던 철학자들을 포함한 이방인들에 대한 정죄에 초점을 맞추고 있다. 바울은 그들이 하나님에 대해 무지한 결과 온갖 종류의 악덕에 빠지게 되었다고 말한다. 한편, 목회서신 저자는 바울의 이러한 표현과 유사하게 하나님에 대해서 "무지한" 거짓교사들을 고발하고 있다. 저자에 의하면, 그들은 윤리적으로도 잘못된 길로 가고 있다는 것이다. 여기서 우리가 바울과 목회서신의 저자를 비교해 본다면, 목회서신의 것이 문체나 발전된 신학사상 면에서 바울의 것보다는 훨씬 더 후대의 기록임을 인정하지 않을 수 없다. 어떤 사본에서는 4절에 "그러한 사람들을 피하라"는 표현이 첨가되고 있다. 그러나 이러한 표현은 본래적인 것이 아니라, 아마도 편집자들이 디모데후서 3장 5절의 영향을 받아 첨가한 것으로 여겨진다.

5 **경건을 이익의 재료로 생각하는 자들**이라는 표현만을 가지고 거짓교사들이 어떻게 가르침을 통해서 이익을 얻게 되었는지를 추정하는 일은 그렇게 쉬운 일이 아니다. 어쩌면 이러한 표현은 저자가 거짓교사들의 가르침의 동기가 순수하거나 올바르지 못하다는 것을 극대화시킨 것일 수 있다. 그러나 켈리(Kelly)는 거짓교사들이 사람들에게 종교적이며 도덕적인 교훈을 가르치고 나서 그 대가로 돈을 요구했음이 분명하다고 말한다. 그러나 우리는 그들이 여전히 교회의 구성원으로 남아 있음을 알아야 한다. 또 그들 중의 몇몇은 교회의 재정을 관리하는 교회의 사역자들이었을지도 모른다. 해슬러(Hasler)는 9절과 연관해서 어떤 그리스도인들이 부정한 이

익을 취했을 것이라고 지적한다. 아마도 '잘 다스리는' 장로들이 교인들의 물질적·정신적인 존경을 받았듯이 거짓교사들도 그들의 추정자들에게 이와 유사한 대가를 기대한 것으로 보인다.

(2) 자족하는 생활(6 : 6—10)

6 그러나 자족하는 마음이 있으면 경건이 큰 이익이 되느니라 *7*
우리가 세상에 아무것도 가지고 온 것이 없으매 또한 아무것도 가
지고 가지 못하리니 *8* 우리가 먹을 것과 입을 것이 있은즉 족한
줄로 알 것이니라 *9* 부하려 하는 자들은 시험과 올무와 여러 가지
어리석고 해로운 정욕에 떨어지나니 곧 사람으로 침륜과 멸망에 빠
지게 하는 것이라 *10* 돈을 사랑함이 일만 악의 뿌리가 되나니 이것
을 사모하는 자들이 미혹을 받아 믿음에서 떠나 많은 근심으로써
자기를 찔렀도다

¶ 개요

브록스(Brox)는 이 단락을 "자족(自足)하는 생활에 대한 권고문"이라고 묘사한다. 저자는 분명히 헬라 철학에서 이러한 내용을 인용한 것이며, 그것을 그리스도교적으로, 보다 일반적이며 구체적인 격언으로 변형시키고 있는 것이다.

¶ 주석

6 **이익**(*πορισμὸς*)은 4장 8절에서와 똑같은 의미로 사용되었다. 물론 "경건"이 경건한 자들에게 어떤 유익이 되는 것은 사실이

다. 그러나 인간의 "경건"이 하나님에게 유익이 된다는 사상은 이미 필로(Philo)에 의해 부정된 바 있다. 그러므로 저자가 여기서 말하고자 한 것은 "경건"이 아니라 "자족"에 대한 것이다. "자족"(αὐταρκεία)은 스스로 만족해하는 생활을 의미한다. 바울은 잠언 22장 8절에 대한 미드라쉬인 고린도후서 9장 8절에서와 물질적인 유혹에서 떠났음을 밝히고 있는 빌립보서 4장 11절에서 이 단어를 사용한 바 있다. 실제로 이 단어는 스토아 철학에서 대단히 중요하게 여기는 단어로 어떠한 외부의 환경조건에도 영향받지 않는다는 것을 강조하기 위해 사용되었다. 그래서 그들은 "지족 곧 자족은 자연의 선물"이라고 주장했던 것이다. 특히 에픽테투스(Epictetus)는 "잘사는 법은 자제, 자족, 질서, 예의, 검약에 달려 있는데, 무엇보다도 현재 상태에 만족하며 사는 것이 중요하다"고 말했다.[203] 계속되는 이 단락의 내용을 볼 때, 저자는 당시의 철학 학파의 가르침을 그리스도교적으로 변화시켜 사용했음을 발견할 수 있다.

7 우리는 이 절에서 본문상의 중요한 문제를 발견할 수 있다. 대부분의 주요 사본에서는 '호티'(ὅτι)가 "우리가 세상에 아무것도 가지고 온 것이 없다"라는 문장 뒤에서 발견된다. 그때 이 단어는 이유를 설명하는 '왜냐하면'이라는 의미의 접속사가 되거나 관계대명사가 된다.[204] 그래서 바레트(C. K. Barrett)는 '호티'를 '왜냐하면'으로 이해한다. 그러나 이러한 이해는 저자의 사고나 의도와는 달라 보일 뿐만 아니라, 이 단락의 상황에 전혀 맞지 않음을 알 수 있다. 그렇기 때문에 스피크는 '호티'를 '마치…처럼'(just as) 또는 '…와 같이'(even as)로 번역할 수 있다고 주장한다. 물론 도니어(Dornier) 역시 여기에 동의하고 있으나, 이러한 이해 역시 적절

203) 디벨리우스, 127.

204) 영어 번역상으로 that 또는 as로 번역된다.

하게 보이지는 않는다. 어떤 번역에서는 '그리고' 또는 '그러나'로 이해하기도 한다. 또한 보다 초기의 어떤 사본에서는 이 단어를 생략하고 있다. 또 다른 학자들은 저자가 의식적으로 도덕철학에서 일종의 '처세술'을 인용하고 있으므로, 분명히 '호티'는 원본에는 처음부터 쓰여 있었던 것임에 틀림없으나, 그것은 마치 인용부호와 같이 이해되어야 한다고 주장한다.

그러나 전체적인 문맥에서 볼 때 '데론 호티'(*δῆλον ὅτι*)는 '…가 확실하다'(it is certain that)로 보는 것이 가장 좋은 이해일 것으로 보인다. 그러므로 이 절을 다시 문맥에 맞게 해석해보자면 다음과 같을 것이다 : "우리가 세상에 가지고 온 것이 아무것도 없으므로 아무것도 가지고 가지 못할 것이 확실합니다." 이와 같은 표현은 폴리캅의 글, "우리가 아무것도 세상에 가져오지 못했고, 세상으로부터 아무것도 가져갈 수 없음을 알고…"에서도 발견된다.[205] 이 구절과 그 이전의 내용과의 연관성을 이해하기 위해서는 그 당시의 통속적인 철학사상들을 많이 반영한 『헤르마스의 목자』에 나오는 첫번째 비유와 비교해볼 수 있다 : "너는 주의하라. 마치 네가 외국 땅에 살고 있을 때처럼 자신의 충분한 능력 이외에 다른 어떤 준비를 하지 말라. 그리고 법을 거역했다고 해서 이 도시의 통치자가 너를 쫓아내려고 할 때마다 네 고향으로 돌아갈 준비를 하라." 또한 이러한 사상은 후대의 헬라 문헌 가운데서도 나타나고 있기도 하지만, 유대교 문헌에서도 나타난다. 예를 들면, 욥기 1장 21절의 "벌거벗고 세상에 태어난 몸, 알몸으로 돌아가리라"(참조. 전 5 : 14)는 구절 같은 것이다. 그리고 헬라적 유대교 문헌에서도 "사람에게는 생명으로 들어가는 문이 하나 있고 나가는 문도 마찬가지다"(필로)…. "세상에 아무것도 그리고 네 자신까지도 갖고 오지 못한… 네가 사람들에게 어떻게 대하여야 할까? 선생이시여, 당신은 벌거벗고 이 세상에 왔고 벌거벗은 채로 다시 세상을 떠날

205) *Pol.*, 4 : 1.

것이다"로 나타나고, 또한 세네카의 글 "자연은 네가 이 세상에 들어설 때와 마찬가지로 떠날 때도 너를 벌거벗긴다. 너는 네가 가져온 것 이외에는 더 이상 가져가지 못한다"에서도 나타난다.[206)]

8 본절은 저자가 스토아 철학에서 주장한 생활자세를 그리스도교적으로 받아들인 것이다. **먹을 것**이라고 번역된 헬라어는 본문상에서 두 가지로 나타난다. 하나는 '디아트로파스'(*διατροφὰς*)인데, 그 의미는 전체적인 생계유지까지 포함하고, 다른 하나인 '디아트로펜'(*διατροφέν*)은 단지 생계를 위한 음식물을 의미한다.[207)] **입을 것**(*σκεπάσματα*)은 복수형이다. 그러나 그것은 "우리의 머리를 덮는 지붕"을 의미할 수도 있다. 디벨리우스의 경우, "지붕"에 대한 사상을 배제할 필요는 없다고 주장한다. 스피크는 저자가 여기서 "예수가 선포하신 삶의 척도"를 지시하고 있다고 보고 있으나, 브록스의 주장처럼 그것은 "예수의 가르침"이라기보다는 스토아 철학에 기인한 것이라고 보는 것이 더 적절하다.

9 **시험**(*πειρασμὸς*)은 문자적으로 '유혹'을 의미한다. 어떤 학자들은 저자가 의도적으로 "시험"을 6절의 이익(*πορισμὸς*)과 동음이의(同音異意)적으로 사용하고 있다고 이해하기도 한다. 그런데 우리는 로마 스토아 학파의 윤리철학자 세네카(Seneca)에게서 이 문장과 유사한 평행구를 발견할 수 있다："우리는 부요해지기를 원하기 때문에 많은 악에 빠지게 된다."

또한 저자는 부요해지려는 자는 **침륜**과 **멸망**에 빠진다고 한다. 스피크는 도니어의 의견에 동의하면서 "침륜"(*ὄλεθρον*) 즉 황폐하게 되는 것은 물질적인 재난을 의미하고, "멸망"(*ἀπώλειαν*) 즉 파

206) 디벨리우스, 128.

207) B. Reicke, *CN* 11 (1947)：202－203.

멸에 이른다는 것은 영적인 죽음을 의미한다고 이해했다. 특별히 "멸망"이라고 번역된 헬라어 '아포레이안'은 신약성서 전반에 걸쳐 영적인 죽음을 가리킬 때 사용되었다. 그러나 이 두 단어를 모두 영적인 죽음을 의미하는 것으로 이해하는 홀츠(Holtz)는 저자가 아마도 '가룟 유다'를 염두에 두고 썼을 것이라고 제안하기도 한다.

10 **돈을 사랑함이 일만 악의 뿌리가 되나니** 라는 문장은 분명히 바울적인 표현은 아니다. 만약 바울이 이 문장을 썼다면, 하나님의 은혜와는 아무 관계 없이 스스로의 노력과 자신의 공적으로 하나님의 의를 얻고자 하는 인간의 교만함이 바로 일만 악의 뿌리라고 표현했을 것이다(롬 7장). 바울은 결코 돈을 사랑한다는 의미를 가지고 있는 '필라르귀리아'(*φιλαργυρία*)라는 단어를 사용한 적이 없다. 더욱이 이 단어는 신약성서에서 이곳과 디모데후서 3장 2절에서만 사용되고 있다.

폴리캅의 서신에서도 이와 비슷한 표현이 나온다 : "그러나 모든 악의 시작은 돈을 사랑하는 것이다." 어떤 사람들은 목회서신과 폴리캅의 이러한 유사점을 설명하기 위해 폴리캅이 직접 목회서신을 인용한 것이라고 설명한다. 그러나 이러한 경구가 다른 문서들에서도 자주 발견되고 있다는 사실을 미루어볼 때, 이러한 설명은 그 타당성을 잃고 만다. 오히려 캄펜하우젠(Campenhausen)의 주장대로, 이러한 평행구는 두 저자가 당시의 동일한 전승자료를 이용했을 것이라고 추측하게 한다. 6세기의 어떤 학자는 소피스트인 비온(Bion)이 돈을 사랑하는 것이 모든 악의 근원이라고 말하곤 했다고 기록했다. 또한 3세기 사람으로 추정되는 디오게네스(Diogenes) 역시 "탐욕"에 관해서 이와 비슷한 말을 하고 있다.[208)]

해슬러(Hasler)는 장로들에 대한 가르침이 아직 끝나지 않았으므로 여기의 돈에 대한 권고는 교회 지도자들의 적당한 수입(income)

208) 디벨리우스, 129.

문제와 연관된 것이라고 주장한다. 아마도 교회 지도자들은 그 당시에 교회로부터 적절한 예우를 받고 있었을 것이다. 그렇지만 그들은 결코 부유한 자들의 범주에는 들지 못했음이 확실하다.

2) 새로 안수받은 장로들에 대한 권면(6 : 11—16)

11 오직 너 하나님의 사람아 이것들을 피하고 의와 경건과 믿음과
사랑과 인내와 온유를 좇으며 *12* 믿음의 선한 싸움을 싸우라 영생
을 취하라 이를 위해서 네가 부르심을 입었고 많은 증인 앞에서 선
한 증거를 증거하였도다 *13* 만물을 살게 하신 하나님 앞과 본디오
빌라도를 향하여 선한 증거로 증거하신 그리스도 예수 앞에서 내가
너를 명하노니 *14* 우리 주 예수 그리스도 나타나실 때까지 점도 없
고 책망받을 것도 없이 이 명령을 지키라 *15* 기약이 이르면 하나님
이 그의 나타나심을 보이시리니 하나님은 복되시고 홀로 한분이신
능하신 자이며 만왕의 왕이시며 만주의 주시요 *16* 오직 그에게만
죽지 아니함이 있고 가까이 가지 못할 빛에 거하시고 아무 사람도
보지 못하였고 또 볼 수 없는 자시니 그에게 존귀와 영원한 능력을
돌릴지어다 아멘

¶ 개요

이 단락은 네 가지의 명령으로 시작되고 있다(11—12절) : 즉 "이것들을 피하라", "의와 경건과 믿음과 사랑과 인내와 온유를 힘써 구하라", "믿음의 선한 싸움을 싸우라", "영원한 생명을 얻으

라"라는 것이다. 13-14절에서는 장엄하고도 엄숙한 책임이 주어지고, 15-16절에서는 마지막 영광송이 나타나고 있다.

¶ 주석

[11] **오직 너 하나님의 사람아 이것들을 피하고**는 새로운 주제가 시작되고 있음을 알리는 표현이다. 여기서 "하나님의 사람"은 본래 구약에서는 예언자들을 호칭했고, 또한 모세(민 23 : 14)와 다윗(느 12 : 24, 36)에게 적용되었던 호칭이다. 그러나 디모데후서 3장 17절에 나오는 평행구는 저자가 구약의 의미로 이 호칭을 사용하지 않았음을 보여준다.

필로(Philo)는 이 호칭을 제사장들과 예언자들에게 적용시키고 있다 : "그러나 하나님의 사람들은 세상 나라의 일원이 되기를 거부하며 세상 나라의 시민권을 거부하고, 전적으로 감각의 영역을 초월하여 지적인 세계로 옮겨가 거기에 거하면서 썩지 않는, 그리고 물질적이 아닌 이데아 세계의 자유인으로 등록한 제사장들과 예언자들이다." 케제만(E. Käsemann)은 이러한 표현이 헬레니즘의 "신의 사람"을 회상하고 사용한 표현이라고 주장한다. 이것은 동시대의 헬라적 종교에서 "신으로부터 초월적인 능력을 부여받은 사람들"을 의미했고, 초대 그리스도 교회의 몇몇 종파들이 "예수 그리스도"를 가리킬 때 사용한 호칭이었다. 디벨리우스는 이러한 표현이 처음에는 일반적인 모든 그리스도인들, 특히 세례받은 자들을 지칭했다가 나중에는 점점 하나님의 영을 받아 하나님과 교회를 "섬기는 자들"을 가리키게 되었다고 주장하면서,[209] 이는 분명히 교회의 사역자들을 의미한 것이라고 주장한다.[210]

---

209) 디벨리우스, 131.

210) 핸슨, 109.

저자는 **의와 경건과 믿음과 사랑과 인내와 온유를 좇으라**고 권면한다. 그러나 바울은 결코 "의"와 "경건"을 붙여서 사용한 일이 없다. 길리(Gealy)가 언급하고 있는 것처럼, "의와 믿음"에 목적을 두는 것도 바울적인 표현은 아니다. 왜냐하면 바울에게 있어서 믿음과 의는 인간의 노력으로서 성취하는 것이 아니라, 하나님의 은혜의 선물이기 때문이다. 오히려 여기서의 "의"는 "바른 행동"이라는 의미를 가지고 있다는 점에서(딤후 2 : 22 ; 3 : 16) 바울보다는 훨씬 후대의 사도행전과 일치하고 있다(비교. 행 10 : 35 ; 13 : 10 ; 24 : 25). 물론 우리는 여기서 바울이 즐겨 사용했던 3조(組) 개념인 믿음—소망—사랑과 유사한 형태를 발견할 수도 있으나, 여기서 사용된 덕목들은 단지 실천적인 덕목으로만 사용된 것들이다. 특히 "온유"를 뜻하는 '프라우파데이아'(πραυπαθεια)는 다른 신약문서에서는 결코 발견되지 않는 단어다.

저자가 여기서 말하고 있는 덕목들에 대해서 많은 학자들이 논의해왔다. 첫번째 견해는, 이러한 권면은 본래 사도들에 의한 세례설교의 일부분을 구체화시켜 놓은 것이라는 의견으로, 빈디쉬(H. Windisch), 팰코너(Falconer), 예레미아스(Jeremias), 스피크(Spicq), 홀츠(Holtz), 팍스(Pax) 그리고 켈리(Kelly)에 의해 주장되었다. 또 다른 견해로, 이 권면은 안수 때에 사용된 설교에서 인용한 것이라는 의견이다. 이 입장은 케제만, 디벨리우스, 롤로프(J. Roloff), 바레트, 브룩스, 해슬러와 같은 학자들에 의해서 주장되었다. 또한 세번째 견해는, 그것이 어떤 그리스도인 개인의 신앙고백일 수 있다는 것이다. 튜렌(J. Thuren)과 같은 학자는 개인적인 신앙고백이라고 하는 반면에, 케제만은 이러한 의견에 대해서 반대하고 있다. 그러나 물론 위에서 제시된 여러 의견들이 약간의 타당성을 가지고 있는 것도 사실이지만, 본문의 정황과 내용을 자세히 살펴보면, 그것은 '세례 때에 행해졌던 설교'로 보는 것이 가장 타당할 것 같다.

12 **믿음의 선한 싸움을 싸우라**는 표현은 군사적인 의미에서 사용된 것이 아니고, 문자적으로 "선한 경주 속에서 경주하라"는 의미다. 특히 이러한 표현은 목회서신 저자가 바울의 저작인 빌립보서 3장 12－14절을 염두에 두고 있는 듯하다. 빌립보서의 본문과 12절 모두는 육상경기의 특징을 전제하고 있다. 해슬러는 이 두 문장들의 유사점을 지적하면서도, 차이점이 있다는 사실을 주목한다. 그에 의하면, 바울은 소명의 성취와 완성을 말하고 있는 반면에, 목회서신 저자는 그리스도인들의 소명의 발전된 형태를 제시하면서, '성결'의 고차원적인 단계를 보여주고 있다는 것이다(참조. 딤전 4 : 15 ; 딤후 4 : 7－8).

13 **만물을 살게 하신 하나님 앞**이라는 표현은 문자적으로는 "모든 만물에게 생명을 주신 하나님 앞에서"를 뜻한다. 여기서 동사 '생명을 주다'(*ζωογονέιν*)는 신약에서 단지 세 번밖에 사용되지 않은 단어다(예. 눅 17 : 33).

본디오 빌라도를 향하여 선한 증거로 증거하신 그리스도 예수 앞에서라는 표현은 저자가 역사적인 예수 전승을 알고 있었음을 밝혀준다. 디벨리우스, 호울덴 그리고 도니어는 여기서의 "빌라도를 향하여"라는 표현이 "빌라도 앞에서"라기보다는 위치적으로 "빌라도 밑에서"를 말한다고 주장하는데, 이러한 설명은 로마의 법정의 분위기를 연상시킨다. 여기서 "빌라도"가 등장하고 있는 것은 단지 예수 전승의 시기를 밝히려는 것일 뿐, 다른 의도는 없다. 그러므로 이러한 표현을 통해서 저자가 로마 제국과의 갈등을 강조하려는 것은 분명히 아니다.

본절에는 초대 그리스도교에서 중요한 두 가지의 내용들, 즉 예수의 십자가 사건과 성령에 대한 언급이 생략되어 있다. 비록 팩스(Pax)는 본문의 표현속에 이미 예수의 죽음이 암시되어 있다고 주장하지만, "십자가 사건"에 대한 분명한 언급이 없는 것은 사실이다. 이는 신약성서 초기의 문서들이 예수의 십자가 사건에 근거해서 얻게 된 구원에 그 초점을 맞춘 반면, 목회서신은 구원받은 그리스도인들의 삶에 그 초점을 맞추고 있기 때문일 것이다. 또한 "성령"에 대한 어떠한 언급도 생략되어 있기 때문에 반(半)—예전적인 13절에서 '성령의 역할' 자체가 무시되고 있다고 보기는 어렵다. 그것은 이미 여러 번 지적했듯이, 저자가 아직은 "삼위일체"의 개념에 이르지 않았음을 보여주고 있는 것이다. 더 나아가 이는 저자가 신앙의 역동성이나 성령의 활동상보다는 목회서신의 특징인 신앙의 정형화, 윤리화에 관심을 갖고 있기 때문일 것이다.

여기서 "선한 증거"란 과연 무엇일까? 만약 우리가 디모데전서 2장 6절을 염두에 둔다면, 이 증거는 단순히 '그리스도께서 죽으심으로 자신을 내어주신 것'을 말한다고 볼 수 있다. 또한 우리는 그 증거가 예수의 가르침을 포함한 전생애에 대한 언급으로도 볼 수 있고, 이는 요한복음 18장 28—38절을 참조할 수 있다. 그래서 해슬러(Hasler)는 저자가 실제로 '빌라도 앞에서의 예수의 증거'를 요한복음 18장에 기초하고 있다고 주장한다. 실제로 저자는 교회 지도자들의 증거도 빌라도 앞에서의 예수의 증거와 동일한 것이었음을 강조하고 싶었던 것이다. 저자는 하나님의 구원이 인간을 위해 제공된 것이 아니라, 특별한 때에 하나님의 의지를 세상에 나타내신 일종의 계시라고 간주한다. 물론 이러한 표현이 대단히 흥미로운 것은 사실이지만, 디모데전서 2장 6절, 또는 6장 13절이 과연 저자의 신학을 대변하고 있는가라는 물음에는 여전히 논란의 여지가 있다.

14 **이 명령을 지키라**는 표현에서 "이 명령"은 세례받은 그리스도인이 그리스도교의 신앙을 지키고, 그리스도인다운 삶을 사는 것을 의미한다. 특별히 "명령", 또는 "계명"을 11절과 관련시키거나, 혹은 십계명과 관련시켜 이해하려는 시도도 있었다. 그러나

이러한 이해는 적절하지 않은 것으로 보인다. 보다 적절한 해석은 디모데전서 6장 20절에 나오는 "부탁한 것"이란 말과 관련시켜 이해하는 것이다.

점도 없고는 문자적으로 '흠이 없음'을 의미한다. 이 단어는 3장 2절과 5장 7절에서 똑같은 의미로 사용되고 있고, 야고보서 1장 27절과 베드로전서 1장 19절과 베드로후서 3장 14절에서도 사용되고 있다. 본문에서는 "손실당함이 없이"(*ἀνεπίλημπτος*)라는 의미를 가지고 있다. "손실당함이 없이"라는 이 표현은 판티카페움(Panticapaeum)에서 나온 유대인의 해방문서를 참조할 수 있다 : "나의 어떤 후사에 의해서도 손상되거나 말썽을 일으키지 않게 될 나의 서원에 따라."[211] 저자가 이처럼 "흠 없고 나무랄 데 없이 이 명령들을 지키라"고 하는 것은 교회 지도자들이 세례를 받고 또한 안수를 받아 성직자가 되었을 때, 하나님과 교회 앞에서 서약한 "그리스도인다운 삶"에 대해서 강조하고 있는 것이다.

또한 **우리 주 예수 그리스도 나타나실 때까지**에서 '나타나심'(*ἐπιφανεία*)은 저자가 그리스도 예수의 성육신과 강림(parousia)을 언급할 때 사용하고 있다(딤후 1 : 10 ; 4 : 1, 8 ; 딛 2 : 13). 이처럼 두 개의 사건을 같은 '나타나심'으로 지칭하고 있는 것은 발전되고 있던 두 가지 강림에 대한 표현방식을 나타낸 것인데, 이는 누가복음의 경우에도 유사하다. 그러나 이와 같은 사상이 신학적으로 충분히 발전된 것은 아니었다. 또한 누가복음과 마찬가지로 여기에서도 하나님이 마지막 때를 확정해 놓았다는 언급이 강하게 나타나고 있다(참조. 딤전 2 : 6 ; 딛 1 : 3). 이로 인해서 종말기대나 혹은 현실적인 구원 이해가 임박한 기대와는 무관하게 되었다는 것이다.[212] '나타나심'이라는 표현은 본래 황제숭배에서 자주 사용되던 단어였

211) 디벨리우스, 133.

212) 디벨리우스, 134.

다. 그러나 여기서 저자는 '나타나심'이라는 표현을 통해서 내재적인 강림을 언급하려는 것보다는 하나님께서 설정해 놓으신 마지막 때를 나타내려 한 것이다.

15 여기서는 예전적인 성격을 분명하게 인식하는 것이 중요하다. **기약이 이르면** 이라는 표현은 하나님께서 '정하신 때'를 의미하는데, 저자는 여기서 강림이 이미 내재적으로 임재했다거나, 또는 예수 그리스도께서 오실 날을 계산해서 정해보려는 사람들을 염두에 두고 있었을 것이다.

복되시고 홀로 한분이신 능하신 자 라는 표현에서 "복된"이라는 표현은 1장 11절의 주석을 참고할 수 있다. 또한 "능하신 자"(*δυνάστης*)는 '추천자' 또는 '통치자'를 의미한다. 곧 하나님께서 유일한 통치자요 지배자요 주권자라고 고백하고 있는 것이다. 이러한 표현은 시편의 영광송에서 인용해온 듯하다. 그러나 신약에서는 유일하게 여기에서만 하나님을 '능하신 자'로 이해하고 있다. 이러한 표현은 오히려 유대적 문서인 벤 시라의 지혜서와 마카베오 시대의 문서들 속에서는 자연스럽게 "하나님"께 적용되고 있다. 그러므로 켈리(Kelly)는 이 용어가 헬라화된 회당에서 사용되던 '소명(召命) 문서'에서 인용된 것이라고 결론짓는다.

만왕의 왕이시며 만주의 주 라는 표현은 본래 신명기 10장 47절에서 저자가 인용한 것이다. 그리고 이러한 표현의 용례는 요한계시록 17장 14절과 19장 16절에서도 찾아볼 수 있다. 이러한 표현 역시 황제숭배에서 자주 사용된 것인데, 저자는 의도적으로 유사한 표현을 하나님께 적용시킴으로써 황제숭배에 반대할 뿐만 아니라 오히려 맞서고 있는 것이다. "만왕의 왕"이라는 호칭은 당시 최고의 권위를 차지하고 있던 로마 제국의 권위와 비교되고 있다. 왜냐하면 황제 역시 "만왕의 왕"으로서 통치하고 로마 제국의 사람들에게 숭배받았기 때문이다. 또한 이러한 표현은 이미 유대교에서 통용되던 하나님의 명칭들로서 분명히 그리스도교의 제의적인 용어가 되었다고 볼 수도 있다. 여하간 저자는 왕들과 황제들에게 영광을 돌리는 것에 대해 끊임없이 반대하고 있는데, 이것은 그리스도교가 하나님 명칭에 있어서 거듭 황제에게 적용되던 호칭들을 사용함으로써 실제로는 황제의 잘못된 권위를 바로잡으려고 의도한 것이다.[213)]

16 **그에게만 죽지 아니함이 있고**에서 "죽지 않음"(*ἀθανασία*)은 고린도전서 15장 53—54절에서도 사용되고 있는데, 거기서는 예수 그리스도의 강림 이후의 구원받은 상태를 의미한다. 물론 이 단어에 상응하는 히브리어는 없지만, 그 개념만큼은 대단히 유대적이라고 할 수 있다. 플라톤은 '영'(soul) 자체가 자연적으로 "죽지 않는" 것은 아니지만, 죽음을 초월한 생명은 하나님의 선물이라고 가르치기도 했다.

가까이 가지 못할 빛에 거하시고라는 개념은 랍비적인 전승에서 발견된다. 스트랙—빌러벡(Strack—Billerbeck)은 에스겔서 1장에 묘사된 에스겔의 환상에 대한 타르굼(Targum)을 인용하고 있다. 거기서 에스겔은 놀라운 빛으로 인해 하나님을 볼 수 없었다고 말한다. 필로는 '율법을 받고 있는 시내산'에 대한 설명에서 이 단어를 사용하고 있고, 요세푸스는 이 단어를 하나님께 적용시키고 있다(참조. 에녹서 12 : 15). 헬라 문헌과 그리스도교 문헌에서는 "빛"(*φῶς*)이란 말이 일반적으로 하나님 혹은 그리스도의 본질을 나타내며, 또한 그리스도인들의 유산을 나타내고 있다(참조. 골 1 : 12). 그러나 여기에서는 빛이 하나님의 '거처'를 의미한다.[214)] 이러한 개념은 아마도 헬라화된 회당에서 온 것으로 보인다. 해슬러(Hasler)는 이

---

213) 디벨리우스, 134.

214) 디벨리우스, 135.

문장이 예전적인 언어로 표현되었을 뿐만 아니라, 운율적으로는 시 형태를 띠고 있다고 지적하고 있다.

아무 사람도 보지 못하였고 볼 수 없는 자라는 표현 역시 하나님의 불가시성(不可視性)을 말하고 있는 것이다. 이러한 개념은 유대적이면서도 헬라적인 종교적 사상을 반영한 것이다. 물론 구약에서 어떤 사람들은 하나님을 볼 수 있었다고 묘사된다(창 32 : 30 ; 출 24 : 10). 그러나 대체로 하나님을 보는 것은 위험스러운 경험이었고, 죽음을 초래하는 것으로 여겨졌다. 왜냐하면 하나님의 속성은 거룩하고 순결하기 때문이다(참조. 삿 13 : 22 ; 사 6 : 5). 다른 한편, 헬라 사상에서도 신은 초월적인 영이시며 감각적으로 느낄 수 없는 분이시기 때문에, 인간은 신을 볼 수 없다고 이해했다.

신약에서 골로새서 1장 15절을 보면 "그리스도께서 볼 수 없는 하나님의 형상"이라고 언급하고 있고, 또한 이러한 맥락에게 요한복음 1장 17—18절을 참조해볼 수 있다. 이 두 구절들에서(골로새서와 요한복음) 그리스도는 볼 수 없는 하나님을 보여주는 분으로 묘사되고 있다. 이러한 내용은 유대적인 개념보다는 헬라적인 개념에서 더 많은 영향을 받은 것처럼 보일 수도 있다. 그러나 사실은 이러한 개념이 유대적인 사상에 더 가깝다는 것을 알 수 있다. 왜냐하면 본질적으로 하나님은 볼 수 없는 분이라는 정의가 빠져 있기 때문이다. 다른 한편, 강림(parousia) 때에 '나타나심', '현현'(顯現/*ἐπιφανεία*)은 그리스도에 관한 것이지, 성부이신 하나님에 관한 내용이 아니기 때문이다. 그러므로 저자가 영지주의적인 단어를 사용하고 있다고 주장하는 브록스의 제안은 타당성이 없어 보인다.

그에게 존귀와 영원한 능력을 돌릴지어다 이 표현은 아마도 성만찬 기도의 마지막과 깊은 관련이 있어 보인다. "능력"(*κράτος*)은 문자적으로 "권세", 또는 "주권"을 의미한다. 스피크는 저자가 이 단어를 쓴 이유는 '전능한' 황제의 통치권에 반대하기 위해서라고 설명한다. 황제의 통치권을 나타내는 '전능한'(*παντοκράτωρ*)이라는 표현은 후기의 헬라 교회에서 그리스도에 대해 사용했던 용어가 되었다.

3) 부자들에 대한 권면 (6 : 17—19)

**17 네가 이 세대에 부한 자들을 명하여 마음을 높이지 말고 정함
이 없는 재물에 소망을 두지 말고 오직 우리에게 모든 것을 후히 주
사 누리게 하시는 하나님께 두며 18 선한 일을 행하고 선한 사업에
부하고 나눠주기를 좋아하며 동정하는 자가 되게 하라 19 이것이
장래에 자기를 위해서 좋은 터를 쌓아 참된 생명을 취하는 것이니
라**

¶ 개요

하르낙(Harnack), 펠콘(Falcon), 이스턴(Easton) 같은 학자들은 이 단락을 '후대의 삽입'으로 간주했다. 왜냐하면 이 단락이 전체적인 주제와는 동떨어져 있는 것으로 여겨졌기 때문이다. 그러나 저자의 편집기술에 대해 연구해볼 때 '삽입'이라고 볼 수는 없다. 왜냐하면 저자는 목회서신 전반에 걸쳐 갑작스럽게 주제를 전환시키곤 하기 때문이다.

이 단락은 부자들에 대한 교훈적인 권면을 제시하고 있다. 내용면에서는 부자들에 대한 정죄가 야고보서 1장 10, 11절과 5장 1절 이하에서처럼 그렇게 날카롭지는 않다. 더구나 여기에는 앞에서

강조되었던 '빈곤'(貧困)사상이 나타나지 않고 있다. 또한 이 단락은 누가복음 12장 21절과도 비교해볼 수 있다.

¶ 주석

[17] **마음을 높이지 말고**(ὑψηλοφρονεῖν)는 저자가 만들어낸 신조어(新造語)처럼 보인다. 로마서 11장 20절에서 바울은 이 복합동사의 두 요소가 따로 떨어진 채 각각의 의미로 사용하고 있다(μὴ ὑψηλαφρονεῖ—교만케 되지 말라).

이 세대에 부한 자들이라는 표현에서 "이 세대에"는 바울서신에서 자주 등장하는 표현이다(롬 12 : 2 ; 고전 1 : 20 ; 2 : 8 ; 고후 4 : 4 ; 갈 1 : 4). 그러나 실제로 바울서신의 의미와 목회서신의 것을 동일시할 수는 없지만 (참조. 딤후 4 : 10 ; 딛 2 : 12), 목회서신의 저자가 여전히 바울의 전통 가운데 서 있음은 확실하다.

우리에게 모든 것을 후히 주시는은 4장 3—5절을 연상시키며 직접적으로는 영지주의적인 금욕주의에 반대하고 있는 것이다. 브룩스는 이 단락에서 저자 자신의 의도를 발견할 수 있는데, 이전에 서술한 내용들과는 어느 정도 달라 보인다고 지적한다. 또한 해슬러는 이 절에서 저자가 모든 그리스도인은 그리스도 안에서 한 형제이므로 자신들의 부를 서로 나누어야 한다는 초기 그리스도교의 가르침이 포기된 것으로 보고 있다. 특별히 저자가 같은 어구의 세 단어, 즉 '재물'(πλούτος), '후히', 또는 '풍성히'(πλουσίως), '많이 하다'(πλουτεῖν)를 가지고 각기 다른 의미로 사용하고 있는데, 이것은 당시 문서들에서 볼 수 있는 독특한 문학적 기술이었다.

[18]—[19] 이 두 절은 각각 다른 자료들을 저자가 인용한 것으로 보이는데, 하나는 바울의 것을 인용하고 있고, 다른 하나는 외경

(Apocrypha)에서 인용한 것이다. 바울서신에서는 로마서 12장 13—16절을 인용하고 있는데, 이는 목회서신 저자가 로마서의 구절을 염두에 두고 있었음이 분명하다. 또한 외경에서는 토비트서 4장 9절을 인용하고 있다 : "이렇게 하는 것은 네가 곤경을 당하게 되는 날을 대비하여 좋은 보물을 쌓아두는 일이 된다." 이 구절은 아마도 "자선에 대한 권면"으로 여겨지는데, 물론 디모데전서 6장 18절과 동일시할 수는 없지만, 매우 유사한 의미를 가지고 있는 것만은 확실하다.

7. 결어 : 마지막 권고(6 : 20—21)

20 디모데야 네게 부탁한 것을 지키고 거짓되이 일컫는 지식의 망
령되고 허한 말과 변론을 피하라 *21* 이것을 좇는 사람들이 있어 믿
음에서 벗어났느니라 은혜가 너희와 함께 있을지어다

¶ 주석

20 로핑크(G. Lohfink)는 본절에서 저자가 이 서신을 통해서 말하려고 했던 모든 것을 종합하고 있다고 지적한다.

네게 부탁한 것 이라는 표현은 디모데전서 1장 12, 14절에서와 같이 그리스도인 각자가 교회로부터 지시받은 것을 나타내는 것이다. 디벨리우스는 저자가 '계승'(succession)보다는 '전승'(tradition)에 관심을 두고 있다고 해석한다.[215] 특별히 저자는 이 서신의 수신자, 즉 교회의 지도자가 받아서 전해야 할 '사도적 전승'의 의미로 사용하고 있는 것이다.

215) 디벨리우스, 136—137.

피하라 는 표현은 목회서신에서 자주 등장하고 있다(딤전 1 : 4 ; 4 : 7 ; 딤후 2 : 16 ; 3 : 5 ; 딛 3 : 9). 그 이유는 저자가 이단자들과의 직접적인 논쟁 대신, 오히려 이단자에 대해서 "고발과 독설"의 표현을 더 선호하고 있기 때문이다.

망령되고 허한 말에서 "허한 말"(κενοφωνίας)은 문자적으로 '공허한 잡음'을 의미한다. '케노포니아'(κενοφωνία)는 약 1세기 후반의 작가인 디오스코리데스(Dioscorides)의 글에서도 자주 발견된다.

변론 이라는 단어는 본래 약 140년경, 로마의 마르키온(Marcion)이 출간한 『변론』(ἀντιθέσις)이라 불리는 책에서 처음으로 등장하게 된 것이다. 이러한 사실을 근거로 이스턴(Easton)은 20절 전체가 140년 이후에 마르키온을 정죄하기 위해서 삽입되었다고 주장한다. 루키안은 이 단락이 저자 당시의 궤변론자들을 고발하고 있는 것으로 이해한다. 그러나 굳이 '변론'이라는 말을 같은 이름으로 되어 있는 마르키온의 저서를 가리키는 것으로 이해할 필요는 없다. 후대의 마르시온 추종자들이 목회서신을 받아들였다는 사실도 이스턴의 주장처럼 마르키온의 책을 가리키는 말로 이해했다고 볼 수 없게 한다.

거짓되이 일컫는 지식 에서 "지식"(γνώσις)은 전문적인 의미로 거짓교사들이 자신들을 지칭할 때 사용한 자기—명칭이다. 이런 사람들이 '어떤 지식을 대표하고 있는가' 하는 문제는 이러한 명칭 자체만 가지고서는 알 길이 없다. 그러나 그것은 분명히 교회의 교훈과는 구별되고 배치되는 특정 교훈이었음은 확실하다.

21 **너희와 함께 있을지어다** 에서 목회서신의 저자가 수신자들을 복수형인 "너희"로 호칭하는 것을 볼 때, 이 서신은 전통적으로 생각해온 것처럼 바울이 한 개인 디모데에게 쓴 개인적인 서신이 아니라, 그리스도교 공동체를 염두에 두고 기록된 것임을 알 수 있다.

¶ 신학적 문제

재림사상(딤전 6 : 14 ; 딤후 1 : 18 ; 2 : 11 ; 4 : 1, 8 ; 딛 2 : 13)

신학자들은 신약성서 기자들이 재림을 임박한 것으로 여겼다고 주장하고 있지만, 이 재림에 관한 역사적 예수의 실제적인 가르침에 대해서는 여전히 의견이 일치하지 않고 있다. 어떤 학자들은 역사적·문학적 비평방법들을 사용해서, 공관복음서에 나오는 재림에 관한 언급들을 모두 제거해버린다. 이들 중에 어떤 학자들은 하늘나라의 도래에 관한 예수의 가르침이 초기 그리스도교 공동체에 의해서 예수 자신의 재림사상으로 바꾸어진 것이라고 말한다.

또 다른 학자들은 공관복음서에 있는 재림에 관한 언급들을 인정하기는 하지만, 예수 자신이 그러한 본문들 속에서 언급한 인자(人子)를 자기 자신과 동일시했다는 점에 대해서는 반대를 하고 있다. 또 일부 학자들은 여전히 예수가 재림에 관해서 말했다는 것은 인정하지만, 예수 자신이 재림을 임박했다고 강조한 것으로는 보지 않는다. 곧 이들은 재림이 얼마간 시간이 지난 뒤에 있든지, 또는 그때에 대해서는 불확실하다는 예수의 말씀을 강조하고 있는 것이다.

또 일부 학자들은 재림이 여러 가지 형태로 나타날 것이라고 말하기도 한다. 예를 들어, 예수의 부활, 성령강림, 예루살렘 멸망, 믿는 자들의 죽음, 역사의 종말 등과 같은 것들이 모두 재림의 한 요소라는 것이다. 이러한 견해에 의하면, 재림의 임박성을 강조하는 예언들은 어떤 의미에서는 부분적으로나마 이미 성취되었다고 주장될 수도 있다.

여기서는 재림사상에 대한 기원과 구약의 배경, 그리고 신약에 나타난 재림에 관한 언급들 가운데 예수 이전의 유형과 예수 당시의 재림사상, 그리고 그 이후의 임박한 종말론의 쇠퇴에 접한 그리스도교 공동체의 노력이 어떠했는지를 간단하게 살펴보면서 여전히 교회내에서 큰 비중을 차지하고 있는 재림사상의 흐름을 파악해 보고자 한다.

구약성서에 나타난 종말사상은 "야훼의 날"이란 용어에 함축되어 있는데, 곧 주의 날은 인간역사에 종말을 가져올 '하나님의 능력'이 출현할 날로서 이스라엘 백성이 고대하는 소망의 날이기도 하다. 구약의 이스라엘의 민족의식은 "출애굽"이라는 하나님의 구원 역사(役事)에 의해 형성되었는데, 그들은 미래에도 하나님께서 그 이상으로 구원해주실 것을 기대하고 있었던 것이다. 이것이 점차로 변경되어 신·구약중간기에 들어와서는 하나님의 구원행위에 대한 다양한 희망들이 묵시문학적 사상에 의해 형성되었으며, 또한 하나님의 구원사업을 대행할 인물로서 "메시야"를 대망하게 되었고, 이러한 메시야 대망은 여러 유형으로 나타났다.

어떤 지도자들은 메시야를 다윗 왕조를 재건할 사람으로 간주하기도 했고, 어떤 사람은 메시야가 묵시문학에서 말하고 있는 인자라고 생각했으며, 또 메시야가 개인적인 인물이 아니라고 생각하기도 했다. 그러나 한 가지 공통점은 "역사의 마지막에 하나님이 역사에 개입하신다는 신앙"이었다. 그 신앙은 계속해서 예수의 오심으로 메시야가 이미 왔다고 말하면서도, 다른 한편으로는 그가 다시 영광 중에 오실 것을 기대하게 되었으며, 이 기대를 구약시대부터 가져왔던 희망의 연속이라고 생각했다.

신약성서에는 원래 문자 그대로의 "재림"이란 표현은 없고, 그 표현을 처음으로 구사한 사람은 순교자 유스틴이다. 그러므로 "파루시아"를 "재림"이라고 한 것은 유스틴 이후인 것이다. '파루시아'는 일반적인 의미로 고전 헬라어와 코이네 헬라어에서 '함께 있음'을 뜻하는 말이었으나, 동시에 '도착', '도래'를 뜻하는 단어로서 재림이라고 표현하려면 '파린파루시아'(πάλιμπαρουσία)라고 해야 한다. 그러나 성서에는 '파린'(πάλιν)이라는 부사가 붙은 말은 없고, '파루시아'(παρουσία)란 용어만 나타난다. 이러한 의미로 70인역 성서에는 "온다"는 뜻으로 5번 나타난다(느 2 : 6 ; 삿10 : 18 ; 마카베오2서 8 : 12 ; 15 : 21 ; 마카베오3서 3 : 17). '파루시아'가 신약성서에는 모두 24회 사용되었는데, 그중 6회가 단순히 "온다"라는 뜻으로 사용되었고(고전 16 : 17 ; 고후 7 : 6—7 ; 빌 1 : 26 ; 2 : 12), 나머지 18회는 거의 다 헬라 문화권에서 왕이나 어떤 고관이 자신들의 영지를 방문한다거나, 또는 신의 현현을 나타낼 때 흔히 쓰던 인습적인 표현을 따라 구사하고 있다. 파루시아의 종말론적인 용법은 그리스도교 공동체에 의해 만들어졌을 가능성이 높다. 그러나 필로(Philo)는 이 단어를 사용하지 않았고, 요세푸스는 이 단어를 신적 현현에 사용하고 있지만, 종말론적인 의미로는 사용하지 않았다.

일반적으로 신약성서의 저자들은 그리스도가 새 시대를 이끌어오기 위해서, 얼마 되지 않아서 곧 극적으로, 눈으로 볼 수 있는 방법으로 다시 올 것이라고 기대했다. 그들은 그리스도의 사역, 죽음, 그리고 부활에 의해 시작된 그의 사역이 장차 그리스도의 승리에 찬 '파루시아'에서 절정을 이룰 것이라고 생각한 것이다.

바울서신들은 거의 모두가 파루시아에 대한 기대에 대해서 증거하고 있다. 바울이 가장 먼저 쓴 데살로니가전서는 계속 반복해서 파루시아에 대한 소망을 말하고 있다. 사도 바울의 설교 핵심이 데살로니가전서 1장 9—10절에 잘 나타나 있다. 데살로니가 교인들은 그들의 죽음에 직면해서도 위로를 받고 있었는데, 죽음으로서 하나님 앞에 나아간다는 소망에 의해서가 아니라, 그들 앞에 약속된 파루시아에 대한 소망에 의해서였던 것이다. 그들은 이 파루시아가 자신들의 세대에 실현될 것으로 생각했다(4 : 15, 17).

고린도전서 15장과 고린도후서 5장에서는 그리스도가 재림할 때 몸의 부활이 어떻게 일어날 것인가에 대한 문제가 제기되고 있다.

그런데 빌립보서 1장 23절에서 바울은 파루시아가 오기까지 자기가 살아 있을 것이라고 생각하지 않고, 자기가 죽은 후에 '그리스도와 함께' 있게 될 것임을 믿게 되었다는 것을 암시하고 있다. 그러나 파루시아에 대한 바울의 기본적인 확신은 흔들리지 않은 채로 남아 있다.

갈라디아서와 빌레몬서에는 파루시아에 대한 명백한 언급이 없다. 그런데 바울 이후의 에베소서가 파루시아에 대한 명백한 언급을 하지 않고 있다는 것은 주목할 만하다. 이 서신에서 조금은 암시되어 있는 듯하지만, 종말론은 역시 에베소서 저자가 상대적으로 큰 관심을 가지고 있는 교회론에 의해 가려지고 있다. 이것은 또한 에베소서가 바울이 쓴 것이 아니라는 것을 시사해주는 증거이기도 하다. 목회서신들은 "우리 주 예수 그리스도께서 다시 오실 때"라는 독특한 용어를 사용하면서 종말을 시사하지만, 바울의 서신에서와 같은 종말의 임박성은 나타나지 않는다(딤전 6 : 14 ; 딤후 1 : 18 ; 2 : 11 ; 4 : 1, 8 ; 딛 2 : 13).

사도행전에서 우리는, 파루시아에 대한 기대가 초기 그리스도교 교회에 있어서 중요한 문제였다는 것과 또한 그것은 예수의 가르침이 그 기원을 두었다는 사실을 확인할 수 있게 된다. 공관복음서에는 보다 복잡한 문제들이 있는데, 그 이유는 예수의 가르침이 후대의 해석에 의해 수정되어 왔기 때문이다. 그러나 예수 자신이 '묵시적인, 임박한 파루시아'를 가르쳤다는 견해는, 그러한 가르침이 공관복음의 모든 전승층 안에서 발견된다는 사실에 의해서 뒷받침되고 있다.

요한의 문헌들은 전체적으로 위에서 언급한 파루시아에 대한 견해를 지지하고 있다. 요한복음에서는 애매한 점이 많지만, 계시록에서는 재림의 임박성이 강조되고 있다. 특히 요한계시록 20장에서는 새로운 요소가 발견되는데, 여기에서는 영원한 메시야 왕국에 대한 것이 언급되어 있다. 현재 우리가 가지고 있는 요한복음의 본문에는 역사의 마지막에 있을 종말론적인 '날'에 대한 분명한 언급도 있다(5 : 28-29 ; 6 : 39-40, 44, 54 ; 12 : 28 ; 21 : 22-23). 이러한 언급들은 저자가 그리스도의 재림을 전제한 것이었음을 시사해 주고 있고, 또한 이러한 견해는 요한일서 2 : 28 ; 3 : 2에서도 확인된다. 그렇지만 요한복음에서 가장 중요하다고 생각되는 본문들은 그 의미가 모호하다(1 : 2이하 ; 15 : 25 ; 16 : 5-11, 16-24). 여기에서 언급되고 있는 '오심'이라는 말이 부활의 현상을 의미하는 것인지, 또는 성령의 은사나 믿는 자들의 죽음을 의미하는 것인지, 또는 종말론적인 재림을 의미하는 것인지 사실상 애매하다. 아무튼 요한복음 안에서는 미래의 희망이, 바울이 말하는 "성령의 첫열매"라는 개념을 넘어서서, 그 이상의 현재적 가능성과 균형을 이루고 있는 것이다.

히브리서에도 요한복음 안에 있는 비슷한 문제들이 있다. 종말론적 기대가 분명히 언급되어 있고, 또한 그것은 파루시아를 내포하고 있다(9 : 28 ; 10 : 25). 그렇지만 근본적인 관심은 현재의 가능성들에 있는 것이다. '새로운 삶의 길'은 하늘의 성소를 향해 열려 있는데, 이것은 믿는 자들이 '현재' 들어갈 수 있는 길이라는 것이다. 처음에는 저자가 파루시아를 진지하게 다루었던 것으로 보인다. 그러나 시간이 경과함에 따라 파루시아가 현재 속에서 이미 이루어질 가능성이 있다는 것을 알게 되었던 것 같다.

이제 재림개념을 재해석하는 데 있어서의 신학적 문제를 결론적으로 언급한다면, 거기에는 세 가지의 기본적인 가능성이 있다. 첫째는 전체적인 종말론적 사건들──재림은 이것의 한부분──은 영원한 말씀의 일부로 간주될 수 있고, 따라서 그것은 대체로 문자적인 의미로 받아들여질 수 있다는 것이다. 둘째는 종말론적인 유형이 다만 일시적이고 외형적인 것──영원한 복음은 이것 안에서 나타날 수 있다──에 불과하다는 것을 근거로 해서 제거될 수 있다는 것이다. 셋째는 종말론적인 유형이 다른 말로 번역될 수도 있다는 것이다.

위의 세 가지 가능성 중에서 첫번째의 것이 다소 수정은 가해졌지만, 주로 로마 카톨릭 학자들과 개신교의 보수적인 학자들에 의해 수용되고 있다. 두번째의 견해는, 19세기 말과 20세기 초의 극단적인 자유주의 학자들의 지지를 받았다. 그리고 세번째 견해는 20세기의 다양한 신학자들의 관심을 끌었다. 아직까지 단 하나의 결정적인 유형이 나타나지는 않는다. 그러나 그리스도교 전통의 주류는 "재림"이, 하나님께서 그리스도를 통해서 시작하신 사업을 성취하실 것이며, 또한 그리스도교 중심에 서 있는 그리스도가 시간과 공간을 초월해서 인간이 체험하는 마지막 한계, 즉 영원에도 또한 서 계시다는 것을 의미할 수 있겠다.

디모데후서

서 론

디모데후서는 아마도 목회서신들 중에서 맨 처음 쓰여진 책이었을 것이다. 그러나 베드로 서신들의 저자가 "사랑하는 자들아 내가 이제 이 둘째 편지를 너희에게 쓰노니"(벧후 3 : 1)와 유사하게 목회서신의 저자도 바울과 디모데 사이의 개인적이고 친밀한 관계에 근거한 두번째 서신인 것처럼 보이게 하려는 의도로 여기에 배치시킨 것일 것이다. 저자는 대부분의 자료들을 사도행전에서 취했으나 그 보도를 그대로 사용하지는 않는다.

바울의 서신인 것처럼 만들기 위해 사도행전의 보도를 참조하면서 저자는 로마 제국과 유대교와의 관계 속에서 교회공동체가 제도적인 규범과 체계적인 교회조직을 발전시켜 나가게 되는 데 관심을 갖고 있다. 특히 디모데후서의 저자는 그 발전과정 속에서 교회 안의 이단과 교회 외적인 정치적 박해로 인해서 생겨나는 고난에 대한 변증과 전승의 확실성을 보장해주려는 중요한 목적을 갖고 있다.

1. 인사(1 : 1—2)

1 하나님의 뜻으로 말미암아 그리스도 예수 안에 있는 생명의 약
속대로 그리스도 예수의 사도된 바울은 *2* 사랑하는 아들 디모데에
게 편지하노니 하나님 아버지와 그리스도 예수 우리 주께로부터 은
혜와 긍휼과 평강이 네게 있을지어다

¶ 개요

이 인사는 디모데전서 1장 1절의 인사와 평행구를 이루고 있다. 즉 디모데전서의 "우리 구주 하나님과 그리스도 예수의 명령을 따라"라는 말은 본문에서 "하나님의 뜻"과 평행되고 있다. 또한 디모데전서에서의 "우리들의 희망이신 그리스도 예수"라는 말은 본문에서 "그리스도 예수 안에 있는 생명의 약속대로"라는 말에 해당된다. 디모데전서 1장 1절에서는 디모데를 "참아들"이라 부르고, 본문에서는 "사랑하는 나의 아들"이라고 부르고 있다. 이러한 평행절들을 볼 때, 저자가 의도적으로 디모데전서와 디모데후서를 밀접

하게 연결시켜 구성하고 있음을 알 수 있다.[1)]

¶ 주석

1 **하나님의 뜻으로 말미암아** 라는 구절은 사도권의 근거가 어디에 있는지를 제시해준다. 또한 이러한 표현은 고린도전서 1장 1절, 고린도후서 1장 1절에서도 나오고 있는데, 제2바울서신인 골로새서 1장 1절, 에베소서 1장 1절과 비교해볼 때, 이는 전적으로 바울의 영향을 받은 표현임에 틀림없다. 저자도 바울처럼 사도권을 부여할 수 있는 분은 하나님뿐이시며, 오직 그의 뜻에 의해서만 주어질 수 있는 것임을 밝히고 있는 것이다.

그리스도 예수 안에 있는 생명의 약속대로 라는 표현이 정확히 무엇을 의미하는가에 대해서 도니어(Dornier), 호울덴(Houlden), 브록스(Brox)와 같은 학자는 저자가 하나님의 약속에 따라 임명된 사도라는 의미로 보고 있고, 거스리(Guthrie)는 "그리스도 안에서"와 같은 전형적인 바울의 용법과 일치한다고 보았다. 그러나 핸슨(Hanson), 스피크(Spicq)나 해슬러(Hasler)와 같은 학자들은 이러한 표현이 "하나님의 생명의 약속에 따라 하나님의 전체적인 구원계획을 위하여 하나님에 의해 임명된 사도"라는 의미가 가장 적합한 해석이라고 보고 있다. 결론적으로 해슬러는 이 인사를 다음과 같이 진술한다 : "서신의 인사에 나타난 따뜻한 정감은 저자가 독자들의 감정에 무엇을 호소하려는 것이 아니라, 지도자의 직무에 대해 성서적인 근거, 또는 합법성을 부여하려는 것이다." 다른 한편, 홀츠(Holtz)는 "바울은 그 약속을 성취하기 위해 사도로 지명받았다"라는 견해를 피력하고 있으나, 문맥상 적절한 해석이 되지 못하는 것으로 보인다.

---

1) 핸슨 책, 118.

2. 바울의 모범적인 선례에 기초한 권면
(1 : 3—2 : 13)

¶ 개요

이 단락은 크게는 서신의 머리말과 고난에 대한 권면으로 나뉜다. 저자는 머리말에서 개인적인 권면형식으로 사역자들에게 그리스도교의 전승 가운데 굳게 서서 닥쳐올 고난에도 잘 대처할 것을 촉구한다. 사도 바울의 모범적인 삶이 사역자들의 귀감으로 제시되고 있다.

서신의 머리말로서 로마서 1장 8—11절의 머리말과 유사하다. 서신의 문체로 감사, 중보기도, 그리고 간곡한 개인적인 권면이 나타난다. 내용은 그리스도교 전승에 대한 설명, 사도와 제자, 그리고 교회 사역자들은 혈통으로나 교육배경으로나 같은 전승에 속해 있음이 강조되고 있다(1 : 3, 5, 6, 13). 사도와 제자들 사이의 이러한 결속에서 사역자들은 사도 바울이 고난을 받았던 것처럼 믿음을 위한 고난을 당하라는 요청이 가능해진다. 저자는 스승인 사도의 전승과 함께 사역자들에게 적용되는 모범, 특히 고난의 모범으로 바울의 사도상을 제시하고 있다.

1) 디모데에게 주는 개인적인 권고(1 : 3—14)

¶ 개요

서신의 저자는 머리말을 통해서 목회자의 길에 들어선 "젊은 디모데"라고 통칭되는 교회의 목회자에게 하나님의 사역자로서 가져야 할 기본자세와 목적을 제시해주는 서언적인 이야기들을 전하고 있다. 저자 자신은 바울이라는 직접적인 언급과 함께 바울과 디모데의 사적인 관계들을 상술함으로써, 본 서신이 바울의 저작임을 의식적으로 강조하려 한다.

저자는 복음전승의 핵심적인 내용들을 정리한 후, 이어서 바울의 삶을 반추하는 작업을 통해서 복음과 바울의 상관관계를 설명하고, 디모데로 하여금 같은 복음전승의 노선 위에서 바울에게서 들은 건전한 말씀을 규범으로 삼을 것과 그 맡은 것을 성령의 도우심으로 지켜낼 것을 강조하고 있다. 궁극적으로 저자는 바울에 대한 진술을 통해서 사도로서의 모범적인 모형을 젊은 사역자에게 전해주며, 바울이 복음을 위해서 갇힌 것을 부끄러워하지 않고 고난을 이겨내는 것처럼, 이 서신을 읽는 수신자들도 앞으로 복음으로 인해 당하게 될 고난 중에서도 용기를 잃지 말고 '부끄러워하지 말 것'과 '고난에 기꺼이 동참할 것'을 권고하고 있는 것이다.

(*1*) 개인적인 권고(1 : 3—8)

3 나의 밤낮 간구하는 가운데 쉬지 않고 너를 생각하여 청결한
양심으로 조상 적부터 섬겨오는 하나님께 감사하고 *4* 네 눈물을
생각하여 너 보기를 원함은 내 기쁨이 가득하게 하려 함이니 *5* 이
는 네 속에 거짓이 없는 믿음을 생각함이라 이 믿음은 먼저 네 외조
모 로이스와 네 어머니 유니게 속에 있더니 네 속에도 있는 줄을 확
신하노라 *6* 그러므로 내가 나의 안수함으로 네 속에 있는 하나님
의 은사를 다시 불일 듯하게 하기 위하여 너로 생각하게 하노니 *7*
하나님이 우리에게 주신 것은 두려워하는 마음이 아니요 오직 능력
과 사랑과 근신하는 마음이니 *8* 그러므로 네가 우리 주의 증거와
또는 주를 위하여 갇힌 자된 나를 부끄러워 말고 오직 하나님의 능
력을 좇아 복음과 함께 고난을 받으라

¶ 주석

3 **하나님께 감사하고**라는 감사의 표현은 저자가 이 서신을 바울 서신의 전형적인 양식을 따르고 있음을 증명해준다. 그러나 목회 서신의 저자는 단지 이 서신에서만 "인사" 뒤에 "감사"를 표현하고 있다. 바울은 서신을 기록할 때 인사말에 바로 뒤이어 감사와 중보의 기도를 언급하고 있는데, 저자 역시 이와 같은 순서를 따르고 있다. 한편 이러한 형식은 저자 당시 이미 서간문체의 아주 전형적인 관례로 자리잡고 있었다.[2]

청결한 양심으로(딤전 3 : 9)와 디모데전서 3장 1절, 1장 5, 19절의 "선한 양심"은 목회서신의 특징적인 표현이다. 이러한 표현은 사도

2) 핸슨 책, 119.

행전 23장 1절, 24장 16절에 나타나는 바울에 대한 묘사와 보다 밀접한 관계를 갖고 있는 것으로 여겨지는데, 이 두 구절에서 바울은 "청결한 양심"으로 유대인의 하나님께 봉사하는 것으로 표현되어 있다.

조상 적부터라는 표현은 조상들의 덕에 대한 언급으로, 비문들 가운데 자주 등장하는 문구다.[3] 우리는 여기서 왜 저자가 유대적인 조상들을 언급하는 것인지에 의문을 가질 수 있다. 저자는 어쩌면 바울과는 달리 '그리스도교'와 그리스도교의 모체가 된 '유대교'와의 관계성에는 결코 관심을 두지 않았기 때문이라고 말할 수 있다. 또한 저자가 아마도 디모데의 유대인 조상들을 회상하고 있는 것이 아닌가 하는 가능성도 배제할 수는 없다. 또한 디벨리우스와 브룩스 같은 학자들은 저자가 로마서 1장 8-11절을 3-5절의 모델로 삼고 있다고 주장한다. 두 본문을 비교해볼 때, 표현의 유사성이 뚜렷이 나타나기 때문이다.

여기의 중재기도는 '호스'(ὡς)를 '…할 때'(when)로 번역하여, "나의 기도 중 너를 쉼없이 기억할 때"라고 이해하는 것이 타당한 것으로 보인다. 그러나 거스리와 같은 학자는 "내가 너를 생각할 때마다 쉬지 않고"라는 번역을 타당한 것으로 보고 있다. 브룩스는 "디모데의 믿음"에 감사했다고 보았고, 해슬러는 성숙하지 못한 교회를 향해서 하나님 앞에서 밤낮으로 탄원하는 순교자 바울의 모습을 회상시켜 주는 것이라고 주장한다.[4] 이러한 의견들을 종합해 보자면, 저자는 바울서신에서 바울이 수신자들을 위해 끊임없이 중재기도를 하듯, 목회서신의 저자 역시 바울을 모방하여 서신을 받는 교회의 지도자들에게 마치 바울과 같이 자신도 기도 중에 쉬지 않고 그들을 기억하며 하나님께 감사드리고 있다는 표현을 사용하고 있는 것이다.

---

3) 디벨리우스, p.141.

4) 핸슨 책, 119.

4 **네 눈물을 생각하여** 라는 표현에 관해서 학자들간에 상당한 논란이 있어 왔다. 대부분의 학자들은 사도행전 20장 37절에 의거해서 여기서 언급된 디모데의 "눈물"이 그들이 마지막으로 만났을 때 흘렸던 눈물을 지칭하는 것으로 이해하고 있다. 그러나 스피크와 같은 학자는 로마 당국이 바울을 체포했을 때, 디모데가 눈물을 흘렸을 것이라고 제안하기도 한다. 또한 호울덴은 저자가 사도행전 20장 37절을 알고 있었고, 그때 동료의 눈물을 회상한 것으로 생각했다. 그러나 디벨리우스는 눈물과 기쁨을 연관시키는 고린도후서 7장 8－9절에 표현된 바울의 감정을 그대로 원용한 결과라고 보고 있다.[5)]

5 **거짓없는 믿음** 이라는 표현은 디모데전서 1장 5절에서도 이와 유사한 묘사가 발견된다. 스코트(Scott)는 여기서 "믿음"이란 바로 종교적인 감정을 의미한다고 말한다. 우리는 맨 먼저 사도행전 15장 1－3절에서 디모데에 대한 언급을 볼 수 있는데, 어머니는 유대인이며, 아버지는 헬라인으로 소개되고 있다. 그런데 아마도 그의 어머니는 이방인과 결혼했다는 이유로 유대교 공동체에서 추방명령을 받았을 것이고, 그녀 또한 그것을 받아들였을 것이다. 디모데의 어머니 유니게는 율법에 명시된 대로 낳은 지 8일 만에 할례를 행하지 않았다. 물론 이로 인해 경험했을 여러 가지 고통에 관해서는 알 수 없다. 그러므로 디모데의 가정은 신앙심이 깊은 유대교 가정은 아니었던 것으로 보인다. 특별히 사도행전의 어떤 사본들에는 사도행전 16장 1절에 유대인 부인 뒤에 '과부'라는 말을 삽입하고 있는 것과, 사도행전 16장 3절에서 보듯이 그의 아버지가 헬라인이었다는 것을 볼 때, 바울이 디모데를 처음 만났을 때는 이미 그의 아버지가 세상을 떠났음을 추정할 수 있다. 여기서 추측 가능한 것은 디모데의 아버지가 죽은 후에 그의 어머니와 할머니가

5) 디벨리우스, p. 142.

유대교로 되돌아갔다가 후에 그리스도교로 개종했을 수 있다는 사실이다.

디모데의 부모와 조상에 관한 언급은 본 서신의 저작설에 대한 상당한 논쟁을 일으키고 있는데, 거스리는 사도행전 16장 1절에 나타나고 있는 디모데의 부모에 대한 언급은 본 문제를 해결하는 데 아무런 도움도 주지 못한다고 본다. 왜냐하면 유니게에 대해 사용되고 있는 "믿는 자"라는 단어는 유대교와 그리스도교 교인들에게 공히 적용될 수 있기 때문이다. 또한 여기서 사용되고 있는 "먼저"(*πρῶτον*)라는 단어는 로이스가 열렬한 유대적 신앙을 소유했던 유대 여인으로서, 디모데의 마음에 종교적인 믿음을 최초로 심어주었던 인물이었음을 암시해주고 있다.

저자가 여기서 디모데의 할머니와 어머니를 거명하면서 개인적인 일에 대해서 언급하는 것은 이미 살펴본 대로 저자의 문학적 고안이라 할 수 있다. 왜냐하면 저자는 자신이 기록하고 있는 서신이 '위명'으로 기록되고 있음을 계속 인식하면서, 이 글을 읽는 수신자들이 바울과 디모데의 관계에 비추어 자신들을 되돌아보고, 그 서신 속에서 그들에게 필요한 교훈을 얻을 수 있도록 문학적인 장치를 하고 있는 것이다. 왜냐하면 이 서신이 마치 직접 바울이 쓰고 있으며, 실제적으로 디모데에게도 안부를 묻고 있는 듯한 인상을 줄 때에 비로소 그 효과가 더 배가될 수 있었기 때문일 것이다. 물론 읽는 독자들 역시 이 서신이 바울의 저작이 아님을 인식하고 있지만, 저자가 끊임없이 자신의 서신 속에 이러한 문학적 장치를 통해서 "역사성과 사실성"을 부여함으로써, 독자들은 마치 살아 있는 바울이 그들에게 복음을 전하고 있는 듯한 느낌 속에서 이 서신을 읽게 하고 있는 것이다.

6 **은사**(*χάρισμα*)는 바울서신에서 발견되는 "은사"와는 개념적으로 큰 차이를 보이고 있다. 바울에게 있어서의 은사는 성령을 통

해 교회의 다양한 구성원들이 받는 것으로서 공동체로서의 교회를 세울 수 있게 해주는 하나님의 선물이었다. 그러므로 바울에게 있어서 "은사"는 "안수받은 사역"과는 아무런 연관성이 없는 것이었다. 왜냐하면 바울 당시에 있어서는 안수받은 사역자라 부를 만한 직제, 곧 성직제도가 없었기 때문이다. 그래서 케제만(Käsemann)은 이러한 문제를 해결하기 위해 "안수예식"은 바울 시대와 목회서신이 기록되던 시대 중간에서부터 시작되었다고 주장한다. 그러므로 우리가 추측할 수 있는 분명한 사실은 목회서신이 기록되던 때의 교회는 전반적으로 기구화되어 갔으며, 성직위임에는 안수가 의식화되기 시작했다는 것이다. 목회서신의 안수교리에 의하면 안수예식 때에 "은사"(*χάρισμα*)가 수여된다고 한다. 그러나 이러한 사상은 저자 당시의 팽배했던 대로, 모든 "은사"는 반드시 어떤 예전적인 행위에 의해서만 전달된다는 것은 아니다.

특별히 디모데전서 4장 14절에서의 안수는 장로들의 모임에서 베풀어졌던 반면에, 여기서의 안수는 사도에 의해서 베풀어졌다는 점이다. 또한 분명한 것은 오늘날 "안수"교리의 기원이 여기서부터 시작되었다는 사실이다.

7 두려워하는 마음(비겁한 영)이라는 표현을 살펴보면, 바울은 로마서 8장 12－17절에서 '둘레이아스'(*δουλείας*－종으로서의 굴종)라고 했으나, 저자는 여기서 '데일리아스'(*δειλίας*－비겁한 영)로 대치시키고 있음이 나타난다. 그러므로 저자는 그리스도의 영은 비겁하거나 두려워하는 영이 아니기 때문에, 그리스도인은 자신의 "은사"를 적극적으로 활용하며 살아야 한다는 것이다. 저자는 이러한 권면을 뒷받침하기 위해서 로마서 8장 15절과 연관시키고 있다. 즉 저자는 바울의 사상을 가지고 6절에 나오고 있는 전승을 뒷받침하려 했음이 분명하다.[6)]

---

6) 디벨리우스, 142.

능력과 사랑은 바울이 영적인 선물로 묘사했던 자질들인데, 여기서 논란의 여지가 있는 것은 "절제"다. 갈라디아서 5장 23절에서 바울은 "절제"(ἐγκράτεια)가 성령의 선물이라고 여기고 있으나, 여기서 목회서신의 저자가 사용하고 있는 말은 "절제", 즉 조신하는 마음(σωφρονισμός)으로서 바울의 사상과는 전연 다르며, 신중한 윤리의 한 덕목으로서 소개되고 있다.[7)]

[8] 호울덴(Houlden)은 본절이 로마서 1장 16절의 언급과 같은 것이라고 보면서, 저자의 상황은 자신이 법정에서 증언한 것을 기억하고 있기 때문에 바울의 때보다도 훨씬 후대의 것이라고 본다. **복음과 함께 고난을 받으라**라는 말은 헬라어 "함께 고난당하다"(συγκακοπάθησον)에 해당되는 말인데, 이는 2장 3절에서도 사용된 바 있다. 핸슨(Hanson)은 이 말이 저자에 의해 만들어진 신조어(新造語)라고 이해하고 있고, 거스리(Guthrie)는 사도 바울의 사상이 표현된 것으로 보고 있다. 또한 "함께 고난당하다"라는 표현에 관해서는 크리소스톰의 말을 참조해볼 수 있다 : "그는 복음의 고난을 이렇게 말하고 있는 것이 아니라, 그의 제자로 하여금 자기와 함께 복음을 위해 고난 당하도록 격려하기 위해서다." 또한 홀츠(Holtz)는 "그리스도와 함께 고난을 당하는 것"을 의미하는 것으로 주장하나, 목회서신에는 바울의 이런 개념은 없다. 그러므로 다른 그리스도교 지도자들과 고통을 함께 나누는 의미로 받아들여야 할 것이다.[8)]

또한 고난과 관련되고 있는 "주를 증거함"에 대해서는 클레멘스 일서 5장 4, 7절에 나오는 "증거하다"라는 말의 절대적인 용법을 상기할 수 있으며, 저자가 여기서는 "행동을 통한 증거"를 의미하

7) 핸슨, 121—122.

8) 핸슨, 122.

는 것이 아닌가 하는 가능성도 생각해볼 수 있다.

(2) 제의적인 단편 소개(1 : 9—10)

9 하나님이 우리를 구원하사 거룩하신 부르심으로 부르심은 우리
의 행위대로 하심이 아니요 오직 자기 뜻과 영원한 때 전부터 그리
스도 예수 안에서 우리에게 주신 은혜대로 하심이라 *10* 이제는 우
리 구주 그리스도 예수의 나타나심으로 말미암아 나타났으니 저는
사망을 폐하시고 복음으로써 생명과 썩지 아니할 것을 드러내신지
라

¶ 개요

이 구절들은 초대 그리스도교 설교의 잘 알려진 도식, 즉 구원의 계시의 "이제"와 구원이 감추어져 있던 "그때"를 대립시키는 설교 도식을 취하고 있다. 또한 예전적인 본문들의 특징인 "신현현으로서의 그리스도론"이 나타나고 있는데, 많은 학자들은 이 구절들이 초기 그리스도교의 송영으로부터 인용된 것이라고 간주해왔다. 또한 이 구절에서는 "실현된 종말론"을 찾아볼 수도 있다.

특별히 이러한 제의적인 표현들에서 독특한 것은 저자가 과거의 구원사건에 대한 진술을, 구원사건의 직접적이고 본질적인 요소를 선포하는 현재적인 진술로 계속 확대시키고 있다는 점이다. 구원이 교회의 예전적인 의식과 설교 가운데서 실현되고 있다는 점이다. 이 구절의 언어와 사상이 철저하게 바울적이라는 사실을 미루어볼 때, 저자가 당시에 이미 교회의 예배의식에 적합한 형식으로

변형된 바울의 가르침을 소개했을 것으로 보는 것이 타당하다.

¶ 주석

9 우리를 구원하사 거룩하신 부르심으로 부르심은 이 구절의 표현 자체는 에베소서 2장 8－9절과 유사하지만, 전체적인 사상은 완전히 바울과 일치되고 있다. "구원하다"라는 동사 뒤에 "부르다"라는 단어가 이어서 나오는 것은, 구원과 소명 사이의 밀접한 관계를 나타내주는 것으로서, "구원의 결과는 그리스도인의 성화다"라는 스피크의 주장을 가능하게 해준다.

여기서 "거룩하신 부르심"은 데살로니가전서 4장 7절에 나오는 "거룩한 가운데 부르다"라는 말과 유사성을 가지며 "우리를 불러 거룩하게 하신다"라는 뜻으로 이해된다.[9] 이제 저자는 이 부르심을 주관해주시는 주체를 분명히 밝히고 있다. 하나님의 부르심은 인간의 "행위"에 기초를 두는 것이 아니라, "하나님의 뜻과 은혜"의 작용으로 영원 전부터 예수 안에서 우리에게 주신 것이다. 그러나 이 구절을 로마서 16장 25－26절과 비교해볼 때, 비바울적인 표현이라고 생각할 수 있다. 왜냐하면 이 본문이 다른 비바울적인 문서들처럼 그리스도 안에서의 하나님 구원활동을 전체 인류역사로 확대시키는 데에 관심하고 있기 때문이다. 그래서 팩스(Pax)와 홀츠(Holtz)는 이러한 표현들이 그리스도의 선재성(先在性)을 암시하는 것이라고 주장한다. 그러나 목회서신의 저자가 자신이 사용하는 자료에 언제나 신학적인 의미를 부여했다고 자신있게 확증할 수는 없다. 디도서 3장 5절과 마찬가지로 여기서도 케리그마적인 문구들이 그대로 다시 나타나고 있거나, 심지어는 그대로 인용되고 있기 때문에, 이런 구절들을 바울의 전통적인 사상이라고 생각

9) 디벨리우스, p. 140.

하는 것이 더 적합하다.

10 여기서는 좀 의아한 표현이 언급되고 있다. "예수 그리스도께서" **생명과 썩지 아니할 것을 드러내신지라** 라는 표현은 다른 신약 성경에서는 발견되지 않는 표현이다. 이러한 표현의 평행절은 디다케 9, 10장에서 찾아볼 수 있다. 디다케 10장에는 "당신이 우리로 하여금 하나님의 종 예수 그리스도를 통해서 주어진 것으로 알게 해준 믿음의 지식과 썩지 아니함을 위해서"라고 기록되어 있고, 디다케 9장에서는 저자가 "당신이 우리로 하여금 알게 해준 생명과 지식"에 대해서 감사하고 있다.

디모데전서 4장 3—5절과 디모데후서 1장 10절은 실제로 저자가 잘 알고 있는 성만찬 기도에서 인용된 것이라 볼 수 있다. 그리고 특별히 여기서 "생명"은 세례를 받음으로써 얻는 새로운 생명에 대한 언급이고, "썩지 아니함"은 성만찬에 대한 언급이라고 볼 수도 있다. 이 같은 견해에 관한 근거로서 이그나티우스는 성만찬을 "불멸(썩지 아니함)의 약, 죽음에 대한 해독제"라고 언급하기도 했다. 그러므로 우리는 다음과 같은 결론을 내릴 수 있다 : 1장 9—10절에서 저자는 자기가 잘 알고 있던 성만찬의 기도를 원용하고 있는 것이다.[10]

우리 구주 그리스도 예수의 나타나심 이라는 표현에서 '소테로스'(σωτῆρος—구주)와 '에피파네이아'(ἐπιφανεία—나타나심)란 단어는 특히 목회서신에서 자주 등장하는데, 대부분 종말론적인 의미로 사용되고 있다. 그러나 여기에서만은 종말론적인 개념 대신에 현재적 성육신의 의미로 사용되고 있다(참조. 딤전 3 : 16 ; 딛 2 : 11).[11] 스피크(Spicq)는 이 언급을 제자들에게 나타난 부활하신 주님을 지

10) 핸슨, p. 123.
11) 핸슨, p. 123.

칭하는 것으로 여기는데, 그럴 가능성은 참으로 희박하다. 당시의 신비주의자들이나 황제숭배자들 사이에서도 "구주"와 "나타나심"이라는 명칭이 널리 사용되고 있었기 때문에, 이 구절은 "이교도들의 교리에 대한 그리스도교의 항변이다"라는 이스턴(Easton)의 주장이 더욱 설득력을 갖는다. 스코트(Scott)는 그리스도교가 당시에 알려진 각종 이교사상들로부터 특정 사상은 물론 용어들도 자유로이 차용해서 사용했다고 주장한다. 그러나 어느 경우든지 저자는 "그리스도"와 당시의 황제숭배자들의 황제와의 경쟁관계를 암시하고 있음을 알 수 있다.

사망을 폐하시고에서 죽음을 폐했음을 묘사해주고 있는 단어인 '카타르게오'(*καταργέω*—폐지하다)는 고린도전서 15장 26절에서도 쓰이고 있다. 그런데 고린도전서에서는 이 의미가 미래에 관한 관심을 나타내는 데 반해서, 여기에서는 부정과거동사(*καταργήσαντος*)를 사용해서 그리스도의 사역이 "이미" 성취된 사실이라는 점에 초점이 맞추어져 있다.

'포티제인'(*φωτίζειν*—밝히 보이다)이라는 말은 신비주의적인 용어이거나 또는 에픽테투스가 사용한 것과 같은 상징적인 용어라기보다는, 앞에서도 이미 지적했듯이, 예전적인 계시의 언어로 사용되고 있다.[12)]

(3) 바울의 간증(1 : 11—12)

11 **내가 이 복음을 위하여 반포자와 사도와 교사로 세우심을 입었노라** ***12*** **이를 인하여 내가 또 이 고난을 받되 부끄러워하지 아니함**

12) 디벨리우스, p. 152.

은 나의 의뢰한 자를 내가 알고 또한 나의 의탁한 것을 그날까지 저 가 능히 지키실 줄을 확신함이라

¶ 주석

11 저자는 앞구절의 복음에 대한 언급들을 "개인적"으로 결론 맺고 있다. 이 본문은 여기서 다시금 케리그마를 현재화시키는 작업을 하고 있다. 사도가 갖고 있는 두 가지 기능, 즉 사도는 교훈의 보증자이며 고난의 모범이라는 사실을 함께 결합시키고 있다. 특별히 여기서 저자는 바울을 **반포자와 사도와 교사** 로 소개하고 있다. 그러나 브록스의 견해처럼 전통적인 바울의 서신들 안에서 바울은 자신을 결코 "교사"로 부르지 않았다. 해슬러는, 이러한 칭호를 부여받으려면 "고난과 순교"가 전제되어야 했다고 지적한다.

이 구절의 본문의 사본들은 다음과 같이 두 가지 특징들을 나타낸다. 첫째는 "교사"(*διδάσκαλος*)가 어떤 사본에서는 "집사"(*διάκονος*)로 발견되고, 둘째로 어떤 사본에서는 "교사" 다음에 "이방인의"(*ἐθνῶν*)가 발견되는 것이다. 르메이어(Lemaire)는 "집사"가 더 원래적이라고 주장하지만, 그러나 "교사" 보다는 설득력이 더 없다. 이와 같은 본문상의 상이(相異)는 아마도 필경사들의 실수이거나 변경으로 보인다. 또한 팩스(Pax)의 주장대로 "이방인의"라는 말은 의심할 바 없이 후대의 첨가일 것이다(1 : 11, *καὶ διδάσκαλος*).

전도자 란 말은 결정된 사안을 가능한 한 여러 곳에 전달해주어야 할 임무를 맡은 사람을 가리키는 용어로 자주 나타나지만, 여기서는 제의적인 기능으로서의 "선포자"로 생각하는 것이 더 적절하다.

내가…세우심을 입었노라(내가…임명받았다)에서의 동사가 수동태 '에테텐'(*ἐτέθην*)으로 쓰인 것은 임명받은 자가 바울임을 강조하는 것이 아니라, 바로 그를 임명한 분이 하나님이심을 강하게 암시하는 것이다. 이는 하나님의 이름을 의식적으로 또 전통적으로 피해왔던 유대의 전형적인 표현방식이다. 이러한 표현을 통해 저자는 하나님으로부터 부여받은 교회 지도자들의 영적 권위를 교회 안에서 설명하고자 하는 것이다.[13)]

12 여기에서 저자는 바울에 대한 진술을 통해서 사도로서의 그의 모범적인 모형을 교회 지도자들에게 제시해주고 있으며, 특별히 "부끄러워하지 말 것"과 "맡은 일을 보전할 것"을 강조하고 있다. "부끄러워하지 않는 것"은 바울이 복음을 위해서 갇힌 것을 부끄러워하지 않는 것처럼, 교회 지도자들 역시 복음으로 인해 당하게 될 고난 중에 용기를 잃지 말 것을 당부하는 기록으로 보이며, 8절에서 교회 지도자들에게 촉구했던 '부끄러워하지 말 것'의 충고를 보다 강조해주기 위한 것으로 보인다.[14)]

나의 의탁한 것(*τὴν παραθήκην μου*)은 문자적으로 "내가 맡긴 일"을 의미한다. 이러한 표현은 두 가지 의미로의 해석이 가능하다. 하나는 "맡긴 일"을 바울의 정신으로 보는 것이고, 또 하나는 그것을 바울의 신앙으로 보는 것이다. 여기서 "내가 맡긴 일"은 이 두 가지의 해석을 모두 포함하는 것으로 보는 것이 합당할 것이다. 그렇다면 이 구절의 목적은 매우 분명해진다. 즉 저자는 당시의 교회 지도자들이 바울이 행했던 것처럼 행할 것과 죽는 날까지 그 믿음을 순전하게 지킬 것을 의미한 것이다.

그날까지라는 언급은 하나의 보충적인 설명이다. 원래 "그날"이라는 표현은 전통적으로는 파루시아를 나타낸다. 그러나 바울은 이러한 표현을 사용하지 않았고, 저자의 생각 속에서도 임박한 파

13) 핸슨, p. 124.
14) 거스리, p. 194.

루시아에 대한 기대가 없는 것이 분명하므로, "그날"의 실제적인 의미는 "사람이 죽는 날"로 보는 것이 타당할 것이다.

결론적으로 9-10절은 위에서 몇 번 지적했듯이, 저자가 특정 주제를 논술하면서 중간중간에 바울의 개인적인 언급들을 기록한 것은 위명성의 약점을 보완하고, 현재 전하고 있는 복음에 생동감을 불어넣고 사도적 권위를 부여하려는 것이다.

¶ 신학적 문제

목회서신의 기독론

큄멜은 그의 『신약정경 개론』에서 목회서신의 기독론이 바울의 기독론과는 다르다고 말한다. 즉 "……목회서신의 기독론은 여러 표현들 속에서 바울의 기독론인 선재설에 미치지 못하고 있다. 그러므로 목회서신은 바울과는 완전히 다른 기독론적 입장을 가지고 있음이 분명하다"[15]는 것이다. 그러나 그는 목회서신의 기독론이 어떤 특징을 갖고 있는지에 대해서는 언급하지 않는다. 일반적으로 학자들의 공통된 의견은 목회서신에서는 통일된 기독론을 찾아볼 수가 없다는 것이다. 예를 들어, 디벨리우스는 "목회서신이 물려받은 전승자료는 형식에 있어서나 내용에 있어서 다양한 성격의 자료들이다. 그렇기 때문에 기독론적인 관점들도 아주 다양해서 여러 가지 자료들을 결합해서 통일되고 일관성있게 목회서신의 대표적인 기독론을 제시할 수가 없다"[16]라고 말하고 있다. 빈디쉬

15) W. G. Kümmel, 『신약정경 개론』, 박익수 역(서울 : 대한기독교출판사, 1988), p. 387.

16) 디벨리우스, 『목회서신』, 김득중 역(서울 : 한국신학연구소), 1983, p. 25.

도 이러한 의견에 전적으로 동의한다 : "목회서신은 어떠한 신학적인 기독론도 없다. 단지 다양한 전승으로부터 물려받은 공식적인 문구, 찬양시들의 형태로 그리스도에 대한 가르침을 갖고 있을 뿐이다."[17]

이상에서 여러 학자들의 의견이 목회서신의 기독론은 바울의 기독론과는 사뭇 다르고, 또 그 기독론적 여러 요소가 통일성과 일관성도 없이 나열되어 있다는 데에 일치되고 있다. 그러나 이 말이 목회서신에는 기독론 자체가 없다는 뜻은 아니다. 우리가 말하는 요점은 그가 입수한 자료들을 일관된 방향이 없이 아무것이나 사용한다는 것이다.[18] 저자가 교설을 가르치는 방법은 전승을 인용하는 것이다. 바울도 예전적인 자료들을 이용하기는 했다(롬 1 : 3—4 ; 살전 1 : 9—10). 그러나 바울의 경우는 모든 자료가 그의 신학체계 안에서 대체로 일관성을 띠고 있다. 이와는 대조적으로 목회서신의 저자는 그저 단순히 나열하는 데 그치기 때문에 자료들이 산만한 것이다.

목회서신 자체에 기록론이 일관성있게 제시되고 있지 않기 때문에 여러 학자들은 목회서신에 나타난 "그리스도"의 의미를 여러 가지로 말해왔다. 예를 들어, 어떤 학자들은 "현현(epiphany) 기독론"을 말한다. 이 땅에 예수의 출현을 하나님의 현현으로서 묘사하기 때문이다. 팩스(Pax)는 "이것은 디모데전서 3장 16절의 "그는 육신으로 나타나신 바 되시고"(ὀς ἐφανερώθη ἐν σαρκί)를 근거로 한다"고 주장한다.[19] 반면 빈디쉬(Windisch)는 '양자론적 기독론'을 말한다.[20] 그는 저자가 바울 이전의 초기 기독론으로 되돌아간다고 생각한다. 그러나 트루머(Trummer)는 이러한 견해에 반대하면

17) H. Windische, ZNW 34, pp. 213f.

18) A. T. Hanson, *The pastoral Epistles*, p. 38.

19) E. Pax, *Pastoral Epistles* (London : Mashall, 1987), p. 38.

20) Hanson, p.39.

서[21] '표제. 기독론'을 말하는데, 이는 저자가 "주님"(κύριος)과 "구세주"(σωτήρ)라는 표제를 좋아하기 때문이라고 한다. 이 두 용어들은 디도서 2장 14절을 통해서 보면 황제숭배 용어들 중에서 저자가 차용한 것으로 보인다. 그런데 저자는 이 두 용어를 하나님과 그리스도에게 모두 적용한다('κύριος'가 하나님에게 사용되는 곳은 딤전 6 : 15 ; 'σωτήρ'는 딤전 1 : 1 ; 2 : 3 ; 'σωτήρ'가 그리스도에게 사용되는 곳은 딤후 1 : 10 ; 딛 1 : 4 ; 2 : 1, 3 ; 3 : 6절 등이다).

이신론적 경향 : 한 가지 놀라운 사실은 그리스도를 하나님과 동일시한다는 점이다. 이것은 디도서 2장 13절의 해석 여부에 달려 있는데, "우리의 크신 하나님이시고 구세주인 예수 그리스도", 혹은 "우리의 크신 하나님과 우리의 구주 예수 그리스도"라고 번역된다. 전자의 견해가 더 많은 학자들(Easton, Lock, Barrett 등)의 지지를 받고 있는데, 이 입장이 본래적인 것으로 보인다. 후자의 "우리의 크신 하나님과"는 신학적인 어려움을 피하기 위한 필사자의 노력으로 보인다.

목회서신이 쓰여진 얼마 후에 이그나티우스(Ignatius)도 자유롭게 '테오스'(θεός)를 그리스도에게 적용한다. 그는 "나는 당신이 예수 그리스도 우리의 하나님 안에서 언제나 번영하시기를 기도합니다"라고 말한다.[22] 물론 이그나티우스는 '테오스'를 그리스도에게 적용할 때, "우리 하나님" 또는 "나의 하나님"과 같은 식의 수식어를 붙인다. 목회서신의 경우도 이와 마찬가지다. 그런데 이처럼 그리스도를 하나님으로 부르는 것은 이신론에 대한 신학적 논쟁의 여지를 남긴다.

---

21) P. Trummer, *Die Paulustradition des Pastoralbriefe* (Frankfurt : Berne), 1978, pp. 193—204.

22) *Pol.* 8 : 3, Hanson, p. 39 재인용.

예수 그리스도가 하나님이고 성부도 하나님이라면, 하나님이 두 분이란 말인가? 이그나티우스는 '로고스'(Logos) 교리로써 그러한 어려움을 피하려고 했다: "예수 그리스도는 침묵으로부터 나온 말씀이다."[23] 그러나 목회서신의 저자는 그러한 신학적인 깊이가 없다. 그는 단지 이신론의 가능성을 인식하지 않고 '테오스'(θεος)를 사용한 것뿐이다.

종속론적 경향: 디벨리우스는 목회서신의 기록론에 종속론적인 경향이 있다고 본다. 그는 주로 디모데전서 2장 5-6절의 예전적 구절에 주목한다. 그는 "사람과 하나님 사이의 중재자", "인간이신 예수 그리스도"가 종속론을 함축한다고 생각한다.[24] 확실히 이 구절은 아리안주의에 근접해 있음을 느끼게 한다. 물론 시대적으로 아리안주의는 훨씬 후대에 나타난 사상이기 때문에 목회서신이 오히려 아리안주의에 어떤 영향을 주었다고 할 수 있겠지만, 그 기독론적 경향은 아리안주의와 목회서신이 공통적으로 종속론적이라는 사실이다. 아마도 문제가 되고 있는 이 구절은 70인역의 욥기 9장 32-33절에 대한 초대 그리스도교의 주석작업[25]과 영지주의의 가현설적 가르침에 반대해서 생겨났을 것이다. 70인역의 욥기를 읽으면서——"우리 둘 사이를 중재할 사람이 없고, 하나님과 나 사이를 판결해줄 이가 없구나"——초대 그리스도인들은 아마도 이것을 장차 올 중재자에 대한 예언으로 보았을 것이다.

이런 경향은 한편으로는 "인간이신 예수 그리스도", "중재자"이신 예수 그리스도를 강조하면서, 다른 한편으로는 영지주의의 가르침을 경고하기 위한 목적도 있다. 그렇기 때문에 저자는 "인간이신"이라는 표현을 특별히 강조하고 있는 것이다. 그런데 이런 목적

23) *Tgag.* 8 : 2, Hanson, p. 40 재인용.

24) 디벨리우스의 책, p. 71.

25) Hanson, pp. 68-69.

은 뜻밖에도 예수를 하나님 아래 종속시키는 가능성을 내포할 수도 있다. 따라서 우리는 본문을 읽으면서 저자가 종속론적인 경향을 갖고 있는 것이 아닌가 생각하게 된다. 그러나 저자가 이 구절을 직접 쓴 것은 아니다. 그의 능력이 닿는 범위에서 전승을, 그것도 기록론의 함축된 의미를 의식하지 못한 채로 조합했을 것이다. 그런 이유 때문에 이신론적 경향과 종속론적 경향이 동시에 나타나는 것이다. 바레트(Barrett)는 디모데전서 2장 5절의 "하나님과 인간 사이의 유일한 중재자"라는 표현에서 '메시테스'(μεσίτης—중재자)가 '테르티움 퀴드'(tertium quid/半神半人)를 의미하는 것이 아니라고 보지만,[26] 본문은 종속론적인 경향을 드러내는 것이 사실이다.

디모데전서 2장 5—6절은 마가와 바울 이전의 초기 고백문에서 온 것으로, 이때는 아직 신학적인 예리한 성찰이 없던 때라고 볼 수 있다. 디모데전서 2장 5절이 종속론적 경향을 지닌다는 것은 디모데전서 3장 16절과 6장 15절의 수동태 문체를 통해서도 지지받고, 그리스도의 선재에 관한 사상이 목회서신에 없다는 것도 이를 뒷받침한다.[27] 스텐저(Stenger)가 디모데전서 3장 16절에 표현된 "기독론은 우주적 차원을 갖고 있다"고 바르게 관찰했지만, 목회서신에는 전체적으로 볼 때 선재사상이 결여되어 있다고 보는 것이 더 옳을 것 같다.[28]

이위일체적 경향 : 이제 우리는 목회서신에 나타나는 여러 전승들에 대한 관찰을 접어두고, 목회서신 저자 자신의 표현을 연구해보는 것이 좋을 것이다. 저자는 의식적이건 무의식적이건 삼위일체를 주장하기보다는 이위일체를 주장하는 것으로 보인다. 저자는

---

26) C. K. Barrett, *The Pastoral Epistles* (Oxford : Clarendon Press), 1963, p. 25.

27) 디벨리우스의 책, p. 12.

28) W. Stenger, *Der Christushymnus in I Tim. 3 : 16*, Trierer Theologische Zeitschrift 78, 1964, pp. 133—148.

디모데전서 5장 21절과 디모데후서 2장 14절, 4장 1절에서 바울의 이름으로 하나님과 그리스도의 명령을 디모데에게 엄중히 경고한다. 그런데 여기서 주의깊게 보아야 할 점은 삼위 중 성령이 빠져 있다는 것이다. "하나님과 그리스도 예수 앞에서"(*ἐνώπιον τοῦ θεοῦ καὶ Χριστοῦ 'Ιησοῦ*)에서 우리는 분명 삼위일체의 신학과는 다른 이위일체의 신학을 보게 된다.[29)]

몇몇 본문에서 성령이 언급되는데, 특히 디도서 3장 4—6절만이 성령에 관한 언급으로 유일하게 삼위일체의 교리와 관계지을 수 있을 뿐이다. 스피크는 이 구절이 신약에서 삼위일체에 관한 가장 우아한 표현 중의 하나라고 한다. 그러나 이 구절의 신학적 내용과 윤곽은 예전적인 자료로부터 온 것임을 간과해서는 안된다.[30)] 저자는 자신의 말로 하나님에 관한 교리를 언급할 때, 결코 하나님을 성부 하나님과 예수 그리스도 외의 다른 것을 말하지 않는다. 홀츠도 목회서신에서는 특징적인 삼위일체적 용어는 나타나지 않는다고 한다.[31)]

디모데전서 3장 16절에도 성령에 관한 언급이 나온다 : "그는 육신으로 나타난 바 되시고 영으로 의롭다 하심을 입으시고"(*ὃς ἐφανερώθη ἐν σαρκί, ἐδικαιώθη ἐν πνεύματι*). 그러나 이 구절은 확실히 초대 그리스도교 송가에서 인용된 것이다. 그러므로 우리는 그것이 저자 자신의 것이라고 볼 수는 없다. 디모데후서 1장 7절에도 성령에 대한 언급이 나타나지만, 이는 로마서 8장 15절을 근거로 하고 있고, 저자 자신은 성령에 관한 교리를 거의 말하지 않는다. 디모데후서 1장 14절에서도 성령에 대한 언급이 나온다 : "우리 안에 거하시는 성령으로 말미암아 네게 부탁한 아름다운 것을 지키라"(*τὴν καλὴν παραθήκην φύλαξον διὰ πνεύματος 'Αγίου*

29) Hanson, p. 153.

30) Hanson, p. 192.

31) *Ibid.*

τοῦ ἐνοικοῦντος ἐν ἡμῖν). 바울은 성령이 모든 그리스도인에게 임재한다는 개념을 피력한 반면에, 안수받는 사람들이 믿음을 지킬 수 있도록 해주는 영감으로 이해한다. 이것은 "영감으로서의 성령"을 말하지만, 삼위일체에 대한 접근은 전혀 고려되지 않는다. 따라서 이상에서 살펴보듯, 목회서신에서는 성부, 성자, 성령의 삼위일체적 개념 대신에 성부 하나님과 예수 그리스도의 이위일체적 개념만이 나타난다.

고난의 신학 : 마지막으로, 흥미있고 특징적인 그리스도론은 "고난의 신학"과의 연관성에서 찾을 수 있다.[32] 고난의 신학 경향은 고난의 가장 위대한 모범인 바울에게 집중된다. 바울은 그에게 맡겨진 복음 때문에 고난을 당하고, 투옥되고, 결국 죽음의 위협을 받았다(딤후 1 : 12 ; 2 : 8–9, 19 ; 3 : 11 ; 4 : 6). 이처럼 고난은 그리스도의 사도에게는 운명과도 같은 것이었다. 바울뿐만 아니라 디모데로 지칭되는 교회의 모든 사역자들 또한 복음을 전할 사명을 받았기 때문에 그들 또한 고난받고, 박해받아야 할 것을 준비해야 하고(딤전 1 : 18 ; 4 : 16 ; 6 : 12), 믿음의 선한 싸움을 싸워야 한다. 이 말은 디모데와 교회의 모든 지도자들에게도 적용될 뿐만 아니라, 더 넓게는 모든 신실한 그리스도인들에게도 적용되어 모두 이 고난의 잔을 받아 마실 것을 권고한다. 그러한 대원칙이 디모데후서 3장 12절에 나와 있다 : "무릇 그리스도 예수 안에서 경건하게 살고자 하는 자는 핍박을 받으리라"(καὶ πάντες δὲ οἱ θέλοντες ζῆν εὐσεβῶς ἐν Χριστῷ 'Ιησοῦ διωχθήσονται).

우리는 디모데후서 2장 11–12절에서도 동일한 내용을 진술하는 인용된 찬가를 발견한다. 이 구절들은 그리스도인들이 세상에서 살아가면서, 고난받고, 죽고, 부활한 예수의 삶을 재현해야 한다는 바울의 말을 생각나게 한다. 이처럼 고난은 바울, 디모데로 표

32) *Ibid.*

현되는 목회자, 모든 그리스도인으로 점차로 확대된다. 그러나 그리스도의 복음 때문에 받는 박해를 말할 때, 바울과는 다른 것이 한 가지 있다. 그것은 목회서신 어디서도 그리스도의 십자가에 대한 언급이 없다는 사실이다. 디모데전서 6장 13절에서 본디오 빌라도 앞에서의 예수의 증거를 언급할 때도 십자가는 언급되지 않는다. 이 때문에 우리는 목회서신이 바울 전승에 입각해 있다 할지라도, 바울의 십자가의 신학을 목회서신의 저자가 이해하기에는 너무 심오하고 어려웠지 않았나 하는 결론을 내릴 수밖에 없다.[33)]

이상의 논의에서 우리는 이렇게 결론내릴 수 있다. 목회서신의 기독론적인 관점들은 아주 다양하기 때문에 하나의 통일된 기독론을 구성할 수가 없다. 예를 들면, 한편으로는 하나님과 그리스도가 동등한 선상에 놓여 있고, 다른 한편으로는 그리스도가 종속적인 위치에 놓여 있다. 이는 저자가 그리스도의 본성과 본질에 대한 깊은 신학적인 성찰이 없었기 때문이고, 또한 바로 이러한 이유 때문에 그리스도 선재론에 별다른 관심을 갖고 있지 않으며, 고난의 신학을 말하지만 십자가에 대한 언급이 빠져 있다고 생각한다.

(4) 디모데를 향한 명령(1 : 13−14)

13 너는 그리스도 예수 안에 있는 믿음과 사랑으로써 내게 들은 바 바른말을 본받아 지키고 14 우리 안에 거하시는 성령으로 말미암아 네게 부탁한 아름다운 것을 지키라

33) Hanson, p. 42.

¶ 주석

[13] 너는 그리스도 예수 안에 있는 믿음과 사랑으로써 내게 들은 바 바른말을 본받아 지키고는 문자적으로 두 가지 해석이 가능하다. 첫째는 "복음의 만족할 만한 요약인, 네게 말로 전해준 가르침을 지켜라"는 것이고, 둘째는 "네가 나에게서 들은 건전한 말씀의 개요(규범, 표준)를 계속해서 유지하라", 즉 "내가 너에게 가르쳐준 신조(the creed)를 저버리지 말라"는 것이다. 여기서의 "본받음"(*ὑποτύπωσιν*)은 완성된 행위를 의미하는 것이 아니라, 아직도 진행중인 개요나 개괄을 말하는 것이다. 그러므로 이러한 표현은 신조적인 형식을 띠는 것이 아니라, 일반적인 가르침의 개요를 말하는 것이다.

이외에도 가능한 해석으로는 모페트(James Moffatt)가 제기한 것이 있다 : "네가 나로부터 들은 건전한 말씀에 대해서 너 자신이 본보기가 되어라." 그러나 저자는 여기서 올바른 처신을 염두에 두고 있다기보다는 "교리적인 영광송"을 전제하고 있는 듯하다(참조. 롬 6 : 17). 쉴리어(Schlier)와 도니어(Dornier)는 저자가 문서화된 신조 형식이라기보다는 "구전전승"을 염두에 두고 있다고 주장한다. 그러므로 우리는 여기서 고정화된 예전적 형식이라기보다는 아직 개괄적인 형식 수준에 머물러 있는 성만찬 기도문을 고려해볼 수 있다. 목회서신 저자가 신앙고백적인 영광송에 관심을 두고 있는 것은 사실이지만, 그러나 그것이 아직 고정화된 신앙고백-형식을 띠고 있지 않다는 것은 주목할 만하다.

"믿음과 사랑으로써"(*ἐν πίστει καὶ ἀγάπῃ*-믿음과 사랑을 가지고)라는 구절은 공식적인 문구로 흔히 문장의 말미에 나타난다. 그렇기 때문에 그 표현들은 바이스(B. Weiss)의 주장처럼 14절이 아닌, 13절에 특히 주동사에 연결되어 있는 것으로, 그 표현들은 그리스도인의 신분을 나타내주고 있다.[34] 바울의 상용구인 "그리스도 안에"라는 말이 다시 사용되고 있는 것은, 믿음과 사랑을 갖기 전에 필요한 것은 바로 그리스도와의 긴밀한 연합이라는 사실을 보여준다.[35]

14 **네게 부탁한 것**을 지키라는 사실에 대한 특별한 강조와 함께 13절에 대한 부언적 언급이라고 볼 수 있다. 이 절은 문자적으로 "네게 맡긴 선한 것을 지키라"는 것이다. 이것은 물론 우리가 디모데전서 6장 20절에서 살펴본 것과 마찬가지로, '그리스도교의 진정한 가르침'을 언급하는 것이다. 그러나 홀츠(Holtz)는 여기서 "맡긴 것"을 "너의 영", "너 자신"으로 이해하고 있다. 그런데 12절에서는 그 "의탁한 것"(*την παραθηκην*)이 하나님의 손에 의해 안전하게 지켜지는 데 반해, 여기서는 디모데(교회의 지도자) 자신이 그 부탁한 것을 안전하게 지켜야만 하는 것으로 표현된다.

저자는 사역자가 위탁받은 그리스도교의 건전한 가르침을 잘 지킬 수 있는 힘은 "우리 안에 거하시는 성령"이 가능하게 한다는 것을 분명히 하고 있다.[36] **우리 안에 거하시는 성령으로 말미암아**라는 표현은 확실히 바울적인 표현이며, 이것은 목회서신에서 자주 사용되지 않은 "성령"에 대한 본문들 중의 하나다(참조. 롬 8 : 11 ; 고후 6 : 16f.). 즉 저자는 '내재하는 성령'이라는 바울의 개념을 차용하고 있는 것이다. 저자는 믿음의 전승을 잘 지키기 위해서 성직자들에게 안수를 할 때 임하는 영의 개념으로 성령을 이해하고 있는 것이다.[37] 그런데 바울은 모든 그리스도인에게 성령이 임하시는 것으로 이해한 반면에, 목회서신 저자는 안수를 받은 사역자들에

34) 디벨리우스, p. 153.
35) 거스리, p. 197.
36) 거스리, p. 198.
37) 핸슨, p. 125.

게만 임한다고 하여 성령의 임재를 제한시키고 있다.

본문은 제도화되는 교회를 특징짓는 그리스도교 신앙의 관점을 나타낸다. 근본적으로 그 믿음의 내용은 사도들로부터 들려졌던 "건전한 말씀의 표본"이었으며, 계속 전해지고, 지켜지고, 따라야 할 표준인 것이다. 또한 이와 비슷한 관점이 나타나는 2장 2절과 8절은 로마서 1장 3－4절을 상기시킨다. 이렇게 볼 때, 결국 서신의 저자가 바울서신들의 모음집을 이미 갖고 있었음이 분명하다.

2) 개인적인 언급들 (1 : 15－18)

**15 아시아에 있는 모든 사람이 나를 버린 이 일을 네가 아나니 그
중에 부겔로와 허모게네가 있느니라 16 원컨대 주께서 오네시보로
의 집에 긍휼을 베푸시옵소서 저가 나를 자주 유쾌케 하고 나의 사
슬에 매인 것을 부끄러워 아니하여 17 로마에 있을 때에 나를 부지
런히 찾아 만났느니라 18 (원컨대 주께서 저로 하여금 그날에 주의
긍휼을 얻게 하여 주옵소서) 또 저가 에베소에서 얼마큼 나를 섬긴
것을 네가 잘 아느니라**

¶ 개요

15－18절은 구체적인 개인적 언급들이다. 저자는 본문에서 교회 지도자들에게 오네시보로에게서는 좋은 본보기를, 그리고 부겔로와 허모게네에게서는 경고적인 실례를 제시한다. 디모데전서 1장 19－20절에도 비슷한 경고가 나타나고 있다. 바울과 디모데의 깊

은 관계는 디모데후서에서 자주 나타나는 개인적 언급들에 대한 문제를 이해하는 데 중요하다.[38)]

¶ 주석

15 **아시아에 있는 모든 사람이 나를 버린 일**이라는 표현은 참으로 이해하기 힘든 내용이다. 우리는 그동안의 연구를 통해 여기에 대한 세 가지 가능한 해석들을 찾아볼 수 있다.[39)] 첫째로, 스피크(Spicq)에 의하면, "아시아에 있는 모든 사람"(*πάντες οἱ ἐν τῇ 'Ασίᾳ*)이라는 말이 히브리적인 용례상 "아시아로부터 온(출신의) 모든 사람들"(*πάντες οἱ ἐκ τῆς 'Ασίᾳ*)을 의미하는 것이라고 본다. 둘째로, 바레트(C. K. Barrett)는 "아시아에 있는 모든 사람"이란 바울이 옥에 갇혀 있던 당시에 아시아에 있던 바울의 그리스도인 친구들이 바울을 저버렸다는 것을 의미하는 것으로 본다. 또한 부겔로와 허모게네는 서신 기록 당시의 생존 인물이 아닌 것이 확실하므로 구전전승으로 전해져온 역사적인 인물로 보고 있다. 셋째로, 해슬러(Hasler)는 아시아에 있는 모든 사람들이 그를 버렸다고 씀으로써 바울의 고통이 얼마나 심했는지를 표현했다고 한다.

저자가 아무런 근거도 없이 바울에 관한 사실들을 자신의 서신에서 언급하고 있다고는 볼 수 없다. 가장 타당성 있는 설명은 다음과 같이 해볼 수 있을 것이다 : 저자는 바울이 부겔로와 허모게네로부터 배반당했다고 하는 사실을 알고 있었을 것이다. 또는 저자 자신이 서신을 써보내는 그리스도인 공동체에도 "부겔로와 허모게네"와 같은 존재가 있음을 알고 있었을 것이다. 그리고 이 서신을 받는 공동체들 역시도 "부겔로와 허모게네"가 어떠한 존재들이었는지

38) 디벨리우스, p. 154.

39) 핸슨, pp. 125–126.

를 이미 잘 알고 있었을 것이다. 그러므로 저자는 '바울'과 '부겔로와 허모게네'의 관계를 예로 들어 서신을 받고 있는 교회 지도자들에게 그들과 유사한 인물들에 대해서 경고하는 것으로 보인다. 이러한 입장에서 우리는 이미 디모데전서 1장 18—20절을 이해한 바 있다.

특별히 이러한 언급에서 "버린"(*ἀπεστράφησάν*)이라는 표현은 물론 문자적으로는 교리적인 배신을 의미할 수도 있겠으나, 문맥상 그것이 구체적으로 복음으로부터의 배도를 뜻하는 것으로 이해될 수는 없으며,[40] 오히려 바울 자신을 도와주지 않았음을 의미하는 것으로 이해하는 것이 가장 타당할 것이다.[41]

16 여기뿐 아니라 4장 19절에도 **오네시보로의 집**이라는 언급이 나온다. "오네시보로"라는 이름의 뜻은 '도움을 가져오는 사람'이다. 빌레몬서 1장에 의하면, 그는 에베소 사람으로 바울의 전도로 그리스도교로 개종한 후 에베소에서 바울에게 많은 도움을 주었으며, 바울이 로마 감옥에 투옥된 후에도 자주 방문해서 그를 위로하고 힘을 주었던 사람이다.

디벨리우스, 베르나르, 이스턴 등 많은 학자들은 디모데후서가 쓰여졌다고 가정되는 그 시기에는 이미 오네시보로가 죽었을 것이라고 전제한다. 그러므로 오네시보로의 집을 위한 기도와 18절에 나오는 파루시아에 관한 언급은 스피크의 주장처럼 "오네시보로가 바울의 고난을 돕기 위해 옥에 갇히는 고통을 당했을 수도 있다"라고 가정하기보다는 바울의 진정한 서신처럼 보이기 위한 단순한 문학적 고안으로 이해하면 될 것이다[42]

40) 디벨리우스, p. 154.
41) 디벨리우스, p. 89.
42) 핸슨, p. 126.

17 스피크는 "로마에 와서"(*γενόμενος ἐν Ῥώμῃ*)라는 말속에는 지금 현재 로마에 도착했다는 현재완료 진행형의 의미가 있다고 주장한다. 다른 많은 학자들은 바울서신과 사도행전을 통해서 '오네시보로가 로마에 와서 바울을 방문했는가' 하는데 사실성 여부에 관심을 갖고 '게노메노스 엔 로메'를 해석하려고 한다. 그러한 해석들 중의 하나가 로마를 도시 이름으로 해석하지 않고 '힘'이라는 말로 이해해서 "그가 그의 힘을 다시 찾아서"라고 번역한다. 그러나 디벨리우스는 앞에서 병에 대한 언급이 없으며, 목회서신과 같은 익명의 서신에서 그런 풍자적인 표현이 있을 것이라고 생각할 수 없기 때문에 바울이 로마에 있었던 것으로 생각해야 하며, 그의 첫번째 투옥 중 오네시보로가 바울을 방문했다고 주장한다.[43] 또한 릭케(B. Reicke)는 이 서신 전체를 가이사랴와 연관시켜서 이해하는데, 특별히 이 절을 사도행전 23장 23—33절, 25장 11절과 비교해서 "오네시보로가 로마에 도착해서 열심으로 나를 찾았으며 가이사랴에 있는 나를 발견했다"고 해석한다.[44] 결론적으로 오네시보로가 분명 로마의 감옥에 갇혀 있는 바울을 자주 방문하여 위로하고 힘이 되어준 것만은 사실인 것 같다.

18 스피크와 디벨리우스는 여기의 "찾다"(*εὑρίσκω*)가 17절에서는 '휴렌'(*εὗρεν*)으로, 18절에서는 '휴레인'(*εὑρεῖν*)으로 대체된 것을 저자의 '재담'(才談/word-play)이라고 설명한다. 제2단순과거형인 '휴렌'은 '원인'을 나타내는 의미로 의도적으로 사용된 것 같기 때문에 18절에서 사용된 '휴레인'은 결과적으로 해석할 수 있다 : 오네시보로가 옥에 갇힌 바울을 찾아주었기 때문에 그는 마지막 주의 재림 때에 주님으로부터 자비를 받게 될 것이다. 이런 해석으로 17절과 18절의 연관성이 설명될 수 있을 것이다.

---

43) 디벨리우스, p. 155.

44) 핸슨, pp. 126—127.

주 라는 말이 두 번 중복되어 사용된 것에 대해서 디벨리우스는 두 개의 다른 형식이 본문 안에서 하나로 결합되었다고 보고 있는데, 여기에는 네 가지의 분명한 가능성들이 있다는 것이다.

a. 첫번째 "주"는 하나님, 두번째 "주"는 그리스도라는 견해

b. 첫번째 "주"는 그리스도, 두번째 "주"는 하나님이라는 견해——이것은 스피크, 브록스의 견해로 70인역에서는 하나님에 대한 호칭에 관사가 사용되지 않기 때문이라고 본다.

c. 둘 다 하나님이라고 보는 견해

d. 둘 다 그리스도라고 보는 견해——도니어에 의하면, 이 견해가 대부분의 고대 주석가들에 의해 채택되어 왔다고는 하지만, 설득력이 약하다.

이 구절 전체를 살펴볼 때, 우리가 수긍할 수 있는 견해는 b로, 스피크가 말하는 것처럼 오네시보로가 '재림의 날' 자비를 받아야 한다는 것은 바로 성부 하나님과 인간을 중재하시는 그리스도에 대한 기도인 것이다.

로마 카톨릭 신학자들은 이 절이 죽은 자들에 대한 기도를 인정해주는 것이라고 주장한다. 예를 들면, 스피크는 신약성경에서는 오직 한 군데밖에 없는 죽은 자에 대한 기도 실례를 여기에서 찾고 있고, 베르나르나 이스턴 역시 스피크의 견해에 동의하며 이러한 실례를 마카베오하서 12장 43—45절——"그리고 유다는 각 사람에게서 모금을 하여온 이천 드라크마를 모아 그것을 속죄의 제사를 위한 비용으로 써달라고 예루살렘으로 보냈다. 그가 이와 같이 숭고한 일을 한 것은 부활에 대해서 생각하고 있었기 때문이었다. 만일 그가 전사자들이 부활할 수 있다는 희망을 가지고 있지 않았다면 죽은 자들을 위해서 기도하는 것이 허사이고 무의미한 일이었을 것이다. 그가 경건하게 죽은 사람들을 위한 훌륭한 상이 마련되어 있다는 생각을 하고 있었으니 그것이야말로 갸륵하고 경건한 생각이었다. 그가 죽은 자들을 위해서 속죄의 제물을 바친 것은 그 죽

은 자들이 죄에서 벗어날 수 있게 하려는 것이었다"[45]——에 나타나고 있는 "죽은 자들을 위한 속죄제사"에서도 찾을 수 있음을 근거로 해서, 죽은 자들을 위한 기도가 이미 유대인들 사이에서 시행되고 있었음을 주장한다. 더 나아가서 베르나르(Bernard)는 초대 그리스도교 비문들에 나타난 죽은 자들을 위한 기도문을 또 다른 근거 자료로 제시하고 있다.[46]

네가 잘 아느니라 라는 말은 헬라어 문법상 비교급으로 이해될 수 있기 때문에 "네가 나보다 더 잘 안다"라고 번역될 수 있다.[47] 이렇게 볼 때, "오네시보로"에 대한 언급 역시 "부겔로와 허모게네"에 대한 언급과 마찬가지로, 저자와 이 서신을 받고 있는 교회 지도자들이 이미 바울과 오네시보로의 관계에 대해서도 이미 잘 알고 있었음이 전제된다. 그래서 저자는 공동체의 지도자에게 "오네시보로"를 본받아야 할 신앙의 모형으로 제시함으로써, 공동체의 구성원들이 마치 "오네시보로"와 같이 이상적인 그리스도인으로 살아갈 것을 권면하고 있는 것이다.

저자가 주제를 논의하다가 갑자기 개인적인 언급들을 기록하고 있는 것은 이미 여러 번 지적한 대로 주의를 환기시키고 다음 주제로 넘어가려는 저자의 의도적인 문학적 고안이다.

¶ 신학적 문제

경건(εὐσέβεια)

헬레니즘 시대에 이 단어(εὐσέβεια)는 일반적으로 신들과 관련

45) 마카베오하 12 : 43－45(공동번역).

46) 거스리, p. 202.

47) 거스리, p. 202.

되어 예배의 의미로 사용되었지만 존경의 의미로도 사용되었다. 또한 신들 외에 황제, 통치자, 재판관, 서약, 율법, 그리고 선한 자, 이 모든 것들은 다 존경의 대상이 될 수 있었다. 예배는 신과 동일시될 수 있는 위대하고 고상한 대상에 대한 존경을 의미한다. 이때에 경건은 무조건적인 인격적 위탁이 아니라, 순수하고 숭고한 신성의 세계에 대한 경의, 제의적인 예배, 그리고 질서에 대한 존경으로서의 덕인 것이다. 철학자들은 신들의 뜻에 따라 사는 것을 참된 경건으로 보았다.

그러나 신약성서, 특히 목회서신에서의 '유세베이아'(εὐσεβέια)는 경건, 신앙심을 의미하는데, 이는 곧 하나님과 관련되는 행위를 가리킨다. 신약성서 안에서 "경건"이라는 말은 세 가지의 헬라어 단어들로 나타난다.

첫번째는 '율라베스'(εὐλαβής)라는 말로서 '독실한', '경건한'이라는 의미로, 누가복음 2장 25절에서는 시므온, 사도행전 2장 5절에서는 유대인들, 사도행전 8장 2절에서는 스데반을 장사한 자들, 사도행전 22장 12절에서는 아나니아의 사람됨을 설명할 때 나타난다.

두번째는 '트레스케이아'(θρησκέια)라는 말로서 하나님 예배, 종교, 종교적 의례, 종교적 열심이라는 의미로 사도행전 26장 5절과 야고보서 1장 26-27절에 나타나고 있으며, 골로새서 2장 18절에서는 종교적 무절제, 잘못된 예배라는 나쁜 의미에서 천사숭배를 공격하는 데 사용된다.

세번째는 우리가 여기서 관심갖는 '유세베이아'(εὐσέβεια)라는 단어다. 이 단어는 주로 목회서신과 베드로후서에서만 그리스도인의 믿음과 삶을 나타내는 데 사용되었으나, 특이하게도 바울의 서신들과 다른 제2바울서신들에서는 발견되지 않는다. 바울은 '유세베이아'에 대해서 말하는 것이 아니고, '하기오이'(ἁγιοι-거룩한)와 '에클레크토이'(ἐκλεκτοι-선택된)에 대해서 말하고 있다. 또한 그는 '유세베이아'와 같은 도덕적인 덕목으로는 이해할 수 없는 '피스티스'(πίστις)와 '아가페'(ἀγάπη)를 사용했다.

목회서신과 베드로후서 이외의 다른 신약성서 중에 사도행전 3장 12절에서는 베드로 자신의 "경건함"으로 앉은뱅이를 고친 것이 아니라고 말할 때, 또한 사도행전 10장 2, 7절에서 고넬료는 '경건하며' 하나님을 공경하는 사람이라고 표현할 때, 그리고 그의 부하 중 한 사람을 경건한(εὐσέβης) 사람으로 표현하고 있다. 이런 점에서 신약은 '유세베이아'가 하나님보다는 오히려 신성과 관련되어 있을 뿐만 아니라, 행위에 대한 도덕적 견해를 의미하는 것으로 언급되어 있다. 대체로 어근(εὐσέβ)은 인간의 행위에 그 강조점을 두고 있으며, 또한 이것은 도덕적인 "덕목"으로 평가된다.

목회서신의 저자는 바울의 이름을 빌어 서신을 쓰면서 바울의 생애에 관해서도 언급하며, 그의 가르침에 근거한 내용들을 언급한다. 그러면서도 그는 바울의 서신들과 다른 제2바울서신들에서는 전혀 발견되지 않은 '유세베이아'라는 말을 유독 의도적으로 자주 사용한 것을 보면(딤전 2 : 2 ; 3 : 16 ; 4 : 7−8 ; 5 : 4 ; 6 : 3, 5, 6, 11 ; 딤후 3 : 5, 12 ; 딛 1 : 1 ; 2 : 12), 저자의 중요한 신학적 관심사가 무엇인지를 살펴볼 수 있겠다.

목회서신에서 "경건"이 사용된 맥락은 "거짓교사들에 대항하는 논증, 교회의 제도적 조직과 그리스도인의 선한 행실에 관한 권고, 그리고 끝으로 교회의 성직을 수여받은 목회자들의 올바른 행동과 실천의 촉구"라는 세 가지 단락들이다.[48] 이러한 구분은 디도서의 인사(1 : 1)의 경우를 제외한 "경건"의 모든 용례를 보여주고 있다. 우리는 이 단락들을 중심으로 "경건"이라는 말이 사용된 위치와 각 단락들과의 연관성을 고려해서 이 말이 갖는 의미를 찾아보아야 할 것이다.

48) 페린, 『새로운 신약성서 개론』, p. 58.

a. **거짓교사들에 대항하는 논증으로서의 경건**

디모데전서 4장 7−8절은 "거짓교사들의 가르침에 대한 비난"(4 : 6−16) 중에 나타나고 있다. 특히 본문은 "망령되고 허탄한 신화"(개역, 새번역), "늙은 아낙네들이나 좋아하는 속된 이야기들"(공동번역)과 대조적인 것으로 "경건"을 말하고 있다. "망령되고 허탄한", 혹은 "늙은 아낙네들이나 좋아하는 속된 이야기들"로 번역된 '베베루스 카이 그라오데이스'(*βεβήλους καὶ γραώδεις*)는 '베베루스'(*βεβήλους*)가 '누구나 가까이할 수 있는/ 속된/ 더러운/ 세속적인/경건치 않은/비종교적인'이라는 뜻을 갖고 있으며, '그라오데이스'(*γραώδεις*)는 '늙은 여자의/늙은 여자가 하듯이'라는 뜻을 갖고 있는 말이다. "신화"(*μῦθος*)라는 말은 거짓되고 어리석은 이야기들을 의미하는 대표적인 표현으로 거짓교사들의 특징인 "꾸며낸 이야기"와 "족보 이야기"의 하나에 해당한다.[49]

그러므로 본문은 거짓교사들이 전해주었거나, 혹은 거짓교사들의 영향을 받은 "망령되고 허탄한 신화"를 버릴 것을 명령하면서, 그대신에 "경건"에 이르기를 연습하라고 명령한다. 이것은 거짓교사들의 극단적인 금욕주의에 대한 견제를 의도한 경건한 훈련을 의미하는 것이다.[50] "경건해지도록 자신을 단련하시오"라는 말은 결혼을 하지 않거나, 어떤 음식들은 먹지 않는 외면적 절제와 대조적인 참된 절제를 강조하는 말이다. 여기서 경건해지도록 자신을 단련한다는 것은 실생활을 통해서 체험한다는 말이다.[51] 이러한 내용은 다음절에서 보다 구체적으로 설명되고 있다.

8절 문장은 영지주의적 금욕주의에 대한 논쟁의 의미로 이해될 수 있다. "경건"은 모든 면에서 유익하며——반면에 육체의 연습

---

49) 디벨리우스, 『목회서신』, 국제성서 주석 42권(천안 : 한신연, 1983), p. 33.

50) A. T. Hanson, *the Pastoral Epistles*, p. 1982) : 90.

51) 『디모데전후서, 디도서 주석』, 천주교회 200주년 신약성서 주석 시리즈(서울 : 분도출판사, 1986), p. 31

은 약간의 유익이 있다——이 세상과 장차 올 세상의 생명을 약속해주는 것이라고 하는데, 이러한 언급은 경건한 삶의 자세에 대한 긍정적인 결과를 말하는 것이다. 이로써 목회서신의 저자는 이 말에 "그리스도교의 신비"에 관한 지식을 포함하는 함축성을 부여하고 있는 것이다.[52] "육체적인 연습"[53]이 약간의 유익이 있다는 것은 육체적 연습을 통해서 용기를 주려는 것이 아니고, 분명한 관심은 진정한 가치가 있는 "경건"에 있음을 밝히는 것이다.

여기서 "경건"이란 "순수한 그리스도인의 믿음"을 표현한 것이다. 즉 기도의 생활뿐 아니라 올바른 생활을 뜻하는 개념을 의미한다. 거짓교사들에게는 이것이 부족했고, 육체적 훈련과 비교되는 경건은 실제로 망령된 신화와 대립되며 현재와 미래를 포함하는 생명과 관계가 있는 것이다. 이러한 맥락에서 9절에 이어지는 생명에 대한 약속은 이 세상에서의 번영과 동일시될 수 없고, 오히려 경건의 축복을 요약해주는 것으로 보인다.

그러므로 다른 말로 하면, "경건"은 육체적인 훈련, 즉 부정적인 금욕주의와는 반대되는 것이다. 이와 유사하게 6장 11절에서는 "경건"(*εὐσέβεια*)을 추구하라는 명령이 나온다. 이것은 의(*δικαιοσύνη*) 바로 뒤에, 그리고 믿음(*πίστις*), 사랑, 인내, 온유 바로 앞에 위치하고 있다. "경건"에 의해 지배받는 삶의 방식은 거짓교사들의 가르침과 "건전한 가르침"을 구별해준다. 이와 같이 경건은 곧 "건전한 가르침"과 상응하는 언급일 수 있고(딤전 6 : 3), 또는 "경건"과 결합되는 "진리의 지식"에 대한 언급일 수도 있다(딛 1 : 1). 이러한 삶의 자세는 적대자들의 "거짓된" 가르침과는 구

52) 앞의 책, 90쪽.

53) 『디모데전후서, 디도서 주석』, 천주교회 200주년 신약성서 주석 시리즈(분도출판사 : 서울), 1986, p. 31. 다른 말로 바꾸면 "몸의 단련"을 뜻하는데, 이것은 7절에서 "자신을 단련하는 것"과는 다르다. "몸의 단련"이란 이단자들이 그릇된 인식에서 강조한 것처럼 결혼을 하지 않고 어떤 음식들은 먹지 않음을 뜻한다.

별되어 "건전한" 가르침으로 지칭될 수 있다.

경건 곧 건전한 가르침은 관념적인 것이 아니라, 그리스도교 교리에 대한 규범을 뒷받침해줄 수 있는 삶의 태도인 것이다. 그러므로 그 정의(定義)야 어떻든간에 "건전한 교리"는 경건과 관계되는 것이다. 그런데 건전한 교훈은 "합리적이며", 일반적으로 만족할 만하며, 전승으로부터 유래된 것이다(딤후 2 : 2 ; 3 : 14—17 ; 딛 1 : 9). 그리고 "진리의 인식"으로부터 온다(딤전 2 : 3, 4). 그러므로 경건은 유익한 것이다(딤전 4 : 8 ; 6 : 6). "경건"이라 불리는 이러한 삶의 자세는 디모데전서 3장 16절의 표현대로 참으로 심오한 것인데, 이는 그 기초가 바로 그리스도 사건에 연유되고 있기 때문이다.

형식화된 경건은 단지 거짓된 것이며, 그 능력을 부인하는 것인데, 그렇다면 적대자들은 경건이 삶에 대한 영향력을 갖는다는 것을 부인하고 있는 것이다(딤후 3 : 5). 이와 관련해서 경건이 형식적으로만이 아니라 실제적으로 삶에 적용될 때 곧 "이득"이 된다는 디모데전서 4장 8절의 사상을 재고(再考)해볼 수 있다. 거짓교사들은 자신들이 "경건"이라고 부르는 것을 한낱 이득의 수단으로 여기고 있었던 것이다(딤전 6 : 5).

그리고 디모데전서 6장 6절은 "경건을 이익의 수단"으로 생각하는 이단자들을 비난한 다음, 자족할 줄 알아야 경건이 참으로 이득이 될 수 있다고 한다. 물론 경건이 경건한 자들에게 어떤 이득을 주는 것은 사실이다. 그러나 인간의 "경건"이 하나님에게 이익이 된다는 생각은 필로에 의해 단호히 부정되고 있다.[54] 여기서 이득의 내용으로는 4장 8절에서 말한 "현재와 미래의 생명"을 가리키기보다는 아마도 5장 17—18절에서 말한 장로들의 보수 같은 것을 생각한 듯하다.[55]

---

54) 디벨리우스, 『목회서신 주석』, p. 127.

55) 『디모데전후서, 디도서 주석』, 천주교회 200주년 신약성서 주석 시리즈, p. 37.

목회서신에서 이와 같은 "경건"의 사용은 교회내에서 열광주의나 영지주의적 운동과의 분리를 뜻하는 것이다. 이런 운동은 금욕주의를 선호하고 또한 창조를 악하고 나쁜 것으로 간주했으며, 모든 세속적 권위와 기준들을 부인하고 "가족"을 무시하는 경향을 띠었다. 이러한 일들은 아마도 부활이 이미 과거의 사건(딤후 2 : 18)이라는 개념과 연결되는 것이다. 목회서신의 저자는 적대자들의 이러한 주장들이 경건과 관련된다는 사실을 용납할 수 없었던 것이다.

유대교의 경건은 율법에 의해 결정된다. 그러나 목회서신에서 율법은 적대자들 중 단지 일부만이 주장한 것이다(딤전 1 : 7ff. ; 딛 1 : 13f.). 오히려 목회서신에서 경건의 율법주의적 경향은 찾아볼 수 없다. 또한 경건은 헬라 세계에서처럼 제의적 행위뿐만 아니라 공중예배 행위를 의미하지도 않는다. 더군다나 금욕주의와 반대되는 창조적 관점에서의 신론(神論)에 대한 언급을 뜻하지도 않는다. 또한 경건이 이상적인 것을 추구하고 실천되어야 할 것이라고 해도, 그것은 분명히 도덕적인 덕목은 아니다.

그런데 그리스도인들은 은혜(딛 2 : 11)와 성서(딤후 3 : 16)를 통해 교육을 받아 생활 속에서 성숙한 그리스도인이 될 수 있게 되었다. 이와 같은 생활을 위해 중요한 것은 '소프론'(σώφρων)이란 단어와 그 파생어들이 비교적 자주 나타나고 있다는 점이다. 이런 단어들이 목회서신에서는 아홉 번 나오고 있는데, 나머지 신약성서 전체에서는 오직 여섯 번만 사용되고 있다. 이처럼 "신중한" 절제는 이 세상의 부에 대한 태도를 규정해주기도 한다.

또한 모든 음식은 감사한 마음으로 받아들여져야 한다(딤전 4 : 3). 술을 즐겨 무제한적으로 마시는 것(딤전 3 : 3 ; 딛 1 : 7 ; 2 : 3)과 재물에 욕심을 두는 것에 대해 경고하고, 자족할 줄 알라고 명령하고 있으나(딤전 6 : 6—10), 교회 안에서의 어느 정도의 재산 소유는 절제되고 있다(딤전 6 : 17—19 ; 5 : 16). 이 모든 것들은 그리스도교

사상에 의해 새롭게 제시되며 교회를 위해 그런 명령이 주어지고 있다.

결론적으로 저자는 금욕주의적 태도를 반대하면서 그러한 태도는 모든 것이 하나님으로부터 왔으며, 따라서 성과 음식 등 모든 것을 감사하는 마음으로 받아들여야 한다고 보고, 부적절한 금욕주의는 올바른 창조관에 반대되는 것으로 간주한다. 육체적 훈련은 약간의 가치가 있기는 하지만 금욕주의자들이 주장하듯, 영성의 획득에 꼭 필요한 것은 아니라는 것이다. 그렇다고 해서 목회서신에 나타나는 그리스도교 공동체가 육체에 필요한 '육체적 훈련'을 부정하지는 않는다. 오히려 그리스도인에게 요구되는 것은 하나님이 준 모든 것을 책임있게 사용하는 것이다.

b. **교회의 제도적 조직 및 선한 행실에 관한 권고 속에서 사용된 경건**

목회서신에 나타난 제도적 직제에 관한 단락에서 사용된 "경건"은 디모데전서 2장 2절, 3장 16절, 5장 4절 등에 나타나고 있다. 디모데전서 2장 2절과 3장 16절의 "경건"은 "거짓교사들의 교리에 대한 공격"(1 : 3—20) 후에, 이에 대한 대비책에 속하는 첫번째 "교회직제"(2 : 1—3 : 16)에서 "교회의 예배규정"(2 : 1—15)과 "성직제도"(3 : 1—16) 단락에 각각 나타나고 있다. 따라서 본문들은 교회의 위상 정립과 밀접한 관계성 안에서 이해되어야 한다. 또한 동사형으로 사용된 5장 4절의 경우는 두번째 "교회직제"(4 : 11—6 : 19)에서 그리스도인들을 대하는 태도에 관한 권면 중에 나타나고 있다. 여기서는 종교적인 의무로서 "부모를 향한 존경"이라는 의미로 사용되었다.[56]

목회서신에서 맨 처음 나타나는 디모데전서 2장 2절의 "경건"은 "단정"(품위있게—σεμνότητι)이라는 말과 함께 사용되고 있다. '경건하고도 품위있게'(εὐσέβεια καὶ σεμνότης)라는 표현은 목회서신

56) Hanson, *op.cit.*, p. 97.

에서 자주 발견할 수 있으나, 바울서신에서는 발견되지 않는다. 이러한 표현이 신약성서에서는 독특한 것처럼 보이지만, 당시 헬라 세계에서는 자주 사용되던 표현이다.[57] "경건"과 "품위"란 말은 분명히 선하고 명예로운 시민생활의 이상을 예증해주고 있다. 덕에 대한 도식적인 설명 가운데서 "선", "의", "양심" 등과 나란히 사용되고 있는 말로서 이해되는 것이다.[58]

그러므로 디모데전서 2장 2절에서의 "경건"은 윤리적인 행동과 관련된다. 또한 이러한 권면은 경건함 가운데서 자기 자신을 훈련할 것과 연결되어 있다(딤전4 : 7). 목회서신의 저자는 그 개념을 "모든 인간들의 행위"를 포함하는 것으로 확대시키고 있으며, 또한 그는 적대자들이 멸시하는, 하나님이 정하신 규범을 암시하기 위해 이 단어를 사용하고 있다.

여기서의 "경건"은 또한 삶의 자세를 의미한다. 그것은 창조주로서의 하나님, 모든 사람을 구원하신 구세주로서의 하나님을 존경함과 관련된다. 이 "경건"은 "믿음"에 근거한 일상생활과 직결되며, 또한 삶의 질서 속에 담겨진 하나님에 대한 봉사다. 그러나 이러한 질서들은 그 자체로서 "절대적인 것"으로 여겨지지는 않는다. 이러한 내용은 그리스도 안에서 경건한 삶을 추구하는 사람들은 박해를 받으리라는 디모데후서 3장 12절에서도 찾아볼 수 있다.

디모데전서 3장 16절에서는 "경건"이 "비밀"(*μυστήριον*)이라는 말과 함께 사용되고 있다. 여기서는 "종교적 비밀"이라는 본문이 9절의 "믿음의 비밀"과 같은 의미로 사용됨으로써, "경건"은 곧 "믿음"이라는 대용어가 되고 있다.[59] 특히 목회서신이 기록되던 시기

---

57) 헬라적인 생활태도가 '경건과 품위'라면, 유대적인 생활태도는 누가복음 1장 75절에 나타나듯 '거룩하고 의롭게'(*ἐν ὁσιότητι καὶ δικαιοσύνῃ*) 살아가는 것이었다.

58) 디벨리우스, 『목회서신』, p. 66.

59) 위의 책, p. 98 ; Hanson, *op. cit.*, p. 84.

에는 믿음이 바울서신에서처럼 더 이상 "하나님의 선물"이 아니라, 보다 실천적인 의미로 사용되었고, 그것은 특별히 올바른 신앙생활뿐 아니라 '로마 제국에 사는' 시민으로서도 올바른 처신과 도덕적으로 흠이 없는 생활을 영위하는 것을 의미했다. 그러므로 이 시대에 '믿음'이란 이상적인 그리스도교적 시민이 갖추어야 할 덕목이었고, 바로 그 세부적인 목록 가운데 "경건"이라는 것이 들어가 있는 것이다. 목회서신은 거듭해서 "이상적인 그리스도교적 시민상"을 제시하고 있는 것이다.

바울은 이 세상과 하나님의 세계 사이의 긴장 속에서 살았다. 그는 고린도후서 6장 4—10절에서 자신이 현재 당하고 있는 고통을 하나님 나라의 시민으로서 당하는 고통으로 기꺼이 받아들이고 있다. 이런 태도와는 대조적으로 목회서신의 저자는 이 세상 안에서의 삶을 추구하고 있다. 따라서 그에게 있어서는 확실히 인생의 평안이 그리스도인의 목적이 되고 있다. 물론 "선한 시민"의 윤리가 재림까지의 시대를 조명하는 데 사용되고 있으며, 그 재림이 이제는 더 이상 임박한 것으로 느껴지지 않고 있다. 시대를 조명하는 요인들은 선한 양심(딤전 1 : 5), 그리스도인의 생활이 선행을 추구한다는 생각, 믿음과 사랑, 경건과 위엄(딤전 2 : 2 ; 딛 2 : 12) 등이었다.

선한 행실에 관한 권고로서 사용된 "경건"은 디모데후서 3장 5, 12절, 디도서 2장 12절에서도 찾아볼 수 있다. 디모데후서 3장 1—5절은 마지막 때의 타락상을 긴 악덕 목록 가운데서 설명하고 있는데, 바로 여기에서 "경건"과 연관된 언급이 나타난다.

디모데후서 3장 5절은 바울에게서 빌려온 악덕 목록의 제시를 마치고, 필로의 영향을 반영하는 이단자들에 대한 실제적인 비난을 제시하고 있다.[60] 여기서 "경건의 모양"과 "경건의 능력"은 서로 대립되는 개념인데, 아마도 "경건의 모양"이란 교회 안에서 하

60) 디벨리우스, 앞의 책, p. 169.

나님 예배와 관계된 형식적인 모습들과 깊은 관계가 있는 것 같다. 따라서 "경건의 능력"은 하나님 예배와 일치되는 덕스러운 삶과 연관된 모습들을 말해주고 있는 것이다. 그런데 악을 행하는 사람들이 바로 교회의 존경받는 지도자들 중에 있음을 암시하고 있다는 것은 참으로 놀라운 일이다.

"경건"이 "믿음"을 대신해서 사용된 것과 함께 디모데후서 3장 12절에서는 "그리스도 예수 안에서"의 "경건"을 말하고 있다. 물론 "그리스도 예수 안에"라는 말은 바울이 "그리스도 안에" 사는 삶에 관해서 가르친 것과 같아 보인다. 목회서신의 저자는 이러한 표현이 바울의 것임을 알고는 있었으나, "그리스도 안에"라는 의미에 대해서는 깊이 이해하지 못한 것 같다.[61] 본문은 경건을 그리스도 예수 안에서의 삶으로 표현하고 있으므로, 이것은 교회 밖의 사회적인 덕목으로부터 교회 안의 그리스도인들의 신앙생활의 덕목으로 그 의미가 전환되고 있음을 보여주는 것이다.

디도서 2장 12절은 경건의 의미에 대한 보다 구체적인 자료를 제공해주고 있는데, 이제는 "경건"이 하나님의 은총과 관계되고 있다. 따라서 그리스도인들의 선한 행실의 하나인 "경건"은 그리스도인들의 믿음의 표현이 되며, 동시에 하나님의 은총에 의한 삶의 방식으로 이해되고 있는 것이다.

결국 이러한 용례들은 교회 밖에서 명예로운 시민생활의 덕목 중의 하나였던 "경건"이라는 말이 이단의 위협으로부터 그리스도교 신앙을 지켜주는 하나의 중요한 요소가 되었음을 보여준다. 또한 이 말은 교회 안에서 그리스도교 신앙의 중요한 요소로서 자리잡게 되었는데, 그중의 하나가 바로 "믿음"을 대신하는 기능과 하나님의 은총에 의한 삶의 방식을 나타내게 되었던 것이다. 우리는 교회상황의 변화를 고려해서 목회서신을 변화된 사상구조, 즉 이 세상 안

---

61) Hanson, *op. cit.*, p. 149.

에서 사람들은 좀더 오래 살아가게 될 것이라는 사상 속에서 이해하는 것이 필요하다.

여기서 "경건"이란 믿음이 독실함을 의미할 수도 있으나, 이는 공교회 상황에서의 "그리스도인의 믿음", 또는 "그리스도인의 처신"을 의미한다.[62] 또한 인간적으로 어른들에 대한 존경을 의미하기도 한다(딤전 5 : 4). 또한 당시 명예로운 비문들 가운데 "경건"이라는 단어가 '덕'에 대한 도식적인 설명 중에 "선, 의, 양심" 등과 나란히 나타나고 있다. 이러한 사실에 관심한 스피크는 "경건"이라는 개념을 로마의 "충성심"이나 정치적 의미와 관련해서 좀더 강한 의미를 가진 단어로 이해하고 있다.[63]

그밖의 신약성서에서 '유셉'(εὐσέβ)이란 어군은 베드로후서에서 네 번 나타나고 있다. 베드로후서에서 등장하고 있는 거짓교사들의 일반적인 상황은, 목회서신에서 나타나고 있는 거짓교사들의 상황과 매우 다르다. 왜냐하면 그들은 금욕주의 대신에 자유주의로 문제를 야기시켰기 때문이다. 베드로후서 1장 6f.절에 나타난 '덕목 목록'은 어떤 특별한 의도를 지니고 있는 것으로 보이지는 않는다.

그리고 "절제"(ἐγκράτεια)는 재림(parousia)을 고대하는 인내와 관련된다. 그러므로 이 절제는 질서를 고수하는 경건(εὐσέβεια)으로 연결되고, 이것은 또한 목회서신에서도 비슷하게 나타나고 있는 개념인 사랑으로 연결된다. 또 다른 언급에서 '유세베이아'는 단순히 불경건한 행보와 반대되는 개념으로 등장한다. 롯이 착한 행실로 인해(2 : 8) 방종에 빠진 자들로부터 구원을 받았으며(2 : 7), 주님께서 경건한 자들을 유혹에서 건져내신다고 서술되고 있다(2 : 9).

베드로후서 3장 11절에서 복수인 '유세베이아이'(εὐσέβειαι—물

---

62) G. D. Fee, *1 & 2 Timothy, Titus*, p. 63.

63) A. T. Hanson, *The Pastoral Epistles*, p. 67.

론 목회서신과는 전혀 다른 뜻)는 단순히 개인적인 행위의 총체라고 이해할 수 있다. 다가오는 심판은 경건한 행위들에 대한 보상이 된다. 1장 3절의 "그리스도께서는 하나님으로서의 권능을 가지시고 생명과 경건에 이르게 하는 모든 것을 우리에게 주셨습니다"라는 구절의 그 자세한 의미가 어떻든지 간에 '유세베이아'는 경건한 삶이라는 일반적인 의미, 즉 도덕적으로 선한 삶이라는 의미를 가지고 있다.

c. 성직을 부여받은 목회자들의 삶의 지침으로서의 경건

디모데전서 6장 3-6절에서 사용된 "경건"은 교회의 최고 지도자가 목회자들에게 주는 가르침에서 나타나고 있다. 3절에서 "예수 그리스도의 건전한 말씀과 경건"이라는 표현이 나타나고 있다. 이어지는 5절에서는 앞에서도 이미 살펴본 "이익의 수단으로 여겨지는 경건"이 언급되고 있다. 이것은 아마도 "경건"의 본래적인 모습과는 달리, 돈벌이를 위해서 하나님에 대한 가르침을 베풀거나 경건을 빙자해서 자신의 기득권을 확보하려는 거짓교사들의 모습을 지적하는 말로 이해된다.

따라서 본문에서는 "경건"이 예수 그리스도의 건전한 말씀에 근거한 생활을 지시하며, 이로 인해 예수 그리스도의 가르침에 합당한 삶으로 가시화된 것이 바로 경건이었고, 이것은 동시에 거짓교사들의 자랑거리와 그들의 이익을 위한 방편으로 이용되기도 했다는 것이다. 이처럼 목회서신의 저자는 '경건' 자체를 목적으로 제시(6, 11절)하고 있는 것이다. 결국 "경건"은 인간의 삶을 위한 수단일 수 없으며, 철학자들의 경우처럼 자랑거리가 될 수도 없는 것이다. 경건은 예수 그리스도의 말씀에 근거한 삶의 한 모습이며, 그리스도인들이 마땅히 따르고 목적으로 삼아야 할 그리스도교의 이상이 된 것이다(딤전 6 : 11).

디모데전서 6장 11절에서는 "의, 경건, 믿음, 사랑, 진실함, 정숙함"이 나열되고 있는데, 바울은 결코 의와 경건을 한 쌍으로 사용하지 않았다. 이에 대해서 길리(Gealy)가 잘 지적하고 있다 : "의나 믿음을 목적하는 것은 바울적인 용어가 아니다. 왜냐하면 바울에게 있어서 이것들은 하나님의 선물일 뿐이지, 결코 인간이 자신의 공로를 통해서 얻을 수 있는 성취물일 수가 없기 때문이다."[64] 그러나 목회서신 저자는 비록 바울의 영향을 받기는 했지만 그의 사상을 그대로 답습하는 것이 아니라, 그것을 발전시키고 상황에 알맞게 수정하고 있다. 이러한 의미에서 저자는 바울이 하나님의 선물로 분류한 덕목들 속에 "경건"을 포함시키고 있는 것이다.

디모데후서 3장 12절에서 "그리스도 안에서 경건하게 살려는 모든 이"는 언뜻 보기에는 바울의 "예수 안에서"의 삶에 관한 가르침과 유사하다. 그러나 바로 그 다음에 십자가가 없는 것이 차이점이고, '그리스도 안에서'와 쌍을 이룬 '경건한 삶'은 비바울적인 것으로 여겨진다.[65]

그러나 그리스도 예수 안에서 경건하게 살려는 자가 받는 고난에 대해 언급한 것은 사도 바울의 사상과 관련된 것임이 분명하다.[66] 또한 디도서 3장 1－2절은 경건한 그리스도인의 일반적 생활태도를 잘 요약하고 있다 : "지배자들과 권세잡은 자들에게 복종하고 순종하며 모든 선한 일을 할 만한 준비를 갖추고, 아무도 욕하지 말고 다투지 말며 너그럽게 모든 사람에게 언제나 온유함을 보이시오."

결론 : 우리는 지금까지 목회서신 안에 나타나는 '경건'이라는 말이 "교회의 제도화"와 관련된 중요한 신학적 용어로서 목회서신 저자에 의해서 선호되고 있음을 살펴봤다. 이 용어는 놀랍게도 예수

64) A. T. Hanson, *The Pastoral Epistles*, 1982, pp. 109－110.

65) A. T. Hanson, pp. 149.

66) Guthrie, 『목회서신』, 양용의 역(기독교문서선교회 : 서울), p. 239.

의 가르침에서나 바울의 그리스도인의 생활에 관한 가르침에서는 찾아볼 수 없다. 이것은 예수의 시대와 바울의 시대에 비해서 목회서신이 기록될 당시는 이전 시대들과는 사회·역사적 그리고 신학적으로 많은 차이가 있었기 때문일 것이다.

목회서신이 기록될 당시에는 교회의 제도화가 추진되고 있었는데, 이것은 교회 내적으로는 이단적인 가르침들과 이로 인해 윤리적·종교적 문제들이 발생했고, 교회 외적으로는 로마 제국과 같은 세상과의 관계개선이 시급했기 때문이었을 것이다. 교회는 당면한 이러한 산적한 문제들을 해결하기 위한 규범과 조직이 필요했을 것이다.

교회의 규범으로는 사도들의 전승이 중요시되었으나, 필요에 따라서 이러한 전승들은 그 시대에 맞게 새로운 개념과 용어들로 표현되어야만 했을 것이다. 이때에 그 당시 교회 밖에서 통용되고 있던 철학적인 용어나 개념들, 혹은 당시 이방종교에서 사용되던 용어나 개념들을 사용한 것은 자연스러운 현상이었다. 이러한 용어와 개념들을 도입하여 사용함으로써 교회는 더 이상 세상과 분리된 하늘나라의 지상 출장소와 같은 개념으로 이해되지 않고, 이 세상의 한 제도적 종교가 되었음을 의미한다.

교회에 새로 도입된 새로운 용어와 개념들 가운데 특히 "경건"이라는 말은 거짓교사들의 가르침에 대한 방어수단으로서 "그리스도교의 신비"에 관한 제한된 지식을 포함한 중요한 신학적 용어로서 받아들여졌으며, 교회의 규범으로서 하나님에 대한, 예수의 말씀에 의한 삶의 태도로서 성격지어졌다. 경우에 따라서 이 말은 "믿음"의 개념을 대신하기도 했으며(딤전3 : 9—16), 사도들의 전승 등과 결합되어 사용되기도 했다(딤후3 : 12). 예수와 바울에게서는 하나님의 선물, 은혜의 선물이기도 했던 "은사"의 개념들이 서서히 교회 안의 덕목으로 대치되면서, 인간의 노력으로 획득가능한 것으로 표현되게 되었을 것이다. 경건도 이러한 경향의 한 산물로 이해된다(딤전 6 : 11).

오늘날 대부분의 목회현장에서는 경건한 그리스도인의 양성이 교회에 필요한 훌륭한 일군을 양성하는 일과 밀접한 관계를 갖는다고 생각되어 경건의 훈련이 강조되고 있다. 그러나 이것은 본래의 '경건'이 갖고 있는 개념과는 상이한 현상이다. 경건을 어떤 신비적인 삶의 모습으로 그려내려고 하는 입장들이나, 혹은 형식적이고 율법적인 삶의 모습으로서 규정하려고 하는 시도들은 지양되어야 할 것이다. 왜냐하면 그것은 목회서신에서 나타나는 진정한 의미에서의 "경건"과는 거리가 먼 것이며, 오히려 거짓교사들이 주창하며, 가르치고 있는 거짓된 "경건"과 더 가깝기 때문이다.

목회서신의 시대적 상황과 오늘날의 시대적 상황이 종교적 개념과 사회적인 개념의 혼란이라는 측면에서 유사성을 갖고 있다는 점에서, 오늘날에도 목회서신에 나타나는 "경건"의 개념은 우리들에게 "그리스도인의 삶"에 관해서 중요한 이해를 전해주고 있다고 생각된다. 경건은 그리스도인들의 하나님에 대한, 예수 그리스도의 말씀과 일치된 삶의 태도여야 하는 것이다.

3) 고난에 대한 권면(2 : 1—13)

¶ 개요

이 단락은 이 서신을 이해하는 데 있어서 근본적으로 중요한 권면을 포함하고 있다. 교회 지도자 자신은 그리스도 예수 안에서 강건해서 '건전한 가르침'인 바울 전승을 널리 전해야 했다. 이 본문은 클레멘스일서 42장 1—4절과 함께 초대교회에서의 사도 전승의 중요성을 알려준다. 여기서 우리는 디모데전서에 나오는 규정들의 경우와 마찬가지로 저자가 가상적인 수신자보다는 오히려 자기가 가르쳐야 할 교회의 사역자들에게 더 많은 관심을 가지고 있음을 분명히 알 수 있다.

브록스(Brox)는 저자가 이 서신을 통해서 권면하고자 하는 주된 내용이 여기서부터 4장 8절까지라고 주장한다. 실제로 저자가 이 단락에서(2 : 1—4 : 8) 바울서신에 대해서 재해석하고(2 : 20—21), 구약 인용에 대한 언급 등(3 : 16—17)을 포함한 다른 많은 자료들을 첨가시키려고 노력하는 모습이 엿보인다. 이러한 의미에서 볼 때, 브록스의 주장은 타당하다고 말할 수 있다. 그러나 우리는 편의상 2장 1—13절은 지금까지 논의해왔던 앞단락에 붙이고 2장 14절부터 4장 8절까지는 따로 떼어서 살펴볼 것이다.

(1) 그리스도의 선한 일군(2 : 1—7)

1 내 아들아 그러므로 네가 그리스도 예수 안에 있는 은혜 속에
서 강하고 *2* 또 네가 많은 증인 앞에서 내게 들은 바를 충성된 사
람들에게 부탁하라 저희가 또 다른 사람들을 가르칠 수 있으리라 *3*
네가 그리스도 예수의 좋은 군사로 나와 함께 고난을 받을지니 *4*
군사로 다니는 자는 자기 생활에 얽매이는 자가 하나도 없나니 이
는 군사로 모집한 자를 기쁘게 하려 함이라 *5* 경기하는 자가 법대
로 경기하지 아니하면 면류관을 얻지 못할 것이며 *6* 수고하는 농
부가 곡식을 먼저 받는 것이 마땅하니라 *7* 내 말하는 것을 생각하
라 주께서 범사에 네게 총명을 주시리라

¶ 주석

1—2. 이 단락은 왜 교회의 지도자들이 그리스도 예수 안에 있는 은혜 안에서 강해져야 하는지에 대한 첫번째 이유를 '내게 들은 바를 가르칠 수 있도록'이라고 설명하고 있다. "내게 들은 바를… 가르칠 수 있으리라"는 문구는 교훈에 대한 공식 문구화된 요약을 가리키는 것으로 생각되어야 한다. 우리는 여기서 전승의 교리를 발견해낼 수 있다. 그러나 그것은 사도권의 계승이라기보다는 "교회의 가르침"에 대한 전승이라고 볼 수 있다.

[1] 목회서신 저자는 **내 아들아** 라고 개인적인 애정을 담은 말을 하고 있는데, 내용상 직접적인 수신자보다는 오히려 저자 자신이 가르쳐야 할 사람들에게 더 많은 관심을 나타낸 것으로 보인다. 그의 관심은 전승의 계승을 자신의 시대까지 확대시키려는 것으로 보인다.

은혜 속에서(ἐν τῇ χάριτι)라는 표현은 수단적인 의미에서 "은혜로써"라고 번역할 수도 있고, 또한 위치적인 의미에서 "은혜 안에"라고 번역할 수도 있다. 왜냐하면 은혜가 궁극적으로 우리로 하여금 하나님의 뜻 안에서 우리를 구원시키는 수단이 분명하기는 하지만, 모든 그리스도인들이 살 수 있는 하나의 장(場)이 되어주기도 하기 때문이다. 그러나 에베소서 6장 10절과 목회서신 전체를 살펴볼 때, 여기서는 아마도 후자의 의미가 더 적절하게 보인다. 즉 저자는 이 서신을 받는 지도자들이 모두 "은혜 안에서" 선택되고 활동하는 사람들임을 강조하고 있는 것이다. 여기서 "강하다"(ἐνδυναμοῦ)는 바울이 자주 사용하던 표현이었다(참조. 롬 4 : 20 ; 빌 4 : 30 ; 엡 6 : 20).

호울덴(Houlden)은 박해가 끝난 시대에 평안하게 신앙생활을 하던 저자가 이 단락에서 고난과 환란, 그리고 온갖 위험 가운데 살아가던 바울의 모습을 회상시키고 있다고 주장한다. 그러나 해슬러(Hasler)는 바울 이외의 다른 사람의 권위에 반대해서 "바울의 권위"를 옹호하려고 무던히 애쓰고 있다고 언급한다. 저자 당시의 사람들이 바울의 권위와 대립하는 것으로 "베드로" 또는 "요한"을 거론했는지는 의문의 여지가 있다. 그러나 저자는 바울의 권위를 강하게 주장함으로써, 거짓교사들에 의해서 주장되는 다른 권위에 반대하고 있는 것은 분명하다.

2 **많은 증인 앞에서** 라는 표현은 엄숙하게 많은 증인들을 언급하고 있는 것을 볼 때, 전도설교나 교훈을 언급하는 것이 아니라, 세례예식이나 또는 안수예식을 언급하는 것으로 보인다. 그렇다면 그것이 정확히 '세례예식'인가, 아니면 '안수예식'인가라는 문제가 남는다. 그러나 여러 학자들, 특히 스피크나 브룩스의 견해에 따르면, 1장 16절에 근거해서 "안수예식"에 대한 언급이라고 지적한다. 또한 바레트(Barrett)는 "많은 증인 앞에서"는 어느 경우든지 영지주의자들의 비교적(秘教的)인 가르침에 반대되는 것을 의미한다고 주장한다.[67)]

3 저자는 사역자들이 은혜 안에서 강해져야 하는 두번째 이유에 대해서 설명하고 있다.

좋은 군사(*καλὸς στρατιώτης*)는 빌레몬서 2절과 빌립보서 2장 25절에서도 사용되었는데, 바울은 이 단어를 사용해서 "그리스도의 사역자들"을 의미했다. 또한 이와 유사하게 디모데전서 1장 8절에서도 "선한 싸움을 싸우며"라는 표현이 나오고 있다.

고난을 받을지니라 는 표현은 1장 8절에서 이미 언급되었다. 또한 3—7절을 전체적으로 볼 때, 고린도전서 9장의 내용을 많이 회상하면서 언급하는 것으로 보인다. 특별히 바울은 고린도전서 9장

67) 핸슨, 128.

7a절에서 "군사—비유"를 사용하고, 9장 7b절에서는 포도원 농부의 비유를, 그리고 9장 24—27절에서는 운동경기의 비유를 사용하고 있다. 저자 역시 이와 같은 방법으로 교회 지도자들이 교회의 올바른 가르침을 고수하고, 또한 그 가르침을 전파할 수 있도록 그들에게 절제와 인내, 그리고 자기훈련을 강조하고 있는 것이다.

특별히 목회서신의 저자는 거짓교사들과의 논쟁상황에서 '군사—비유'를 사용하고 있다(딤전 1 : 18). 이는 교회 지도자들의 삶이 마치 급박하고도 어려운 처지에 놓인 "군사들의 삶"과 유사하다는 것을 유비적으로 설명하고 있는 것이다.

4—7. 여기에서 저자는 교회 지도자들에게 갖가지 상황에 처할 수도 있다는 것을 비유로 설명하면서 권면하고 있다. '군사와 경기자와 농부'와 같은 세 가지 실례들은 당시 저자가 살던 일상생활 속에서 인용된 것이다. 이 세 가지 비유는 수고하는 자가 보상을 얻게 될 것이라는 보상사상(報償思想) 이외에도 또 하나의 공통점을 갖고 있는데, 그것은 수고 없이는 소득도 없다는 것이다. 좀더 자세히 보자면, 군인들로부터는 인내를 배우고, 경기자로부터는 규칙과 질서를 배우며, 농부로부터는 참을성을 배워야 한다는 것이다.

4 그리스도의 군사로 부르심을 받은 사람들은 군인의 임무를 방해하는 모든 것을 다 포기해버려야 한다는 것이다. 군인이 세상의 일들을 제쳐놓아야 하듯이, 교회의 지도자도 마찬가지로 스스로 자신이 이미 떠나온 세속적인 일에 무관심해야 한다는 것이다. 특별히 여기서 "소집한 자"는 "그리스도"를 의미한다. 그리스도께서는 사역자들을 그분의 군대에 군인으로 입대시켜 주셨으므로, 방심하지 말고 주님사업에 헌신함으로써 그분을 기쁘게 해드려야 할 것을 말하고 있는 것이다.

5 **경기하는 자**의 비유가 나타나고 있다. 교회의 지도자는 마치 경기장의 경기자와 마찬가지로 훈련을 하며, 자기를 부정할 줄 아는 사람이어야 한다. 또한 교회의 지도자는 경기자와 마찬가지로 규칙을 지킬 줄 아는 사람이어야 한다는 것이다. 즉 교회 지도자는 자기의 사역을 위해서 적절한 훈련이 필요하며, 또한 자신의 직임을 수행할 때에는 교회에서 제정한 "법"을 준수해야 한다는 것을 지시하는 것이다. 사실 당시 올림피아에서 열리는 경기에 참가하기 위해서는 일정기간 동안의 고된 훈련을 지속해야만 했던 것이다. 바레트(Barrett)는 저자가 여기서도 고린도전서 9장을 심사숙고해서 자신의 방식으로 반복하고 있다고 주장한다. 우리는 여기에서도 목회서신이 가지고 있는 제도적인 교회의 면모를 발견할 수 있다.

6 **농부**의 비유가 나타나고 있다. 농부는 첫째로 열심히 일해야 하고, 그 다음에 결실을 기다려야 하는 사람이다. 둘째로는 어느 때나 일할 준비가 철저히 되어 있는 사람이다. 저자는 이러한 농부의 특성을 염두에 두면서 농부가 밭을 갈고 씨를 뿌리고 곡식과 채소가 잘 자라도록 참을성있게 돌봐야 하듯이, 교회 지도자들 역시 정성스럽고도 지속적으로 그리스도인들을 돌봐야만 한다는 것이다. 이러한 교훈은 고린도전서 9장 7절에서 바울이 말한 내용을 일반화시키고 있는 것으로 보인다. 또한 스피크의 지적대로 여기에는 사역의 기쁨과 영원한 상뿐 아니라 보상사상(報償思想) 역시 나타나고 있는 것이다.

특별히 **수고하는**(κοπιῶντα)은 문자적으로 "고된 일을 하는"이라는 의미다. 바울이 '자신의 사역'을 표현할 때 자주 사용한 용어다. 만약 저자가 단지 교회의 지도자들은 사역을 통해서 기쁨을 경험한다는 것만을 의미하고자 했다면, 그는 농부가 첫번째로 소출을 거두는 기쁨에 대해서 말하지 않고, 농부가 즐거이 그의 일을 한다는 것을 강조했을 것이다.

또한 여기서 **곡식**(τῶν καρπῶν)은 두 가지로 이해할 수 있다. 첫째로 교회로부터 받는 "명예"와 "생계유지에 필요한 부양"을 의미할 수도 있고, 둘째로 그러한 사역에 대한 "하나님의 은총"이라는 영적 의미로 이해할 수도 있다(비교. 빌 1 : 22 ; 롬 1 : 13 ; 약 1 : 25).[68]

이제 결론적으로 "그리스도의 은혜 안에서 강하라"(2 : 1)는 첫번째 권면이 세 가지의 비유적 표현을 통해 뒷받침되고 있다. 분명히 그 표현들은 이미 알고 있던 전승으로부터 유래된 것들이다. 그 중 첫번째 것이 "군인"이란 표현에 연관되어 있다. "수고하는 자"가 소득에 참여하게 될 것이란 사상은 신명기 20장 6절과 잠언 27장 18절에서도 나타나고 있다. 바울은 이 사상에 대한 증거로 고린도전서 9장 7절에서 세 가지의 비슷한 비유적 표현들을 사용하고 있다. 그러나 본문에서는 "수고하는 자"가 전적으로 강조되고 있는데, 그것은 앞구절에 있는 대로 "법대로 경기하는 것"과 자기 "살림"을 포기하는 것에 해당되고 있다. 이렇게 생각할 때, 비로소 우리는 세 비유의 공통적 의미를 얻어낼 수가 있다. 곧 수고없이는 소득도 없다는 뜻이다.

7 저자는 **내 말하는 것을 생각하라** 는 표현으로 이 단락을 끝맺고 있다. 여기서 저자가 말한 것을 요약하면 대개 두 가지로 말할 수 있다. 첫번째는 고난에 참예하라는 것이고, 두번째는 그리하면 종말에는 상이 주어질 것이라는 것이다. 이 두 가지 강조점은 계속되는 단락(8—13절)에서도 기본적인 주안점을 이루고 있다. 그러므로 저자의 "내가 말한 것"이란 세 가지 비유를 통해서 설명한 이 두 가지의 강조점으로 보는 것이 타당할 것이다.

68) 로크의 책, 94.

(2) 고난과 영광에 대한 권면(2 : 8—13)

8 나의 복음과 같이 다윗의 씨로 죽은 자 가운데서 다시 살으신
예수 그리스도를 기억하라 *9* 복음을 인하여 내가 죄인과 같이 매
이는 데까지 고난을 받았으나 하나님의 말씀은 매이지 아니하니라
10 그러므로 내가 택하신 자를 위하여 모든 것을 참음은 저희로도
그리스도 예수 안에 있는 구원을 영원한 영광과 함께 얻게 하려 함
이로라 *11* 미쁘다 이 말이여, 우리가 주와 함께 죽었으면 또한 함
께 살 것이요 *12* 참으면 또한 함께 왕노릇할 것이요 우리가 주를
부인하면 주도 우리를 부인하실 것이라 *13* 우리는 미쁨이 없을지라
도 주는 일향 미쁘시니 자기를 부인하실 수 없으시리라

¶ 개요

저자는 이 단락에서 교회 지도자들에게 그들이 복음을 위해서 받게 될 현재적인 "고난"과 장차 받게 될 영광을 언급하면서 권면을 끝맺고 있는데, 1—7절보다는 훨씬 더 신학적인 논의를 펼치고 있다. 저자는 교회 지도자들에게 "다윗의 후손으로 죽으셨으며 부활하신 예수 그리스도"를 기억하라고 권고한다. 그리고 또한 그리스도에 대한 언급이 9—10절에서는 바울의 고난과 그 이유와 관련해 언급되고 있다. 그러고 나서 "미쁘다 이 말이여"라는 표현으로써 그리스도교 전승으로 전해져온 어떤 송가 또는 시구를 인용하고 있다.

¶ 주석

8 본절은 분명히 케리그마적인 표현이다. 많은 학자들은 저자가 여기서 신학적인 또는 신앙고백적인 공식문구를 인용하고 있다고 주장한다. 여기에 언급되어 있는 부활하신 그리스도에 대한 언급은 목회서신에서 매우 찾아보기 힘든 내용이다. 디벨리우스는 저자가 인용한 자료가 아마도 로마서 1장 3—4절에서 바울이 인용한 것과 같은 형태로서 두 부분으로 구성된 공식문구일 것이라고 주장한다. 그러나 로마서에 나타나 있는 두 가지의 중요한 특징인 "하나님의 아들"과 "성령"에 대한 언급이 빠져 있다. 또한 순서상 그리스도의 삶과 죽음이 먼저이고 그 다음이 부활인데, 저자는 먼저 부활을 언급하고 나중에 다윗의 자손을 언급하고 있다. 본절과 로마서의 본문에서 발견되는 이러한 두 가지의 차이점은 학자들 사이에 논란의 대상이 되어 왔다.

스피크는 이 공식문구의 기원이 유대인 그리스도인에게서 인용된 것이 아닌가 하고 추측하기도 했다. 왜냐하면 부활하신 주님에 대한 언급이 나와 있고, 예수가 다윗의 자손인 메시야로 소개되고 있기 때문이다. 그러나 저자가 이미 예수를 그리스도로 언급한 사실을 전제한다면, 이러한 의견은 설득력이 없다. 그래서 도니어(Dornier)는 이 문구가 단지 고난과 죽음에 직면한 이들에게 용기를 북돋워주기 위해서 사용된 것이라고 주장한다. 그러나 그 문구에는 정작 십자가 사건에 대한 언급이 빠져 있다. 그래서 브록스는 이 문구가 두 종류의 탄생을 언급하고 있다고 주장한다. 즉 육적으로는 다윗의 자손으로서 이 땅에 태어나고, 또한 영적으로는 부활로써 하나님의 아들이 되었다는 것이다. 만일 그의 의견을 따른다면, 사건의 순서가 뒤바뀌어 있는 문제는 해결되지 않는다 해도 틀림없이 이 문구는 저자가 자신의 권면내용에 장엄함과 엄숙성을 첨가시키기 위해서 초대교회의 고백문을 인용한 것으로 보인다. 또한 "내가 전하는 복음"(τὸ εὐαγγέλιόν μου)이란 표현은 로마서 2장 16절과 16장 25절에서도 나타난다. 그 내용은 바로 위에서 언급한 부활하신 주님에 대해서 말하는 것이다.

9 저자는 "케리그마"적인 언급으로부터 "고난"의 사상에로 주제를 바꾸고 있다. 3절에서 디모데에게 고난을 받으라고 촉구했던 목회서신 저자는, 이제 사도 바울이 고난을 받았던 경우를 본보기로 제시해주고 있다. 그리스도교의 지도자들은 박해받는 것으로 인해서 복음전파에 방해받을지도 모른다. 그러나 그 박해가 하나님의 말씀까지 가두거나 그것이 전파되는 것을 막을 수는 없는 것이다.

9절에 대해서 바레트(Barrett)는 저자가 빌립보서 1장 12－14절을 모델로 삼고 있다고 주장한다. 물론 바울의 경우는 분명히 "복음"을 명시하고 있고, 목회서신 저자는 관계대명사를 통해서 "복음"을 암시하지만, 분명 바레트의 지적은 설득력을 갖고 있다. 왜냐하면 헬라어 원문에 나오는 관계대명사 '호'(ᾧ)는 '복음'을 가리키며, 이 단어가 그 다음 문장에서 "하나님의 말씀"으로 대치되고 있기 때문이다.

또한 **내가… 매이는 데까지**와 **하나님의 말씀은 매이지 아니하니라**라는 표현에서 '…에 매이다'(μέχρι δεσμῶν)란 말에 관해서는 빌립보서 2장 8절을 참조할 수 있다. 여기에서처럼 "말씀"이란 단어를 의인화시킨 경우는 데살로니가후서 3장 1절에서도 볼 수 있다. 이와 같이 9절의 표현은 고난 속에서도 여전히 말씀이 전파되고 있다는 사실에 대해서 바울이 "기뻐하고 기뻐했음"을 저자가 상기시키고 있는 것이다. 왜냐하면 바울이 감옥에 갇혀 있음에도 불구하고, 하나님의 말씀, 즉 복음은 여전히 선포되었고, 또한 바울의 고난이 많은 그리스도인들에게 오히려 용기를 복돋워주었기 때문이다.

10 여기에서 저자는 바울의 고난이 구원사에서 어떠한 의미를 가지고 있느냐에 대해서 논의하고 있다. 우리는 이것과 관련해서 그리스도의 고난에 대한 개념을 상기할 수 있다. 대부분의 학자들은 10절이 골로새서 1장 24절에 기초하고 있다고 주장한다. 그러나 그보다는 오히려 빌립보서 1장 12—28절과의 연관성을 논의하는 것이 더 적절할 것이다. 왜냐하면 빌립보서의 본문에는 그리스도 예수와 함께 고난당하고, 죽고, 부활하는 것과, 또한 이와 같이 그를 본받아 살려고 한다는 바울의 사상이 잘 나타나 있기 때문이다. 결국 이러한 사상은 이 단락(8—13절)의 주제와 직접 연관되고 있다. 다만 바울의 이러한 사상을 저자는 훨씬 더 산문체의 형식으로 표현하고 있다.

택하신 자란 신학적으로 하나님께서 믿지 않는 사람들 중에서 자기의 사랑하는 자들로 성별하신 사람들, 그리고 그리스도를 믿는 신앙을 통해서 하나님이 메시야 왕국의 구성원으로 삼으신 사람들에 대해 사용되었던 용어인데, 목회서신이 기록되던 상황에서 그들은 이제 그리스도를 주로 고백하고 입교식을 통해서 그리스도교 공동체에 받아들여진 사람들을 지칭하는 것으로 보인다.

또한 **그리스도 예수 안에**라는 수식어구는 그리스도교 구원의 특별한 특성뿐만 아니라, 구원을 받을 수 있는 영역, 즉 구원은 그리스도 안에 있는 자들에 의해서만 소유될 수 있다는 사실을 규명해준다. 그러므로 목회서신의 저자가 이 서신을 기록하는 목적은 교회 지도자들로 하여금 그리스도인들이 "그리스도 예수 안에 있는 구원을 얻게 하려는" 데 있는 것이다. 그리고 이 구원의 궁극적인 목표는 **영원한 영광**인 것이다.

11—13. 여기의 인용형태는 매우 인상적이라고 할 수 있다. 이

인용구는 초대교회의 송영이 어떠한 형태였던가를 시사해준다. 이 인용구는 구약의 시(詩)의 대표적인 기법인 "대구법"을 사용하고 있다. 즉 각 절마다 대구 결구가 뒤따르는데, 그것은 네 개의 조건절(만일…라면)로 구성되어 있다. 첫 두 절은 긍정적 서술이며, 다음 두 절은 부정적 서술이다. 인용문의 처음 두 쌍은 형식적으로나 내용적으로나 '완전히 일치'되고 있다. 그러나 세번째 것은 내용이 다르다. 이것은 첫번째 것과 마찬가지로 두 개의 평행부분을 갖고 있다. 네번째 것은 세번째 것과 함께 전체 내용을 아주 인상적으로 요약해주고 있는데, 그 역설성 때문에 앞에 나왔던 세 쌍과는 대조를 이루고 있다. 비록 그리스도인들이 실제로 고난받는 것이 현재의 운명이라고 할지라도 앞으로 기대할 위대한 승리가 예견된다는 것이다.

이것은 아마도 세례 예식때 사용된 찬송의 일부였을 것으로 추정된다(롬 6 : 5, 8 ; 갈 3 : 1에 있는 평행본문을 참조). 폴리캅 역시 같은 평행구를 인용하고 있다(폴리캅 5 : 2). 이러한 형식은 쿰란문서들 중에서 찬송시가 포함되어 있는 훈련교본에서도 발견된다. 그러므로 이러한 시 형태는 저자 당시에 이미 일반화되어 사용되었던 것으로 보인다. 또한 이 시 안에 담겨진 내용들은 목회서신 저자 자신의 신학이 아니라, 바울의 신학적 사상에 영향을 받은 것이다. 그러므로 이러한 시는 바울이 세웠던 교회들에서 발췌했을 것으로 보인다.

11 **미쁘다 이 말이여** 라는 표현은 이미 네번째 사용되고 있다(참조. 딤전 1 : 15). 본문의 상황으로 볼 때, 이 말은 앞의 내용들을 의미할 수도 있고, 다음의 내용을 의미할 수도 있다. 그러나 11-13절의 구조가 "찬송시" 양식을 띠고 있는 것을 고려해볼 때, 11-13절을 지칭하는 것으로 보는 것이 더 타당성이 있다. 저자는 이러한 표현을 통해서 앞으로 자신이 언급하고자 하는 내용의 무게와

장엄성을 연출하려 한 것이다. 다시 말하면 이러한 표현은 중요한 말을 하기 전에 많은 대중에게 경종을 울려주어 주의를 집중시켜 주는 역할을 하고 있는 것이다.

우리가 주와 함께 죽었으면은 분명히 바울이 로마서 6장 1-11절에서 세례에 대한 내용을 언급한 것이라고 할 수 있다. 이 사건이 세례받는 순간을 의미한다면, 저자는 교회 지도자들에게 그리스도와 일체가 되는 순간을 회상시키고 있는데, 그 경험은 그리스도인의 생활의 출발점이자, 그리스도인의 용기와 인내의 기초가 되는 것이다.

12 **참으면 왕노릇할 것이요**는 세례의 사상이 "순교의 사상"과 연합되고 있음을 보여주는 표현이다. 그러나 여기서 말하는 "순교의 사상"은 현재 이 서신을 받는 사람들이 박해의 상황 속에서 살아가고 있음을 지적하는 것이 아니라, 그들이 모델로 삼고 있는 "바울의 순교"와 연관된 것이다. 그런데 폴리캅의 편지에서도 이와 비슷한 내용이 나타나고 있음이 발견된다："그가 우리를 죽은 자들 가운데서 일으키시겠다고 약속하신 것처럼, 그리고 만일 우리가 그의 공동체의 합당한 시민이라면, 만약 우리가 다만 믿음을 갖고 있다면, 우리도 그와 함께 왕노릇할 것이다."[69] 그러나 폴리캅이 현재의 본문인 디모데후서 2장 11절 이하를 직접 인용한 것은 아닌 것으로 보이며, 오히려 두 본문이 모두 하나의 공통된 자료에 의존했을 것이다. 또한 "우리가 주를 부인하면 주도 우리를 부인하실 것이라"는 것은 "파루시아"에 대한 언급임이 분명하다(참조. 마 25：41-46). 또한 이 언급은 그리스도인이 고난과 박해를 당하는 상황을 전제하고 있다.

13 **우리는 미쁨이 없을지라도…미쁘시니**는 그리스도와 인간 사이

69) 폴 5：2.

에는 큰 차이가 있음을 나타내주고 있다. 이것은 아마도 공동체내에서 완전히 주께 신뢰하지 못하는 자들을 위로하는 느낌을 주고 있다. 스피크는 "미쁨이 없다"는 표현은 신앙적 배신, 즉 배교(背教)를 의미하는 것이 아니라, 약한 믿음을 의미하는 것이라고 언급한다. 학자들은 13a절이 성격상 '위협'인지 아니면 '약속'인지에 대해서 논란을 거듭해왔다. 베르나르(J. H. Bernard)와 로크(Lock)는 그것을 '위협'이라고 간주했으나, 대부분의 학자들은 그것을 "약속"으로 받아들이고 있다. 저자가 그리스도 안에서 나타난 하나님의 사랑의 보편성을 가지고 있다고 특별히 강조하고 있으므로, 우리는 그것을 "약속"으로 이해하고 받아들여야 할 것이다.

자기를 부인하실 수 없으시리라는 본래의 찬송시의 일부분이라기보다는 이 시에 대한 저자 자신의 첨가로 보인다. 이러한 첨가는 저자가 모든 인류에게 사랑을 펼쳐 보이시는 하나님의 속성, 즉 그리스도 안에서 나타난 하나님의 보편적인 사랑을 다시 한번 강조하고 있는 것이다(참조. 딤전 1 : 16 ; 2 : 4 ; 딛 2 : 11 ; 3 : 4).

3. 이단자들과의 대결상황에 대한 권면
(2 : 14—4 : 8)

1) 인정받는 일군(2 : 14—26)

¶ 개요

이 단락은 완전히 거짓교사들과의 대결에 그 초점이 맞춰져 있고, 이러한 상황 가운데서 교회 지도자들이 취해야 할 행동규범에 대해서 가르치고 있다. 저자는 이 단락에서 이러한 주제를 일관성 있게 다루고 있다. 여기서 저자는 거짓교사들이 교회 안에서 활발히 활동하는 것을 신학적인 관점에서 당연한 일로 받아들이고 있다. 이 단락의 핵심적인 부분으로서의 연결고리 역할은 19—21절이고, 14—18절과 22—26절은 내용적으로 아주 잘 연결되고 있다.

(*1*) 거짓 가르침들(2 : 14—19)

14 너는 저희로 이 일을 기억하게 하여 말다툼을 하지 말라고 하
나님 앞에서 엄히 명하라 이는 유익이 하나도 없고 도리어 듣는 자
들을 망하게 함이니라 *15* 네가 진리의 말씀을 옳게 분변하며 부끄
러울 것이 없는 일군으로 인정된 자로 자신을 하나님 앞에 드리기
를 힘쓰라 *16* 망령되고 헛된 말을 버리라 저희는 경건치 아니함에
점점 나아가나니 *17* 저희 말은 독한 창질의 썩어져감과 같은데 그
중에 후메내오와 빌레도가 있느니라 *18* 진리에 관하여는 저희가 그
릇되었도다 부활이 이미 지나갔다 하므로 어떤 사람들의 믿음을 무
너뜨리느니라 *19* 그러나 하나님의 견고한 터는 섰으니 인침이 있어
일렀으되 주께서 자기 백성을 아신다 하며 또 주의 이름을 부르는
자마다 불의에서 떠날지어다 하였느니라

¶ 주석

14 **이 일을 기억하게 하여**라는 표현은 저자가 다른 주제로 옮겨 갈 때 자주 사용하는 문학적 기술이다. 그런데 이 표현은 그 다음에 논의되는 내용을 지시하는 것으로 볼 수도 있으나, 1—13절을 언급하는 것으로 보는 것이 더 타당하게 여겨진다. 그러나 그 대상이 거짓교사들인지, 아니면 교회의 사역자들인지는 분명치 않다. 그러나 두 가지 다 가능성은 있다. 그것이 만약 거짓교사들에 대한 것이라면, 그들이 쓸데없는 말다툼을 일삼으므로 하나님 앞에 책임을 져야 한다는 것을 경고하는 것이며, 만약 교회의 사역자들에 대한 것이라면, 거짓교사들과의 말다툼이 전혀 유익이 없으므로 다만 1—13절에서 말한 것을 가르치는 데 전념하라는 것이다. 또

한 **하나님 앞에서**라는 표현은 어떤 사본에서는 "주 앞에서"라고 표현되어 있기도 하다. 그러나 어떤 표현이든간에 본문이해에는 큰 차이가 없다.

말다툼을 하지 말라(*μὴ λογομαχεῖν*)라는 표현은 저자가 창안한 것으로 보이는 신조어(新造語)다. 이 말은 문자적으로 단순히 논쟁이나 트집잡기식의 언쟁, 즉 "말로 싸우다"를 의미한다. 그러나 저자가 교회 지도자들에게 철학적으로 깊이있는 논쟁을 피하라고 말하기 위해서 이러한 용어를 썼다고 보기는 어렵다. 저자는 이미 디모데전서 6장 4절에서도 명사형인 "말다툼"(*λογομαχίας*)이란 말을 사용한 바 있다.

듣는 자들을 망하게 함이니라는 표현에서 "망하게 하다"(*καταστροφῇ*)를 어떤 학자들은 '…에 종속되다'로 이해해서 "듣는 자들이 이단들에 종속된다"라고 번역한다. 그러나 본문을 이해하는 데는 이러한 이해가 적당하지 않은 것으로 보인다. "듣는 자"들에 대한 언급은 이미 이단들이 정기적으로 자신들의 가르침을 선전하는 활동을 전개했음을 보여주는 것이라고 브룩스는 지적한다. 당시에 교회 지도자들은 거짓 가르침에 대항해서 올바른 신앙적 가르침을 방어해야만 했다. 거짓교사들과의 논의와 논쟁은 교회 안에서 일어났음이 분명하다. 그러므로 교회 지도자는 거짓교사들과의 대화를 통해서가 아니라, 교회사역의 권위를 갖고 설교나 개인적인 가르침을 통해서 거짓교사들과 대결해나가야 하는 것이다. 우리가 **유익이 하나도 없고**란 문구를 일종의 설명으로 간주하지 않는다면, 앞에 나온 "말다툼하다"란 부정사와 동격으로 생각해야 한다. 그래서 거짓교사들과의 말다툼은 전혀 유익이 없고, 오히려 그러한 논쟁은 듣는 자들을 망하게 할 뿐이라는 것이다.

15 **부끄러울 것 없는**(*ἀνεπαίσχυντον*)이란 형용사는 디모데전서 1장 8절과 같은 의미로 사용되고 있다. 이것을 문자적으로 해석하

면 "사역을 부끄러워할 필요가 없는"이라는 의미다. 여기서 "일군"은 신약시대 후기문서에서 매우 공식적인 표현으로서 대개 '그리스도인 사역자'를 의미할 때 사용되었다. "일군"(*ἐργάτης*)이란 말이 고린도전서 11장 13절과 빌립보서 3장 2절에서는 선교사의 활동을 가리키는 말이었는데, 여기서는 선교공동체에 속한 지도자의 활동을 가리키고 있다.

진리의 말씀을 옳게 분변하며(*ὀρθοτομοῦντα τὸν λόγον τῆs ἀληθείας*)는 헬라어로는 매우 애매모호한 구절이다. 지금까지는 이 구절이 만족할 만하게 설명되지 못했던 것이 사실이다. "분변하다"(*ὀρθοτομοῦντα*)라는 동사는 문자적으로 '바르게 자르다'라는 의미다. 그래서 많은 학자들은 이 의미를 설명하기 위해서 자르는 모든 경우를 언급하기도 한다 : 나무자르기(Bernard), 사각으로 돌 자르기(Spicq). 또 어떤 학자들은 고랑을 똑바로 내는 것, 또는 똑바로 나아가는 것을 의미한다고 주장한다. 결론적으로 "진리의 말씀"을 고려해볼 때, '…를 자르다'라는 의미보다는 '…똑바로 나아가고 올바로 행한다'라는 후자의 의미가 더 타당성이 있는 것으로 보인다. 그러므로 교회 지도자들은 교인들에게 올바른 가르침을 올곧게 증거함으로써 거짓 가르침에 대항해야만 한다.

스피크는 1세기의 그리스도교 변증가인 쿠아드라투스(Quadratus)의 '아포스톨리케 오르도토미아'(*ἀπόστολικη ὀρθοτομια*)라는 표현을 사용해 "사도들의 엄격한 가르침"을 의미한고 주장한다. 그리고 이러한 유의 표현은 23—24절에서 다시 나타난다. 또한 "진리의 말씀"은 에베소서 1장 13절에서와 마찬가지로 복음을 가리키는 말이다.

16 본절은 디모데전서 6장 20—21절과 매우 유사하게 보인다. **헛된 말**에 관해서는 디모데전서 6장 20절을 참조할 수 있다. 역설적으로 사용된 **나아가나니**(빠져 들어가고—*προκόψουσιν*)란 동사의

주어는 그 다음 내용이 밝혀주고 있는 바와 같이 "헛된 말을 하는 자들"이다. 그러므로 저자는 거짓교사들의 가르침이 불경건하며 헛되고, 목적이 없다는 것을 신랄하게 비판하고 있는 것이다. 또한 저자는 그리스도인들로 하여금 점점 불경건하게 만드는 주범이 바로 "거짓교사들"이라고 고발하고 있는 것이다. 이제까지의 내용을 종합해볼 때, 거짓교사들의 모습은 다음과 같이 그려볼 수 있을 것이다 : 말씀에 대해서 논쟁하기를 좋아하고, 불경건하며 의미없는 말을 하고, 이미 부활이 일어났다고 주장하는 자들이다.

17 a **저희 말은 독한 창질의 썩어져감과 같은데** 라는 표현에서 "창질"(*γάγγραινα*)은 현대적인 표현으로 바꾸면 "암"을 의미한다. 이 용어는 플루타르크(Plutarch)의 글에서도 찾아볼 수 있는데, 알렉산더 대왕에게 아첨하는 사람들이 대왕의 가장 훌륭한 친구들에 대한 모함의 말을 퍼뜨리는 것에 대해서 다음과 같이 말하고 있다 : "사실 알렉산더가 불같이 되어서 칼리스테네를 멸망시킨 것은 그와 같은 창질, 혹은 암 때문이었다." 따라서 이러한 비유적 표현은 저자 당시에 자주 사용되던 표현이며, 굳이 의학적인 비유로 사용된 것이라고 볼 필요는 없다.

또한 본절에서 "썩어져간다"라고 번역된 '퍼져나간다'(*νομὴν ἕξει*)는 말도 그 비유적 표현과 일치하고 있다. "퍼져나간다"는 말은 암이 세포를 침투해 들어가 결국에는 사망을 가져오듯이, 거짓교사들의 말도 그렇게 퍼져나가는 것을 의미하고 있는 것이다. 즉 여기서는 교회 가운데 불경건한 교훈이 퍼져나가고 있는 것을 가리킨다. 따라서 우리는 그 말이 디모데후서 3장 13절의 의미로 인간에게 불경건이 퍼져나가는 것을 가리키는 것이라고 이해하는 편이 더 좋을 것이다. 저자는 마치 암적인 존재처럼 교회에 물의를 일으키고 거짓 교훈을 퍼뜨려 교회를 병들게 만드는 거짓교사들을 철저히 피하고 배격해야만 한다고 강조하고 있는 것이다.

17 b **후메내오, 빌레도**가 언급되고 있는데, 이들은 교회내의 암적인 존재의 대표적인 사람들로 거명되고 있다. 후메내오는 이미 디모데전서 1장 20절에서 "사탄에게 넘겨준 바 된 자"라고 소개되었다. 디모데전서 1장에서 지적한 대로 이들은 실제적으로 저자 당시의 사람들은 아니다. 그러나 이 사람들이 어떠한 인물들이었는지에 대해서는 저자도 잘 알고 있었고, 이 서신을 받는 사람들도 잘 알고 있었다는 것을 전제한다. 그리고 아마도 이 서신을 기록하던 당시에도 이들과 비슷한 유의 사람들이 교회 안에 존재하고 있었을 것이다. 그래서 저자는 바울의 복음에 역행한 "후메내오와 빌레도"와 같이, 현재 교회의 올바른 가르침에 역행해 거짓된 가르침을 전하고 있는 사람들을 "후메내오와 빌레도"로 통칭하면서, 교회지도자들에게 권고하고 있는 것이다. 또한 이처럼 바울과 관계가 있던 자들의 이름을 거명하는 것은, 이 서신의 "위명성"을 보완하기 위한 저자의 의도적인 문학적 고안이라고 볼 수도 있다.

18 여기에 나타나는 이단적인 사상은 바울이 세운 고린도 교회에서도 이미 나타났는데, 고린도전서 15장이 그러한 내용을 잘 설명해준다. "부활이 이미 지나갔다"라는 표현은 에베소서 2장 5—6절과 골로새서 3장 1절에서도 나타난다. 해슬러는 에베소서, 골로새서뿐만 아니라 요한복음에서도 이러한 거짓 가르침이 발견된다고 주장하면서, 이러한 가르침을 전파하는 자들을 '영—열광주의자들'이라고 지적한다. 또한 바레트(Barrett)는 이러한 가르침이 '종말론'에 대한 영지주의적인 부정을 나타낸다고 설명하고 있다. 또한 디벨리우스는 이러한 거짓교사들의 가르침을 고린도전서 15장에서 바울이 문제시하는 영—열광주의자들의 주장과 비교해서 이해하고 있다. 이러한 가르침에 대해서 결론적으로 말한다면, 거짓교사들은 부활이 이미 실현되었다고 주장함으로써, 현재적인 만족과 자

유를 만끽하면서 재림에 대한 기대마저 희석시켰던 것이다.

19 이 절에서 저자는 교회 안에 거짓교사들이 나타나 문제를 일으키고 있는 신학적인 문제, 즉 '어떻게 세례를 받고 교회에 받아들여진 사람들이 복음을 거스리는 거짓교사들이 될 수 있을까'라는 문제를 해결하려고 노력하고 있다. 이를 위해서 저자는 두 개의 전승자료를 이용하고 있다. 즉 하나는 구약전승이고, 다른 하나는 로마서 9장에 나타나 있는 '예정'에 대한 바울의 가르침이다. 그래서 저자는 19절에서는 구약을 인용하며, 또한 바울의 가르침에 기초해서 그의 논조를 전개시키고 있는 것이다.

터 즉 "기초"(*θεμέλιος*)는 초대 그리스도 교회에서 증거본문으로 선호했던 아사야 28장 16절을 회상시키고 있다：

——보라 내가 한 돌을 시온에 두어 기초를 삼았노니
곧 시험한 돌이요
귀하고 견고한 기초돌이라
그것을 믿는 자는 급절하게 되지 아니하리로다——

이 본문의 본래의 의미는 야웨께서 현재 이스라엘이 직면한 고난의 상황에서 그들은 구원해주실 것이라는 표현이다. 그러나 초대교회에서는 이것을 "그리스도에 대한 예언"으로 받아들였다. 그러므로 우리는 바울이 이 본문을 로마서 9장 33절에서 인용하고 있는 것을 발견할 수 있고, 목회서신의 저자는 바로 로마서 9장을 기초로 20—21절의 내용을 언급하고 있는 것이다. 또한 이사야 28장 16절은 에베소서 2장 20—21절에서도 발견되고 있는데, 거기에서는 사도들과 예언자들이 교회의 터라고 설명되고 있으며, 그리스도는 "모퉁이 돌"이라고 표현되어 있다. 물론 어떤 학자들은 19절의 "기초"가 '믿음'이라고 생각하기도 하지만, 그것은 본래 "그리스도"에 대한 언급으로 이해하는 것이 가장 타당한 것으로 보인다.

또한 **주께서 자기 백성을 아신다**는 말은 문자적으로 "주께서는 자기에게 속한 자를 아신다"는 것을 의미한다. 이것은 민수기 16장 5절에서 인용된 것이다. 이러한 표현은 본문이 본래 놓여 있던 전후문맥과는 상관없이 그리스도교 공동체에서 광범위하게 인용되곤 했다. 그러나 여기서 왜 인용되었는지를 알기 위해서는 본래의 본문이 놓여 있던 전후문맥이 중요시되어야 한다. 이 말씀의 본래의 상황은 모세와 아론의 권위에 도전하는 엘리압의 아들 다단과 아비람의 반란에 대한 이야기를 전제한 것이다. 민수기 16장 5절은 실제로 모세가 반란자들의 도전에 대해서 대답하고 있는 것이다. 우리는 여기서 모세가 직면한 상황과 목회서신의 저자가 직면한 상황이 유사하다는 것을 발견할 수 있다. 왜냐하면 거짓교사들은 마치 다단과 아비람처럼 교회의 공식적인 권위에 대해서 도전했음에 틀림없기 때문이다. 또한 우리는 민수기 16장 27절에서 모세가 믿음 있는 사람들에게 반란자들의 가족과 분리될 것을 명하고 있다는 사실에 주목해야 한다.

주의 이름을 부르는 자마다 불의에서 떠날지어다라는 표현은 아마도 이사야 52장 11절을 인용하고 있는 것으로 보인다 :

——너희는 떠날지어다 떠날지어다
거기서 나오고 부정한 것을 만지지 말지어다
그 가운데서 나올지어다
여호와의 기구를 메는 자여
스스로 정결케 할지어다——

이 본문은 마치 거짓교사들에게 "세례받을 때의 의무들"을 회상시키고 있는 것처럼 보인다. 또한 이 인용은 레위기 24장 16절의 상용구와 결합되고 있음이 분명하다 : "여호와의 이름을 부르면 그를 죽일지니라." 그러나 레위기의 본문과 목회서신의 본문 사이에는 큰 차이점이 있다. 왜냐하면 구약의 유대인들에게는 여호와의 이름을 부르는 것이 금지되었으나, 그리스도인들에게는 주 예수 그리스도의 이름을 부를 수 있는 특권이 있기 때문이다.

저자는 이러한 두 개의 구약본문, 즉 이사야 52장 11절과 레위기 24장 16절을 신학적으로 연결시켜서 거짓교사들로 인해 교회에 일어난 문제를 해결하려고 했다. 그런데 19절의 인용문 자체는 원래 세례예식 때에 사용되던 것으로 보인다. 왜냐하면 이 두 개의 인용문이 성인 세례식 상황에 아주 잘 어울리기 때문이다.

(2) 충성스러운 일군(2 : 20—26)

20 큰 집에는 금과 은의 그릇이 있을 뿐 아니요 나무와 질그릇도
있어 귀히 쓰는 것도 있고 천히 쓰는 것도 있나니 21 그러므로 누
구든지 이런 것에서 자기를 깨끗하게 하면 귀히 쓰는 그릇이 되어
거룩하고 주인의 쓰심에 합당하며 모든 선한 일에 예비함이 되리라
22 또한 네가 청년의 정욕을 피하고 주를 깨끗한 마음으로 부르는
자들과 함께 의와 믿음과 사랑과 화평을 좇으라 23 어리석고 무식
한 변론을 버리라 이에서 다툼이 나는 줄 앎이라 24 마땅히 주의
종은 다투지 아니하고 모든 사람을 대하여 온유하며 가르치기를 잘
하며 참으며 25 거역하는 자를 온유함으로 징계할지니 혹 하나님이
저희에게 회개함을 주사 진리를 알게 하실까 하며 26 저희로 깨어
마귀의 올무에서 벗어나 하나님께 사로잡힌 바 되어 그 뜻을 좇게
하실까 함이라

¶ 주석

[20]—[21] 교회 안에 불충실한 인물들이 있는 이유가 무엇이냐는 질문에 대해서 20절은 그릇들에 대한 비유를 가지고 답변하고 있다. 이러한 표상은 아무런 예고 없이 갑자기 등장하고 있다. 사실 저자는 여기에서 바울이 로마서 9장 19—24절에서 언급한 내용을 설명조로 인용하고 있다. 로마서 9장 19—24절 본문에는 그리스도 안에서 구현된 하나님의 구원섭리에 대한 바울의 이해가 나타나 있는데, 그것은 거의 이중 예정설에 가깝다. 바울의 가르침 중에서도 이 부분에 대한 이해가 가장 난해하고 애매모호한 면을 가지고 있는데, 저자는 바로 이 본문을 인용하고 있는 것이다. 하나님께서는 진노의 그릇으로 사용될 사람들과 하나님의 구원계획을 수행할 사람으로 나누어 선택하셨다. 그 궁극적인 목적은 바로 하나님께서 유대인들에게도, 이방인들에게도 은총을 베푸시기 위함이라고 설명한다. 그러나 목회서신의 저자는 다른 목적에서 이 본문을 인용하고 있다. 저자는 천하게 쓰이던 그릇도 귀하게 사용될 수 있다는 견해를 밝히고 있는 것이다.

이러한 해석은 21절에서도 확증되고 있다. 여기서는 그 표상이 분명 교훈적인 방향으로 바뀌고 있다 : "비록 불미한 그릇들이 집 안에 있다고 하더라도 네 자신을 이런 것들로부터 깨끗이 하여 네 자신이 요긴하게 쓸 그릇이 되도록 하라." **이런 것**(*τούτων*)이란 표현은 "불미한" 것이라고 규정한 행동들을 가리키는 것으로 보인다.

[22] 19—21절로 인해 중단되었던 개인적인 교훈들이 14—18절에 이어서 다시 계속되고 있다. 이 절은 전체적으로 볼 때, 교회의 젊은 사역자들에게 적용되는 권면이다. 여기에 나타나는 두 동사, "피하라"와 "좇으라"는 디모데전서 6장 11절에서도 똑같이 나타나고 있다. 저자는 교회의 젊은 지도자에게 "정욕"을 피하라고 언급

한다. 여기서 **정욕**(*επιθυμίας*)은 문자적으로 '악한 욕망'을 의미한다. 또한 저자는 **의와 믿음과 사랑과 화평을 좇으라**고 권면한다. 처음의 세 가지 덕목들, 즉 "의, 믿음, 사랑"은 디모데전서 6장 11절에서도 발견되고 있다. 저자가 마지막으로 언급하고 있는 덕목인 "화평"은 아마도 교회 지도자들이 처한 상황과 관계되는 것으로 보인다.

바울에게 있어서 "의"란 하나님께서 은혜의 선물로 인간들에게 주시는 것이지, 인간편에서 다른 덕목들과 함께 추구되어야 할 덕목이 아니었다. 이러한 목회서신의 특징은 저자가 바울이 아님을 분명히 나타내주는 것이며, 이미 여러 세대가 지난 후 교회는 어느 정도 제도화되었고, 또한 신학적인 발전을 이룬 상태에서 언급된 것으로 보인다.

주를 깨끗한 마음으로 부르는 자는 그리스도인들에게 있어서 매우 독특한 전문적인 용어다. 왜냐하면 유대교에서는 하나님의 이름을 거명하는 것을 불경죄로 여기고 있으나, 그리스도인들은 "주의 이름을 부를 수 있는" 특권을 소유하고 있었기 때문이다(참조. 롬 10 : 13). 이에 덧붙여서 해슬러는 "주의 이름을 부른다"는 것은, 곧 기도를 의미한다고 언급하면서, 저자가 예전적인 실제 예식과 거기에 참가할 수 있는 도덕적인 자격에 대해서 언급하고 있다고 설명한다. 예레미아스는 저자가 여기서 표현하고 있는 "깨끗한 마음으로"라는 표현을 요한일서 3장 19절과 비교하면서 "양심"을 의미한다고 주장한다.

23 저자는 22b절과 연관해서 **어리석고 무식한 변론을 버리라**고 강조한다. 왜냐하면 변론을 버리지 않을 때, "서로 다툼이 일어나기 때문이다." 즉 저자는 "화평"을 좇을 것을 다시 한번 강조하고 있는 것이다. 여기서 "무식한"(*ἀπαιδεύτους*)이란 말이 에픽테투스에게는 "사고하는 것을 배우지 못한 사람"이란 뜻으로 이해되었다.

그 말이 여기서와 마찬가지로 클레멘스일서에서도 일반적인 의미로 "바보 같은, 지각없는, 어리석은"이란 말과 동의어로 사용되고 있다.[70)]

24 **주의 종**이라는 표현은 평행본문(딤전 6 : 11)에 나오는 "하나님의 사람"이란 문구를 상기시켜 준다(딤후 3 : 17). 물론 바울이 자신을 "예수 그리스도의 종"이라고 자주 표현하기는 했으나, 신약에서 "주의 종"이라는 표현은 단지 이곳에서만 나타나고 있다. 이것은 분명히 평신도들과 구별되는 교회의 직제, 곧 성직을 가리키는 것이다.

가르치기를 잘하며(*διδακτικόν*)라는 표현은 디모데전서 3장 2절과 함께 이해하면 된다. 필로(Philo) 역시 이 단어를 사용해서 "가르칠 수 있는"이라는 의미를 표현했다. 목회서신의 저자는 이러한 표현을 통해서 교회사역의 다른 특성을 설명하려는 것이 아니라, 교회의 목회사역에서 가르치는 역할의 중요성에 그 강조점을 두고 있는 것이다.

또한 **온유하며**는 모든 사람들——거짓교사들까지도 포함된——에 대해서 친절해야 한다는 것을 말하며, "참으며"는 적대자들, 즉 거짓교사들과의 관계에서 오래 참는 것을 의미하는 것이다. 저자는 교회의 지도자가 교회의 화평을 위해서 온유하며, 참으며, 잘 가르치되 그 대상을 올바른 신앙생활을 하는 사람들뿐만 아니라, 교회에 말썽을 일으키는 거짓교사들까지도 수용할 수 있어야 한다고 강조하고 있는 것이다.

25 **회개**(*μετάνοιαν*)란 "진리를 인식하는 것", 즉 진리에로 돌아서는 것을 의미한다. 어떤 학자들은 내적인 "마음의 변화"라고 해석하기도 한다. 회개란 개념이 전제하고 있는 "죄"가 23절에서

70) 디벨리우스, 165.

이미 언급된 바 있다. 그런데 "회개하는 마음을 주다"란 표현은 유대교로부터 유래된 것이다. 엄밀히 말해서 "회개"가 마땅히 "은사"로 이해되어야 한다는 전제없이 사용되고 있는 것이다. 그 표현이 너무나 보편적인 것이기 때문에 목회서신과 폴리캅의 서신 사이에 문헌적인 의존관계가 있다고 생각할 수는 없다. 또한 이 본문을 근거로 여기서 표면상 배격하고 있는 것이 영지주의자들의 자유방임주의라는 것을 증명할 수도 없다.[71)]

저자는 회개와 진리를 아는 것을 동일하게 여긴다. 또한 목회서신에서 "진리를 아는 것"은 곧 구원을 받는 것(딤전 2 : 4), 그리고 하나님의 진정한 백성 가운데 속하는 것(딤전 4 : 3)을 의미한다. 여기서 목회서신의 저자는 거짓교사들에 대해서 완전히 포기하고 적대적인 모습으로 대하라는 권고 대신에 교회 지도자들에게 "그들이 회개하여 진리를 알 수도 있으니" 인내심을 가지고 오래 기다리며 가르치라고 권면하고 있는 것이다.

26 저자는 거짓교사들이 거짓 가르침을 퍼뜨리게 한 올무에서 벗어나 다시 제정신을 찾아 진리를 인식할지도 모른다는 가능성을 교회 지도자들에게 알리고 있는 것이다. 여기서 "벗어나다"(*ἀνανήφωσιν*)란 말은 문자적으로 해석하면 "제정신을 찾다"이다. 흔히 이 단어는 술에 만취했다가 깨어난 상태를 말할 때 자주 사용되었다. 특별히 이 구절을 해석할 때 자주 등장하는 문제는 바로 원문 **하나님께 사로잡힌 바 되어 그 뜻을 좇게 하실까 함이라**를 어떻게 번역하느냐 하는 것이다. 물론 개역성경은 원문에서 '아우투'(*αὐτοῦ*)를 '하나님'으로 해석하고, '에케이누'(*ἐκείνου*)를 '그'라고 해석했으나, 개역성경 역시 원문해석에 대한 여러 입장 중에서 한 입장을 표현한 것이다. '아우투'는 본래 '그의'라는 뜻이고, '에케이누'는 '그'(that)라는 의미다.

71) 디벨리우스, 166.

여러 가지 견해들을 몇 가지로 설명하면 다음과 같다.

a. "그들은 하나님의 뜻을 행하는 하나님의 종에게 사로잡혀 마귀의 올무에서 빠져나올 수도 있다"——이는 벵겔(Bengel), 로크(Lock), 팰코너(Falconer)에 의해 주장되었다. 만약 이렇게 번역한다면 두 대명사에 대한 의역으로 이 문장의 본래 의미가 너무 축소된다. 그래서 이러한 번역은 일반적으로 적절하지 못한 것으로 인정되어 왔다.

b. "그들은 그에 의해서 사로잡힌 후에, 하나님의 뜻을 행할 수 있도록 마귀의 올무에서 빠져나올 수도 있다"——이는 베르나르(Bernard), 예레미아스(Jeremias), 바레트(Barrett)에 의해 주장되었다. 그러나 "하나님"이 대명사와 너무 멀리 있는 감이 있다.

c. "그들이 그의 뜻을 행하도록 그에 의해 사로잡힌 후에 마귀의 올무에서 빠져나올 수 있을 것이다." 대부분의 학자들은 이러한 해석이 가장 타당하다고 주장한다. 개역성경에서도 "마귀의 올무에서 벗어나 하나님께 사로잡힌 바 되어 그 뜻을 좇게 하실까 함이라"라고 번역함으로써, c의 견해와 거의 유사하다. 그러므로 개역성경의 번역은 원문을 잘 이해한 것이라고 생각된다. 중요한 것은 저자가 구속사적인 관점에서 내용을 서술하고 있다는 것이다.

2) 마지막 때 (3 : 1—9)

1 네가 이것을 알라 말세에 고통하는 때가 이르리니 *2* 사람들은
자기를 사랑하며 돈을 사랑하며 자긍하며 교만하며 훼방하며 부모
를 거역하며 감사치 아니하며 거룩하지 아니하며 *3* 무정하며 원통
함을 풀지 아니하며 참소하며 절제하지 못하며 사나우며 선한 것을

좋아 아니하며 4 배반하여 팔며 조급하며 자고하며 쾌락을 사랑하
기를 하나님 사랑하는 것보다 더하며 5 경건의 모양은 있으나 경
건의 능력은 부인하는 자니 이 같은 자들에게서 네가 돌아서라 6
저희 중에 남의 집에 가만히 들어가 어리석은 여자를 유인하는 자
들이 있으니 그 여자는 죄를 중히 지고 여러 가지 욕심에 끌린 바
되어 7 항상 배우나 마침내 진리의 지식에 이를 수 없느니라 8
얀네와 얌브레가 모세를 대적한 것같이 저희도 진리를 대적하니 이
사람들은 그 마음이 부패한 자요 믿음에 관하여는 버리운 자들이라
9 그러나 저희가 더 나가지 못할 것은 저 두 사람의 된 것과 같이
저희 어리석음이 드러날 것임이니라

¶ 개요

이 단락에서 저자는 논제를 "교회 지도자들에 대한 개인적인 언급"에서 "거짓교사들에 대한 고발"로 옮겨가고 있다. 단지 5절만이 교회 지도자에게 개인적으로 권면하고 있는 듯한 인상을 준다. 특별히 이 단락에서 거짓교사들에 대해 언급하고 있는 내용은 디모데전서 4장 1절 이하와 매우 유사하다 : 마지막 때에 거짓교사들이 나타나는 것은 그리 놀랄 만한 일이 아니다. 그러한 자들은 마지막 때에 당연히 나타나는 자들이기 때문이다.

저자는 2—5절에서 마지막 때에 나타날 전형적인 악의 목록을 소개하면서, 이러한 악덕을 거짓교사들과 연결시키고 있다. 또한 6—9절에서는 그들이 어리석은 여자들을 유혹하는 것을 묘사하고 (6—7절), 그들을 모세에게 대적한 이집트의 마술사들과 비교하면서, 거짓교사들이 지금은 교회의 올바른 가르침과 똑같은 위치에서 거짓 교훈을 퍼뜨리고 있으나, 결국 그들의 어리석음이 모든 사람들 앞에 드러나게 될 것이라고 말하고 있다(8—9절).

¶ 주석

1 **너는 이것을 알라**는 주제의 전환을 알리는 표현으로서, 저자는 새로운 내용을 소개하려고 한다는 암시를 교회의 지도자들에게 알리고 있는 것이다.[72] 여기서 "이것"은 이미 언급한 내용을 강조하려는 것이 아니라, 뒤이어 언급할 내용에 초점을 맞추고 있는 것이다. 거짓교사들의 출현은 잘 알려진 종말론적인 현상이라는 것이다.

우리가 이 문장만 놓고 본다면, 마지막 때에 이단이 나타나 활동할 것을 예고하고 있는 것처럼 보이지만(참조. 딤전 4 : 1–3), 사실은 저자가 이 서신을 집필할 당시에 이미 활동을 시작해서 교회에 심각한 문제를 야기시킨 거짓교사들에 관해 말하고 있는 것이다. 또한 5b절에서 미래 시제가 갑자기 현재시제(현재명령)로 바뀐 것을 보면 당시 교회내에 거짓교사들의 활동이 있었음이 분명하다.[73]

여기서 **말세**(末世 즉 마지막 때)라는 묵시문학적인 표현은 그리스도께서 능력과 큰 영광으로 다시 오시는 현 시대의 종결이 있기 바로 전 시대를 의미한다. 그러나 바울은 이러한 용어를 그의 서신에서 전혀 사용하지 않았다. 또한 목회서신에서도 유일하게 여기에서만 사용되고 있다(참조. 딤전 4 : 1). 신약에서 묵시문학적 재난의 표현은 마가복음 13장, 마태복음 24장, 누가복음 21장에 나타나는데, 이러한 표현들을 보면, '끝'이 오기 전에 많은 무리의 종교적 협잡꾼, 거짓 그리스도, 거짓 예언자들이 나타나고, 배교(背教)와 신성모독과 박해와 전쟁과 지진과 흉년과 전염병과 천체 운행의 혼란 등이 먼저 나타날 것으로 예견하고 있다. 그러나 1절에서 저자

72) 핸슨, p. 143.
73) 사목서간, p. 48.

는 그러한 보편적인 '말세'에는 관심이 없고, 또는 장차 올 어떤 우주적인 대재난에 대해서도 관심을 갖지 않는다.[74] 곧 저자가 묵시문학적 형식을 사용한 것은 마지막 시대의 현상으로 예견된 속이는 자들이(6절 이하) 이미 교회 안에 나타났다는 것인데, 그들은 '진리를 대적하고'(8절), '그리스도 안에서 사는 자들을 핍박하고'(12절), '악한 사람들과 속이는 자들'(13절)이라고 그들의 죄악을 폭로하기 위해서다.[75] 그렇기 때문에 저자는 디모데전서 4장 1절에서 사용했던 것과 마찬가지로, "바울의 입을 빌어서" 마지막날에 일어나리라고 예언한 것들이 현재 일어나고 있다고 말하면서 거짓교사들을 고발하고 있는 것이다.

2-4 여기에서 저자는 교회 지도자들에게 악의 특성들에 대한 전형적인 목록들을 말하고 있다. 그러나 여기에 왜 이런 목록이 오게 되었는지를 확실하게 알 수는 없지만, 분명한 것은 저자가 이러한 목록을 창출한 것이 아니고, 그 당시 회자되던 악의 목록에 관한 자료들의 일부분을 인용하고 있다는 것이다.[76] 이 목록에 대해서 홀츠(Holtz)는 헬라적인 양식에 기초한 것으로, 처음에는 교리문답에서 사용되었던 것으로 이해하고 있으며,[77] 스피크는 목회서신에 나타나는 악의 목록들, 특히 이 목록은 유대적인 것과 유사하고, 특별히 필로(Philo)의 목록과 유사하다고 지적한다. 또한 로크(Lock)는 이 목록을 1절의 묵시에 근거를 둔 것이라고 주장한다.

목록에 나타나는 악행의 대부분은 바울의 목록과 상당하게 평행을 이루기 때문에 핸슨, 디벨리우스, 그리고 브록스 등 많은 학자들의 의견대로 이 목록은 로마서 1장 29-31절에 기초한 것이라고

74) 핸슨, p. 143.
75) 핸슨, p. 143.
76) 핸슨, p. 144.
77) 핸슨, p. 144.

이해하는 것이 가장 타당할 것이다. 왜냐하면 저자가 여기서 설명하는 목록들과 로마서에서 바울이 설명한 목록들이 정확하게 평행되거나, 또는 비슷하게 평행을 이루고 있기 때문이다. 그러나 다만 두 목록들이 언급된 전후사정만은 다르다. 바울의 목록은 이방세계에 대해서 기술하고 있는 반면에, 여기서는 교회 안에 있는 거짓교사들에 대해서 기술하고 있다는 점이 다를 뿐이다. 그러나 이러한 목록 자체가 디모데전서 1장 9—10절에서 발견할 수 있듯이 어떤 특별한 의도를 가지고 있는 것으로 보이지는 않는다.

자기를 사랑하며는 디모데전서 6장 5절에서 거짓교사의 악덕 중의 하나로 소개되고 있는 "돈을 사랑한다"는 것과 연관되어 있고, **자긍하며 교만하며**라는 것은 로마서 1장 30절에도 나타나고 있는데, 이것은 거짓교사들의 말과 사상에 관한 언급이다(참조. 딤전 1 : 7 ; 6 : 4). "훼방한다"는 것은 디모데전서 6장 4절의 악의에 찬 말과 연관되어 있다.

부모를 거역하며는 로마서 1장 30절을 참조할 수 있는데, 디모데전서 5장 8절에서 언급된 바와 같이 자기의 부모를 돌보지 않는다는 것을 지적하고 있는 듯하다.

그 다음 언급되고 있는 네 가지의 악덕은 모두 부정을 의미하는 헬라어 접미사 '아'(*α*)가 붙어 있다. **감사치 아니하며**는 그 의미상 "부모에게 거역한다"는 것과 연관되어 있으며, **거룩하지 아니하며**는 삶의 기본적인 예절이나 처신이 올바르지 못하다는 것을 지적하는 것이며, **무정하며**는 사랑의 결핍을 의미하는데, 기본적으로 인간이 가져야 할 사랑의 요소가 결핍되어 있음을 말한다(참조. 롬 1 : 31). **원통함을 풀지 아니하며**는 용서를 베풀지 못한다는 것, 결국 서로 화해할 줄 모른다는 것을 말한다.

또한 저자는 마지막 때에 거짓교사들이 **참소하며**(참조. 딤전 3 : 11 ; 딛 2 : 5), **절제하지 못하며 사나우며**(참조. 딤전 3 : 3 ; 딛 1 : 7), **선한 것을 좋아 아니**(참조. 딛 1 : 8)할 것이라고 표현한다. 또한 그들은

배반하여 팔며 조급하며(이는 자기의 이익을 구하는 데 있어서 다함이 없음을 의미한다), 그리고 **자고**(참조. 딤전 3 : 6 ; 6 : 4)한다는 것이다.

저자는 이제 이러한 악덕들을 끝맺으면서 결론적으로 그들은 "쾌락을 하나님보다 더 사랑한다"고 표현하고 있다. 거짓교사들은 사랑해야 할 것은 사랑하지 않고, 오히려 반대로 잘못된 것을 사랑하고 있다고 지적하는 것이다. 필로는 이것을 "하나님보다 자기 자신을 더 사랑한다"라고 이해했다.[78] 스피크는 저자가 필로의 이러한 해석을 받아들이고 있다고 이해하고 있는데, 문제는 바울이 필로의 저작을 읽었다는 증거는 어디에서도 발견할 수 없다는 것이다.

5 저자의 관점에서 볼 때, 무엇보다도 큰 문제는 거짓교사들이 **경건의 모양은 있으나 경건의 능력은 부인하는 자** 라는 점이다. 그들은 겉으로 드러나는 모습과 금욕주의적인 삶과 신앙적인 문제에 대한 끝없는 논의를 좋아했고, 그들 자신은 이미 의롭다고 여기기를 좋아했다. 왜냐하면 그들의 입장에서 볼 때, 그들 자신은 분명히 신앙적이었기 때문이다. 그러나 그들은 실제적으로 경건의 능력 즉 그리스도의 능력을 부인했다. 왜냐하면 그들은 사실 이교세계를 특징짓는 "비신앙적인" 처신과 실천에 전력을 다하고 있었기 때문이다. 디도서 1장 16절에도 이와 유사한 내용이 언급되고 있다.

이러한 거짓교사들은 여전히 교회 안에 있으며, 교회로부터 파문당하지 않고 있음을 볼 수 있다. 그래서 브룩스는 **이 같은 자들에게서 네가 돌아서라** 는 표현을 곧 거짓교사들이 교회에서 파문을 당할 것임을 시사하는 것이라고 이해한다. 그러나 목회서신을 전체적으로 이해해볼 때, 이러한 표현이 그 당시 벌써 "파문"과 같은

78) "지금에 있어서조차도 경건의 모양을 가진 자들이 있는데, 그들은 좁은 마음으로 말의 문자적 의미를 탓하면서, 하나님이 인간의 일부분이라고 말하는 것은 불경건하며 위험하다고 주장한다."

실제적인 구속력이 있었음을 의미하는가에는 논란의 여지가 있다. 왜냐하면 "이 같은 자들에게는 돌아서라"는 "그들과 말다툼하지 말라"라는 말과 연관해서 "이러한 사람들과 상종하지 말라"라는 의미로 이해하는 것이 더 적절하기 때문이다.

6 이제 저자는 전통적이며 전형적인 악의 목록을 종결짓고, 보다 구체적으로 거짓교사들에 대한 실제적 비난을 6절 이하에서 서술해나가고 있다. 6절의 '저희 중에'는 5절에 언급된 '이 같은 자들'을 나타낸다. 즉 저자는 이러한 표현을 통해서 이제 교회 안에서 현재 문제를 일으키고 있는 거짓교사들의 형태에 대해서 말할 것임을 교회 지도자에게 암시하고 있는 것이다.

여기에는 잘 속는 여인들을 현혹시키는 거짓교사들의 행동에 대해서 상세하게 묘사되고 있다. 거짓교사들은 어리석은 여인들을 물색하여 열성적인 선전가들로 만들어 자신들의 영향력을 증대시켰다는 것이다. **가만히 들어가**(ἐνδύνω)는 문자적으로 '기어가다'를 의미하는 것으로, 교활한 방법으로 '서서히 접근하다'라는 의미를 가지고 있다. 이러한 의미에서 볼 때, 개역성경에서 "가만히 들어가"라는 번역은 본문을 잘 파악한 해석이라 할 수 있다. 또한 여기서 여인들은 이미 더러운 과거를 가진 이들이다.[79] 왜냐하면 '소류오'(σωρεύω)라는 동사는 '…을 반복하다'라는 의미를 갖고 있기 때문이다.

7 저자가 "그들은 항상 배우기는 하지만 행하지는 않는다"라고 비난한 것은 배운 것에 머물지 말라는 스토아적인 권면을 상기시켜주고 있다. 그러나 무엇보다도 고린도전서 14장 35절과 디모데전서 2장 11—12절에서 여인들에게 교회에서 조용히 있으라고 권면한 것을 보면, 저자는 어쩌면 교회 안에서 상당한 영향력을 행사하

79) 디벨리우스, 169.

려는 여인들에 의해서 곤란을 겪었는지도 모른다.[80] 영적인 권위를 갖고 나타난 철학적·종교적 절충주의의 거짓교사들의 선전이 그 당시 차별받고 있던 여인들 가운데서 많은 추종자들을 얻었을 것으로 보인다.

그러나 거짓교사들이 이러한 여인들을 유인한 것이 "성적"(性的)인 것이었는가는 논란의 여지가 있다. 왜냐하면 만약 거짓교사들이 자유방임주의적인 경향이 있었다면, 저자가 악의 목록들을 자세하게 열거할 때, 보다 분명하게 구체적으로 성적인 타락성도 지적했을 것이다. 오히려 거짓교사들은 여인들에게 "금욕주의적인 생활자세"를 가르쳤던 것으로 보이며, 저자에게는 이러한 가르침이 위험한 것으로 보였던 것이다. 저자가 관심하는 것은 그리스도인에 대한 거짓교사들의 가르침의 해로운 파급효과였던 것이다.[81]

8-9. 거짓교사들의 본보기로서 모세를 대적했던 바로의 마술사들 중 두 사람인 "얀네와 얌브레"가 언급되고 있다. 이것은 출애굽기 8장 18-19절에 기초를 둔 하가다(Haggada)의 일부분을 언급한 것이다. 이에 대해서 디벨리우스는 다음과 같이 기술한다 : 이 둘은 유다 전승에 따르면 바로 앞에서 모세와 논쟁을 벌였던 마술사들(출 7 : 8 이하)로 불리고 있다.

이 전승에 대한 가장 오래된 증거로 현재로서는 '다메섹 문서'에 나타나고 있다 : "전에는 모세와 아론이 빛의 임금의 능력으로 나타날 때, 벨리알은 그의 악한 계획 가운데서 얀네와 그의 형제를 일으켜 세웠는데, 그때에 이스라엘이 처음으로 구원을 받았다." 출애굽기 32장 1절에 대해 미드라쉬는 "그리고 그들과 더불어 이집트의 두 마술사, 그리고 그들의 이름은 출애굽기 7장 11절에 기록

80) 핸슨, 146.
81) 핸슨, 145.

되어 있는 바와 같이 바로 앞에서 이런 모든 마술활동을 행했던 얀네와 얌브레다"라고 설명하고 있다. 타르굼에 의하면, 여기 언급된 마술사들은 출애굽기 1장 15절과 7장 11절, 그리고 민수기 22장 22절에 나타나고 있다.[82] 기록으로 보아, 이 두 이름은 바로의 궁중에 있던 애굽의 마술사로 모세에 대항해서 기적을 행함으로써 이스라엘 백성의 해방을 방해했던 자들로 여겨진다. 본문에서의 내용은 애굽의 마술사들과 마찬가지로 교회에서 악한 동기를 갖고 행동하고 있는 거짓교사들도 틀림없이 망하게 된다는 것을 지적하는 것이다.

"얀네"는 원래의 이름 '요한나'를 헬라화한 이름이며, 그의 형제 "얌브레"는 "맘브레"(Mambres)를 유음으로 변경시킨 것이다. 특별히 "맘브레"(Mambres, *Ιαμβρης*)[83]는 히브리어 "맘리"(mamrey)를 헬라화한 이름인데, 이 단어의 원래의 뜻은 '대적자, 배교자'를 의미한다. 물론 저자는 모세에게 대적했다고 하는 사실을 상기하면서 두 명의 이름을 거명하지만, 아마도 이름에 '대적자, 배교자'라는 의미가 있었음도 염두에 두었을 것으로 보인다.

[8] **진리를 대적하니**에서 "진리"란 당시 교회의 지도자들이 전파하고 가르쳤던 "건전한 가르침"을 의미하는데, 이 가르침에 대항해서 거짓교사들이 대적했다는 것은 교회의 지도자들이 가르쳤던 교훈과는 반대의 가르침을 가르쳤거나, 또는 훼방했던 행위를 의미하는 것으로 보인다. 다시 말하면 "건전한 가르침"을 부인하는 것이나, "건전한 가르침"과는 반대되는 것을 가르치는 것을 저자는 "진리에 대적한다"라고 표현하고 있는 것이다.

마음이 부패한 자요 믿음에 관하여는 버리운 자들이라라는 표현은

---

82) 디벨리우스, 170—171.

83) 실제로 어떤 헬라어 사본에는 "맘브레"라고 기록되어 있다.

로마서 1장 28절을 인용한 것이다. 로마서 1장 28절에서 바울은 이방세계에 대해서 "또한 저희가 마음에 하나님 두기를 싫어하매 하나님께서 저희를 그 상실한 마음대로 내어버려 두사 합당치 못한 일을 하게 하셨으니"라고 말하고 있다. 이 두 구절을 비교해볼 때, 저자가 로마서를 인용하고 있다고는 하지만, 그 형식과 내용면에는 약간의 차이가 있다. 그것은 아마도 저자가 로마서의 본문을 자신의 문맥에 맞게 재구성했기 때문으로 이해하는 것이 타당할 것이다.

9 **저희가 더 나가지 못할 것은** 이 구절은 2：17；3：13과 관련해서 이해할 수 있는데, 저자는 이제 더 이상 거짓교사들이 설 자리가 없을 것임을 강조하고 있는 것이다. 그래서 핸슬러는 저자가 이러한 표현을 사용한 것은 거짓교사들의 "나아감"이 교회의 파괴를 가져오는 것이 아니라, 바로 거짓교사들 자신을 파괴시킬 것이라는 사실을 강조하는 것이라고 주장한다.[84]

저희 어리석음이 드러날 것임이니라는 비록 지금은 거짓교사들이 교회 안에서 활발하게 활동하고 그들의 세력이 점점 강대해져가는 듯하지만, 마치 모세에게 대적한 이집트의 두 마술사의 종말처럼 그들도 역시 정체가 드러나게 되고, 곧 그들이 가르친 그 거짓 가르침들 또한 얼마나 어리석었던가가 백일하에 밝혀지게 될 것이라고 설명하고 있는 것이다.

이처럼 8—9절에 나타난 저자의 의도는 거짓교사들의 운명이 모세를 대적하던 자들의 운명과 같이 될 것임을 강조하려는 것이다. 다시 말해서 비록 거짓교사들에게 약간의 성공은 있을 것이나(6절；2：16；2：18), 종국에는 이집트의 마술사들이 망한 것처럼 그들도 망할 것이라(9절)는 것이다. 저자는 하나님과 교회, 그리고 건전한 가르침을 반대하는 자들은 얼마 동안 날뛸 수 있어도 결코

84) 핸슨, 148.

성공하지 못할 것이라는 낙관적인 전망으로 이야기를 마무리짓고 있다.

3) 마지막 권면(3：10—4：8)

¶ 개요

3：10—4：8은 교회 사역자들에 대한 결론적 교훈으로서 전체 서신의 주요 사상인 3장 10—11절, 4장 6—8절에 나오는 바울의 고난, 3장 13절과 4장 3—4절에 나오는 이단논쟁, 그리고 3장 14—17절에 나오는 전승문제를 다시금 강조하고 있다.[85]

(*1*) 성경으로 자격을 갖추라(3：10—17)

10 나의 교훈과 행실과 의향과 믿음과 오래 참음과 사랑과 인내와
11 핍박과 고난과 또한 안디옥과 이고니온과 루스드라에서 당한 일
과 어떠한 핍박받은 것을 네가 과연 보고 알았거니와 주께서 이 모
든 것 가운데서 나를 건지셨느니라 ***12*** 무릇 그리스도 예수 안에서
경건하게 살고자 하는 자는 핍박을 받으리라 ***13*** 악한 사람들과 속
이는 자들은 더욱 악하여져서 속이기도 하고 속기도 하나니 ***14*** 그
러나 너는 배우고 확신한 일에 거하라 네가 뉘게서 배운 것을 알며
15 또 네가 어려서부터 성경을 알았나니 성경은 능히 너로 하여금

---

85) 디벨리우스, 172.

그리스도 예수 안에 있는 믿음으로 말미암아 구원에 이르는 지혜가 있게 하느니라 *16* 모든 성경은 하나님의 감동으로 된 것으로 교훈과 책망과 바르게 함과 의로 교육하기에 유익하니 *17* 이는 하나님의 사람으로 온전케 하며 모든 선한 일을 행하기에 온전케 하려 함이니라

¶ 개요

10—11절에서 저자는 "개인적인 언급"을 통해서 바울의 '고난의 삶'에 대해서 묘사하고 있는데, 헬라어로는 11절까지 여격으로 된 명사들을 나열하는 식으로 '고난에 대한 묘사들'을 끝맺고 있다.[86] 10절의 강조형 '너'(σὺ/thou)라는 인칭에서 분명히 드러나듯이, 본문에서 '디모데'와 거짓교사들 사이에는 강한 대조가 나타난다. 또한 계속 이어지는 역사적 사건에 대한 암시는 다소 두려워 하고 있는 듯한 교회의 지도자에게 용기를 복돋워주기 위해서 특별히 기록된 것이다. 어려서부터 배우고 익힌 성경으로 무장하여 온전케 되라는 것이다.

¶ 주석

10 저자는 바울의 삶에 대한 언급에서 보이는 아홉 가지 명사 중 처음의 세 명사는 '디모데에 대한 바울의 안내와 가르침'의 형태로 언급하고 있으며, 그 다음 네 개의 명사는 '바울의 인격성'을, 마지막 두 개는 '바울의 삶의 구체적인 사건들'에 대해 언급하고 있다. 바울의 생전의 모습으로 제시되고 있는 아홉 가지 항목은 하나

86) 핸슨, 148.

님에 대한 바울의 신실성을 보여주는 충분한 증거가 되고 있다.

아홉 가지 항목 중 **교훈**이 가장 먼저 언급된 점으로 보아, 목회서신에서 으뜸가는 위치를 차지하고 있다는 것을 알 수 있다. 그런데 이러한 사도적 가르침은 단순히 관념적으로만 끝나지 않고 실제적인 생활과 연결되어야 함을 강조한다. 그래서 다음의 여섯 가지 덕목은 디모데로 통칭된 후대의 목회자들에 대한 바울의 영향을 실제적인 측면에서 보여주는 것이다.

행실(ἀγωγῇ)은 문자적으로 '일반적인 행동'을 의미하는데, 이것은 가장 가까이 사는 사람이라면 그 모든 양상들을 쉽게 알 수 있는 생활을 일컫는 것이다. 이 행실과 연결되어 **의향**, 좀더 쉽게 표현하자면 생활의 '주된 목표'가 있어야 한다. 로크는 이것을 "삶의 방식"이라고 해석했다. 그러므로 "의향"(意向)이란 실제적인 생활과 연관된 삶의 목표나 자세, 또는 삶의 방식으로 이해해야 할 것이다.

믿음과 오래참음과 사랑과 인내는 본질적으로 그리스도인의 덕목에 속한다. 그중에 '오래참음'을 제외한 믿음, 사랑, 인내(소망)는 바울의 유명한 삼조(三組)개념으로서 이미 디모데전서 6장 11절에서도 언급된 바 있다. 여기의 '믿음'은 신조, 또는 일종의 신앙고백을 의미하는 것이 아니라, 신학적인 "덕목"을 가리킨다. "오래참음"(ὑπομονῇ)은 '견딤'이나 '견실함'으로 해석될 수도 있다. 왜냐하면 이 낱말은 어려운 조건 속에서도 잘 참아내는 용기를 의미하기 때문이다.

11 저자는 바울이 안디옥과 이고니온과 루스드라에서 당한 박해와 고난에 대해서 언급한다. 이러한 내용은 사도행전 13장 50절, 14장 5-6절, 14장 19절에 잘 설명되어 있다.[87] 이것은 목회서신의 저자가 사도행전의 내용을 알고 있었으며, 또한 그것을 읽

87) 핸슨, 148.

었음을 의미하는 것이다. 그러므로 우리는 목회서신을 우리가 가지고 있는 사도행전에 대한 초기의 증언으로 생각할 수도 있을 것이다.[88] 이 절은 전체적으로 마치 사도행전 13, 14장의 사건 이야기를 증언해주는 일반적인 보고처럼 보이지만, 저자는 바울이 디모데와 함께 겪었던 많은 사건들을 언급하지 않고 있는 것이 의문시된다. 어쩌면 목회서신의 저자는 바울과 디모데의 역사적 이야기보다는 사도 바울의 고난에 더 관심을 갖고 있는 것 같다. 바울 자신이 그와 같은 경험들에 관해서 직접 언급했는지를 알기 위해서는 고린도후서 6장 4—10절, 11장 22—23절을 참조해볼 수 있다. 그리고 설령 고린도후서의 그 구절들이 후대의 첨가라고 가정한다 해도, 그것을 기록한 사람들이 디모데후서 3장 10—17절을 기록했다고 생각하기는 어려울 것이다.

주께서 이 모든 것 가운데서 나를 건지셨느니라(주님은 이 모든 것에서 나를 구하셨습니다)라는 표현에서 도니어(Dornier)와 해슬러(Hasler)는 시편 34편 19절의 "의인의 고난은 많으나 주님이 그 모든 것에서 그를 구원하신다"와의 연관성을 발견해내고 있다. 그러나 시편 34편 19절(LXX)의 '고난'과 본문의 "핍박"(persecution)과는 다른 것이다. 저자는 아마도 바울의 삶을 시편의 고난받는 종의 경험에 적용시키면서 4장 6—8, 17절을 기록했을 것이다. 이것은 물론 바울이 직접 쓴 글은 아니다. 이 서신의 저자는 그 고난들을 복음을 위해 살았던 바울 자신에게 적용했을 뿐이다. 왜냐하면 바울이 당한 고난들은 이미 예수 안에서 일어났던 것이었기 때문이다. 브록스와 해슬러는 10—11절을 바울의 "고난신학"이라고까지 말한다. 그러나 이 단락을 "고난신학"이라고 말할 수 없는 것은 바울신학에서 중심적인 요소인 '십자가' 사상이 결여되어 있기 때문이다. 결론적으로 저자는 사도를 열심히 따라 본받아야 할(11절) 교회 지도자의 이상형으로 "디모데"를 소개하고 있다.

88) 핸슨, 148.

12 **그리스도 예수 안에서 경건하게 살고자 하는 자** 라는 표현은 마치 바울의 '예수 안에서'의 삶과 같은 것처럼 보인다. 그러나 바로 그 다음에 "십자가" 사상이 나타나지 않고 있으며, '그리스도 안에서'와 쌍을 이룬 '경건한 삶'은 분명히 바울의 표현일 수는 없다.[89] 분명한 것은 저자가 그리스도 예수 안에서 경건하게 살려는 자가 받는 고난을 사도 바울의 사상과 연관해서 진술한 것이라는 사실이다. 저자는 바울이 당했던 고난의 경험을 보편적인 주제의 형태로 변경시켜 모든 그리스도인들, 특히 교회 지도자들에게 적용시키고 있는 것이다. 그러므로 이 구절은 바울의 전기적인 역사적 기록을 후대 교회의 현실에 응용하려는 의도를 나타내주는 것이다. 저자에 의하면, 참된 그리스도인의 표징은 복음을 위해 핍박을 당함으로써 생긴 그리스도의 성흔(聖痕)을 나누는 데 있는 것이다. 다시 말하면 저자는 진정한 교회 지도자가 되려면 "바울과 디모데"와 같이 박해와 고난을 각오해야 한다는 것을 강조하고 있는 것이다.

13 12절과는 달리 본절에서는 이제 경건하게 살려는 자들과는 대조적으로 **악한 사람들과 속이는 자들** 에 관해서 언급하고 있다. 여기서 경건하게 살려는 자는 구체적으로 교회의 지도자를 의미하는 것이고, "악한 사람들과 속이는 자들"은 "거짓교사들"을 지칭하는 것이다.

속이기도 하고 속기도 하나니라는 구절은 그 당시의 일반적인 표현으로 보인다. 왜냐하면 비슷한 시기의 다른 문학작품에서도 유사한 표현이 많이 발견되고 있기 때문이다. 예를 들어, 필로(Philo)는 "그들이 스스로 속이고 있다고 생각하지만 실상은 속임을 당하고 있다"는 표현을 사용하고 있고, 또한 포르피리우스(Porphirius)도 "그들 스스로 속임을 당하고 있으나, 그들이 그들을 속이고

89) 핸슨, 149.

있다"고 했다.[90]

"속이는 자"(γόητες)는 문자적으로 '마술사'를 의미할 수도 있기 때문에 몇몇 주석가들은 저자가 이교의 마술적인 관습들을 비난하는 것이라고 주장한다. 앞서 나온 이집트의 마술사들에 대한 언급도 이를 지지하는 것으로 보인다. 그러나 카리스(Karris)는 '속이는 자'는 그 당시 철학적 논쟁에 있어서 보편적이었던 불성실에 대한 일반적인 비난이라고 생각한다.[91] 브룩스도 악인이 더 악하게 되는 것에 대한 일반적인 비난으로 이해하면서, 이런 비난은 목회서신 전체를 통해서 찾아볼 수 있다고 주장한다.[92] 우리도 여기서 이교의 마술적인 관행이라기보다는 윤리적인 비난으로 이해하는 것이 더욱 타당할 것이다. 저자는 10—12절에서 이상적인 지도자에 관해 말한 뒤, 다시 거짓교사들에 대해서 "그리스도인을 거짓 가르침으로 속이지만, 결국 그들이 그 거짓 가르침에 의해서 속고 있는 것"이라고 날카롭게 비난하고 있는 것이다.

14 13절의 날카로운 비난이 끝난 후, 저자는 본절에서 다시 교회의 지도자들에게 권면하고 있다. **네가 뉘게서 배운 것을 알며**라는 표현은 분명히 '믿음의 위탁'(παραθήκη)에 대한 언급이다. 디벨리우스와 브룩스는 이 표현이 로이스와 유니게에 대한 언급이라고 믿는다. 그러나 로이스와 유니게가 그리스도교 교리의 올바른 전통을 디모데에게 가르쳤다는 것을 의미한다고 보기는 매우 어렵다. 또한 복수로 되어 있는 "뉘게서"(τίνων)는 번역상 매우 어려운 문제이기는 하지만, 이 표현은 저자가 당시의 교회 지도자들에게 바울의 전통을 포함한 '신앙의 선조에게서' 유산으로 전해받은 것을 상기시키려는 의도인 것만은 틀림없다. 스피크는 이것을 단수로

90) 디벨리우스, 173.

91) 핸슨, 150.

92) 핸슨, 150.

읽는 것이 문맥에는 적합하지만, 복수로 읽는 것이 해석상 더 적절하다고 말한다. 그래서 우리는 다음과 같이 추측해볼 수 있다 : 복수가 본래적인 것임에 틀림없고, 단수는 아마도 바울 저작을 열렬히 믿는 서기관들에 의해 변형된 것일 것이다.

홀츠(Holtz)는 "네가 …배운 것"이란 구절은 세례식의 가르침이라고 주장한다. 브록스는 비슷한 변형이 디모데전서 4장 14절과 디모데후서 1장 6절에서도 나타나고 있음을 지적한다.[93] 하여튼 저자는 바울 이외에 디모데의 할머니와 그 어머니까지도 그의 신앙의 스승으로 보았는지는 알 수 없지만, **너는 배우고** 등의 표현은 2장 2절의 "네가 많은 증인 앞에서 내게 들은 것을 신실한 사람들에게 전하시오"의 '들은 것'과 같은 내용을 지적하는 표현들이다.

15 브록스는 본절을 근거로 해서 저자가 그리스도인으로 태어나 양육되었다고 주장한다.[94] '디모데'는 어머니가 헬라인과 결혼함으로써 정통 유대교의 원칙을 파기해버린 가정에서 태어났다. 그러나 만약 이러한 서술들이 역사적인 것이라면, 디모데의 어머니와 할머니는 글을 읽는 데 문제가 없었고, 또한 어린 디모데에게 구약을 가르쳤을 것이다.

성경(*ἱερὰ γράμματα*)은 문자적으로 "신성한 기록 또는 문자"라는 의미인데, 신약의 다른 곳에서는 성경을 지칭하는 말로 사용된 일이 없고, 유대교의 문서에서만 간혹 사용되고 있다. 그러나 그것보다 더욱 문제시되는 것은 "과연 여기서 말하는 '성경'이 어떤 책을 지칭하고 있느냐"는 것이다. 목회서신의 저자나 연대문제를 떠나서 "성경" 혹은 "영감 받은 책"(16절)이란 확실히 구약성서를 포함하는 용어임이 분명하다는 학자들이 많다(로크, 디벨리우스, 이

93) 핸슨, 150.
94) 핸슨, 151.

스턴, 그란트).

그러나 다른 한편, 이 서신이 2세기 중엽에 바울의 편지들을 잘 알고 바울이 세운 교회가 사실상 정통적인 그리스도교라고 생각하며, 또한 어떤 모양으로든지 바울을 교회의 교조로 강조하려는 어떤 충실한 바울주의자에 의해서 쓰여진 것이라면, 그의 마음에 이 '설교자요 사도요 교사'(1 : 11)의 글들을 성경으로 생각했을 것이다. 만일 15—16절에서 저자가 그리스도교적 훈육에 있어서, 또는 교회 안에서 바울서신의 정경적 위치를 확보하려고 한 것이라면, 이 구절들은 매우 적절한 곳에 배치한 것이며, 또 10—17절은 교회 지도자들을 향해서 바울과 바울 신앙전통에 계속 충실하라는 그들의 호소와 전폭적으로 직결되어 있는 것이다. 그러므로 우리는 "성경"이 지칭하는 것이 "구약"일 수도 있고, "바울서신들"을 말할 수도 있다는 두 가지 가능성을 인정해야만 한다.

저자는 여기서 성경이 "그리스도 예수 안에 있는 믿음으로 구원에 이르는 지혜가 있게 해주는 것"이라고 설명한다. 이는 성경 자체 속에 "구원에 이르는 지혜"가 있다는 것이 아니라, 오직 그리스도와 관련되어 이해될 때만이 구원에 이르는 지혜가 된다고 설명하는 것이다. 왜냐하면 저자가 추종하고 믿고 따른 바울의 사상에 의하면, 구원이란 "그리스도 예수를 믿는 믿음을 통해서" 오는 하나님의 은혜의 선물이기 때문이다.

16 저자의 성서관을 이해하는 데 매우 중요한 구절이다. 또한 이 절은 거짓교사들을 배격하는 데 중요한 역할을 하고 있다. **모든 성경은 하나님의 감동으로 된 것으로…유익하니**라는 구절의 번역은 두 가지 문제를 가지고 있다. 첫째 문제는 "모든 성경"(*πᾶσα γραφὴ*)이라는 표현에 있어서 신약성서에서 '그라페'(*γραφὴ*) 단독으로는 '성경 전체이거나 성경의 한 구절' 둘 중의 하나만을 의미할 수 있다. 그러나 "모든 성경"이란 번역은 헬라어로 '파사 헤 그라

페'($\pi\hat{\alpha}\sigma\alpha\ \eta\ \gamma\rho\alpha\phi\grave{\eta}$)가 되어야 한다. 관사가 없으므로 '성경의 모든 구절들'을 의미하는 것으로 받아들일 수 있다. 둘째 문제는 다음의 형용사 '하나님의 영감으로 되었고 유익한'과 관련된 문제로 두 가지 번역이 가능하다.

첫째로, "하나님에 의해 영감받은 모든 성경은 또한 가르치기에 유익하다."[95] 그러나 이 번역의 결함은 하나님에 의해 영감받지 않은 성서의 구절들이 있을 수 있음을 포함하는 것이다. 이것은 저자가 논쟁하는 교리들 중의 하나일 것이다. 영지주의적 이단자들 중에 어떤 사람들은 구약성서를 취사선택했기 때문이다.

둘째로, "성서의 모든 구절은 하나님에 의해 영감받았고 또한 가르치기에 유익하다"는 것으로 로크(Lock), 예레미아스(Jeremias), 길리(Gealy), 켈리(Kelly), 도니어(Dornier), 홀츠(Holtz)와 같은 대부분의 학자들이 따르고 있는데, 사실 옳다. 문맥상으로 '그라페'가 성경을 언급하고 있는 것만은 분명하다. 저자는 이단자들이 주장하는 것처럼 성경의 일부만이 아니라 성경의 모든 구절이 하나님의 영감을 받았으므로 가르침과 논쟁에 유익하다고 말하는 것이다.[96]

이제 성경이 어떤 일에 유익한가에 대해 네 가지 영역이 제시되는데, 처음 두 영역은 교리에 관한 것이고, 다음 두 가지 것은 실천에 관한 것이다. 교리에 유익하다는 것은 적극적인 가르침에 관한 것인 반면에, 책망은 부정적인 측면을 보여준다. 윤리적인 면에서 성경은 바르게 함과 교육($\pi\alpha\iota\delta\varepsilon\acute{\iota}\alpha$)를 제공하는 것이다. 이처럼 부정적이며 적극적인 요소 두 가지 모두가 강조되고 있다. 여기서 저자가 강조하고자 하는 것은 그리스도교 신앙이 그 영감으로 된 성서에 의해 보장되고 있다는 사실이다. 교회 지도자들은 성경

---

95) Bernard, D—C, Spicq, Barrett, Brox, Hasler, NEB가 이 번역을 따른다.
96) 핸슨, 152.

을 통해서 바른 교훈을 찾아내고, 거짓된 교훈을 논박하며, 교리적으로 또는 생활상에서 잘못된 길에 접어든 사람들을 교정하고 회복시키며 또는 도덕적이고 종교적인 생활방식으로 사람들을 훈련시켜야 하는 것이다.

17 여기에서는 성경이 유익하게 해주는 분명한 대상이 제시되어 있다. 곧 후대에 전승으로 전해준 성경에 대한 바른 이해가 교회 지도자들로 하여금 이단적인 교훈에 대해 적절히 싸우게 해준다는 것이다.[97] **하나님의 사람**이란 구절은 앞에서도 이미 지적했듯이 일반적인 그리스도인을 말할 수도 있으나, 특별히 교회의 지도자들에 대한 언급으로 보는 것이 더 타당하다(딤전 6 : 11). 호울덴(Houlden)은 여기서 '교권주의의 초기 징후들'을 발견해내고 있다.[98] 저자가 가르치는 일의 모범으로 평신도를 포함시키려는 아무런 암시도 없기 때문에 12절을 모든 그리스도인에게 적용시키는 것은 옳지 않다. **온전케 하며**라는 표현은 '…을 함에 있어서 충분하다'라고 이해하면 될 것이다. 그러므로 "하나님의 사람으로 하여금 모든 선한 일을 함에 있어서 충분하다"라는 것은 교회 지도자가 단지 그리스도인으로서의 처신만을 말하는 것이 아니라, 자신들의 목회사역을 감당함에 있어서도 충분해야 한다는 의미로 해석할 수 있다.

결론적으로, 16-17절에서는 다음과 같은 저자의 목적들이 발견되고 있다.

a. 저자는 최근에 로마서 15장 3-4절에 대한 미드라쉬를 사용했다.

b. 저자는 신실한 믿음을 가지고 교회 지도자들이 성경을 열심히 연구할 것을 강조한다.

97) D-C, 175.

98) 핸슨, 153.

c. 저자는 교회 지도자들에게 정통 그리스도교의 전승에 서 있으라고 강조하기 위해서 성경을 그 표준으로 제시하고 있다.

d. 저자는 성경의 권위를 강조한다. 그래서 그는 모든 성서가 하나님의 감동(영감)으로 기록되어 있어 유익하다고 설명한다.

e. 저자는 성경이 교회의 모든 사역에 유익하다고 강조한다. 특별히 교인들을 가르치고, 건전한 가르침으로 계도할 때 유익하며(참조. 딤전 4 : 6, 13, 16 ; 6 : 3), 또한 거짓 가르침에 대해서 질책하고 그들의 잘못을 지적할 때에 유용하다고 설명한다.

(2) 사역의 성공과 고난의 완성(4 : 1—8)

¶ 개요

저자는 3장 15—17절에서 신학적인 논의를 한 다음, 다시 엄숙하게 마지막 권면을 하고 있다. 저자는 이제 마치 바울이 자신의 죽음을 앞두고 말하는 것처럼 "유언"의 형식을 빌어서 이 서신을 종결짓고 있다. 내용상으로는 교회 지도자의 취임식 때 읽어주는 교훈과 비슷하기 때문에(딤전 5 : 21 ; 6 : 11—16), 저자가 그것을 옮겨쓴 것이 아닌가 하는 추측도 가능하다.

a. 건전한 교훈만을 선포하라(4 : 1—5)

1 하나님 앞과 산 자와 죽은 자를 심판하실 그리스도 예수 앞에
서 그의 나타나실 것과 그의 나라를 두고 엄히 명하노니 2 너는
말씀을 전파하라 때를 얻든지 못 얻든지 항상 힘쓰라 범사에 오래
참음과 가르침으로 경책하며 경계하며 권하라 3 때가 이르리니 사

람이 바른 교훈을 받지 아니하며 귀가 가려워서 자기의 사욕을 좇
을 스승을 많이 두고 4 또 그 귀를 진리에서 돌이켜 허탄한 이야
기를 좇으리라 5 그러나 너는 모든 일에 근신하여 고난을 받으며
전도인의 일을 하며 네 직무를 다하라

¶ 주석

1 저자가 **…엄히 명하노니**라는 표현을 사용한 것은 마치 모세가 이스라엘 백성에게 유언을 하듯, 바울이 유언의 어조로 말하는 듯한 분위기를 창출함으로써, 그가 권면하려는 내용을 보다 엄숙하고도 절대적으로 교회 지도자들에게 전달하기 위함이다. 사실 이러한 문학적 고안은 저자 당시 시대에 일반화된 형식으로 보이는데, 이러한 표현을 통해 유산이라든지, 직분에 관한 충고와 권면이 후손들에게 유언으로 내려졌던 것이다. 저자 역시 이러한 표현을 사용함으로써 지금까지 권면한 내용을 보다 강하게 인식시키려는 것이다. 그러므로 1절에 나타나는 저자의 엄숙한 명령은 마치 전술과 작전에 능수능란한 명장군이 아직 어리고 두려움에 떨고 있는 부하들을 대하는 듯한 인상을 준다. 즉 저자는 거짓교사들이 일으키는 여러 가지 문제들로 인해 교회의 치리에 어려움을 겪고 있는 교회 지도자들에게 종말론적인 입장에서 힘을 북돋워주고 하나님과 그리스도 예수 안에서 용기를 얻어 담대히 교회를 치리할 수 있도록 권면하고 있는 것이다. 이러한 저자의 권면은 디모데전서 5장 21절과 마찬가지로 공식 문구형식으로 교회 지도자들에게 보다 강력하게 호소하는 것이며, 내용적으로는 거의 케리그마적인 성격을 띠고 있다.

하나님 앞과 또 산 자와 죽은 자를 심판하실 그리스도 예수 앞에서라는 표현은 세례예식 때에 사용되던 신앙고백으로서 이미 고정된 형

식이었다.[99] 우리는 여기서 다시 한번 저자가 성령에 대한 언급없이 하나님과 예수 그리스도만을 언급하는 이위일체(二位一體, binitarian) 신학에 서 있음을 분명하게 발견할 수 있다(참조. 딤전 5：21). 물론 디모데전서 5장 21절에서처럼 '택하심을 받은 천사들'이란 언급이 없기는 하지만, 이러한 표현이 거의 동일한 용어로서 나타나고 있는 것이다.

그의 나타나실 것과 그의 나라를 두고라는 표현에서 "나타나심"(*ἐπιφάνεια*)은 분명히 그리스도의 "성육신"(incarnation)이 아니라, 그리스도의 "재림"(parousia)을 나타내는 것이다. 또한 "그의 나라"는 곧 "그리스도의 나라"를 말하는데, 바울의 경우 결코 이러한 표현을 사용한 적이 없었으며, 다만 "하나님의 나라"에 대해서만 언급했다. 아마도 저자는 이러한 표현을 바울에게서 영향받은 것이 아니라, 제2바울서신인 골로새서 1장 13절과 에베소서 5장 5절에서 영향받은 것임이 확실하다. 주목할 만한 것은 목회서신 저자는 도래할 "나라"(The Kingdom)를 보다 역동적이고 실체적인 것으로 이해하지 않고, 역사의 종말에 계시될 한 사건의 개념으로 이해하고 있다는 점이다.

2 여기에서는 교회 지도자에게 명령조로 구체적인 다섯 가지의 실천 내용이 주어지고 있다. 첫번째 명령은 **말씀을 전파하라**는 것이다. "말씀"은 디모데전서 4장 5절에 의하면 "하나님의 말씀"을 의미한다. 이 명령은 나머지 네 개의 명령 모두를 포함하는 포괄적인 것이다. 그러므로 "말씀을 전파하라"는 2절의 '제목'으로 이해할 수 있다. 무엇보다도 저자는 이 명령이 디모데전서 6장 20절과 디모데후서 1장 14절의 "맡긴 것, 부탁한 것"에 대한 이행임을 강조하고 있는 것이다. 이것은 아마도 1장 6절부터 3장 17절까지에서

99) 로크, p. 112 참조. 바나바 7장 2절, 폴리캅의 빌립보서 2장 1절, 클레멘스이서 1장 1절.

저자가 가르친 내용들을 교육시키라는 것으로 보인다.

두번째 명령은 **때를 얻든지 못 얻든지 항상 힘쓰라**는 것이다. 이것을 문자적으로 해석하면 "기회가 좋든지 나쁘든지 언제나 꿋꿋하라"는 의미다. 이러한 표현에 대해서 핸슨(Hanson)과 이스턴(Easton)은 "사람들이 들으려고 하든지 그렇지 않든지 너의 임무에 충실하라"는 의미로 해석한다. 그러나 로크(Lock)는 다르게 해석하고 있는데, 앞의 경우는 "말씀을 전하는 것"에만 한정되기 때문에, 이 표현은 현재 처해 있는 모든 상황에 다 적용되는 것으로 보아야 한다고 주장한다. 그러나 앞뒤의 문맥으로 볼 때, 전자의 해석이 더 타당하다는 것을 알 수 있다. 또한 "힘쓰라"는 "네 위치를 지켜라", "…을 고수하라" 등으로 이해할 수 있기 때문이다.

교회의 지도자는 하나님의 말씀을 선포할 의무가 있으므로, 사람들의 마음에 맞는 말만 할 수는 없고, 오직 "하나님의 말씀"에 근거해 기회를 얻든지 얻지 못하든지, 사람들이 듣든지 듣지 않든지 간에 그 말씀을 가르치도록 노력해야 한다는 것이다.

나머지 세 가지의 명령은 **범사에 오래 참음과 가르침으로**라는 표현과 연결되고 있다. "오래참음"(*μακροθυμίᾳ*)은 문자적으로 '오랫동안 고통을 참고 이겨낸다'는 것을 의미한다. 그런데 이것은 바울이 자신이 세운 교회들에게 명령한 신앙적 덕목이기도 했다(롬 2 : 4 ; 9 : 22 ; 고후 6 : 6 ; 갈 5 : 22). 교회의 지도자는 어떠한 도전과 고난을 당할지라도 용기를 잃어서는 안되는 것이다. 또한 "가르침"은 거짓교사들과 대적할 때, 반드시 필요한 요소다.

경책하며(꾸짖으며) **경계하며**(나무라며) **권하라**(훈계하는)는 명령―도식은 고린도 교회의 대적자들에 관한 사도 바울의 언급이 좋은 본보기가 되고 있다(고전 5 : 1―5 ; 고후 2 : 5―11).[100] 이러한 세 가지 명령은 '말씀의 선포자'로서의 교회 지도자와 연관이 있다. "경책한다"는 것은 '틀리고 실수한 것을 올바로 잡는 것'을 의미하고

100) 로크, p. 1143.

(참조. 3 : 16 ; 딛 1 : 13 ; 2 : 15), "경계한다"는 것은 '주의를 기울이지 않는 사람을 나무란다'는 것을 의미하며, "권하라"는 것은 '용기를 북돋워주다'라는 의미가 아니라 '재촉하다'라는 의미를 갖고 있다(참조. 딤전 2 : 1 ; 5 : 1 ; 6 : 2).

디모데전서 4장 1절 이하에서와 마찬가지로 3-4절에서도 현재 이미 일어나고 있는 일을 "예고된 미래"의 형식으로 서술하고 있음을 볼 수 있다. 왜냐하면 여기서 언급되고 있는 '미래'의 적대자들이 바로 목회서신에 나오는 이단적 거짓교사들이기 때문이다.[101] 저자는 분명히 현재 교회 안에서 문제를 야기시키고 교회의 지도자들을 대적하며, 일반 그리스도인들을 유혹하는 영지주의적 거짓교사들을 염두에 두고 있는 것이다.[102] 이들이 공공연히 복음에 반대하는 때가 이르렀기 때문에 "바른 교훈"에 대한 관심은 더욱더 시급해진 것이다.

[3]-[4] 3절이 거짓교사들에 대한 첫번째 비난이라고 한다면, 4절에서는 두번째 비난이 나오고 있다. 그들은 귀를 진리에서 돌이켜 허탄한 이야기를 좇고 있다고 고발하고 있다. 여기서 저자가 말하는 진리는 '복음' 또는 '건전한 가르침'을 의미한다(참조. 딤전 6 : 5 ; 딛 1 : 14 ; 딤후 2 : 18 ; 3 : 7-8).

귀가 가려워서 라는 비유는 고대 헬라의 철학적인 논쟁에서 일반적으로 사용되던 것이었다. 키케로는 어떠한 개념에 대해서 논쟁하는 그리스인들을 통박하면서, "그들은 올바른 판단을 내리려고 하지 않고 다만 자기들의 귀만 즐겁게 한다"고 기록하고 있다. 저자가 이러한 비유를 사용한 이유는 거짓교사들이 "항상 뭔가 새로운 것만을 찾으며", "다만 자기들을 기쁘게 해줄 것만을" 찾고 있음을 비난하기 위해서인 것으로 보인다.

---

101) 디벨리우스, p. 175.

102) 핸슨, p. 154.

또한 만약 **허탄한 이야기**를 영지주의적 용어로서 이해한다면, 다양한 천상적인 존재들의 위계 구조들을 말하는 것으로 이해할 수 있지만, 우리는 디도서 1장 14절의 "유대 사람의 허탄한 이야기"라는 구절에 주의를 기울일 필요가 있다. 따라서 우리는 전체적으로 저자가 그릇된 가르침에 관해서 언급하고 있고, 거기에 덧붙여서 디도서 1장 14절에서는 크레타 섬의 유대인의 집단을 잘 알고 있었기 때문에 "유대 사람의"라는 명칭을 덧붙인 것으로 이해할 수 있다. 우리는 현대에도 먼저 믿고, 잘 믿는다는 사람, 스스로 정통이라고 생각하는 사람들 중에 뜻밖에도 "허탄한 이야기", 곧 쓸데없는 교리적 논쟁이나 영적 세계의 우열 가름과 같은 각양 은사의 선호에 대한 끝없는 족보다툼에 빠져 있는 사람들을 보게 된다.

5 3－4절에서 저자는 예언의 형식을 빌어 거짓교사들의 형태를 고발한 후에, 5절부터 다시 교회의 지도자에게 권면을 시작하고 있다. "모든 일에 근신하다"(νῆφειν)는 문자적으로 "술취하지 않다"라는 뜻이며, 도덕적으로는 자기를 경계하며, 또는 정신이 차분하며 건전하다는 것을 나타내는 단어다. 이와 동일한 동사가 데살로니가전서 5장 6, 8절에서 사용되었는데, 거기서는 그리스도의 재림에 관해서 주의하며 경계하는 태도를 의미하고 있다. 스피크는 이 동사가 수사학에서 사용되는 용어로서 '타인의 감정에 의해 자신의 감정이 이끌리지 않는 것'을 의미한다고 한다. 여기서는 모든 면에 대해서 침착한 주의를 기울여야 함을 강조한 말로 이해해야 한다. 또한 '고난을 참아야' 하는데, 저자는 디모데후서 2장 3절에서 주었던 교훈을 상기시키고 있는 것이다. 그러나 여기서 말하는 고난은 "박해와 순교"와 같은 절박한 상황을 의미한다기보다는, 교회를 섬김에 있어서 힘들고 어려운 면들을 말하는 것이다.

전도인이라는 말은 신약에서 단지 두 곳에서만 나타나는데, 1) 사도행전 21장 8절에서 '사도' 빌립과 '전도자' 빌립을 구분하기 위해서 쓰여진 것이고, 2) 에베소서 4장 11절에서, 한편으로는 사도들과 선지자들의 중간에서, 다른 한편으로는 목회자들과 교사들의 중간에서 일하는 일단의 사람들을 일컫고 있다. 이처럼 명칭을 나타내는 용어들은 그 용례에 따라서 융통성있게 달라질 수 있었다. 여기서 이 단어가 의미하는 바 그 기능은 '복음을 전파하는 기능'으로 볼 수 있다. 브룩스는 빌립보서 2장 22절과 적절하게 연관시키고 있는데, 거기서 디모데는 바울에 의해 "복음을 전하려고 나와 함께 봉사한 사람"으로 기술되고 있다. 이러한 이해는 이미 2절에서 "말씀을 전파하라"는 저자의 명령에서 잘 나타나고 있다.

직무를 다하라고 하는 것은 스피크에 의하면 '빚을 청산하라'는 의미로 고대 파피루스 사본에서 종종 발견된다는 것이다. 브룩스는 '종으로서의' 예수 그리스도의 사역과 연관시키는 데 중점을 두고 있다. 분명히 저자는 여기서 '봉사자'로서의 그리스도인 사역을 나타내려고 하지만, 또 다른 사역과의 분명한 연관성은 나타나지 않고 있다.[103] 그러나 교회 지도자로서의 책임을 강조하고 있는 것만은 확실하다.

¶ 신학적 문제

목회서신 저자의 "때"에 대한 이해

여러 정황들을 살펴볼 때 목회서신은 바울의 이름으로 쓰여졌음에도 불구하고 그의 것으로 볼 수 없고, 저작시기 역시 바울 당시보다는 훨씬 후대에 초기 그리스도교가 교회의 제도화와 종말론의 쇠퇴, 그리고 공식 신앙고백문의 형성 등 상당한 변화를 거쳐서 이미 구체적인 모양으로 자리잡아 가고 있던 상황을 전제로 하고 있

103) 핸슨, p. 155.

다는 것이 일반적으로 받아들여지고 있다.[104] 또한 목회서신의 수신자 역시 디모데나 디도라는 실제 인물들이기보다는 목회서신이 쓰여진 당시에 교회 공동체를 책임지고 있던 여러 사람들을 대상으로 하고 있으며, 그들에게 구체적으로 교회의 치리나 교육, 안수 및 생활에 대해 평이하게 서술하고 있다는 것이 일반적인 해석이다.

목회서신들 가운데 디모데후서는 가장 먼저 기록된 것으로, 그 주된 내용은 교회의 책임자들이 견고히 설 것과 거짓된 가르침에 대해서 경고하는 것인데, 저자는 유언의 형식을 빌려서 마치 바울이 임종을 앞두고 유언을 하듯이 서술하고 있는 것이다. 만일 디모데후서의 주요 내용을 간단히 몇 가지 단어들로 정리해 본다면, 그 중에 하나는 아마도 '견고하라', 혹은 '힘쓰라'가 될 것이다. 이러한 맥락에서 디모데후서 4장 2절의 "너는 말씀을 전파하라 '때를 얻든지 못 얻든지' 항상 힘쓰라. 범사에 오래 참음과 가르침으로 경책하며 경계하며 권하라"는 구절을 살펴보기로 하자. 헬라어 본문[105] '에피스테티 유카이로스 아카이로스'(*ἐπίστηθι εὐκαίρως ἀκάιρως*—때를 얻든지 못 얻든지 항상 힘쓰라)라는 구절을 더욱 주목할 필요가 있다.

디모데후서 4장 2절의 본문에 대한 지금까지 그다지 많은 연구가 없었던 것도 사실이다. 그 이유는 본문의 '에피스테티' (*επίστηθι*)라는 말이 또한 목적어도 없이 사용되어 저가가 의도한 것이 무엇인지를 알 수 없고, 4장 2절과 전체 문장과의 연결이 모

104) H. Merkel, 『신약성서 연구입문』, 박창건 역(서울 : 한국신학연구소, 1989), pp. 221—222.

105) G. Kittel은 이 구절을 'exercise your office, deal with members of your community who need your official help when in your judgement it is your duty to do so, whether it be convenient for them or not'으로 해석하고 있다. G. Kittel, *TDNT* (Michigan : Grand Rapids, 1965), p. 462.

호하기 때문이다.[106] 하지만 분명히 '에피스테티'는 그 앞에 나오는 '케뤼크손'(κήρυξον—전파하라)이라는 말과 연결되기 때문에[107] '힘쓰라'라는 말은 비록 그 구체적인 목적어는 없을지라도 언제든 신속히 행동으로 옮길 수 있도록 주의를 요하는 일을 의미하는 것이라고 할 수 있다.[108]

특히 '유카이로스 아카이로스'(εὐκαίρως ἀκαίρως)라는 구절은 그 문장 안에 주술관계를(Nexus) 연결시켜 주는 어구가(Copula) 생략되어 있기 때문에 그 의미가 더욱 강조되고 있는데,[109] 이를 어떤 학자는 격언의 일부로 해석하기도 하고,[110] 혹자는 수사학적인 표현양식이라고 보기도 한다.[111] 이러한 문제를 해결하고, 본문의 실제 의도를 올바로 해석하기 위해서는 이 구절이 당시에 일반적으로 사용되던 의미를 추적하는 것에서부터 접근해야 할 것이다.

먼저, 디오니시우스(Halicarnassus의 Dionysius)에 의하면, 고르기아스(Gorgias)라는 궤변자는 대중연설에서 제일 중요한 것은 자신

---

106) W. Lock, *A Critical and Exegetical Commentary on the Pastoral Epistles* (ICC ; New York : Scribner, 1924) ; E. K. Simpson, *The Pastoral Epistles* (Grand Rapids : Eerdmans, 1954), p.152 ; J. Jeremias, *Die Briefe an Timotheus und Titus* (NTD ; Göttingen : Vandenhoeck und Ruprecht, 1963), p.56 ; M. Dibelius and H. Conzelmann, *A Commentary on the Pastoral Epistles* (Hermeneia ; Philadelphia : Fortress, 1972), p. 120 : C. Spicq, *Saint Paul : Les Epitres pastorales* (EBib ; 4thed ; Paris : Gabalda, 1969) 등의 주석서들도 비슷한 수준이다.

107) C. J. Ellicott, *A Critical and Grammatical Commentary on the Pastoral Epistles* (Andover : Draper, 1882), p.167 ; C. K. Barrett, *The pastoral Epistles in the New English Bible* (New Clarendon Bible ; Oxford : Clarendon, 1963), p. 116 ; J. N. D. Kelly, *A Commentary on the Pastoral Epistles* (HNTC ; New York : Harper, 1963), p. 205 ; B.S. Easton, *The Pastoral Epistles* (New York : Scribner, 1947), p. 68.

108) C. J. Ellicott, *Op. cit.*, 167.

109) Ellicott, 167 ; Spicq, 799 ; Simpson, 152.

110) Lock, 112—13 ; Kelly, 205.

111) Spicq, 799.

이 전달하고자 하는 내용을 적절하게 표현할 수 있는 시간 (καίρως)적 여유가 필요하다는 것을 말한 바 있다.[112] 또한 고르기아스보다 앞선 시기에 이미 철학자 프로타고라스(Protagoras of Abdera) 역시 어떠한 의사를 전달하는 데에 있어서 그 효과를 충분히 얻어낼 수 있는 적당한 시기가 따로 있음을 말한 바 있다. 이러한 적당한 시기에 관한 언급들은 연설이나 이야기를 전달할 때뿐만이 아니라, 치유의 영역, 즉 의사가 환자를 다루는 데 있어서도 그 효과를 극대화할 수 있는 시기가 존재하고 있음을 그 당시의 사람들 역시 의식하고 있었다. 또한 의사전달이나 치유과정에 있어서 그 효과를 극대화시키는 방법에는 위에 언급된 적당한 시기라는 요소 이외에 담대하게 말하는 것도 포함되어 있다. 때문에 데모크리투스(Democritus)는 적당한 시기에 담대함을 가지고 말하는 사람을, 마치 환자의 상태에 대해 정확한 진단을 내려 치료에 임하는 유능한 의사에 비유한 선례가 있다.

한편 이렇게 의사전달의 효과를 기대할 수 있기 위해서는 '적당한 때'와 '담대함'을 가지고 있어야만 한다는 생각이 점차 사람들 사이에 널리 퍼져 거의 그 당시에는 일반화되어 있었다.[113] 그 예로 에스큘러스(Aeschylus)는 "적당한 시기에 전해진 말은 훌륭한 의사의 치료와도 같다"라고 했으며,[114] 필로(Alexandria의 Philo) 역시 "시기가 적절하지 않을 때 담대하게 울려퍼지기만 한 말은 전혀 담대함이 아니며, 단지 그릇된 마음과 감정의 산물에 불과하다"라고 적당한 시기의 중요성을 강조한 바 있다.[115] 또한 시인 스토베우스(Stobaeus)도 담대함이라는 낱말에 대한 정의로서, 그 안에 반드시

112) G. A. Kennedy, *The Art of Persuasion in Greece*(Princeton : Princeton University Press, 1963), pp. 66-8.

113) A. J. Malherbe, "In Season and out of season," *JBS* 103/2(1984) : 237.

114) *Prometheus*, 380-82.

115) *De somniis*, 2. 78-92.

'적당한 시기'라는 요소가 전제되어야 함을 이야기했다.

기원 1-2세기의 도덕철학자들 역시 청중들을 도덕적으로 변화시키기 위해 연설을 할 경우 '적당한 시기'에 중점을 두고 있었다. 그들은 자신들의 의사를 전달할 수 있는 적당한 시기를 결정하기 위해서 먼저 '자신들의 말을 듣게 될 청중이 누구인가'와 '연설장소'를 결정해야만 했다. 즉 자신들이 연설을 행하게 될 곳이 학교인지, 아니면 회합이나 연회인지 등의 장소문제와 청중의 연령 등을 고려해야만 했다. 여기서 유념해야 할 것은 그 당시 대부분의 견유학파 철학자들이 거리에서 지나가는 여러 사람들을 상대로 연설을 행했기 때문에 청중들의 다양한 상황을 소화해내기에는 한계를 가지고 있었다는 점이다.[116] 이러한 예는 스토아 학파에서도 마찬가지였다. 그래서 학자들은 자신들의 연설에 보다 적당한 시기를 부여할 수 있는 해결책으로서 다수의 군중들을 대상으로 한 연설보다는 보다 가까이에서 접근할 수 있는 개인적인 만남에로 그 관심의 초점을 옮겨가게 되었다.[117] 그 결과 철학자들은 점차 개인적인 만남을 통해 자신의 말과 실천을 보여줌으로써 상대방을 설득하려는 경향을 띠게 되었다. 그 예로 플루타르크(Plutarch)는 "누군가가 한 개인의 오류를 고쳐주고자 할 때에는 이미 다른 사람들로부터 그 사람의 오류가 몇 차례 지적된 후에 '적당한 시기'를 골라 다른 사람들이 없는 곳에서 은밀하고 담대하게 그 오류를 고쳐주어야 한다"고 이야기한 바 있다.[118]

---

116) A. J. Malherbe, "Self-Definition among the Epicureans and Cynics," *Jewish and Christian Self-Definition*, vol.3. ed., B. F. Meyer and E. P. Sanders (Philadelphia : Fortress, 1983), pp. 46-59.

117) A. J. Malherbe, "Exhortation in First Thessalonians," *NovT* 25(1983) : 244-5.

118) A. J. Malherbe, "Medical Imagery the Pastoral Epistles," in *Texts and Testaments : Critical Essays on the Bible and Early Church Fathers*, ed., W. E. March (San Antonio : Trinity Univ. Press, 1980), pp. 19-35.

물론 그 당시 철학자들의 일반적인 성향과 목회서신 저자의 의도 사이에는 단순한 차이점도 있지만, 다음과 같은 공통점도 있다. 즉 세속적인 철학자와 목회서신의 저자 모두는 특정한 대상을 염두에 두고 자신들의 이야기를 전개해나가고 있다는 점이다. 하지만 이러한 외면적인 공통점에도 불구하고 실제로 내면적으로는 서로 상반되는 청중을 대상으로 하고 있음을 주목해야만 할 것이다. 곧 철학자들이나 견유학파의 청중은 적당한 시기에 자신들의 이야기에 설득당할 수 있는 개인들(Individuals)이지만, 다른 신약의 서신들이나[119] 목회서신에 소개되고 있는 청중은 개인이 아닌, 많은 사람이 함께 하는 공개적인 회중이라는 데서 중요한 차이점이 나타나고 있다.[120]

위와 같이 목회서신의 저자가 개인이 아닌 다수를 대상으로 하고 있다는 점은 목회서신이 쓰여진 당시의 교회 상황이 거짓 가르침으로부터 수많은 위협이 가해지고 있던 시기였다는 것을 먼저 이해해야만 접근이 가능할 것이다. 디모데후서가 쓰여질 당시의 상황은 이단을 통한 거짓 가르침이 초기 그리스도교 공동체 안으로 들어와 교인들의 신앙을 도와주기보다는 오히려 사람들의 마음을 완고하고 강퍅하게 하여 하나님의 진리로부터 고개돌리게 하며 도무지 개선의 여지를 남겨두지 않았던 상황이었다.[121] 그래서 목회서신의 저자는 비록 사람들을 납득시키기에 적당하지 못한 때이고, 치유라는 개념과는 맞지 않는다 하더라도 거짓 가르침에 빠져 있는 사람들에게 언제 어디서든, '적당한 시기든 아니든'("때를 얻든지 못 얻든지"—*εὐκαίρως ἀκαίρως*, 딤후 4 : 2) 하나님의 말씀을 전파하기에

119) 살전 2 : 12 ; 행 20 : 20, 31 참조.

120) 딤전 4 : 12—15 ; 5 : 19—21, 24—25 ; 딤후 2 : 2 ; 딛 2 : 7—8.

121) 딤후 3 : 11, 13 참조.

122) D. Guthrie, *The Pastoral Epistles, TNTC* (Grand Rapids : Eerdmans, 1957), p.166.

최선을 다하라고 당부하고 있는 것이다.[122)]

그 이유로는 다음과 같은 두 가지 상황을 추정해볼 수 있겠다.

첫째, 목회서신의 저자는 그 당시에 보편화된 개인적인 청중을 대상으로 한 것이 아니라, 이단의 거짓 가르침에 빠져 돌이키지 않는 다수의 사람들을 대상으로 하고 있기 때문이다.

둘째, 목회서신 저자 자신의 "때"(καίρωϛ)에 대한 독특한 이해 때문일 것이다. 목회서신의 저자는 '유카이로스'(εὐκαίρωϛ)라는 시간개념을 디모데전서 2장 6절에서는 "그리스도의 속량하심이 적당한 때에 증거될 것이다"라고 쓰고 있으며, 디모데전서 6장 15절에서는 "적당한 때에 하나님께서 그리스도의 나타나심을 나타내 보이실 것이다", 그리고 디도서 1장 3절에서는 "오래 전에 하나님께서는 영생을 약속하셨고 적당한 때에 사도들의 선포를 통해 그의 약속을 이루실 것이다"라고 표현함으로써, "적당한 때"가 인간들의 판단에 의해 결정되는 것이 아니라, 하나님에 의해 결정되는 것으로 보았다. 그러므로 저자는 그 당시 초기 그리스도교 공동체를 책임지고 있던 사람들에게 거짓 가르침에 대항해서 '적당한 때든 아니든' 개의치 말고 하나님의 말씀을 힘써 전하라고 권면하고 있는 것이다.

b. 배움에 관한 언급(4 : 6—8)

6 관제와 같이 벌써 내가 부음이 되고 나의 떠날 기약이 가까웠
도다 7 내가 선한 싸움을 싸우고 나의 달려갈 길을 마치고 믿음을
지켰으니 8 이제 후로는 나를 위하여 의의 면류관이 예비되었으므
로 주 곧 의로우신 재판장이 그날에 내게 주실 것이니 내게만 아니
라 주의 나타나심을 사모하는 모든 자에게니라

¶ 개요

이 단락에서 가장 장엄하고도 엄숙한 분위기를 이루고 있는 6—8절은 이 편지의 실질적인 결론으로 생각할 수 있을 만큼, 문구가 훌륭하게 다듬어졌고 깨끗하게 닦이고 균형잡혔으며 운율적이다. 문학유형상 고별사나 유언에는 보통 임박한 죽음에 대한 말이 나온다. 저자는 이 단락에서 "고별사" 또는 "유언"이라는 형식으로서 이미 죽은 바울을 좋은 귀감으로 소개하는 데 역점을 두고 있는 것이다. "바울"을 본받아 사는 자는 그와 함께 "의의 면류관"(8절)을 얻을 것이라는 이야기를 바울 자신이 그의 죽음에 직면해서 디모데에게 남기는 유언의 형식으로 표현하고 있는 것이다.

¶ 주석

6 "왜냐하면 나는"(Ἐγὼ γὰρ)은 5절의 "그러나 너는"(σὺ δὲ)과 좋은 대조를 이룬다. 왜냐하면 5절의 "그러나 너는"은 3—4절의 내용과는 전혀 다른 내용으로의 전환을 나타내는 역할을 하지만, 6절에서 "왜냐하면 나는"은 5절과 같이 말하는 이유에 관해서 설명하고 있기 때문이다.

여기서 **관제**란 구약에서 하나님께 드리는 어린 양을 제단 위에 올려놓고 불사르기 직전에 그 제물에 포도주를 붓는 의식을 말한다(참조. 민 28 : 24). "나는 제물이 되었다"(σπένδομαι)라는 표현은 문자적으로 '제주(祭酒)로서 뿌려지다'를 의미한다. 저자는 빌립보서 2장 17절에서 바울이 말한 내용을 모델로 해서 이러한 표현을 사용하고 있는 것이다. 빌립보서 2장 17절에서 바울은 "만일 너희 믿음의 제물과 봉사 위에 내가 나를 관제로 드릴지라도 나는 기뻐하고 너희 무리와 함께 기뻐하리니"라고 말하고 있다. 이렇게 볼 때 저자는 빌립보서 2장 12—30절을 순교자 바울의 빛에서 다시 해석해 후대 목회자의 산 표본으로 삼아 본문을 기록하고 있는 것으로 보인다.

떠날 기약(ἀναλύσεώς)이란 문자적으로 선원이 배의 정박지에서 떠나거나, 군인이 막사를 떠나는 것을 의미한다. 홀츠는 그 의미가 '죽음을 의미하는 것이 아니고 속박으로부터 해방되는 것을 의미하는 것'이라고 주장하기도 했으나, 이러한 해석이 과연 적절한지는 의문스럽다. 오히려 이러한 표현은 고대세계에서뿐만 아니라 오늘날 우리 사회에서도 흔히 그렇듯이 '인생의 종말', 즉 죽음을 비유적으로 나타낸 것이다. 바울도 역시 빌립보서 1장 23절(내가 원하는 것은 세상을 떠나 그리스도와 함께 있는 것입니다)에서도 같은 의미로 이 말을 사용했다.

7 죽음이 가까웠다는 의식을 반영해주고 있는 6절에 뒤이어, 본절에서 저자는 바울의 생애를 회고하는 승리적 선언을 언급하고 있다. 디모데전서 6장 12절에서 저자는 교회 지도자들에게 '믿음의 선한 싸움을 싸우라'고 호소했다. 그리고 여기서는 그 자신의 싸움이 끝나가고 있음을 밝히고 있는 것이다. 이 선언은 세 개의 평행구절로 이루어져 있다.

첫째로, **싸움**(ἀγῶνα)은 권투나 레슬링과 같은 투기 종목의 경기가 아닌, 달리기와 같은 육상경기에서의 '경쟁'을 의미하는 것으로 이해해야 한다. 심프슨(Simpson)의 견해처럼 군사적인 의미에서 '전쟁'으로 이해해서도 안된다. 바울은 고린도전서 9장 24—27절에서처럼, 정신적인 달리기 경주를 의미하는 뜻으로 이러한 종류의 언어를 사용했다. 빌립보서 3장 13—14절도 역시 마찬가지다. 그러나 바울과 목회서신의 저자는 차이점을 가지고 있는데, 바울은 확실하고도 궁극적인 구원에 관해서는 언급하지 않았지만, 여기서 저자는 분명 그러한 확신을 언급하고 있는 것이다.

둘째로, **달려갈 길을 마치고** 라는 것은 빌립보서 2장 16절에서도 언급된다. 거기서 바울은 달음박질한 것과 수고한 것이 헛되지 아니하며, 그리스도의 날에 자랑할 것만을 희망하고 있다. 그것은 종말(Parousia)에 대한 기대이며, 사도행전 20장 24절에서도 동일한 의미로 사용된다. 우리는 여기서 목회서신의 저자가 사도행전까지도 알고 있었다는 것을 알 수 있다.

셋째로, **믿음을 지켰으니** 라는 것은 바울이 믿음의 보고(寶庫)를 성공적으로 지켰으며, 아마도 저자는 그것을 디모데와 같은 계승자들――즉 교회 지도자들――에게 물려주려고 의도하는 듯하다. 또한 이러한 표현은 "신실성을 유지한다"는 데 대한 확정적인 표현이기도 하다.[123] 다른 한편으로 스피크와 같은 학자는 이러한 표현이 그의 세례 때의 고백이거나 그의 사도적인 임무완수를 말한 것으로 이해한다. 그러나 이것이 본문에 적절한 이해인지는 의문시된다. 아무튼 저자의 관심은 바울이 지켜온 이 귀중한 믿음의 보고를 교회 지도자들이 신실하게 잘 보존하는 데 있었던 것이다.[124]

8 "예비되었다"(ἀπόειται)는 동방의 왕들이 어떤 사람을 인정해서 추천하는 칙령 가운데서 거의 전문적인 용어로 사용했던 표현이다.[125] 이 표현은 또한 순교의 용어를 상기시키기도 한다. 왜냐하면 폴리캅의 순교를 묘사할 때 이 표현이 처음으로 나타나고, 순교자들의 덕을 전형적인 헬라식으로 극찬할 때에도 나타나기 때문이다.[126]

---

123) 디벨리우스, p.176.

124) 핸슨, p.156.

125) 안티오쿠스 1세의 비문 중에 "그들은 그의 경건심 때문에 신들과 영웅들의 은총을 기다릴 뿐입니다…"라는 구절이 있다.

126) 디벨리우스, p. 177.

바울은 고린도전서 9장 25절과 빌립보서 3장 14절에서 '면류관'을 인생의 마지막에 주어지는 상급으로 생각하고 있다. 그러나 그 면류관은 영원한 삶을 의미하고, 그에 따른 상급은 그리스도 안에서 하나님의 부르심에 있는 것이다. 여기서 우리는 목회서신의 저자와 바울 사이의 "시간적인 차이"를 발견할 수 있다. 저자는 "이제"(*λοιπὸν*)라는 표현을 통해서 "면류관"이 이미 성취된 것으로 이해하고, 또한 아주 가까운 장래의 것으로 이해하고 있는 반면에, 바울은 "면류관"을 미래적인 것으로 이해하고 있다는 점이다.

저자는 면류관이 한 사람만을 위해 특별히 준비되어 있는 것이 아님을 덧붙여 언급함으로써, 교회 지도자들에게 직접적으로 용기를 복돋워주는 것은 물론이고, 면류관이 이러한 조건을 이루는 모든 사람을 위해서 준비되어 있음을 지적한다.

주의 나타나심을 사모하는 모든 자란 표현은 어떤 사본들에서는 "모든"이 생략된 채 나타나기도 한다. 그러나 "모든"이 빠졌다고 해서 문장상에 큰 영향을 주지는 않는다. 또한 "나타나심"(*ἐπιφάνεια*)은 "주의 강림"(재림—Parousia)을 의미한다. 스코트(Scott)는 이러한 표현을 해석하면서 모든 초대 그리스도인들은 그리스도의 완전한 승리를 갈망하고 있었고, 완료시제가 보여주는 것처럼 그들은 과거에도 주의 나타나심을 사모했고, 마지막까지 사모할 것임을 나타낸다고 주장한다.

6—8절은 이처럼 저자의 신학적 특성을 가장 잘 설명해주는 단락이다. 그는 바울을 순교자로서 이해하고 있으며, 또한 역사적인 바울이 죽음에 직면했을 때의 상황을 매우 실제적으로 해석해내고 있다. 이 부분은 마치 바울이 자신에 관해서 직접 쓰는 것처럼 자연스럽게 서술되고 있다.

4. 바울의 개인적인 상황에 대한 언급들
(4 : 9—18)

9 너는 어서 속히 내게로 오라 *10* 데마는 이 세상을 사랑하여 나
를 버리고 데살로니가로 갔고 그레스게는 갈라디아로, 디도는 달마
디아로 갔고 *11* 누가만 나와 함께 있느니라 네가 올 때에 마가를
데리고 오라 저가 나의 일에 유익하니라 *12* 두기고는 에베소로 보
내었노라 *13* 네가 올 때에 내가 드로아 가보의 집에 둔 겉옷을 가
지고 오고 또 책은 특별히 가죽 종이에 쓴 것을 가져오라 *14* 구리
장색 알렉산더가 내게 해를 많이 보였으매 주께서 그 행한 대로 저
에게 갚으시리니 *15* 너도 저를 주의하라 저가 우리말을 심히 대적
하였느니라 *16* 내가 처음 변명할 때에 나와 함께한 자가 하나도 없
고 다 나를 버렸으나 저희에게 허물을 돌리지 않기를 원하노라 *17*
주께서 내 곁에 서서 나를 강건케 하심은 나로 말미암아 전도의 말
씀이 온전히 전파되어 이방인으로 듣게 하려 하심이니 내가 사자의
입에서 건지웠느니라 *18* 주께서 나를 모든 악한 일에서 건져내시고
또 그의 천국에 들어가도록 구원하시리니 그에게 영광이 세세 무궁
토록 있을지어다 아멘

¶ 개요

이 단락은 저자가 서신의 위명성을 실제로 있음직한 사건으로 믿게 하기 위해서 사도행전의 보도와 전승들을 참조해서 다시 구성한 것이다. 저자가 4장 1－8절에서는 마치 바울이 디모데를 다시는 볼 수 없을 것이기 때문에 마지막 유언의 편지를 쓰는 것처럼 서술했으나, 9절 이하에서는 갑자기 변화된 어조와 감정, 다른 내용이 나타나고 있다. 왜냐하면 4장 1－8절에서는 마치 바울이 죽음을 앞두고 '유언'을 남기는 듯한 인상을 주어 본문에 긴장감과 엄숙함을 더하고 있으나, 이 단락에서 저자는 바울이 디모데에게 빨리 자기에게 오도록 말하고 있기 때문이다(9절).

또한 10－11a절에서는 "왜 그가 빨리 오기를 바라는지"의 이유를 설명하고 있고, 11b－13절에서는 누구를 데리고 와야 하며, 무엇을 가지고 와야 하는지를 설명하고 있고, 14－15절에서는 주의해야 될 사람에 대해서 설명하고 있으며, 마지막으로 16－18절에서는 바울에 대한 하나님의 보호하심에 대해서 설명하고 있다.

목회서신이 바울의 저작이 아니라 위명성을 가지고 있는 서신임을 인정한다면, 분명히 9절 이하의 개인적인 언급들은 다른 본문들에 비해서 그렇게 중요한 의미를 갖지 못하는 것으로 여겨질 수도 있다. 왜냐하면 저자가 바울 시대에 살았던 인물들을 실제로 지금 자신의 시대에 살아 있는 인물로 묘사한다는 사실을 수신자들은 이미 알고 있었을 것이기 때문이다. 그러나 그렇다고 해서 이 단락의 내용이 전혀 무가치하다고는 말할 수 없다. 저자는 이러한 문학적 기술을 통해서 앞에서 언급한 모든 교훈들에 사실성과 생동감을 불어넣고 있기 때문이다. 사실상 이러한 모든 개인적인 진술들은 저자 자신에 의해서 창작된 것이 아니고, 바울 당시에 실제 있었던 사실들을 전해주는 전승에 근거를 두고 있는 것으로 보인다. 그러므로 이 단락에 대한 관심은 '그들이 실제적으로 어떤 사람들이었느냐'라기보다는, '저자는 이러한 언급을 통해서 무엇을 의도하고 있는가'라는 것이 문제일 것이다.

¶ 주석

9 **너는 어서 속히 내게로 오라** 이 명령은 이 편지의 저자가 바울이 아님을 알려주는 또 하나의 근거다. 왜냐하면 6—8절에 의하면, 마치 유언을 하듯 자기의 죽음이 임박했음을 강조하다가, 9절에 와서는 갑자기 "너는 어서 속히 내게로 오라"고 말함으로써 자신의 죽음을 전제하지 않고, 오히려 뒤로 미루는 듯한 인상을 주고 있기 때문이다. 또한 이 서신이 표면상 로마에서 소아시아의 어떤 곳으로 쓰여진 것이라면, 이것은 매우 납득이 가지 않는 요청이다. 만약 바울의 편지가 곧 전달되고, 디모데가 즉시 출발한다고 하더라도 바울이 디모데를 만나려면 몇 달이 걸릴 것이기 때문이다. 이러한 사실은 아마도 아직 바울이 임박한 죽음을 매우 심각하게 받아들일 필요가 없다는 것을 의미하는 것이다.

이러한 표현에 대해서 우리는 이미 수차례 살펴보았듯이, 저자는 유언형식의 서술(4 : 1—8)을 통해서 수신자들에게 긴장감을 조성한 후에 9절 이하에서 다시 개인적인 부탁을 언급함으로써 잠시 휴지(休止)를 갖고 있는 것이며, 또한 바울의 모습을 다시 한번 수신자들에게 회상시킴으로써 이 본문에 사실성과 역사성, 그리고 생동감을 불어넣고 있는 것이다.

10 9절의 명령이 본절 이하에서부터 보다 상세하고도 구체적으로 설명되고 있다. **데마**는 빌레몬서 24절에서 언급되고 있다. 그

러므로 그는 바울의 진정한 동역자였음에 틀림없다. 그는 로마에 바울과 함께 있었다가 후에 그가 배신했다는 것을 추측할 수 있다. 프로렌스에 있는 메디치 도서관(Medici Library)에 보존되어 있는 기록에 의하면, 데마는 데살로니가에 있는 이방성전의 사제가 되었다고 한다. 그러나 그것의 역사적인 신빙성은 희박하다. 분명한 것은 그가 왜 바울을 배신했는지 그 이유를 정확하게 알 수가 없다는 것이다. 다만 그는 빌레몬서 24절의 기록처럼 마가, 아리스다고, 누가와 함께 바울의 동역자였는데, 바울을 배신하고 세상을 사랑해 데살로니가로 갔다는 사실이다.[127)]

이 세상을 사랑하여 라는 표현은 다분히 "올 세계와 현재의 세계"를 비교하는 종말론적인 언어라고 할 수 있다(참조. 딤전 4 : 8 ; 딛 2 : 12 ; 엡 1 : 21). 스피크에 의하면 "이 세상을 사랑했다"는 표현은 데마가 용기를 잃고 집으로 돌아간 것이지, 결코 그가 신앙을 버리고 배신한 것은 아니라고 한다. 특별히 그가 왜 '데살로니가'로 갔는지는 정확하게 알 수 없으나, 대부분의 학자들에 의하면, 그곳은 데마의 고향일 것으로 보인다.

그레스게 는 오직 여기에서만 언급된다. 후대의 전승에 의하면, 그는 고울 지방에 있는 칼케돈의 감독이었고, 비엔나와 마이엔스 교회의 설립자이기도 했다. 보다 초기의 어떤 사본에서는 '갈라디아'(Galatian)를 '갈리아'(Gallian)라고 기록하고 있다. 스피크에 의하면 이것은 '고울'(Gaul)을 의미하는 것이라고 하나, '갈라디아'를 '갈리아'라고 주장한다는 것은 설득력이 없다.

달마디아 는 북그리스에 있는 한 지역으로서 일루리아(Illyria)의 북부에 있는 지방이다. 또한 이 지방은 니고볼리(Nicopolis)에서부터 아드리아해까지 이르는 지역을 의미한다. 브록스는 그곳이 아마도 디도의 고향일 것이라고 추측한다. 로마서 15장 19절에 의하면, 바울은 같은 지역에 있는 일루리곤(Illyricum)을 방문했었다.

---

127) 핸슨, p. 157.

또한 디도서 3장 12절에 의하면, 디도는 니고볼리에서 바울과 만나기로 되어 있었다. 디도는 바울의 오랜 동역자(갈 2 : 1—3)이며, 또한 자주 고린도후서에서 언급되고 있고, 바울과 고린도 교회 사이에 일어났던 갈등을 해소하는 데 중요한 역할을 담당했던 인물이다.

11—12. 여기에서는 골로새서와 빌레몬서에 동시에 등장하고 있는 두 인물과 두기고에 대해서 설명되고 있다. "누가"는 데마가 골로새서와 빌레몬서에 나올 때마다 함께 언급되는 인물로 골로새서 4장 14절을 통해, 직업은 의사이며 누가복음서와 사도행전을 기록한 인물로 추정되기도 한다. 아마도 바울의 병약함을 돌보기 위해 함께 남아 있었던 것 같다. 그러나 '누가만 나와 함께 있다'라는 것은 4장 21절의 언급과 부합되지 않는 것으로 보인다. 왜냐하면 21절에서는 많은 형제들의 안부를 전하고 있기 때문이다.

11 **마가**는 사도행전에서 바울과 바나바와 함께 소위 첫번째 선교여행에 함께했던 인물이다. 사도행전 13장 13절에 보면 '마가'라 하는 요한은 여행 중간에 밤빌리아에 있는 버가모에서 예루살렘으로 돌아갔고, 사도행전 15장 36—39절에서는 바울과 바나바 사이에 마가 때문에 갈라서는 일이 일어난다. 그러나 목회서신과 골로새서 4장 10절의 언급을 종합해본다면, 바울은 마가와 화해했으리라는 결론을 얻을 수 있다. 즉 마가는 바울과의 분쟁 후에 화해하고 그의 사역에 유익한 자로 불리고 있는 것이다.[128]

저가 나의 일에 유익하니라는 구절은 마치 빌레몬서 11절의 "저가 전에는 네게 무익하였으나 이제는 나와 네게 유익하므로"라는 구절을 모방하고 있는 듯한 느낌을 준다. "나의 일"이라고 번역된 "봉사"(*διακονίαν*)는 바울이 복음의 사역을 나타낼 때 자주 사용

128) 핸슨, p. 158.

하던 용어였으나(참조. 고후 4 : 1), 여기서의 뜻은 모호하다. 그러나 가장 가능성있는 의미는 목회자의 직무가 아니라, 아마도 "개인적인 일"일 것이다(참조. 딤전 1 : 12 ; 딤후 4 : 5).

12 **두기고**는 골로새서에서 언급된 골로새 교회에 편지를 전달한 장본인이기도 하다. 사도행전 20장 4절에서 그는 아시아 사람으로, 에베소서 6장 21절에서는 에베소에 '사정을 알리고 위로하고자' 파송된 사람으로 언급되기도 하며, 디도서 3장 12절에서는 크레테(Crete)에 보낼 것이라는 표현이 나오기도 한다.

"두기고"를 에베소에 보냈다는 것은 이 편지가 쓰여질 때 그가 에베소에 있지 않았음을 암시한다. 반면에 만약 "보내다"(*ἀπέστειλα*)를 서간체 부정과거로 해석한다면, 두기고가 골로새서와 에베소서를 전해주었던 것처럼, 그가 디모데에게 서신을 가져왔다는 사실이 전혀 근거가 없는 것은 아니다. 한편 '두기고가 에베소에서 사역했다는 것'에 관한 가장 가능성있는 설명은 디모데가 바울을 방문하기 위해서 로마에 가는 동안 디모데를 대신했다는 것이다.

13 **겉옷**(*φαιλόνης*)은 머리 부분에 둥근 구멍이 나 있는, 두꺼운 천으로 만든 옷을 일컫는다. 해슬러는 이 외투가 바울의 사도적 직무 계승의 상징으로서, 열왕기하 2장 8절에서 엘리야가 엘리사에게 그의 외투를 물려주었듯이, 디모데에게 물려주려는 것이라고 이해했다. 어떻든 저자가 엘리야—엘리사 사화를 회상시키고 있다고 여긴다면, 저자는 아마도 열왕기하 2장 8절(칠십인역)의 '파일로네'(*φαιλόνη*)를 인용하고 있는 것이다. 그리고 **책**은 "두루마리들" 또는 "파피루스들"을 의미하는 것으로 보이는데, 그것은 수집해놓은 바울의 편지들일 것이다. **가보**는 여기서만 언급되는 인물이며, 그가 어떠한 사람인지는 알 수가 없다.

14 많은 학자들은 **구리 장색 알렉산더** 가 디모데전서 1장 20절의 이단자 '알렉산더'인지, 아니면 사도행전 19장 33-34절에 언급된 사람과 동일한 인물인지에 대해서 견해가 엇갈리고 있다. 그러나 대부분의 학자들이 서로 공감하는 부분은 여기에 나타난 인물이 디모데전서 1장 20절의 인물과 동일시할 수는 없다는 사실이다. 그래서 도니어(Dornier)와 같은 학자는 저자가 여기서 '알렉산더'를 디모데전서의 '알렉산더'와 구별하기 위해서 "구리 장색"이라는 표현을 사용한 것이라고 주장한다. 또한 사도행전과의 연관성도 분명치 않다. 그러나 보다 더 중요한 문제는 구리 장색 알렉산더를 누구와 동일시할 것이냐가 아니라, "그가 어떤 사람이었는가"일 것이다. 그는 분명히 바울 당시의 사람으로서 바울에게 해를 입힌 사람이며, 저자 당시에도 이와 같은 자들이 교회에서 문제를 야기시켰기 때문에, 저자는 "구리 장색 알렉산더"를 언급함으로써 교회에서 현재 사역자들에게 해를 입히는 자들을 통칭하는 것으로 보인다.

15 **너도 저를 주의하라** 는 표현은 여러 학자들의 논쟁의 대상이 되어 왔다. 문제는 이 명령이 과연 바울 당시의 이단을 언급하면서 그저 의례적으로 기록한 것이냐, 아니면 알렉산더와 같은 저자 당시의 존재들을 조심하라는 것이냐 하는 것이다. 핸슨 같은 학자는 알렉산더의 활동으로 인한 위험은 이미 오래 전에 지나간 일이므로, 저자가 당시의 수신자들에게 내리는 직접적인 명령은 아니라고 주장한다. 그러나 목회서신 전반을 볼 때, 분명 거짓 교훈을 퍼뜨리는 거짓교사들이 현재 교회 안에 존재하고 있었으며, 그들은 교인들을 유혹하고, 교회 지도자들을 괴롭혔음이 분명하다. 그렇다면 저자는 분명히 "구리 장색 알렉산더"가 바울에게 해를 입힌 점을 예로 들면서 직접적으로 교회 지도자들에게 "너희들도 구리

장색 알렉산더"와 같은 존재를 주의하라고 권면하는 것으로 보는 것이 더욱 타당할 것이다.

우리말을 심히 대적하였느니라 는 표현에서 "우리말"은 일반적으로 "그리스도교의 가르침"을 의미한다. 스피크는 이러한 표현이 법정에서 바울의 공식적인 자기 변호를 언급하는 것이라고 주장한다. 그러나 역사적 사실이 그렇다 해도 목회서신의 저자는 교회 사역자들의 설교, 즉 그리스도교의 일반적인 가르침이라는 의미로 이 본문을 썼을 것이다.

16—18. 저자는 이제 여기에서 '바울이 처한 상황'에 대해서 설명하고 있다. "처음 변명할 때에"라는 표현은 로마의 법정—절차를 암시해주는 표현이다. 아마도 저자는 바울에 대한 역사적 전승에 근거해서 이 단락을 기술하고 있음을 수신자들에게 암시하는 것으로 보인다. 또한 16절에 표현된 소원에서는 희구법의 사용이 이미 공식화되어 있었음을 보여준다. 우리는 이미 목회서신의 위명성을 지적했기 때문에 아무런 도움도 되지 않지만, 지금까지 논의되어 왔던 본문에 관한 전통적인 해석들을 참고로 소개하면 다음과 같다.

첫째, 전통적인 해석은 목회서신의 저자를 바울로 보고, 그가 두번째로 로마에 투옥당해 있으면서 첫번째의 투옥과 그의 석방을 회고하고 있다는 것이다. 그 경우 '사자'는 네로 황제를 가리킨다고 한다. 피고의 친구들은 피고를 도덕적으로 지원하기 위해서 재판정을 찾아주는 것이 관례로 되어 있었으나, 분명히 저자는 본문에 '아무도 바울의 편을 들지 않았다'고 말하고 있다. 그러므로 공식적으로 후원자의 역할을 아무도 담당하지 않았다는 것을 의미하든지, 아니면 바울의 선교여행에 대해서 아무것도 알지 못하고 있던 로마의 그리스도인들이 후원하지 않았다는 것을 의미할 것이다.

둘째, 바울이 로마에서 서신을 기록할 때가 투옥당해 있던 동안이라고 가정할 경우, '목회서신은 오직 한번의 투옥만을 알고 있다'는 것이다. 이것은 '첫번째 변론'이 있었던 때와 일치하며, 바울은 그 자신의 운명을 설명하면서 디모데에게 아마도 두번째 변론이 있기 전에 자기에게 가능한 한 속히 오라고 명령하고 있는 것으로 보아야 한다는 것이다. 이 경우에 '변론'은 "심문"으로 이해하는 것이 낫고, '사자'는 황제의 세력[129]을 가리키는 것이다. 핸슨은 18절을 저자에 의해서 첨가된 것으로 보고 있는데, 그 이유는 '하늘에 있는 그의 나라로'라는 표현이 바울의 언어 용례에는 일치하지 않기 때문이라는 것이다. 한편 그것은 예전적인 기원을 제공하는 것이며 주기도문을 회상케 한다.

셋째, 이 서신을 가이사랴의 상황과 일치된다고 믿는 사람들은 사도행전 23장 1절 이하에 나오는 심문과 사도행전 23장 6절 이하의 주님이 나타나심을 상기한다. 그 경우 17절의 마지막 문장은 '로마에서도 복음을 증거해야 한다'는 약속을 가리키게 되는 것이다. 이 경우 바울이 모든 사람으로부터 버림받았다는 것은 저자가 초대교회의 바울에 대한 태도를 보여주고 있는 것이며, 그 경우 '사자'는 상징적인 의미로 해석되어야 하며(벧전 5 : 8), 구약성서의 극적인 위험으로부터 해방되었음을 표현하는 일반적인 은유(단 6 : 20 ; 시 22 : 21)로 해석할 필요는 없다.

16 본절은 바울이 로마에서(행 18 : 16—20) 재판을 받을 때 로마 교회가 그를 돌보지 않았던 일을 회상한 것처럼 쓰였으며, 그는 그들을 원망하거나 그들의 허물을 탓하지 않음으로써 복음의 사역 때문에 박해를 당하고 버림받은 사람의 표상으로 부각되는 것이

129) 요세푸스의 기록——"디베료 황제가 기원 37년에 죽었을 때 그 소식이 헤롯 아그립바에게 사자가 죽었다는 암호문으로 전달되었다"(핸슨 책에서 재인용).

다. 서신 전체에 나타나고 있는 '고난'(1 : 3—14)이 18절에 나오는 승리의 전망에서와 같이 여기서 소식과 기도와 소원과 감사를 인상 깊게 결합시키고 있는 데서 다시금 나타나고 있다.[130)]

다 나를 버렸으나는 클레멘스일서 5장 2, 5절을 참조해볼 때 역사적인 사실로 보인다. 그러나 이러한 표현을 통해서 바울이 원했던 것이 무엇인지, 또는 함께 있다고 한 두기고와 누가는 어디에 있었는지를 묻는 것은 아무런 의미도 없다. 왜냐하면 목회서신의 저자 자신의 입장에서 볼 때, 모든 사람이 바울을 다 저버린 듯한 느낌을 받고 이렇게 표현했을 것이기 때문이다.

도니어는 저자가 **저희에게 허물을 돌리지 않기를 원하노라**라는 표현을 통해서 십자가에서의 예수 그리스도의 용서의 교훈을 본받아 살았던 바울의 신앙을 강조하고 있다고 본다. 그러나 우리는 14절과 비교해볼 때, 꼭 그렇지만은 않다는 사실을 알게 된다. 여기에 서술되고 있는 내용이 역사적인 바울에 관한 것이라 해도, 이러한 표현은 저자의 표현임이 분명하다.

17 **주께서 내 편에 서서**에서 "주"는 그리스도를 지칭한다. 그러나 이러한 표현이 종교적인 신비주의를 나타내지는 않는다. 아마도 저자는 이러한 표현을 통해서 그리스도 예수에 대한 바울의 현존을 언급하고 있는 것으로 보인다. 그래서 도니어는 저자의 이러한 표현이 순교자로서의 바울의 입지를 보다 강화시키려는 의도적인 표현이라고 말한다.

이방인으로 듣게 하려 하심이니라는 표현은 바울의 역할의 특징을 설명하려는 것이 아니라, 바울의 영웅적인 순교자로서의 죽음이 이방세계에 복음을 전파하는 데 크게 기여했음을 나타내려는 표현이다.

내가 사자의 입에서 건지웠느니라는 아마도 시편 22편 21절을 인용

---

130) 디벨리우스, p. 181.

하고 있는 듯하다. 고대세계에서는 '제국의 권세'를 나타낼 때 종종 이러한 표현이 사용되곤 했다. 그래서 요세푸스(Josephus)는 티베리우스(Tiberius)의 죽음을 기록하면서 "그 사자가 죽었다"라는 표현을 사용하고 있다. 또한 베드로전서 5장 8절에서는 마귀가 '사자'에 비유되고 있다. 확실히 후기 그리스도교 순교역사에서는 사탄의 활동을 그리스도인을 박해하는 '로마 제국의 활동'에 연계시키는 경향이 있었다.

18 여기에서 저자는 재구성된 바울의 순교에 대해서 신앙적 언어로 표현하고 있다. 또한 교훈의 핵심을 언급한 후에 다시 저자가 다른 개인적인 인사를 덧붙이는 것은 문학적인 고안이라고 할 수 있다. 아마도 그 이유는 저자가 이제 서신을 종결짓기를 원하고 있기 때문인 것으로 보인다.

주께서 나를 모든 악한 일에서 건져내시고 라는 표현은 "주기도문"을 연상시킨다. 만약 저자가 주기도문을 염두에 두고 있다면, 누가복음보다는 마태복음에 의존하고 있는 것으로 보인다. 그러나 해슬러는 이 절의 어조가 대체적으로 예전적이라는 것은 동의하면서도 주기도문과의 어떤 연관성은 부인하고 있다.

그의 천국에 들어가도록 구원하시리니 라는 표현은 우리가 목회서신에서 발견할 수 있는 "하늘나라"의 주제에 대한 가르침과 일치하고 있다. 왜냐하면 목회서신 저자는 하늘나라를 주의 강림(parousia) 때에 일어날 사건으로 이해하고 있기 때문이다. 그러나 바울의 사상에는 이러한 개념이 없다. 이러한 사실은 목회서신 저자가 물론 바울의 사상의 빛에 서 있기는 하지만, 보다 발전되고 공교회화된 신학을 가졌다는 것, 그리고 목회서신의 저자는 분명 바울이 아니라는 명확한 증거가 되는 것이다.

그에게 영광이 세세 무궁토록 있을지어다 라는 표현은 주기도문의 마지막 간구인 "나라와 권세와 영광이 아버지께 영원히 있사옵니다"라는 구절을 회상시켜 준다. 그러나 주기도문의 "나라와 권세와 영광이 아버지께 영원히 있사옵니다"는 본래의 원문에는 없었던 것으로 여겨진다. 왜냐하면 이 표현이 몇몇 사본에서만 발견되고 대부분의 사본에서는 생략되어 있기 때문에 '후대의 첨가'로 보게 된다. 그렇기 때문에 홀츠는 이 구절을 고린도후서 5장 1절(하늘에 있는 영원한 집이 우리에게 있는 줄 아나니)과 연관시켜 이해하고 있다.

그에게 영광이는 분명히 '그리스도'에 대한 언급이다. 이러한 언급은 저자가 그리스도를 결코 "하나님"이라 부르지 않았던 바울과, 그러한 표현을 과감하게 사용했던 이그나티우스 사이의 중간기적 인물이라는 것을 시사해준다.

세세 무궁토록 있을지어다 아멘은 지극히 예전적인 표현이다. 더욱이 목회서신에서 저자는 예전적인 부분을 나타낼 때 "아멘"을 기록하고 있다(참조. 딤전 1 : 17 ; 6 : 16). 또한 이러한 표현은 아마도 저자가 의도적으로 "주기도문"을 인용하고 있다는 느낌을 준다. 다른 한편, 바울이 자신의 뜻과 약속을 경건하게 종결지을 때 사용했던 표현을 인용한 것이라고 이해할 수도 있다.

몇몇 학자들은 디모데후서 4장의 내용 배후에는 시편 22편이 전제되어 있고, 또 어떤 절의 경우는 시편 22편을 직접 인용하고 있다고 생각한다. 우리는 비록 매우 확실한 것은 아니지만, 두 본문들 사이에 어떤 평행관계가 있음을 발견할 수 있다.

시편 22**편**	**딤후** 4 : 16—18
11절 나를 멀리하지 마옵소서… 도울 자 없나이다	17절 주께서 내 곁에 서서
	16절 다 나를 버렸으나
16절 악한 무리가 나를 둘러	18절 주께서 나를 모든 악한 일에서 건져내시고

21절	나를 사자 입에서 구하소서	17절	내가 사자의 입에서 건지웠느니라
27절	땅의 모든 끝이 여호와를 기억하고 돌아오며 열방의 모든 족속이 주의 앞에 경배하리니	17절	이방인으로 듣게 하려 하심이니

만약 이러한 견해가 옳다면, 목회서신 저자는 구약본문을 바울과는 다르게 사용하고 있는 것이다. 왜냐하면 바울은 시편 22편을 먼저 그리스도에게 적용시키고, 그 다음 자신에게 적용시켰을 것이기 때문이다. 또한 이러한 견해의 타당성을 인정한다면, 저자는 바울의 순교를 보다 영웅적인 사건으로 나타내기 위해서 구약성서의 본문을 인용하고 있음에 틀림없다. 이러한 견해는 로크에 의해 처음 제기되었고, 그후 스피크와 같은 여러 학자들도 여기에 동의하고 있다.

5. 마지막 인사(4 : 19—22)

¶ 개요

저자는 디모데전서와는 달리 개인적인 언급들로 이 서신을 끝맺고 있다(참조. 딤전 6 : 21). 물론 이러한 서신양식은 바울도 역시 자주 사용했던 헬라적 서신의 특징이었다(참조. 살전, 고전, 고후, 롬, 빌, 몬).

1) 문안인사(4 : 19—21)

19 브리스가와 아굴라와 및 오네시보로의 집에 문안하라 *20* 에라
스도는 고린도에 머물렀고 드로비모는 병듦으로 밀레도에 두었노니
21 겨울 전에 너는 어서 오라 으불로와 부데와 리노와 글라우디아와
모든 형제가 다 네게 문안하느니라

¶ 개요

사도행전 18장 1—3절을 보면, 바울은 브리스길라와 아굴라 두 사람을 만나고 있는데, 그것은 그들이 클라우디우스(Claudius) 황제의 칙령에 의해 로마에서 추방되어 고린도에 도착했던 때였다. 또한 고린도전서 16장 19절에 의하면, 그들은 고린도 교회에 문안인사를 보내고, 로마서 16장 3절에서는 바울이 그들을 그의 동역자로 소개한다. 아마도 저자는 바울이 자기의 생을 종결짓는 유언을 쓸 때에, 그들이 에베소에 있었을 것이라고 상상하면서 이러한 문안인사를 하고 있는 것으로 보인다. 그러나 로마서 16장 3절에 의하면, 브리스길라와 아굴라는 로마에 있었다. 그러나 저자는 아마도 저들의 소아시아 지역에 대한 새로운 여행을 알고 있었거나, 혹은 사도행전 18장 19, 26절을 토대로 그 부부가 에베소에 살고 있는 것으로 가정했을 것이다.

¶ 주석

19 여기서 **오네시보로**는 이미 1장 16—17절에서 언급되었으나, 저자 당시에 오네시보로는 이미 세상을 떠난 후였다. 바울행전에 의하면, 그는 그의 가족과 함께 이고니온에 살아 있는 것으로 나타난다. 거기에는 다음과 같이 기록되어 있다 : "그가 그의 자녀들인 심미아스와 제노, 그리고 그의 아내인 렉트라와 함께 바울을 맞이하러 나갔다." 그러나 그것은 바울이 살아 있을 때의 이야기임이 분명하다.[131] 아무튼 여기서 말하는 "오네시보

131) 핸슨, p. 163.

로의 집"은 바울을 방문하여 도와준 그 집안이다.

20 **에라스도**는 사도행전 19장 22절에 의하면, 바울이 디모데와 함께 마게도냐에 보낸 사람이다. 어떤 학자들은 그가 로마서 16장 23절에서 바울과 함께 고린도에서 문안하는 사람이라고 가정한다. 그러나 "에라스도"는 로마서 16장 23절의 고린도의 재무관과는 동명이인임이 분명하다. 그 이름은 당시에 매우 흔한 이름이었던 것이다.

드로비모는 사도행전 20장 4절, 21장 29절에서 에베소 사람으로 바울의 일행 중의 한 사람이었다. 그는 두기고와 함께 모금하러 보낸 사람들 속에 속해 있고, 바울과 함께 예루살렘에도 갔었다. 저자가 "그가 병이 들어 **밀레도**에 남겨두었다"라고 한 것은 사도행전 20장의 '밀레도 방문' 같지는 않다. 물론 우리가 바울의 생애 속에서 "드로비모"라는 존재가 어떠한 위치를 차지하고 있었는지는 모른다. 그러므로 이러한 저자의 서술들은 역사적인 신빙성이 희박한 것으로 보인다.

21 **으블로와 부데와 리노와 글라우디아**는 모두 신약성서의 다른 곳에서는 나타나지 않는 인물들이다. 여기에 이 사람들의 이름들을 거명한 저자의 의도는 알 길이 없고, 11절의 '누가만이 나와 함께 있다'라고 한 것과 16절의 '모두 버리고 갔다'라는 말은 서로 모순되는 언급이다. 이레니우스는 "리노"가 로마의 감독이었다고 주장하는데, 그러한 주장은 "리노"라는 이름이 아주 희귀한 때에만 설득력을 갖는다. 그런데 발견되는 여러 비문들의 증거는 그러한 이름이 흔했다는 사실을 밝혀준다. 다른 한편, 여기에 나오는 이름들이 라틴어 이름들이라고 해서 목회서신이 로마에서 기록되었다는 것을 입증해주는 결정적인 단서가 될 수는 없다. 실제로 동방에서도 로마 이름을 가진 사람들이 많이 있었을 가능성을 배제할

수는 없기 때문이다. 서신의 저자가 이러한 이름들을 언급할 때, 바울에 관한 분명한 역사적 자료에 근거해서 쓰고 있다 할지라도, 이러한 사람들의 이름을 서신에 언급하고 있는 이유는 어떤 역사적 사실을 알리기 위함이 아니라, 어쩌면 목회서신이 바울전승에 근거한 것이라는 점을 보다 더 강하게 강조하기 위해서였을 것이다.

겨울 전에… 오라는 구절은 9절보다는 덜 조급하게 보인다. 그렇기 때문에 21절은 여전히 5—8절의 임박한 순교의 예상과 자연스럽게 조화되지 않는다. 그것은 아마도 저자가 이 서신을 끝맺기 위한 문학적 고안으로 덧붙인 것으로 보인다.[132)]

2) 축복기도(4：22)

22 나는 주께서 네 심령에 함께 계시기를 바라노니 은혜가 너희와 함께 있을지어다

¶ 주석

[22] 여기에 나타난 마지막 축원은 두 부분으로 되어 있다. 앞부분은 직접 디모데에게 전하는 개인적인 것이고, 뒷부분은 쓰여진 대명사가 복수로서 일반적인 그리스도인들에게 주어진 것으로, 디모데전서와 디도서의 축원과 비슷하다.

주께서 네 심령에 함께 계시기를은 바울이 자주 사용하던 표현이다. 그래서 이러한 표현은 갈라디아서 6장 18절, 빌립보서 4장 23

132) 핸슨, p. 164.

절, 빌레몬서 25절에서도 발견된다. 바울서신에서는 2인칭 복수를 사용해 "너희 심령에"라고 했지만, 여기에서는 디모데 개인을 나타내기 위해서 2인칭 단수형인 "너의 심령에"를 사용하고 있다. 도니어는 이러한 표현이 예전적인 성격을 가지고 있다고 주장한다. 또 많은 학자들은 이러한 표현이 유대교적인 것이라고도 하며, 또 어떤 학자들은 거룩한 직제를 받은 사람들 안에서 활동하시는 "성령"을 언급하는 것이라고 주장한다.

은혜가 너희와 함께 있기를 은 디모데전서 6장 22절에서도 발견되듯이, 2인칭 복수형인 "너희"는 어떤 사본에서는 2인칭 단수인 "너"로 발견되기도 한다. 이것은 의심할 것 없이 서신의 형태를 보존하기 위한 것이며, 해슬러는 '모든 사람이 이 서신을 읽을 것을 대비해서' 결론에서 이러한 표현을 한 것이라고 주장한다.133)

¶ 신학적 문제

공교회의 예배

세상에 고정된 문화란 존재할 수 없듯이, 초기 그리스도교 예배 또한 수많은 역사적 도전들을 통해 변화와 발전의 과정을 되풀이 했다. 교회의 예배도 기원 2세기경 한창 발전해가던 당시 그리스도교 교회의 형성과정과 더불어 발전했던 것이다.

당시의 예배 특징을 몇 가지 살펴본다면, 유대교 성전예배 및 회당예배의 영향을 이어받은 "연속성", 거기에다가 이방문화의 영향을 받을 수밖에 없었던 "복합성", 그리고 아직 통일된 형식을 갖추지 않았던 형식과 내용의 "다양성" 등으로 정리될 수 있을 것이다. 아람어를 쓰던 유대인들과 헬라어를 쓰던 디아스포라를 포함

133) 핸슨, p. 165.

하여 이방인들에게까지 그리스도교가 전파되는 동안, 예배—문화는 다양성을 띨 수밖에 없었고, 더욱이 초기 그리스도 교회에서 기독론의(예수를 메시야로 인정할 것인가의 여부) 통일성을 이루지 못한 단계에서 예배의 다양한 현상은 필연적이었으리라 생각된다.

교회의 예배의 형성과정을 좀더 구체적으로 알아보기 위해서는 먼저 성서의 기록을 찾아보아야 하는데, 그 과정에서 우리는 다음과 같은 사실을 발견하게 된다. 구약성서에 나타난 예배의 모습이 비교적 명료함에 비해, 신약성서의 예배의 모습은 참으로 산만하고 불분명하게 나타난다는 사실이다. 과연 그 이유는 무엇인가? 바로 이 문제에 대해 학자들의 다양한 견해들이 있는데, 그중 웨버는 다음과 같이 해석하고 있다: "…예배에 관한 자세한 묘사는 '신약성서'나 2세기 교회 어디에서도 발견되지 않는다. 피상적으로 관찰하다 보면 초대교회에서는 예배가 중요하지 않았기 때문에 예배에 대한 묘사가 거의 없다고 생각하기 쉽다. 그러나 실상은 그 반대다. '예배'는 초기 그리스도인들에게 매우 중요했기 때문에 진주를 돼지 앞에 던지는 격이 되지 않기 위해서 그들은 의식적으로 예배에 관한 정보를 제한했다. 특히 주의 만찬은 의도적으로 이교도들에게 알리지 않으려 했다."[134]

그러나 과연 웨버의 주장처럼 단지 예배에 대한 '보안' 목적 때문만이었을까? 특히 목회자들에게 올바른 목회지침을 주기 위해 쓰여졌을 목회서신조차도 자세한 예배의 모습이나 그 순서에 대한 언급이 빠져 있다는 사실은 무엇을 의미하는 것일까? 아마도 추측해보건대 당시 이미 예배의 틀이 어느 정도(논쟁의 여지를 넘어) 정립되어 있었기 때문이거나(적어도 목회서신의 기록시기에), 그렇지 않다면, 예배의 순서나 형식에 대해 첨예한 의견대립이 있을 만큼 제도화된 종교 이전 단계였기 때문에, 즉 기존종교들(유대교 및 이방

134) R. E. 웨버, 『예배의 역사와 신학』(서울: 정장복 역, 예장출판국, 1988), pp. 53—54.

종교들)의 예배의식에 비해 시기적으로 덜 규격화된 까닭이었는지도 모를 일이다. 이에 대한 올바른 해석을 위해서는 좀더 구체적으로 신・구약성서 및 제반자료들을 살펴보아야 할 것이다.

구약성서에 나타난 예배형성의 기본과정은[135] 시내산 사건, 성전제의, 회당예배, 그리고 절기에 따른 축제들로 압축된다.

첫째, 시내산 사건은 하나님과 그의 백성들이 만나는 사건으로서 회중예배의 본질적 요소들을 내포하고 있는데, 그것은 a. '하나님이 회중을 당신의 백성으로의 부르심, b. 백성들의 참여,[136] c. 말씀의 선포, d. 계약의 승인(헌신의 약속) 등이다.

둘째, 성전제의는, 시내산 계약을 끊임없이 상기시켜 주는 의미로서 희생제사를 요구하게 되었다. 또한 이 성전제의는 크게 두 가지를 구별짓는 상징이 되었었다. 하나는 이스라엘 주변 문화와의 구별, 즉 이교도 예배와의 분리, 다른 한 가지는 제사의 집례자와 백성들 사이의 구별의 상징이었다.

셋째, 바벨론 포로기부터 시작된 회당예배는 성전예배와는 달리 거룩한 예식, 거룩한 직분을 갖지 않았다. 그것은 쉐마[137] 대신 '율법(Torah) 낭독'과 '설교' 등으로 진행되었다. 이 회당예배는 특히 후에 그리스도교 예배에 많은 영향을 끼쳤다.[138]

넷째, 절기들(특히 중요한 절기-유월절, 초막절)은 하나님께서 계속 이스라엘 역사 안에서 활동하고 계신다는 것, 즉 하나님의 계속

---

135) 웨버, 위의 책, pp. 27-37 요약.

136) 모세-70장로들-청년들-백성들 등의 역할분담으로.

137) Shema : 1. 하나님의 유일성 고백-신명기 6장 4-9절, 2. 보상과 징벌 교리-신명기 11장 13-21절, 3. 거룩하게 살 의무-신명기 28장 1-11절을 통한 '신앙의 확인'과 '기도'(Tefillah라는 기도서를 일어선 자세로 낭독).

138) 기독교대백과사전 11권 807쪽에는 기원 1세기경의 회당예배에 대해 기술하면서, 어떤 지방에서는 쉐마 앞에 십계명 교독이 있었고, 또 토라와 설교 사이에 찬송이 있었다고 되어 있다.

적 임재를 확인시키는 역할을 했다. 이중 유월절은 그후 그리스도교 예배에 큰 영향을 주었다.

신약시대의 예배형성에 있어서 예수의 교훈이 준 영향은 매우 컸을 것이다. 그 영향을 몇 가지로 분류해보면, 다음과 같다.

첫째, 예수는 구약의 예배를 일정부분 인정했었다. 안식일에 정기적으로 회당에 갔던 모습(눅 4 : 16), 이스라엘 절기들에 참석했던 일(요 7 : 2 ; 10 : 22), 최후의 만찬 전에 유월절을 기념하셨던 기록들(마 26 : 1—30 ; 막 14 : 1—26 ; 눅 22 : 1—23 ; 요 13 : 1—30) 등이 이를 뒷받침해주는 근거다.

둘째, 예수는 구약예배 제도들을 자신의 삶의 여정과 관련시켜 해석함과 동시에, 그에 따라 유대 예배의 관습들을 재해석할 것을 요구했었다. "성전보다 큰 이가 여기 있느니라"(마 12 : 6), "이 나사렛 예수가 이곳을 헐고"(행 6 : 14) 등 헬라적 그리스도인들에 의해 계승 발전된 이 사상들은 곧 성전제의를 넘어설 수 있는 근거를 제공해주었다. 이밖에도 안식일에 대한 예수의 태도(막 2 : 27—28)와 금식, 기도, 정결예식 등에 대한 그의 입장(막 6 : 5—8,16—18 ; 7 : 1—23)은 초기 그리스도 교회의, 특히 헬라적 이방인 교회의 예배정립에 큰 영향을 주었음에 틀림없다.

그밖에 신약성서에 나타나 있는 예배와 관계된 찬양시들을 찾아보면,[139] 마리아의 찬가(Magnificat, 눅 1 : 46—55), 사가랴의 찬가(Benedictus, 눅 1 : 68—79), 영광송(Gloria in Excelsis, 눅 2 : 14) 및 시므온의 노래(Nunc Dimittis, 눅 2 : 29—32) 등과 요한복음 1장 1—18절, 빌립보서 2장 6—11절, 골로새서 1장 15—20절 등의 그리스도 찬양시나 요한계시록(4 : 8, 11 ; 7 : 12 ; 11 : 17—18 ; 15 : 3—4)에서

---

139) 이러한 찬송시들은 이미 초기 교회 공동체의 산물로서, 오순절 이후 복음서가 기록되기 이전에 고백되고 불려졌던 예배찬송이었으리라 추측된다. John C. Kirby, "Ephesians Baptism and Pentecost," 웨버, 위의 책, p. 43에서 재인용.

발견되는 많은 찬송시, 영광송 등을 예로 들 수 있다.

신약성서에 나타난 각 공동체의 예배 모습 중에 특기할 만한 것은 유대인 그리스도 교회예배로서 성전예배와의 연속성을 띤 경향을 나타내는데, 성전의 기도 시간을 준수(행 3 : 1)하고 성전에서 복음을 선포했다(행 3 : 11—26 ; 4 : 12—13, 19—26, 42). 그러나 이 공동체는 한동안 정결예법 등 유대교 예법을 답습하다가 '예루살렘에서의 사도회의'(행 15장)의 경우와 가정교회에서도 예배드리던 경우를 통해서, 차츰 유대교와의 상당한 긴장과 문화적 갈등을 갖게 되었을 것으로 보인다.

다른 한편, 헬라적 그리스도 교회는 당시 유행하던 헬레니즘 문화를 받아들임으로써 유대교의 의식주의(Ritualism)를 배척하고, 예수의 교훈을 적극 활용했다(행 6 : 49—50). 이는 주로 고린도전서에서 그 흔적을 찾아볼 수 있는데, 고린도전서의 예배지침의 특징은 다음과 같다 : 첫째, 이방인들에게는 황홀경(extasy) 경험과 같은 열광주의적 성향이 보편적 현상이었기 때문에 질서를 강조했으며, 둘째, 예배에 대한 신학적(내용적) 가르침(11 : 23—26)에서 예배의 두 요소들, 즉 방언(기도)과 예언(설교) 그리고 애찬과 주의 만찬에 대한 언급이 나타난다.

공교회 이후(2세기)의 교회예배의 특징은 교회조직의 확대의 시기이자 질서있는 예배정립기였다. 임박한 종말론의 퇴조와 함께 선교활동의 확장은 교회의 보다 조직적인 체계를 요구했다. 이에 따라 교회의 문헌들이 수집되었으며(복음서, 서신들), 보다 정돈되고 구체적인 교회조직(딤전 3 : 1—13), 신앙고백적인 진술들의 형성(딤전 3 : 16 ; 고전 15 : 3—5), 그리고 훨씬 발전된 예배의식 등이 이루어져갔다.

이 시기에는 이방문화의 영향들이 증대되었는데, 이방문화의 영향은 이미 로마의 식민지 시대가 시작되면서부터 준비되어 있었다고 볼 수 있다. 특히 교회의 선교과정에서 바울은 모든 것을 '오이코도메'(οἰκοδομή—교회를 세우는 일)에 목적을 두었으므로 이방 문화 수용에 적극적이었다. "…바울이 '시와 찬미와 신령한 노래들'[140]을 기록한 것으로 보아, 그가 히브리 음악의 민족적 성격과 그리스 음악의 예술적 기반에서 종합적인 영향을 받았다는 것을 알 수 있다."[141] 사도시대 이후의 음악이 여러 혼합된 문화의 양상을 띠고 있었던 것만은 확실하다.

특히 주의 만찬에서 피를 마시는 것을 금기시하는 유대인들의 문화와는 달리, 실제로 바울조차 이에 대한 언급을 회피하고 있다. 그는 불가피한 경우에는 고린도전서 10장 16절에서와 같이 "피와 살에 참여함"과 같은 분명치 않은 표현을 선호했다. 실제로 초기 유대인 그리스도인들 사이에서는 성찬식이 '빵과 소금'으로 거행되었으며,[142] 실제로 이방 신비종교 제의(예. 아티스 제의, 미두라 신숭배제의)에서는 이미 빵과 포도주로 신비적 공동식사를 시행하고 있었다.[143] 마찬가지로 그리스도의 '살을 먹는 것'(요 6 : 56)에 대해서도, 디오니소스 축제에서 황소의 날고기를 먹던(황소의 날고기에 신적인 힘이 깃들여 있다는 믿음에서) 이방문화와의 관련성을 추정해볼 수 있다.[144]

또한 기도의 자세에 있어서도 "거룩한 손을 들어"(딤전 2 : 8)와

140) 여기서 시(시편창 Psalmodie)와 찬미(찬가창 Hymnodie)는 유대교로부터 유래했으며, 신령한 노래들의 경우 적어도 그 가락과 장단은 당시 유행하던 헬레니즘 음악의 영향으로 작곡된 찬송가인 듯하다. 당시 그리스 음악은 기보법과 음계 그리고 선법이 있었음에 비해, 히브리 음악은 그러한 음악적 체계가 없었다. 럿셀 N. 스콰이어, 『교회음악사』 이귀자 역(서울 : 호산나음악사) p. 34, 43.

141) 위의 책, pp. 40—41.

142) O. 쿨만, 『원시기독교 예배』, 이선희 역(서울 : 대한기독교서회, 1984), p. 166.

143) 『기독교 대백과사전 11권』, p. 809.

144) 『기독교 대백과사전 11권』, p. 809.

같이 당시 가장 널리 행해진 이 기도의 자세는, 마가복음 14장 35절에 나오는 무릎꿇고 엎드리는 자세와는 다르다. 그 이유는, 추론해보건대, 터툴리안의 기록처럼 (De Corna mil. 3장) 당시 모든 '주님의 날'은 부활제였으므로 금식이나 무릎꿇고 기도하는 것을 피했다는 것도 가능하고,[145] 무릎꿇는 것이 이방인(헬라인)에게는 야만적이라고 조소를 받던 굴욕의 상징이었기 때문이라는 설명도 가능할 것 같다.[146] 이상 간단히 살펴본 바와 같이 다시 교회예배에 이방문화가 끼친 영향은 퍽 깊고도 광범위했음을 알 수 있다.

2세기의 공교회는 자신들을 유대교와 구별짓기 위해서 일주일의 첫째날을 주님의 날로 정했다.[147] 그 근거는 예수가 부활하신 날이 이날이었고, 동시에 부활 후 제자들 식사자리에 나타나신 날 또한 이날이었기 때문이다(고전 16 : 2 ; 디다케 14 : 1). 후대에 와서 이 날은 부활의 상징과 잘 연결되는 이방세계의 태양제의의 상징을 사용해 '선-데이'(Sun-day)라는 표현으로까지 불리게 되었다.[148]

예배의 구성요소 및 순서들은 아직 지역에 따라 다양성을 보이고 있었으나, 여기서는 가장 권위있는 유일한 자료로서 순교자 유스틴이 피우스(Antonius Pius) 황제에게 보낸 "제 1변증서" 속에 나타난 당시(2세기 중반) 예배의 구성요소(순서)를 바탕으로[149] 몇 가지를 분석, 정리해보면 다음과 같다.

---

145) O. 쿨만, 위의 책, p. 164.

146) 류형기, 『성서주해 IV』, p. 632.

147) 이 시대의 예배에 대한 가장 중요한 자료들은 Didache와 유스틴의 변증론, 그리고 비두니아의 총독 플리니가 트라야누스 황제에게 보낸 편지 등을 꼽을 수 있다. 디다케에 기록된 아가페 예식문은 J. A. Kleist, *The Didache, Ancient Christian Writers* 제6권 (Westminster, Md : Newman, 1948), pp. 20-21 : R. E. 웨버, 『예배의 역사와 신학』, 정장복 역(서울 : 대한예수교장로회총회출판국, 1988), pp. 55-56을 보라.

148) Justin의 *Apology* I. 67. 3에서 Sunday가 처음으로 사용됨. 위의 책, pp. 11-12.

149) 웨버, 위의 책, pp. 58-59.

<말씀의 예전>

사도들의 언행록(복음서) 낭독
인도자의 설교
회중의 기립기도

<다락방의 예전>

평화의 입맞춤(다른 곳에서 언급됨)
떡과 포도주와 물을 인도자에게 가져옴
성찬식 기도(인도자가 즉석에서 드리는 찬양과 감사의 기도)
응답("아멘")
분배(떡과 포도주가 분배되고 결석자들의 몫을 집사들이 받음)
헌금(헌금을 모아 궁핍한 자들에게 분배)

먼저 <말씀의 예전>에 관한 이야기로서, 실제 복음서 낭독 외에도 바울서신의 낭독이 있었으리라는 주장이 있다. 바울서신 안에 예배의식과 관련된 구절들이 많이 발견되고 있는 것이 그 증거인데, 이유는 바로 바울이 서신을 쓸 때 마음속으로 이미 예배를 위해서 모인 공동체를 생각하고 있었기 때문이라는 것이다. 바울은 자신의 서신이 예배의 회중 앞에서 읽혀진다는 것을 알고 있었던 것이다.[150] 아울러 바울은 그의 서신 낭독 직후, 성찬식이 거행되리라는 것도 알고 있었던 듯하다.[151]

<다락방의 예전>에 관해서는 디다케에서 잘 보여주고 있는데,[152] 그 특징을 정리해보면, 1. 주의 만찬이 실제 식사상황에서 행해졌

150) 쿨만, 위의 책, p. 27.

151) 바울서신들의 말미 결구 형식들이 고대의 성찬식 첫머리에서 사용되던 형식들과 일치하기 때문에—고린도전서 16장 21절.

152) 별첨자료 참조.

으리라는 점, 2. 주의 만찬이 최후의 만찬의 기억에서 유래되었다기보다는 예수가 부활한 후 제자들과 식사했던 기억에서 유래했으리라는 점(행 10 : 40—41), 3. 만찬 전에 거룩한 입맞춤과 죄의 고백을 통한 완전한 화해, 완전한 형제애를 갖추어야 했다는 점 등으로 요약된다.[153] 그런데 웨버는, 플리니의 편지를 근거로,[154] 당시에는 예배시간에 공동식사(애찬)와 주의 만찬이 병존하고 있었으며(순서는 공동식사가 먼저였음), 따라서 디다케에 나타난 만찬은 애찬을 가리키는 것이라고 주장한다. 그리고 2세기 중엽에 이르러서는 이 공동식사가 예배로부터 완전히 이탈했다는 것이다. 그 이유로는 1. 고린도 교회의 경우와 같은 공동식사의 남용금지, 2. 플리니 시대의 공동식사 금지령, 3. 점차 성장하는 교회의 규모상 많은 교인들이 함께 식사하기가 어려웠던 점 등을 들고 있다.[155]

끝으로 위의 사료를 통해서 볼 때, 원래 바울은 '교회를 세우는 일'에 일관되게 이방문화와의 자유로운 조화, 즉 예배에서 '성령의 자유스런 활동'과 '제의의 구속성'을 조화시키는 가운데 방언, 방언의 통역 등 카리스마의 자유로운 표현을 금지시키지는 않았으나, 유스틴 시대에는 이미 이러한 요소들이 예배에서 자취를 감춘 뒤임을 볼 수 있으며, 아울러 또 한 가지 이 시대의 예배에서는 주의 만찬이 점차 말씀의 예전과 함께 '또 하나의 틀'(두번째 요소)로 자리매김하게 되었음을 볼 수 있다.[156]

지금까지 우리가 간단하게 성서와 기타 사료를 통해 살펴본 2세기경의 그리스도교 예배는, 구약과 신약 시대의 성전제의와 회당예배의 영향, 그리고 특별히 본격적인 이방선교의 과정에서 헬라문화의 영향을 많이 받았음을 알 수 있다. 무엇보다도 중요한 발견

153) 쿨만, 위의 책, pp. 15—22.

154) 공동식사를 황제의 명령에 따라 금지시켰다는 보고.

155) 웨버, 위의 책, pp. 65—66.

156) 쿨만, 위의 책, pp. 34—37.

은, 바로 위에서 점검했듯이, 당시(2세기)는 이미 교회가 제도화되기 시작해서, 교회 초기 예배 속에 포함되어 있었던 다양한 요소들이 제거되는 한편, '말씀'과 '주의 만찬'이라는 두 요소로서 보다 짜임새있게 발전되었다는 사실이다. 이 같은 사실을 통해서 우리는 이 글 앞부분에서 문제로 제기했던, '신약성서 속에 예배에 대한 소개가 불분명한 이유'에 대한 대답으로서, 당시 이미 어느 정도 짜임새있는 예배의 틀이 정립되어 있었고, 그에 대한 문제제기나 논쟁의 여지가 아직 발생되지 않았다는 결론을 내리게 된다.157)

157) 이는 좀더 후기의 보다 가시화된 기독론 논쟁이나 보다 더 후기의 ikon 논쟁 등을 통해서 예배의 변화가 있었던 사실과 비교해볼 수 있다.

디도서

1. 인사(1：1—4)

1 하나님의 종이요 예수 그리스도의 사도인 바울 곧 나의 사도
된 것은 하나님의 택하신 자들의 믿음과 경건함에 속한 진리의 지
식과 *2* 영생의 소망을 인함이라 이 영생은 거짓이 없으신 하나님
이 영원한 때 전부터 약속하신 것인데 *3* 자기 때에 자기의 말씀
을 전도로 나타내셨으니 이 전도는 우리 구주 하나님의 명대로 내
게 맡기신 것이라 *4* 같은 믿음을 따라 된 나의 참아들 디도에게
편지하노니 하나님 아버지와 그리스도 예수 우리 구주로 좇아 은혜
와 평강이 네게 있을지어다

¶ 개요

먼저 저자는 바울서신의 서두에 나타나는 전형적인 인사의 형태로 본문을 시작하고 있다. 당시 그레코-로만 시대의 서신의 전형적인 형태는 발신자와 수신자의 언급과 인사의 순서로 되었던 것이다. 또 자신이 사도가 된 것이 구원자이신 하나님의 명령으로 되었

음을 말하고 있는데, 이것은 개인적인 소명의식에서 생긴 것이라기보다는 오히려 공식문구(참조. 롬 16 : 26 ; 딛 1 : 3)에 속한다고 볼 수 있다. 말하자면 이 도식은 예배의식 가운데서 고정적으로 사용된 표현이라 할 수 있다.[1)]

¶ 주석

1 여기에서 저자는 바울을 **하나님의 종**과 **예수 그리스도의 사도**라는 표현으로 소개하고 있다. "하나님의 종"(*δοῦλος θεοῦ*)이란 말은 바울이 하나님의 사람임을 나타내며, 아울러 바울은 종처럼 봉사하는 사람이라는 것을 의미하는 명칭이기도 하다. 또한 저자는 디모데후서 2장 24절에서는 바울을 "주의 종"(*δοῦλος Κυρίου*)이라고 표현하고 있다. 그러나 바울 자신은 "하나님의 종"이라는 표현을 사용한 적이 없고, "예수 그리스도의 종"(*δοῦλος Χριστοῦ 'Ιησοῦ*)이라는 표현을 자주 사용했다(참조. 롬 1 : 1 ; 갈 1 : 10 ; 빌 1 : 1). 저자는 이러한 표현을 사용해 바울의 위치를 "모세와 구약의 하나님의 다른 종들"(단 9 : 10—11)과 동등하게 하고 있는 것이다. 특별히 디모데후서 2장 24절의 "주의 종"은 선지자 "이사야"에 대한 명칭과 동일한 표현을 사용한 것이다.[2)] 해슬러(Hasler)는 이와 같은 견해를 더욱 강조하면서, 저자는 바울을 "계시의 담지자"로서의 하나님의 종이라고 설명한다는 것이다.

"예수 그리스도의 사도(*ἀπόστολος Χριστοῦ 'Ιησοῦ*)라는 표현은 디모데전서 1장 1절과 디모데후서 1장 1절에서도 사용되고 있는데, 이는 바울이 갖고 있었던 사도직의 권위를 한층 더 강화시키기

---

1) 디벨리우스의 책, p. 28.

2) 로크, p. 125.

위해 사용된 표현이다.

하나님의 택하신 자들이라는 구절은 바울도 로마서 8장 33절에서 사용한 바 있다(참조. 골 3 : 12). 로크(Lock)는 이 구절이 하나님께서 '한 민족으로서의 이스라엘'을 선택하신 것을 표현한 구약성서 구절이라고 본다. 예를 들어, 시편 88편 3절에는 "내가 나의 택한 자와…"라는 표현이 나타나고 있다. 특히 이러한 표현은 '야웨의 종으로서의 이스라엘'을 일컫는 말이기도 하다. 이사야 43장 20절에는 "내 백성, 나의 택한 자로…", 또한 이사야 45장 4절에는 "내가 나의 택한 이스라엘을 위하여…"라는 표현이 나타나고 있다. 이와 같이 과거에는 이러한 표현이 "유대 민족"에 대해서 사용되었으나, 저자는 바울이 사용했던 것과 마찬가지로 하나님께서 "그의 교회"를 선택하셨다는 사상을 강조하고 있는 것이다. 따라서 "하나님께서 택하신 이들"이란 그리스도인으로서의 새로운 자의식을 나타낸 말이다[3] (참조. 롬 8 : 32 ; 막 13 : 20, 22 ; 골 3 : 12 ; 딤후 2 : 10).

믿음과 경건함에 속한 진리의 지식은 정통 그리스도교 신앙(orthodox christian faith)을 의미한다. 디벨리우스는 여기서 "그리스도교"가 세 가지 표현으로 묘사되고 있음을 지적하는데, 즉 그것은 선택된 자들의 믿음, 진리를 아는 지식, 그리고 디모데후서 1장 1절과 비슷하게 "소망"이라고 지적하고 있다. 또한 여기서 말하는 선택된 자의 "믿음"은 두 가지의 의미로 생각해볼 수 있다. 첫째는 브록스의 지적대로 "바울을 정통 그리스도 교회의 가르침의 태두요 표준"이라고 이해하는 것이다. 둘째는 해슬러가 말했듯이 바울이 예수 그리스도에게 속해 있음을 표현하는 "예수 그리스도의 종"과 권위있는 하나님의 계시자임을 나타내는 "하나님의 종"이라는 표현을 적용시킨 것이다. 그러나 여기서 저자가 말하는 "하나님의 택하신 자들의 믿음"은 구약시대의 하나님의 백성과의 연속성 또는 관계성을 나타내는 것이다.

3) 사목서간, p. 55 ; 핸슨의 책, p. 169.

목회서신에서 말하는 "진리"는 복음(the gospel)에 대한 또 다른 명칭이다. 여기서 진리는 '믿음의 인식적인 측면'을 나타내는 것으로 보인다(딤전 4：3). 이 경우에 진리는 '경건함을 따르는 것', 또는 '경건함에 속한 것'을 의미한다. 이러한 표현에 의하면 "경건"은 진리, 즉 복음의 진정한 목적인 것이다. 이로써 저자는 하나님께서 선택하신 사람들이 깨닫게 되는 '진리'를 진정한 경건과 연합시키고 있다. 이는 경건하게 처신함으로써 진리를 구체화시키고 현실화시키는 데 강조점을 둔 것이라고 볼 수 있다.

2 영생에 대한 소망 디모데전서 1장 1절의 "우리의 소망이신 그리스도 예수"와 디모데후서 1장 1절의 "그리스도 예수 안에 있는 생명의 약속에 따라"에서 그 의미를 찾아볼 수 있다.[4] 저자는 영원한 생명은 "거짓이 없으신 하나님께서 영원한 때 전부터 약속하신 것"이라고 설명한다. 이는 그가 방금 언급한 소망에 대한 절대적인 신뢰성을 나타내기 위해서다.

거짓이 없으신(ἀψευδὴς)이라는 구절은 신약에서 유일하게 이곳에서만 사용되고 있다. 또한 구약이나 묵시문학에서도 하나님과 관련해서는 사용되지 않고 있다. 그러나 보통 헬라 문학작품에서는 신적인 존재와 관련해서 사용되던 표현이었다. 폴리캅의 마지막 기도에서도 "진실하시고 거짓이 없으신 하나님"이라는 표현이 나타나고 있다.

영원한 때 전부터는 로마서 16장 25절을 연상하고 있는 것처럼 보인다. 어떤 학자들은 이러한 언급이 구원사의 한 과정을 언급하는 것이라고 말하면서, 그 시기를 아브라함은 물론 노아 때까지 거슬러 올라가야 한다고 주장한다. 그러나 다른 한편, 해슬러와 같은 학자는 이러한 표현에는 플라톤적인 사상, 즉 구원은 영원한 세계에 들어가는 것이라는 사상의 영향을 받았다고 주장하나, 전자의

4) 핸슨의 책, p. 169.

이해가 더 타당한 것 같다.

3 저자는 바울의 사도권이 하나님의 명령에 의한 것임을 다시 한번 밝히고 있다. 여기서 **자기 때에**는 곧 "그가 정하신 때"를 의미하는데, 이러한 표현에 대한 가장 적절한 설명은 "그리스도의 희생적 죽음은 하나님이 보시기에 좋은 때에 이뤄진 하나님의 약속의 성취"라는 것이다. 켈리(Kelly)는 이러한 언급이 '구원사'를 의미한다고 이해했고, 녹스(Knox)는 "정하신 때에 그가 그의 증인을 낳았다"라고 이해했으며, 도니어(Dornier)는 그것을 '성부와 성자의 사랑'에 대한 언급이라고 이해했다. 브록스(Brox)는 여기서 그리스도에 대한 선재(先在/pre-existence)적인 언급은 없다 해도, 그리스도가 확실히 신적인 위치를 갖게 된 것으로 보인다고 설명한다. 아무튼 "그가 정하신 때"는 본래 예수로 말미암아 구속사업이 성취된 시기를 뜻하지만, 여기서는 교회를 통해서 그 사업이 널리 알려지는 시기를 뜻하는 것으로 보인다. 그러므로 본절에서 "자기 때에 자기의 말씀을 전도로 나타내셨다"는 것은 요한복음 1장 1－18절의 내용과 거의 일치하는 것처럼 보인다. 물론 어떤 학자는 이 "말씀"을 "계시된 말씀"으로 이해하는 것을 반대하고 있다. 오히려 이러한 표현은 골로새서 1장 25－26절과 유사하다는 것이다.

여기서 "나타나다"(*φανέρουν*)라는 말은 바울적인 표현인데, 특별히 바울은 이 단어를 "그리스도 안에서 하나님의 구원계획이 나타남"을 묘사할 때 사용했다(참조. 롬 3 : 21 ; 고후 2 : 14 ; 4 : 10－11). 또한 여기서 "말씀"이란 '그리스도 안에서 하나님을 알리기 위해 선포되는 말씀'을 의미한다. 전에는 감추어졌으나, 이제 나타난 말씀의 신비에 대해서 강조하는 것은 제2바울시대(즉 골로새서, 에베소서 등)에서 분명하게 나타난다. 여기에서 "말씀이 나타난 것"이란 2절의 "약속"의 내용인 것이다.

4 같은 믿음을 따라 된 나의 참아들이라는 표현에 대해서 많은 학자들은 디도가 바울에 의해서 그리스도교로 개종했다는 사실을 암시하는 표현이라고 이해해왔다. "같은 믿음"에 대해서 바레트(Barrett) 같은 학자는 "유대인인 바울과 이방인인 디도에게 공통된 믿음"이라고 이해했다. 또한 스피크는 이것을 "보편적인"(catholic) 믿음이라고 이해하면서, 구체적으로는 바울이 디도에게 전해준 믿음이라고 이해한다. 여하간 저자가 "같은 믿음"이라는 표현을 사용해 나타내고자 하는 것은 '그리스도인 누구에게나 적용되는 공통된' 믿음을 의미하는 것이다.

"참아들"은 본래 합법적인 자녀, 정식부부 사이에서 난 아들을 칭할 때 쓰던 용어다. 이 표현은 또한 사도행전 16장 1절 이하, 혹은 디모데후서 1장 6절, 디모데전서 1장 2절에 기록된 내용을 상기시켜 주는 것이라고 생각할 수도 있다. 따라서 다른 문서(헤르마스 서신)에서처럼 영적으로 이해되어야 할 것이다. 그러나 아마도 "참", 또는 "진실된"은 "아들"이란 말과 더불어 특정한 개념을 나타내고 있는 것이 아니라, 애정어린 호칭으로 이해되어야 할 것이다.[5)]

마지막 축복의 말은 디모데전서 1장 2절, 디모데후서 1장 2절과 비슷하지만, 여기서는 그리스도를 '구원자'로 고백한 것과 "자비"라는 단어가 없다는 것이 차이점이라 할 수 있다. 그런데 다른 많은 사본에서는 '자비'라는 단어를 첨가하여 "은혜와 평강과 자비"로 된 표현들이 나타나고 있다. 그러나 저자가 수신자들에게 말하고자 하는 내용에는 별차이가 없다.

본문처럼 목회서신이 바울의 서신 형태를 띠고 있는 것은 먼저 바울서신이 이미 교회에 잘 알려졌고 회람되고 있었기 때문에, 그 양식을 모방하는 것이 교회에 더 친숙하고 받아들이기 쉬운 방법으로 제시될 수 있었을 것이다. 또한 당시 헬라 문학에서는 위대하고

---

5) 디벨리우스의 책, p. 29.

도 훌륭한 사람의 이름을 위명으로 사용함으로써 서신에 권위를 부여하고, 또한 그러한 가르침에 연속성을 부여하는 문학적 관습이 널리 사용되고 있었기 때문이었다.

2. 성직제도(1 : 5—9)

5 내가 너를 그레데에 떨어뜨려 둔 이유는 부족한 일을 바로잡고
나의 명한 대로 각 성에 장로들을 세우게 하려 함이니 6 책망할
것이 없고 한 아내의 남편이며 방탕하다 하는 비방이나 불순종하는
일이 없는 믿는 자녀를 둔 자라야 할지라 7 감독은 하나님의 청지
기로서 책망할 것이 없고 제 고집대로 하지 아니하며 급히 분내지
아니하며 술을 즐기지 아니하며 구타하지 아니하며 더러운 이를 탐
하지 아니하며 8 오직 나그네를 대접하며 선을 좋아하며 근신하며
의로우며 거룩하며 절제하며 9 미쁜 말씀의 가르침을 그대로 지켜
야 하리니 이는 능히 바른 교훈으로 권면하고 거스려 말하는 자들
을 책망하게 하려 함이라

¶ 개요

이 단락은 디모데전서에서 볼 수 있는 교회규범을 지시한다기보다는 감독들과 장로들의 직제에 관한 언급이다. 제도화되는 교회

가 그리스도교 공동체를 조직적으로 관리하기 위해 제도 및 구조에 관심하면서 생긴 자연스런 결과는 교회의 "성직제도"에 대한 강조였다. 제도화되는 교회의 문헌, 특히 디모데전서가 기록되던 시기에는 감독과 장로의 직책이 분리되기 시작했으며(딤전 3 : 1—7), 집사, 장로 그리고 감독의 직책에 관한 명확한 지침들(딤전 3 : 8—13)이 나타난다. 그리고 교회의 성직자들에게 성직을 수여하는 실제적인 행동인 안수(딤후 1 : 6)에 관한 언급도 나타나고 있다. 그런데 디도서에는 동의어로 표현된 장로와 감독의 직책에 관한 지침들이 나오는데, 이때는 두 직분을 여전히 동등하게 보는 것 같다(딛 1 : 5—9). 디도서는 이처럼 두 직분 사이의 관계에 대한 입장이 아직은 유동적이었던 보다 초기의 기록물, 다시 말하면 적어도 디모데전서보다는 훨씬 더 일찍 기록된 것일 것이다.

¶ 주석

5 **내가 너를 그레데에 떨어뜨려 둔** 이 구절을 좀더 쉽게 표현하자면 "내가 그대를 그레데에 남게 한 것은"이라는 것으로, 성직자에 대한 권위를 나타내기 위한 것으로 보인다. 이러한 표현을 통해 생각해볼 때, 바울이 직접 그레데에 목회자를 파송했으며, 디도가 바로 그 일을 담당하고 있다는 것을 알 수 있다. 또한 저자는 에베소에서 일어난 일보다는 그레데에 대한 사항들에 관심을 갖고 있는 것처럼 보인다. 그레데는 소아시아나 팔레스타인에서 구레네로 여행하는 사람들이 들렸던 곳이었을 것이다. 또한 바다를 이용해서 이집트에서 구레네로 가는 사람들도 머물던 곳이었을 것이다. 이러한 의미에서 우리는 사도행전 27장 17절을 참고해볼 수 있다.

저자는 또한 이러한 표현을 통해 바울과 디도 사이의 따뜻하고 친근한 관계를 교회의 최고 치리자와 지역교회의 목회자들 사이의 관계를 위한 하나의 모범으로 제시하는 것으로 여겨진다.

부족한 일을 바로잡고(남은 일들을 정리하고)라는 것은 그 당시에 그레데 교회를 미혹케 하고 더러운 이를 취하며 가정들을 온통 뒤집고 있는(1 : 11) 거짓교사들의 가르침이 활발히 유포되고 있으나, 교회들은 아직 조직이 제대로 되어 있지 못하고 허술해서 거짓교사들이 교회에 몰래 잠입하여 교회와 교인의 가정들을 뒤흔들 때, 그것을 막아낼 능력이 부족하다는 뜻이다. 그러므로 교회 지도자의 주요 임무는 교회체제를 정비하는 일이다. 다시 말해서 "남은 일들을 정리한다"는 말은 바울이 세상을 떠난 뒤, 교회 지도자들이 계속해서 교회체제를 갖추게 하는 일을 지적하는 것이다(딤전 3 : 15 ; 4 : 13 참조).

나의 명한 대로라는 표현은 교회의 강력한 체제정비는 사도 바울의 권위에서 비롯된 것으로 교회 사역자가 임의로 하는 것이 아님을 암시하는, 즉 바울의 사도성에 근거해서 지속되어 왔음을 강조하려는 것이다.[6] 그리고 저자는 분명히 지역(그레데)교회가 아직도 뭔가 개혁해야 할 점이 있다는 것을 인식하고는 교회에 필요한 가르침과 권면을 주고 있는 것이다. 그러나 여러 정황으로 볼 때, 역사적인 바울이 실제적으로 그레데 교회의 디도에게 "명령"했거나 이러한 내용의 지침을 주었을 가능성은 희박하다.

각 성에 장로들을 세우게 하려 함이니라는 표현은 그레데 교회가 한곳에 조직되어 있는 것이 아니라 넓은 지역에 펴져 있었음을 시사하는 것일 수도 있지만, 저자가 그 당시의 모든 지역교회를 대상으로 서신을 쓰고 있다고 이해해야 할 것이다. 또한 그레데 교회는 에베소 교회의 도움을 받아 설립된 것이며, 그레데 교회 자체에서 교회의 지도자가 나온 것이 아니라, 에베소와 같은 교단본부에서 파송된 교회 지도자가 개체 교회를 치리했음을 알 수 있다. 이것도 바울 시대부터 먼저 세워진 교회가 나중에 세워진 교회를 돕는 것

6) 핸슨의 책, p. 173.

이 자연스런 전통이었으며, 에베소는 바울의 이방선교의 중심지였으므로 바울 전승에 입각한 교회임을 보여준다.

교회의 한 직제인 "장로"(πρεσβύτερος)는 바울에게서는 발견할 수 없는 개념이었다. 그러나 사도행전 14장 23절에서는 루스드라와 이고니온과 안디옥 각 교회에 장로들을 세우고 있는 보도들이 나타난다. 해슬러는 저자가 단순히 상상해서 이 절을 서술하고 있다고 주장하나, 브록스의 주장, 즉 저자가 사도행전 14장 23절을 염두에 두고 이 절을 서술했다는 것이 더 타당하다. 그러나 저자의 궁극적인 목적은 교회에 필요한 직제에 대해서 말하면서, 자기의 권면의 권위를 높이기 위해서 마치 바울이 디도에게 그러한 말을 한 것처럼 서술하고 있다는 것이다.

6—9. 여기에서는 장로(감독)의 자격을 논하고 있는데, 디모데전서 3장 1—7절에서도 말한 바 있다. 빌립보서 1장 1절에서도 '감독'의 명칭이 언급되나, 그곳에서는 아직 성직으로서의 직제는 아니었다. 목회서신에서 '감독'은 항상 단수로 사용되고 있다. 한 교회에 감독들이 여러 명 있더라도 그들을 총칭해 단수로 감독이라고 한 것인지(딛 1：6과 1：7 비교), 아니면 그들 중에서 한 사람의 치리감독(대주교, 감독회장?)을 지칭한 것인지는 분명치 않다. 디다케 15장 1—2절에 의하면, 감독의 직무는 무엇보다도 교회를 잘 다스리고 관리하는 능력이 있어야 했고(딤전 3：4—5；딛 1：7 참조), 또한 가르칠 의무도 있었다(참조. 딤전 3：2；딛 1：9).

6 저자는 감독의 첫번째 자격요건으로 **책망할 것이 없는** 사람이어야 한다고 말한다. 이러한 자격에 대해서는 이미 디모데전서 3장 2, 10절에서 말한 바 있다. "한 아내의 남편이어야 하며 자녀를 방탕하게 키우지 않아야 한다"는 것은 감독의 자격요건으로 그의 가정생활을 중요시했다는 증거가 된다. 감독은 가정생활에 있

어서 흠잡힐 만한 데가 없어야 하고, 화목한 가정을 이룬 사람이어야 한다는 것을 강조한 것이다.

한 아내의 남편 이란 말에 관해서는 디모데전서 3장 2절과 5장 9절의 경우와 마찬가지로 간음, 일부다처주의나 재혼을 배격하는 것이 아닌가 하는 문제가 오래 전부터 제기되어 왔다. 이 문제에 대해 다음과 같은 세 가지 가능성들을 생각해볼 수 있다.

첫째로, 그 당시의 그리스도인들에게 간음이 금지되어 있었다는 것을 전달하기 위한 표현이라는 견해다. 그러나 감독의 모습을 이렇게 설명하는 것은 특별히 그리스도교적인 것은 아니라는 것과, 그 당시 적어도 이론상으로는 랍비적 유대교에서도 일부다처주의를 알고 있었다는 것으로 보아, 이 견해는 타당성이 희박하다.

둘째로, 디모데전서 5장 9절에 나오는 과부들에 대한 규칙에서는 "한 남편의 아내"라는 말이 재혼을 금지하는 것과 관련되고 있다는 견해다. 그러나 디벨리우스는 이런 해석이 적절하지 못하다고 주장한다.

셋째로, 디벨리우스의 주장으로서, 한 아내의 남편은 자연질서를 존중하는 범위 안에서만 결혼을 추천하려는 것이라는 해석이다.[7] 그러나 결론적으로 볼 때, 감독의 직분을 맡게 될 사람은 결혼문제에 있어서도 모든 이들의 도덕적 모범이 되어야 하며, 더욱이 결혼을 포함한 모든 가정생활에서 모범을 보여야 한다는 것을 가르치고 있는 것이다.[8]

감독의 "자녀는 흠이 없는 믿는 사람이어야" 한다는 것은 디도서에 디모데전서의 감독의 자격에 대한 요구사항이 더 첨가되었거나, 아니면 디모데전서가 디도서의 이 조항을 생략했을 가능성이 있는데, 서신의 기록순서를 고려하면 후자의 가능성이 더 높다. 이 구절에 대해 디벨리우스는 '믿는 사람'은 디모데전서 6장 2절에

---

7) 디벨리우스의 책, p. 86.

8) 거스리의 책, p. 273.

서와 같이 '믿는다', 즉 그리스도를 믿는다는 의미로 해석하며, 이미 그리스도인의 가정출신을 전제한다고 주장한다.[9] 즉 저자는 감독이 되려는 사람 혼자만 책망할 것이 없이 경건한 사람이어서는 안되고, 그가 속한 가정 전체가 모든 그리스도인들의 모범이 될 수 있을 만해야 한다고 주장하는 것이다. 디모데전서가 기록되던 후대에는 높은 경쟁률 때문에 자연히 이러한 말을 언급할 필요가 없게 되었을 것이다(딤전 3 : 1).

또한 이 말은 디모데후서 1장 3—5절, 3장 10—15절과 같이 여러 세대에 걸쳐 신앙을 지켜온 그리스도인 가정을 전제로 한 말이므로 첫 세대인 바울의 시대 상황에는 적절하지 않다. 왜냐하면 여기서는 그리스도인 가정의 전통이 이미 중요한 역할을 하고 있기 때문이다. 그 이외의 덕목들은 비교적 '분명'하고, 그 당시에 잘 알려진 것들이다.

7 본절 이하에서는 장로 대신에 감독이라는 직분이 언급되고, 그것에 대한 규정들이 제시되고 있다. 목회서신에서의 감독은 초기에는 주로 경제적인 기능, 즉 가난한 자들과 과부들을 보살피는 일을 맡고 있었으며, 그후에는 교회를 다스리고 외부세계에 대해서 교회를 대표하고(참조. 딤전 3 : 7), 이단교설에 맞설 수 있는 권위적 기능(참조. 딤전 1장)을 가지고 있었다. 또한 제의와 사무를 총괄하는 목회적 기능을 수행하고 있었다. 따라서 목회서신에서의 감독의 권위와 직무는 '보살피고', '다스리고', '교회를 대변하는 중요한 대표자', '목회적인 교육활동' 등이었다.

목회서신이 쓰여질 당시의 상황에서 감독과 장로는 서로 동일한 범주 안에 포함되어 소개되고 있음을 알 수 있다. 그 예로 디모데전서 5장 17절에서 '잘 다스리는 장로들'이란 말은 "감독의 일을 보는 장로들'이며, '감독'의 행정적 기능까지 감당하고 있는 장로들

9) 디벨리우스의 책, p. 191.

이라고 생각할 수 있다. 그럴 경우, 디모데전서 1장 5, 7절은 모두 장로들 중에서 '감독직'을 받을 수 있어야 한다는 것을 의미할 것이다. 아마도 감독이 되는 사람은 항상 장로의 무리로부터 선출된 한 사람이었을 것이다.

하나님의 청지기라는 표현은 어쩌면 고린도전서 4장 1절에서 취한 것인데, 바울은 자신과 그의 동료들을 "그리스도의 종들과 하나님의 신비를 맡은 자들"이라고 묘사하고 있다. 또한 누가복음 12장 42—48절에서는 매우 흥미로운 구절이 나타나고 있는데, 거기서 예수는 그를 따르는 공동체를 "한 가정"에 비유하고 있다. "청지기"라는 표현은 본래 그 당시의 생활에서 사용된 것으로서 어떤 가정이나 재산을 관리하는 것을 뜻한다.[10] 그리스도인으로서의 책임을 맡고 있는 자라면 누구든지 다른 사람들에게 참된 모범을 보이며 봉사하기 위해서는 "책망할 것이 없어야" 한다는 것이다. 그 다음에 요구되는 항목들은 "책망할 것이 없는"에 대한 구체적인 요구사항들로 보인다.

제 고집대로 하다(*αὐθάδες*)란 말은 문자적으로 "자기 의지대로만 하며, 자기 견해에 관한 한 물러서지 않는다"는 것을 의미한다. 이러한 표현은 창세기 49장 3, 7절과 잠언 21장 24절에서 나오고 있는데, 신약성서에서는 오직 여기와 베드로후서 2장 10절에서만 나타난다. 저자는 이 구절과 **급히 분내지 아니하며**(쉽게 성내지 않고)라는 표현을 통해서 감독은 교회의 치리자로서 자기 중심적인 독재를 해서는 안된다는 것을 말하고 있다. "쉽게 성내지 않는다"는 것이 디모데전서 3장 3절에서는 "관용하며 온화하다"라고 표현되고 있다.

더러운 이를 탐하지 아니하며는 디모데전서 3장 8절에서 집사에 대한 자격요건으로 나타나고 있는데, 이러한 표현은 또한 11절에 나타나는 거짓교사들의 악한 행태를 회상시키고 있다. 교회의 지

---

10) 핸슨의 책, pp. 173—174.

도자는 교회에 전적으로 봉사함으로써 자연히 생활을 위한 보수를 교회로부터 받을 수 있다는 것에 대해서는 바울도 이미 말한 바 있다. 그러나 자기 이익을 위해서 교회를 이용한다든지, 교인의 순전한 신앙심을 자극시켜 자기 이득을 취하는 교회 지도자가 되어서는 안된다는 것을 의미한다.[11] 그래서 바레트(Barrett)는 여기서 말하는 "더러운 이"는 일반적으로 남을 속이는 등의 부정한 방법으로 이익을 챙기는 것을 의미하는 것이 아니라, 교회에 봉사하는 것과 관련해서 부정한 이득을 취하는 것을 말한다고 주장한다. 이런 요구는 물론 장로나 감독에게만 적용되는 것이 아니라, 일반 교인에게도 적용되고 있었던 것으로 보인다.

8 여기에서 요구되는 더욱 적극적인 자질들은 디모데전서 3장 2절과 너무나 비슷하다. 그러나 여기서는 새로 입교한 자에 대해 아무런 제한이 없음을 주목해야 한다. 그레데의 공동체들이 에베소의 교회보다 더 늦게 생겼기 때문일 것이다.[12]

나그네를 대접하며란 말과 **선을 좋아하며**란 말이 함께 연결된 것은 악의 목록에서도 볼 수 있는 똑같은 수사학적 주제들로부터 연유된 것이다. "나그네를 잘 대접한다"는 표현에 관해서는 디모데전서 3장 2절을 참조하면 된다. "선을 좋아하며"(*φιλάγαθος*)는 고대 헬라의 묘비명에 나타나 있는 덕목 중의 하나인데, 거기서는 특별한 명예를 얻기에 필요한 선택된 자질을 나타내고 있다.[13] 이러한 표현의 의미는 선을 행함에 있어서 진실되고도 희생적으로 헌신하는 자세를 말하는 것이다.

그리고 본문에서는 디모데전서 3장에 나타난 덕목 중에 **근신하며**

11) 핸슨의 책, p. 174.
12) 거스리의 책, p. 274.
13) 디벨리우스의 책, p. 193.

에 **절제하며**(=자제력이 있으며, ἐγκρατῆς—강력히 억제하는)가 하나 더 첨가되고 있다. 로크에 의하면, 이 단어는 "근신하며"라는 단어보다 더욱더 자제하려고 신중하게 노력하는 것을 포함한다는 것이다.[14] 그러므로 근신한다는 것은 자기 자신에게 대한 것이고, 의롭다는 것은 이웃에 대한 것이며, 거룩하다는 것은 하나님께 대한 것이다. 즉 저자는 감독이 교회의 지도자로서 자기 자신에 대해서도, 이웃에 대해서도, 그리고 하나님께 대해서도 흠잡힐 데가 없이 모범적인 신앙과 삶의 자세를 가져야 한다는 것을 강조하고 있다.

9 여기의 "가르치는 능력"은 디모데전서 3장 2절에서는 단지 요망사항이었을 뿐이었는데, 여기서는 아주 강력하게 요구되는 것으로 보인다. 아마도 그 이유는 예배 때문만이 아니라, 그 다음 구절에 나타난 바와 같이 그리스도인들과 이단자들에 대한 감독의 권위를 고려했기 때문인 것으로 보인다.[15] 만약 우리가 이러한 점을 고려한다면 **가르침**(*κατὰ τὴν διδαχὴν*)이란 말이 감독이 대표하고 있는 교회전승,[16] 즉 교회의 전통적인 교리[17]를 가리키는 것이 될 것이다. 그리고 이 구절에서 **말씀**이란 설교의 말씀을 가리키며, 그 말씀이 "가르침에 의거한다"는 것은 사도적 전승의 가르침과 일치한다는 뜻일 것이다. 핸슨은 "말씀"과 "가르침"이 바울의 용어들인데, 저자가 이 두 단어를 상호보완 형식으로 사용했을 것이라고 주장한다.[18] 특별히 두 단어의 이러한 특징은 요한복음에 나타난 "보혜사"의 특성과도 같다. 그러므로 여기서 저자가 말하는 "말씀"

---

14) 로크의 책, pp. 131, 148—149.
15) 디벨리우스의 책, p. 193.
16) 디벨리우스의 책, p. 193.
17) 핸슨의 책, p. 174.
18) 핸슨의 책, p. 174.

과 “가르침”은 요한복음 저자가 보혜사로 특징짓는 역할과 유사하다는 것을 발견할 수 있다. 그러나 뚜렷한 하나의 차이점은 이러한 역할의 주체를 요한복음은 “성령”으로 간주하고 있으며, 목회서신에서는 “감독”의 직무로 언급하고 있다는 것이다. 결국 목회서신은 초대 그리스도 교회에서 ‘성령’이 담당하던 기능을 이제 보다 제도화되고 조직화되어가는 교회에서 성직자, 곧 “감독”에게 부여하고 있음이 나타난다. 이는 목회서신이 공교회 시대인, 성직제도가 직제화된 이후에 기록되었음을 시사해주는 것이다.

3. 거짓 가르침에 대한 공격(1 : 10—16)

10 복종치 아니하고 헛된 말을 하며 속이는 자가 많은 중 특별히
할례당 가운데 심하니 *11* 저희의 입을 막을 것이라 이런 자들이 더
러운 이를 취하려고 마땅치 아니한 것을 가르쳐 집들을 온통 엎드
러치는도다 *12* 그레데인 중에 어떤 선지자가 말하되 그레데인들은
항상 거짓말쟁이며 악한 짐승이며 배만 위하는 게으름쟁이라 하니
13 이 증거가 참되도다 그러므로 네가 저희를 엄히 꾸짖으라 이는
저희로 하여금 믿음을 온전케 하고 *14* 유대인의 허탄한 이야기와
진리를 배반하는 사람들의 명령을 좇지 않게 하려 함이라 *15* 깨끗
한 자들에게는 모든 것이 깨끗하나 더럽고 믿지 아니하는 자들에게
는 아무것도 깨끗한 것이 없고 오직 저희 마음과 양심이 더러운지
라 *16* 저희가 하나님을 시인하나 행위로는 부인하니 가증한 자요
복종치 아니하는 자요 모든 선한 일을 버리는 자니라

¶ 개요

개역성경 본문에는 번역되어 있지 않지만, 10절에 나오고 있는 '왜냐하면'($\gamma\grave{\alpha}\rho$)은 9절에서 권면한 내용에 대한 근본적인 이유를 설명하고 있을 뿐만 아니라, 5－9절 전체의 이유가 되기도 한다.

1장 10－16절의 내용은 3장 9－11절과 마찬가지로 다른 목회서신에 나오는 이단논쟁과 매우 유사하다. 그러나 여기서는 두 가지 점에서 다른 목회서신에 나오는 이단논쟁과는 분명한 차이점을 보인다. 즉 1장 12절에서 그레데 사람들의 특징들이 언급되고 있으며, 1장 10절과 14절에서는 적대자들의 유대적 기원이 강조되고 있다. 아마도 그 두 가지는 하나로 집약될 수 있는데, 저자의 순수한 문학적 고안이든지, 아니면 실제로 지역적인 언급일 수도 있다. 왜냐하면 유대인들에 대한 언급은 서신에 지역적인 색채를 띠게 하기 위한 의도일 수도 있기 때문이다.[19] 그러나 저자가 목회서신에 나오는 다른 본문보다도 더 지역적인 색채를 가미하려고 했던 이유가 무엇인지에 대해서는 말하기가 어렵다(딤전 3 : 14). 그러나 비록 이런 지역에 대한 구체적 언급들을 통해서 목회서신 전반에 걸쳐 언급되는 이단에 대해 얼마만큼이나 정확한 결론을 내릴 수 있을지에 대해서는 잘 모르지만, 아마도 이 본문은 이단에 대한 교회의 투쟁운동이 그레데 사람들(12절)과, 또한 유대교(14절)와 관련되어 있었음을 지시해주고 있는 듯하다(참조. 딤전 4 : 5).

목회서신은 주로 두 가지 다른 관점에서 연구할 수 있다.[20] 첫째, 신학적인 분위기를 바울과 비교해서 파악하는 데 관심을 갖는 것이며, 둘째, 당시 저자가 속한 역사적 상황에 비추어서 그가 강조하는 것을 이해하는 데 초점을 맞추는 것이다. 우리는 그레데 섬의 상황을 서신 자체에서와 역사적 자료를 통해서 추정할 수 있다. 역사적으로 볼 때, 그레데 섬은 1세기 초에는 해적들의 중심지였고, 기원전 63년 이래 로마에 정복되어 로마의 관할구역이 되었

19) 핸슨의 책, p. 175.

20) J. C. Baker, 같은 책, p. 674.

다. 그때 그레데는 로마의 관원, 원주민, 유대상인들로 혼합된 주민들로 구성되었다. 주민들이 '배신'을 찬양하고 돈을 사랑하는 의미의 이름을 가진 것을 보면, 어느 정도 1장 12절에서 그들의 예언자를 통해 언급한 내용을 이해할 수 있을 것이다. 이미 그레데에는 그리스도교 집단이 있었으나(1 : 17), 아직은 확고한 조직을 갖추지 못한 것으로 보인다(1 : 5). 거짓된 교사들이 있었는데, 이들은 유대인들 중에 개종한 자로서 꾸며낸 신화이야기와 끝없는 영적 세계의 족보논쟁에 열을 올리고, 논쟁을 좋아하며, 복종하지 않고(1 : 1, 10), 믿지 않는 이방인들만도 못한 생활을 하고 있는 것으로 묘사된다(1 : 12—16).[21]

¶ 주석

10 **복종치 아니하고** 이 표현은 먼저 복음의 진리를 거부하는 것을 의미한다. 즉 그리스도의 주되심과 바울의 권위에 불복한다는 것을 말한다. 여기에서 볼 수 있듯이, 분명히 그들의 수가 많았으며, 다음의 세 가지 특징들로 요약해볼 수 있겠다.[22] 첫째로, 그들은 "복종치 아니하고"(*ἀνυπότακτοι*), 교회의 공식적인 규칙을 비웃는다. 둘째로, 무분별하게 가르치며 말을 많이 하기는 하지만, 아무것도 행하지 않는 자들이다. "헛된 말을 하는 자"(*ματαιολόγοι*)는 신약성서에서 유일하게 이곳에서만 나타나고 있다. **헛된**(*ματαιος*)은 이방인들의 우상숭배를 유대인들이 비난했던 용어다. 물론 이러한 개념의 의미가 본문에서도 나타나고 있다. 저자는 그들의 가르침이 건전한 가르침과는 거리가 먼 이방종교의

21) W. Lock, 같은 책, p. 121.
22) 거스리의 책, p. 276.

가르침과 같이 아무런 가치도 없다는 것을 지적하는 것이다.[23] 셋째로, 그들은 스스로 **속이는 자**(갈 6 : 3)이다.[24] 그리하여 다른 사람들을 속이는 자가 되는 것이다. 명백한 것은, 할례당에 대한 언급이 나타내주듯이, 이러한 특징으로 그레데에서 암약했던 이단들은 유대인 교사들 중에 많았다는 사실이다.

여기의 "복종하지 않는 자"란 표현으로 보아, 그들은 그리스도인이었다는 것을 알 수 있다. 또한 많은 학자들은 "할례받은 자들"이란 단어로 그들이 그리스도교를 받아들이는 유대인이었다고 주장한다(Spicq, Dornier, Hasler).[25] 또한 어떤 학자들은 그들이 유대인 영지주의자들이라고도 한다.[26] 그렇다면 어쩌면 그들은 2세기의 유대주의와 영지주의에 근원을 둔 혼합주의 색채를 띤 이단이었을 가능성이 높다.

11 "입을 막다"(*ἐπιστομίξω*)는 문자적으로 '재갈을 먹이다', 또한 '입마개를 하다'라는 뜻을 지닌다. 그들이 해로운 짓을 하지 못하도록 그들의 입을 막아야 한다는 것이다. 이것은 단순히 '조용하게 하라'는 의미도 있으나, 보다 적극적인 의미로는 그들이 교회나 그리스도인들에게 말하는 것을 금지시키라는 의미로 이해하면 될 것이다. 이와 같은 해석은 다음 절에 나오는 그레데인들에 대한 언급과 관련시켜서도 알 수가 있다. 거짓교사들의 암약으로 인해 가정이 온통 "엎드러칠" 위험에 놓여 있다고 저자는 비난하고 있다.

엎드러치는도다(*ἀνατρέπουσιν*)라는 표현은 그들이 교인들의 믿음을 흐트러놓고, 각 가정의 평안과 조화를 망치는 행위를 일컫는 것이다. 거짓교사들은 가족의 일원들을 거짓 가르침으로 현혹시켜

23) 로크의 책, p. 133.
24) 핸슨의 책, p. 175.
25) 핸슨의 책, p. 175.
26) 사목서간, p. 57.

여러 가정들을 온통 뒤집어놓았던 것 같다. 아마 이 집안들은 그리스도인의 집안이었을 것이다.[27] 그래서 교회는 그러한 가정생활에 불화를 일으키는 어떠한 움직임도 아주 조심스럽게 경계해야만 했던 것이다.

마땅치 아니한 것, 즉 "가르쳐서는 안되는 것"이라는 표현은 디모데전서 5장 13절을 반영하고 있다. 저자는 거짓교사들이 9절의 "건전한 가르침"에 반대해서 거짓 가르침을 퍼뜨리고 있음을 말하는 것이다. 이 거짓 가르침의 내용에 대해서 대체로 학자들이 이해하고 있는 바는 다음과 같다. 첫째, 리니(A. R. C. Leaney)는 그것이 '음란한 행동'이라고 주장한다. 둘째, 디모데전서 5장 13절과 유사한 '미신적인 행동들'이라고도 한다. 셋째, 스피크와 홀츠는 '거짓 교리'라고 주장한다.[28] 특별히 해슬러는 이그나티우스(Ignatius)의 에베소서 7장 1절의 해석을 언급하면서 이 절을 이해하고 있다 : "어떤 사람들은 속임수로 그리스도의 이름을 나타내는데 익숙하고 하나님과는 관계없는 다른 일을 행한다. 그들은 짐승과 같기 때문에 우리는 그들을 피해야만 한다. 왜냐하면 그들은 은밀하게 무는 미친개이기 때문이다. 그들이 치료되기는 참으로 어렵기 때문에 우리는 그들로부터 우리 자신을 보호해야만 한다." 이렇게 볼 때, 이그나티우스 역시 실제적인 적대자와 직면하고 있었음에 틀림없다. 우리는 목회서신과 이그나티우스의 서신 사이에 여러 가지 공통점을 발견하게 된다. 예를 들면 믿을 수 없는 비밀스런 모임, 비윤리적인 처신들, 그리고 동물과의 비유(12절 이하 참조) 등이다. 이러한 주장은 저자가 적대자들에 대해서 묘사하고 있는 내용에 신빙성을 더해주고 있다. 또한 특히 저자가 비난을 받아 마땅한 것으로 지목하는 것은 분명히 그들이 교회의 사역을 사용해서 이익을 챙기고 있었다는 사실이다.

---

27) 거스리의 책, pp. 276－277.

28) 핸슨의 책, p. 175.

더러운 이를 취하려고 즉 "부정한 이득을 얻기 위해서"라는 구절은 이러한 거짓 신앙인들의 야비한 본색을 보여주는 표징인 것이다.

12 저자는 그레데의 이단자들을 비난하는 방법으로 그레데에 잘 알려진 이야기를 사용해 적대자들을 대적하고 있다.[29] 여기서 **그레데인 중의 어떤 선지자**는 기원 600년경에 활동했던 인물로서 헬라 일곱 현인 중의 한 사람으로 꼽히는 시인 에피메니데스를 뜻할 것이다. 많은 고대작가들, 예를 들면, 아리스토텔레스와 키케로가 그를 예언자로 언급하고 있다.[30] 그래서 저자는 이처럼 모든 이들이 현인이라고 인정하는 에피메니데스의 말을 인용해서 경각심을 더욱 고조시키고 있는 것이다.

다른 한편, 많은 초기 그리스도교 저술가들은 이 구절을 찬송시인 "신탁에 대하여"에서 온 것으로 보고 있다. 이 인용의 일부가 칼리마쿠스의 제우스에 대한 찬송(305－204 B. C.)[31]에 나타나 있기 때문에, 학자들은 이 인용이 그에게서 온 것이라고 주장한다.[32] 그는 그레데 사람들을 '거짓말쟁이'라고 불렀다. 왜냐하면 그들이 제우스의 무덤을 가지고 있다고 주장했기 때문이다. 그래서 그는 다음과 같이 기록했다："그레데 사람들은 언제나 거짓말쟁이들입니다. 왜냐하면 그레데 사람들은 당신의 무덤을 만들었기 때문입니다. 그러나 당신은 죽지 않으셨고, 지금도 영원토록 살아 계십니다." 그러나 로크(Lock)는 그 찬송이 칼리마쿠스의 찬송보다 더 이전의 것이라고 주장한다.[33] 어쨌든 이 유명한 현인조차도 그레데의 주민들에 대해서 비난하고 있기 때문에, 저자는 그 섬의 이단

---

29) 핸슨의 책, p. 177.

30) 디벨리우스의 책, p. 175에 자세히 나타나 있음.

31) 핸슨의 책, p. 176.

32) 디벨리우스의 책, p. 195.

33) 로크의 책, p. 134.

자들이 나쁘다는 뜻으로 이 시인의 말을 인용하고 있는 것이다. 그레데인들이 거짓으로 악명이 높았다는 사실은 "거짓말하다"(χρῆτ-ες)를 포함한 헬라어에 의해서 강하게 확정지어진다.

악한 짐승이라는 말은 인간의 절제할 수 없는 탐욕에 대한 묘사다. 저자는 그레데 사람들에 대한 이러한 묘사로 거짓교사들의 악한 경향들, 즉 그들의 불성실성, 야만성, 쾌락 추구 등과 같은 행실을 신랄하게 비난하고 있는 것이다. 결국 저자는 교회 지도자들에게 경각심을 불러일으키고 있는 것이다. 13절에서 저자는 12절에서 인용한 말을 다시 한번 교회의 지도자들에게 확증하면서 그들에 대해 엄히 꾸짖으라고 명령하고 있다.

13 저자는 **이 증거가 참되도다**란 말을 이곳에 쓰지 않을 수 없었다. 왜냐하면 "모든 그레데인은 거짓말쟁이다"라고 말한 에피메니데스 역시 그레데인이므로 그가 한 말 역시 거짓말일 수가 있기 때문이다. 그러므로 논리적으로 12절의 인용이 참되기 위해서는 '그레데인이 아닌' 저자가 참되다는 말을 해야만 그 말이 참된 말이 되는 것이다. 심프슨(E. K. Simpson)은 저자가 거짓교사들을 곤경에 빠뜨릴 목적을 갖고 있었다고 지적한다. 왜냐하면 '거짓교사들은 자기들이 존경하고 따르는 예언자의 말을 받아들여 자기들이 잘못되었다는 사실을 시인하든지, 아니면 자기들이 따르는 예언자를 배반하면서 그러한 예언을 거부하든지' 둘 중 하나를 선택해야 하는 기로에 서게 된 것이다.

저자는 이처럼 거짓교사들의 잘못을 논리적으로 지적한 다음, 교회 지도자들에게 그들을 **엄히 꾸짖으라**고 명령하고 있다. 여기서 "엄히"(ἀποτόμως)라는 말은 신약성서에서 이곳과 고린도후서 13장 10절에서만(내게 주신 그 권세를 따라 엄하지 않게 하려 함이니라) 나타나고 있다. 저자는 교회의 지도자들로 하여금 그들과 언쟁을 하지 말고 그들을 꾸짖고 나무랄 것을 명령하는 것이다. 그러나 그와 같은 엄격한 꾸지람은 **저희로 하여금 믿음을 온전케** 하는 데에 그 목적이 있는 것이다.[34] 여기서 "온전한"이라는 형용사는 문자적으로 신체가 "건강하다"는 것을 나타낼 때 사용된 말이다. 저자가 이처럼 "믿음"을 '온전한', 또는 '건강한'으로 묘사하고 있는 것은 딤전 1 : 10 ; 6 : 3 ; 딤후 1 : 13 ; 4 : 3 ; 딛 1 : 9 ; 2 : 1—2에서도 발견할 수 있다. 저자는 거짓교사들을 마치 모든 공동체에 나쁜 병을 전염시키는 '세균'(細菌)을 대하듯 혹독하게 다루고 있으면서도, 그들이 돌아서고 다시 건전한 가르침에 합류할 수 있는 가능성을 남겨두고 있는 것이다.

14 거짓 가르침에는 두 가지 경향이 나타나고 있음을 알 수 있다. 하나는 **유대인의 허탄한 이야기**이며, 다른 하나는 **진리를 배반하는 사람들의 명령**을 좇는 것이다. 여기서 "유대 사람의 허탄한 이야기"는 의심할 것 없이 디모데전서 1장 4절에 언급된 것과 비슷한 것으로, 아마도 구약성서와 헬라 철학사상에 기초해서 하나님과 인간 사이의 중간세계에서 중재역할을 하는 천상존재들의 서열을 따지며 논쟁하는 것으로 보인다. 이 허탄한 이야기는 디모데전서에서 일반적인 것, 즉 신화로 언급한 것과는 달리, "유대인의"라는 말을 덧붙여 묘사하고 있다. 또한 유대인들은 유대교 문헌인 쥬빌리서에서는 구약을 기초로 해서 족보를 신화적 역사로 조작하기도 했다. 따라서 여기서도 마찬가지로 허탄한 이야기는 거짓되고 어리석은 이야기들을 의미하는 유대적 영지주의를 말한다고 볼 수 있다.[35]

또 하나의 경향은 "진리를 떠난 사람들의 명령"이라고 일컬어진다. 여기서 "사람들의 명령들"(골 2 : 21, 22)이 과연 무엇을 의미하

34) 디벨리우스의 책, p. 197.

35) 핸슨의 책, p. 178.

는가에 대해서는 학자들마다 의견이 분분하다. 어떤 학자는 저자가 골로새 교회의 이단과 같아 보이는 금욕주의적인 경향을 강하게 부각시키고 있다고 주장한다. 그리고 브룩스 같은 학자는 그것은 토라의 일부분에 대한 언급이라고 말한다. 그러나 목회서신 저자가 토라를 단순히 "사람들의 명령"으로 간주했다는 것은 타당성이 없어 보인다. 핸슨(Hanson)은 아마도 구약의 해석서에 해당하며, 생활지침서이기도 한 할라카(Halaka)에 대한 언급일 것이라고 주장한다(참조. 막 7:7—8; 마 15:9). 결론적으로 여기서 "사람의 명령"이 무엇인가는 정확하게 알 수는 없으나, 분명한 것은 유대적인 색채가 짙다는 사실과 구약에 대한 오도된 해석을 가미한 금욕적인 생활지침과 같다는 것이다.

15—16. 여기에서 저자는 14절에서 언급했던 "진리를 배반하는 사람들의 명령"에 관해 논의하면서, 보다 구체적인 사항들을 서술하고 있다. 분명한 것은 저자가 거짓교사들의 잘못된 행태, 예를 들면 어떤 것은 깨끗하고 어떤 것은 더럽다고 여기는 그들의 잘못된 처신을 비난하고 있다. 이러한 내용들은 분명히 거짓교사들이 유대적인 정결법, 특히 음식에 관한 것에 대해서 관심을 두고 있었다는 것을 시사해주는 것이다. 맨 처음에 나타난 "깨끗한"이란 단어는 디모데전서 4장 4절과 똑같은 의미를 가진 것으로 이해해야 할 것이다. "모든 것이 깨끗하다"란 말은 "버릴 것이 하나도 없다"란 말과 같은 의미로 볼 수 있다.

비록 상황 자체는 변했다 할지라도, 이러한 내용은 로마서 14장 20절에서 논의한 바울의 견해를 따르고 있다. 또한 이 구절은 마가복음 7장 19절에 나타나 있는 예수의 이해, 즉 "무엇이든지 밖에서 들어가는 것이 능히 사람을 더럽게 하지 못함을 알지 못하느냐 이는 마음에 들어가지 아니하고 배에 들어가 뒤로 나감이니라 모든 식물은 깨끗하다"라는 가르침을 반영하고 있다. 그리스도 교회가 이 말을 자신들에게도 타당한 격언으로 받아들이게 된 것은 아마도 예수의 말씀 때문이었던 것으로 보인다. 본문에서는 이 사상이 바울서신에 언급된 "약한 자들", 즉 금욕주의자에게만 한정된 것은 아니다. 여기서는 오히려 "깨끗한 사람들에게는"이란 문구를 첨가함으로써, 특별히 적대자의 금욕주의적 경향을 반대하고 있다. 즉 우리에게는 너희가 금하는 모든 것(딤전 4 : 3)이 다 깨끗하다. 왜냐하면 너희는 "더러워진" 자들이지만 우리는 깨끗한 자들이기 때문이라는 것이다.

15 **깨끗한**과 **더럽고**란 말은, 이미 상기했듯이, 이중적인 의미로 사용된 것이다. 두번째로 사용된 "깨끗한"이란 단어는 윤리적 순결성을 가리키고 있으며, 세번째 단어는 다시 제의적 순결성을 가리키고 있다. 그리고 "깨끗한 것이라고는 하나도 없습니다. 하나님의 피조물이 그들에게는 다 더러워졌습니다"라는 말이 나타나야 할 곳에 다시금 "마음" 즉 "생각"과 "양심" 즉 "이성"이란 말이 도입됨으로써 윤리적인 면이 강조되고 있다. 저자는 적대자들은 사람들이 죄에 빠지기 쉬운 금욕주의적인 요구를 내세우고 있다고 비난하고 있다.[36]

"더럽고"라는 표현은 헬라 세계에서 예식에 참여할 때 "정결치 못한"이라는 의미로 자주 사용되었다. 그러나 위에서 언급한 대로 "마음과 양심"을 첨가함으로써, 저자는 이 단어 역시 윤리적인 의미로 변용하고 있는 것이다. 이처럼 저자는 고린도전서 8장 7절에서 바울이 금욕주의자들을 비난하는 것보다 훨씬 더 강도 높게 거짓교사들을 비난하고 있다. 예를 들어 고린도전서에서 바울은 금욕주의자들이 책임질 수 없는 일을 했을 때 그들의 양심이 더럽혀진다고 했는데, 여기의 목회서신 저자는 근본적으로 금욕주의적인 요구 자체가 이미 양심이 더럽혀졌다는 증거라고 비난하고 있는 것

36) 핸슨의 책, p. 178.

이다.

16 우리는 본절을 요한복음 8장 54—55절과 연관시켜 이해할 수 있다 : "너희는 그를 알지 못하되 나는 아노니 만일 내가 알지 못한다 하면 나도 너희같이 거짓말쟁이가 되리라 나는 그를 알고 또 그의 말씀을 지키노라." 이제 저자는 신앙을 거짓으로 고백하는 자들도 종종 하나님을 안다고 말한다고 강력하게 비난한다. 이것은 특별히 유대주의적인 경향을 지적하는 것이다. 디벨리우스는 하나님을 안다는 고백에서 영지주의의 모습을 분명히 발견할 수 있다고 주장한다. 거짓교사들은 고백과 행동이 명백히 모순되고 있기 때문에 그와 같은 강력한 비난을 받아 마땅하다는 것이다. 그래서 저자는 그들의 행위를 특징짓는 세 가지 용어를 쓰고 있다 : 가증하고, 복종치 않고, 모든 선한 일을 버린 자들이라는 것이다.

그 첫번째 용어로 **가증한**(βδελυκτοὶ)은 문자적으로 추악하다는 의미인데, 이것은 그들의 위선에 대한 혐오스러움을 표현하고 있는 것이다. 두번째는 **복종치 아니하는**(ἀπειθεῖς)인데, 문자적으로는 완고하다는 것을 의미한다. 이것은 거룩함을 요구하는 하나님의 참되고 거룩한 속성을 도덕적으로 거부하는 것에서 비롯된 것이다. 셋째는 **모든 선한 일을 버리는** 인데, 이것은 "전혀 선한 일을 할 능력이 없다"는 것을 의미한다. 즉 거짓교사들은 아예 선한 일을 할 만한 능력이 없다는 것이다. 거짓교사들의 이러한 특징은 목회서신에서 목회자들이 선한 일을 계속 하도록 요청받는 것과는 좋은 대조가 된다. 저자는 결국 거짓교사들의 가르침이나 그들의 행실을 볼 때, 그들은 전혀 무익한 자들이라는 것을 강력하게 지적하는 것이다(참조. 딛 3 : 1 ; 딤후 3 : 17).

목회서신의 내용을 전반적으로 다시 다루고 있는 것 같지만, 우리는 여기에서 1장의 내용을 세 가지로 간단히 정리해보고자 한다.

첫째로, 인사부분에서 저자는 바울의 진정한 서신들에서 언급된 인사로 시작한다. 또 자신이 사도가 된 것이 하나님의 명령으로 되었음을 말하고 있는데, 이것은 개인적인 소명에 대해 말한 것이기보다는, 이런 표현이 이미 교회에서 공식문구화되었음을 보여준다. 말하자면 이 도식은 이미 예배의식 가운데 정착되어 사용된 것이다.

둘째로, 성직제도 중 감독, 장로에 대해서 다루고 있다. 우리는 감독과 장로의 용어 사용에 있어서의 애매성을 정리해보고자 한다. 본문에서 보았듯이, 목회서신이 쓰여질 당시의 상황에서 감독과 장로는 서로 동일한 범주 안에 포함되어 소개되고 있음을 알 수 있다. 그 예로는 디모데전서 5장 17절에서 '잘 다스리는 장로들'이란 말은 '감독의 일을 보는 장로들'이며, 그들은 감독의 행정적 기능까지 행사하고 있는 장로들이라고 생각할 수 있다. 그 경우 디도서 1장 5, 7절은 모든 장로들이 감독직을 받을 수 있어야 한다는 것을 의미할 것이다. 따라서 감독이 되는 사람은 항상 장로의 무리로부터 선출된 한 사람이었을 것이다.

셋째로, 거짓 가르침에 대한 공격인데, 거짓 가르침은 분명히 강력한 유대적 요소를 가진 영지주의의 형태를 띠었다. 디모데전서 1장 4절에 있는 신화들과 끝없는 족보에 관한 언급은 천상적 존재들의 계급에 대해 추론하는 영지주의적 영향에 맞고, 8, 9절의 율법에 관한 언급은 유다교의 요소를 가리킨다. 또한 다른 목회서신에서도 저자는 그들이 갖고 있는 유대적이고 영지주의적인 요소를 공격하며 수신자에게 건전한 가르침을 지키라고 한다. 그러나 디도서에서는 다른 목회서신들에 나오는 이단논쟁과 조금 다르다. 즉 1장 12절에서 그레데 사람들의 특징들이 언급되고 있으며, 1장 10절과 14절에서는 적대자들의 유다적 기원이 강조되고 있다는 것이다.

오늘날 교회의 규모는 점점 커져가는 반면에 교회의 건전한 가르침에 대한 교단 차원의 확실한 지침제시는 없고, 있다 해도 교회의 건전한 가르침에 대한 권위 또한 잃은 지 오래다. 상대적으로 여러 이단들의 출현, 그리고 교회 안에는 더러운 이를 얻기 위한 거짓교사들에 의해 주장되는 이단적인 거짓 가르침들이 많은 교회를 혼란에 빠뜨리고 그리스도인 가정들을 위협하고 있다. 이러한 면에서 1장의 본문은 교역자들의 사명과 거짓 가르침에 대한 대처방안을 제시해준다는 점에서 우리에게 많은 교훈을 준다. 그리고 본문은 여러 가지 현실적인 문제에 대해서 단호하고 분명한 견해를 제시해주기 때문에 오늘날 더욱 중요하게 느껴진다.

4. 그리스도인의 행동 강령(2 : 1—3 : 7)

디도서의 전체적인 구조를 파악하면 저자가 강조하고 있는 내용을 그대로 알아낼 수 있기 때문에[37] 서신의 구조를 파악하는 것이 중요한 작업 중의 하나다. 저자는 서신에서 서로 밀접하게 연결되어 있는 두 가지의 주제를 핵심적으로 다루고 있다. 하나의 주제는 이단자들에 대한 반박이고, 또 하나의 주제는 교회의 직제 질서를 강화하는 것이다. 그중에서 우리가 다루려는 본문은 두번째 주제다. 저자는 우선 1장 서두에서 바울의 이름을 빌려 편지를 디도에게 쓰고 있다(위명성). 이어서 5—9절에서 저자는 역시 바울의 이름으로 디도가 그레데에서 교회와 관련된 문제를 해결하기 위해서 장로들을 임명할 것을 언급한다.

본문은 전반적으로 이단자에 직면해서 교회의 사역자들이 해야 할 행동강령을 지시하고 있다. 내용은 크게 셋으로 나누어볼 수 있는데, 저자는 1—10절에서 디도라는 사역자가 건전한 교리에 합당하게 살아갈 것을 각 계층 사람——나이 많은 남자들, 나이 많은 여자들, 젊은 여자들, 젊은 남자들, 종들——에게 가르칠 것을 명

37) J. C. Baker, "Pastoral Letters," *IDB*, Vol.3, p. 672.

령하며, 11－15절에서는 왜 그리스도인들이 좋은 행동을 보여주어야 하는지에 대한 근거를 제시한다. 그리고 3장 1－7절에서 저자는 구원의 역사에 근거해서 비그리스도인들을 어떻게 대해야 할 것인가에 대한 일반적인 가르침을 제시한다.

1) 여러 사회계층들의 올바른 행동규범 (2 : 1－10)

1 오직 너는 바른 교훈에 합한 것을 말하여 *2* 늙은 남자로는 절
제하며 경건하며 근신하며 믿음과 사랑과 인내함에 온전케 하고 *3*
늙은 여자로는 이와 같이 행실이 거룩하며 참소치 말며 많은 술의
종이 되지 말며 선한 것을 가르치는 자들이 되고 *4* 저들로 젊은
여자들을 교훈하되 그 남편과 자녀를 사랑하며 *5* 근신하며 순전하
며 집안일을 하며 선하며 자기 남편에게 복종하게 하라 이는 하나
님의 말씀이 훼방을 받지 않게 하려 함이니라 *6* 너는 이와 같이
젊은 남자들을 권면하여 근신하게 하되 *7* 범사에 네 자신으로 선
한 일의 본을 보여 교훈의 부패치 아니함과 경건함과 *8* 책망할 것
이 없는 바른말을 하게 하라 이는 대적하는 자로 하여금 부끄러워
우리를 악하다 할 것이 없게 하려 함이라 *9* 종들로는 자기 상전들
에게 범사에 순종하여 기쁘게 하고 거스려 말하지 말며 *10* 떼어 먹
지 말고 오직 선한 충성을 다하게 하라 이는 범사에 우리 구주 하나
님의 교훈을 빛나게 하려 함이라

¶ 개요

1절은 이 단락의 도입절 역할을 하면서 2장부터 새로운 주제가

논의되고 있음을 시사하고 있다. 즉 1절은 2—10절에서 사회의 다양한 계층에 소속된 각각의 교회 구성원들에게 교훈을 주기 위한 도입절인 것이다.

2—10절에서 제시되는 내용들은 1절에서 언급했던 것처럼 교리적이라기보다는 오히려 윤리적인 것에 가깝다.[38] 이와 같은 가훈표는 신약성서 후기 문서들 여러 곳에서 발견되며(골 3 : 18—4 : 1 ; 엡 5 : 22—6 : 9 ; 딤전 5 : 1—6 : 2 ; 벧전 2 : 18—3 : 7), 특히 당시 철학적 공동체에서 보편적인 덕목으로 간주했던 "절제"(*σώφρονας*)에 대해서 다양하게 묘사하고(2절, *σώφρονας* ; 4절, *σωορονίζωσιν* ; 5절, *σώφρονας* ; 6절, *σωφρονεῖν* ; 12절, *σωφρόνως*) 강조하는 것으로보아, 당시 사회에서 일반적인 덕목의 자료들을 사용해서 그리스도교적으로 변형시킨 것으로 보인다.[39]

본문에서 눈에 띄게 두드러지는 사실은 하나님의 강한 의지와 인간에게 품고 계신 목적이 전체적인 문장(4, 5, 8, 10, 12, 14절)에서 나타난다는 것이다. 그리고 이 본문은 다른 곳에 나오는[40] 가정규율서와 같이 명령형으로만 일관된 것이 아니라, 주로 '에이나이'(*εἶναι*)와 함께 형용사로 일관되어 있다는 점이 독특하다. 그래서 이 단락은 그 형식에 있어서 가정규율서라기보다는 오히려 각각의 계층들에게 필요한 전형적인 생활규범으로 제시된 것으로 보인다.[41]

2장은 전체적으로 1장에서 디도가 모든 감독들이 모범이 되어야 한다는 것을(1 : 9) 상기시키고 있으며, 1장 10—16절에서 서술한 타락상과는 대조적으로 '데'(*δὲ*)를 사용해서 내용을 전환시키면서,

---

38) W. Marxsen, *Introduction*, p. 204.
39) Easton, 같은 책, p. 91.
40) Lock, 같은 책, p. 138.
41) M. Debelius, 『목회서신』, 김득중 역, 국제성서 주석 시리즈(한국신학연구소), 1983, p. 201.

그리스도인들이 훈련을 받고 살아야 한다는 것을 가르치고 있다.[42] 디모데전·후서에서 교회 지도자들 스스로가 거짓교사를 대항해서 논쟁하는 것(딤전 6 : 3—19 ; 딤후 2 : 25)과는 다르게 여기에서는 그리스도인 스스로가 거짓된 가르침과 대조되는 "바른 교훈"에 합당하게 살 것을 권면하고 있다.[43]

¶ 주석

1 **바른 교훈**(*ὑγιαινούσῃ διδασκαλίᾳ*)은 로핑크(Lohfink)가 지적한 것처럼 본문을 이해하는 데 중요한 역할을 한다.[44] 이 단어는 신약성서에서 총21회 사용되는데, 목회서신에서만 15회 사용되고 있다는 점은 주목할 만하다. 초대교회에서는 이 단어가 사도들로부터 전해진 "핵심적인 가르침"을 의미했다. 그런데 이제 시간이 지나 공교회 시대로 접어들면서 이 "가르침"은 점점 신앙뿐 아니라 구체적으로 일상생활 속에서도 표준으로 삼아야 할 "교리요약서"로 굳어지는 경향을 나타내고 있다.[45]

2 저자는 나이많은 남자들에게 교훈하고 있다. 여기서 **늙은 남자**(*πρεσβύτιδας*)는 저자가 다른 서신에서(딤전 5 : 1, 2, 17, 19 ; 딛 1 : 5) 사용한 것같이 '안수받은 장로'를 의미하는 것 같지는 않다. 여기에서는 장로들이 가르치는 일에 대해서 언급하고 있지 않기 때문이다. 우리는 여기서 바울이 사용한 세 가지 덕목들 즉 믿음, 소망, 사랑을 발견할 수 있다. 그러나 고린도전서 13장 13절과는 다

42) B. S. Easton, *The Pastoral Epistles*, p. 90.
43) G. D. Fee, *1 & 2 Timothy*, p. 185.
44) A. T. Hanson, 179.
45) G. Lohfink, *ThQ* 157 (1977) : 99—100.

르게 "소망"(ἐλπίς) 대신에 "인내"(ὑπομονῇ)를 사용하고 있다.[46] 여기서 인내는 종말의 지연상황에서 이해할 수 있다.

절제(σωφρων)는 첫째로 '건전한 정신을 가진'이라는 의미로, '합리적인, 절제하는, 사려깊은, 중용의, 억제된'과 같은 여러 가지 의미를 가지고 있다. 그런데 이러한 덕목은 그리스도교에서뿐만 아니라 플라톤, 스토아 철학, 그리고 필로에게 있어서도 중요한 덕목 중의 하나였다. 신약에서 이 단어는 14회밖에 나오지 않는다(목회서신에 8회). 특별히 목회서신에서는 이 세상에서 그리스도인의 삶을 기술할 때 이 단어를 사용하고 있다. 다시 말해서 종말이 지연된 상황에서 이 세상과의 적절한 관계를 설정하기 위해서 사용된 단어라고 할 수 있다.[47] "술 취하지 않은"(νηφάλιος)과 "절제하는"(σωφρόνως)은 당시에 이교도들이 술 때문에 사회에 많은 문제를 야기시켰다는 것을 생각할 때, 우리는 저자가 왜 이 덕목을 그리스도인들에게 강조하는지를 쉽게 이해할 수 있다.

¶ 신학적 문제

절제(딛 2 : 2)

"절제있는"(νηφάλοις)이란 단어는 신약성서에서는 오직 목회서신에서만 나온다. 물론 바울이 '네페인'(νηφεῖν)이란 말의 용법과 관련해서 "술을 즐기지 않고"(μὴ πάροινον)라는 언급을 하기 때문에 술취함의 반대로 이해하기도 하지만, 목회서신의 '네팔리오스'(νηφάλιος)란 단어는 대부분 상징적인 의미로 이해하는 경향을 나타낸다.

---

46) Hanson, 같은 책, p. 179.

47) U. Luck, *TDNT* VII, pp. 1079—1104.

절제와 관련된 단어들은 '네포'(νήφω/술 취하지 않다. 절제하다)와 '네팔크스'(νήφαλξ/술 취하지 않은, 정신이 맑은, 자제하는)가 있다. '네포'는 술 취함의 반대를 의미한다. 이 단어가 비유적으로 쓰일 때, 주체는 사람이나 그의 생각이 되며, 온갖 유형의 희미한 정신상태에 반대되는 것을 의미한다. 원래 칠십인역(LXX)에서는 순종하며 하나님께 헌신하면서 무거운 짐을 기꺼이 짊어지는 것을 의미했다. 필로는 자신을 적절하게 제어하는 것을 하나님과의 관계에서 당연히 요구되는 필요조건으로 이해했다. 그는 술 취함을 포함한 모든 유형의 몽롱함은 하나님에게서 떠난 것이고, 그분과 올바른 관계를 갖지 못하게 한다고 말한다. 따라서 희미한 정신상태에서 깨어나는 것이 곧 회심이라고 했다.

신약성서에서 '네포'(νήφω)는 언제나 비유적으로만 사용되었다. 사도들과 교인들의 성령받음을 모두 술에 취한 상태라고 표현한 곳도 있지만(행 2 : 12 ; 엡 5 : 18), '네포'가 나타나는 다음 여섯 구절(살전 5 : 6, 8 ; 딤후 4 : 5 ; 벧전 1 : 13 ; 4 : 7 ; 5 : 8)에서는 계시의 현실인정과 그로 인해 나타나는 예배, 소망, 사랑의 사역수행을 의미한다.

'네팔크스'(νήφαλξ)는 '포도주를 전혀 포함하고 있지 않은'이라는 의미로, 제의용구 또는 제물과도 관련된다. 그 의미가 점점 확장되어 포도주가 수반되지 않은 제사의식을 지칭하기도 한다. 중성단수로 사용될 때 이 단어는 '건전한 것' 또는 '건전함'을 의미한다. 필로는 황홀경과 관련해서 적극적인 입장을 견지하고, '네팔로이스 메테'(νήφαλοις μέθη)라는 표현을 썼다. 그러나 그는 반드시 문자적 의미에서만이 아니라, '네팔리오스'(νήφαλιος)를 사람에게 적용시켜 판단의 건전함이라는 의미에서 절제를 제사장의 의무로 간주하기도 했다. 그러므로 필로에게 있어서 이 단어는 여전히 제의 영역을 벗어나지 않고 있다.

신약성서에서 이 단어는 감독(딤전 3 : 3), 여자 집사(딤전 3 : 11),

그리고 장로(딛 2：2)에 대한 자격요건 중에 나타난다. 만일 디모데전서 3장 2절과 8절이 이와 같은 의미라면, 그 의미는 문자적으로는 "술 마시는 것을 절제한다"일 것이다. 그러나 그 단어가 제의적인 용어라면 하나님을 섬김에 있어서 지녀야 할 적절한 자제와 맑은 정신을 가리킬 것이다.

절제는 단순히 술을 금한다는 문자적인 의미로 사용되기보다는 자기 자신을 제어하는 것(고전 9：25；갈 5：23；벧후 1：6), 또는 정결함을 의미하기도 하며(행 24：25), 술 취함과 방탕함에 반대되는 개념(딤전 3：2, 8；딛 2：2)으로도 사용된다. 다시 말하면 말, 음식, 마음쓰기에 도를 지켜 과하게 하지 않는 것이다. 그러므로 이 절제는 성령의 한 열매로서 그리스도인의 덕목 중의 하나로 중요시된 것이다.

3 저자는 2절에서 늙은 남자에게 교훈을 준 다음, 이제 본절에서는 나이 많은 여자들에게 세 가지 교훈을 주고 있다. 본절은 디모데전서 3장 11절(여집사들의 역할)과 실질적으로 연관되고 있는데, 어쩌면 두 본문들은 공통된 자료를 사용했던 것으로 보인다. 첫째로 늙은 여자들은 **행실이 거룩**해야 한다. "행실이 거룩하다"(ἱεροπρεπεῖς)는 문자적으로 "성직에 종사하는 사람답게"를 의미한다. 디모데전서 2장 10절에 나오는 평행구(그리스도를 믿는 여인은 거룩한 여인이다)의 독특한 의미를 고려해볼 때, 여기에서도 나이많은 여자들에게 거룩한 위엄을 갖추라고 요구하는 것으로 이해될 수 있다.[48] 두번째로 늙은 여자들은 참소치 말며(딤전 3：11), 많은 술의 종이 되지 말아야 한다(딤전 3：8, 11). 이러한 저자의 언급은 당시의 부정적인 사회상을 반영하고 있는 듯하다. 그리스도인은 이교도들과는 다른 모습을 갖추어야만 하며, 모든 면에서 모범적인 생활을 해야 한다고 생각한 저자는, 그래서 남자에게나 여

48) M. Dibelius, 같은 책, p. 179.

자에게나 "술에 취하지 말라"는 가르침을 몇 번이고 반복해서 전달하고 있는 것이다.

세번째로 늙은 여자는 **선한 것을 가르치는**(καλοδιδασκάλους) 자들이 되어야 한다. "선한 것을 가르치는"이라는 표현은 저자가 새롭게 만들어낸 신조어(新造語)처럼 보이지는 않는다. 또한 당시 그들의 교육방법은 일상생활에서 모범을 보이는 것이었다는 것을 고려하거나 디모데전서 2장 12절의 관점에서 볼 때, 나이많은 여자들이 정식으로 선한 것을 가르치는 교사가 되었다고는 볼 수 없으나, 집에서 말과 행동으로 젊은 여자들의 모범이 되었다고 생각할 수는 있다.[49]

4—5 저자는 여기에서 젊은 여자들에게 교훈을 주고 있다. 젊은 여자들에게 주는 교훈에는 사실상 늙은 여자들에게 주는 교훈이 삽입되어 있다(4a절). 대부분 젊은 여자들에게 언급된 덕목들——"남편을 사랑하는"(φιλάνδρους), "자식을 사랑하는"(φιλοτέκνους), "근신하며"(σώφρονας), "자기 남편에게 복종하는"(ὑποτασσομένας τοῖς ἰδίοις ἀνδράσιν)——은 비그리스도교적 문헌에서도 좋은 아내가 되는 최고의 이상형으로 묘사되고 있다.[50] 예를 들어 플루타르크(Plutarch)도 "신랑과 신부에게 보내는 충고"에서 "만약 여자들이 남편에게 복종하면 그 여자들은 칭찬을 받을 것이지만, 여자들이 남자들을 지배하려고 한다면 오히려 그 여자들은 슬픔을 당하게 될 것이다"라고 말했다. 이와 마찬가지로 당시에 쓰여진 무덤 비문 가운데도 "자기 남편과 자기의 자녀들을 사랑했던 가장 사랑스러운 여자에게"라는 표현이 발견되고 있다.[51]

저자가 **집안일을 하며**(οἰκουργούς) **선하며**(ἀγαθάς)라는 표현으로

49) Hanson, 같은 책, p. 108.

50) G. D. Fee, 같은 책, p. 192.

51) Debelius, 같은 책, p. 202.

'그리스도인인 여자는 선해야만 한다'고 주장하는 것은 아니다. 우리는 이 두 표현을 하나로 묶어서 "선하게 집안일을 하는"으로 이해해야 할 것이다. 특별히 '오이쿠르구스'(*οἰκουργούς*)는 어떤 사본에서는 '오이쿠루스'(*οἰκουρούς*), 즉 "집에 머물러 있는"으로 발견되기도 한다. 그러나 젊은 여자들에게 언급된 덕목들, 즉 남편을 사랑하고 자녀들을 사랑하며 근신해야 한다는 표현 등은 "선하게 집안일을 하는"이라는 의미가 담긴 '오이쿠르구스'가 본문에 더 타당하게 보인다.

5절 하반절에서 저자는 젊은 여자들이 위에서 언급된 덕목들을 실천해야 하는 이유를 **하나님의 말씀이 훼방받지 않게** 하려는 것이라고 언급하고 있다. 이것은 저자가 당시의 그리스도인들이 고수해야 할 기본적인 '그리스도교의 신앙'을 표현하고 있는 것이다. 이것은 '임박한 종말'에 대한 열기가 지나간 이후, '종말의 지연'이 확인되던 때에, 이제는 그리스도인으로서 어떻게 이 세상을 올바르게 살아가야 하는가의 질문에 대한 근본적인 답이 될 수 있는 것이다. 또한 이러한 언급은 저자가 거짓교사들과 같은 적대자들을 의식한 것일 수도 있다. 왜냐하면 우리는 이와 같이 적대자들을 염두에 둔 동기를 여기에서뿐만 아니라, 2장 전체에서(2, 8, 10절)도 발견할 수 있기 때문이다. 이것은 교회가 세상에 대해 어떻게 대처해야 할 것인가를 보여주는 결정적인 징표이며, 또한 "훌륭한 그리스도교적 시민상"을 나타내주는 전형적인 주제인 것이다.

6 여기의 '네오테루스'(*νεωτέρους*)를 '새롭게 세례받는 사람'(the newly-baptised)으로 번역하기도 하지만,[52] 문맥상 앞에서 나이에 따른 각각의 계층 사람들에게 교훈이 주어졌듯이 젊은 남자들에게도 그와 같은 덕목들이 주어지고 있는 것으로 보는 것이 더 타당

52) J. Elliott, "Ministry and Church order in the NT : A Tradition—historical analysis," *CBQ* 32 (1970) : 377—379.

할 것이다. 그러므로 저자는 6—7a절에서는 젊은 남자들에게 교훈을 주고 있는 것이다.

근신하게(σωφρονεῖν)는 문자적으로 분별력있고 자기 자신을 절제한다는 의미를 가지고 있다. 물론 이러한 표현은 디모데후서 2장 22절에서도 나타나고 있다.

7a 여기에서 저자는 젊은 사람들에 대한 덕목을 소개한 다음에 7b—8절에서 "디도"로 상징되는 교회 지도자들에게 교훈을 주고 있다. 특별히 여기서는 "본받음"이 나타나고 있다. 바울의 경우 그의 서신 전반에 걸쳐 "본받음"의 사상을 전개시키면서, "자신이 그리스도 예수를 본받은 것처럼, 서신을 받는 수신자들은 바울 자신을 본받으라"고 자주 강조했다. 이제 저자는 이러한 바울의 "본받음"의 사상을 목회서신에 받아들여서, 위에서 언급된 모든 덕목들에 있어서 교회 지도자 자신이 모든 그리스도인들의 본이 되어, 실제적인 신앙과 삶의 모습을 보여주어야 한다고 역설하고 있는 것이다.

본 즉 모범(τύπος)이란 말은, 캄마지니에서 발굴된 안티오쿠스 1세의 비문에서도 발견되듯이, 행동을 통한 교육적인 성격을 잘 드러내고 있다. 그러나 바울이 이 단어를 역설적으로 사용한 의미와는 다르다.[53] 나이에 관한 한 수신자인 사역자들은 교회의 교인들 가운데서 디모데(교회 지도자)처럼 상대적으로 젊은 것 같다. 여기에서 디도(교회 지도자)가 갖추어야 할 인격으로 묘사된 것은 디모데전서 4장 11—12절에서 디모데(교회 지도자)에게 언급된 것과 같다. 그리고 베드로전서 5장 1—5절과 디도서 2장 6—14절 사이에서 흥미롭게도 유사점(교회 지도자는 교회의 다른 사람들에게 모범이 되어야 한다)이 발견되고 있는데, 아마도 안티오쿠스 1세의 비문에서와 같이 이런 교훈들 배후에는 일반적인 공통 자료들이 있었던

53) Dibelius, 같은 책, p. 110.

것 같다.[54)]

특히 '압토리안'(ἀφθορίαν—부패하지 않음)은 어떤 사본에서는 '압토니안'(ἀφθονίαν—풍부하지 않음)으로 나타나기도 하는데, 교회 지도자들의 가르침이 부족하다는 것을 의미할 수도 있는 '압토니안'보다는 순수한 동기와 내용의 일관성을 강조하는 '압토리안'이 본문에 더 적절하게 보인다. 교훈의 "부패치 아니함"(ἀφθορίαν)이라는 표현은 문자적으로 동기가 순수하며 일관성이 있고, 사사로운 이익을 탐하지 않는다(1 : 11)는 것을 의미한다. 즉 교회 지도자는 가르침에 있어서도 그리스도인들의 본이 되어 순수한 동기에서 오직 건전한 말씀을 전해야 한다는 것을 의미하는 것이다. 그러므로 저자가 교회 지도자들에게 "교훈 즉 가르침에 있어서 순수하고, 일관성이 있으며, 경건하게 하라"고 명령하는 것은 당시 거짓교사들의 패악과는 완전히 대조되는 것이다.

8 **건전한 가르침**(λόγον ὑγιῆ)은 1절의 "바른 교훈"과는 달리 여기에서는 의심할 여지 없이 건전한 가르침을 전달하는 "설교"를 의미하는 것이다. 이상과 같이 저자가 교회 지도자들에게 명령하고 있는 것은 "대적하는 자들이 부끄러워 오히려 그리스도인들을 악하다고 하지 못하도록" 하기 위함이다. 여기서 **대적하는 자** 즉 적대자(ἐναντίας)가 누구인지에 대해서는 학자들 사이에 여전히 의견을 좁히지 못하고 있다.[55)] 핸슨(Hanson)은 그들을 "이교도인 비평가들 또는 이단인 거짓교사들"이라고 가정하고 있다.[56)] 또한 홀츠(Holtz)와 도니어(Dornier)는 "적대자"가 그레데 섬에 있는 "유대공동체"라고 가정한다. 또한 어떤 학자들은 은유적으로 '적대자들'을 '사탄'(satan)이라고 주장하기도 한다. 우리는 본문에 의거해서 '적

54) Hanson, 같은 책, p. 181.
55) Fee, 같은 책, p. 192 참조바람.
56) 핸슨, p. 181.

대자들'을 교회 안에서(1 : 10—16) 이미 활동중인 거짓교사들(2 : 1—3 : 2)이라는 절충안을 채택하는 것이 옳을 것이다. 어떻든 7b—8절에서 저자는 교회 지도자들이 행동으로 모범을 보이며 대적자들에게 대해서는 건전한 말로 대처하라고 권면하고 있음을 우리는 알 수 있다. 또한 교회 지도자로서 말을 조심하고 모범을 보여 말의 실수를 하지 말라고 권면하고 있는 것이다.

9—10 저자는 종들에게 교훈하고 있다. 디모데전서 6장 1—2절에서도 이와 똑같은 주제가 나타난다. 그러나 거기에서는 주인에 대한 언급이 없으며, 골로새서 3장 22절, 에베소서 6장 6절, 베드로전서 2장 19절에서와 같이 하나님이나 그리스도를 위해서 일할 것을 권고하지도 않고 있다. 여기에서는 단지 그들이 주인을 위해서 순종할 것을(*ὑποτάσσεσθαι*) 언급하고 있다.[57] 종은 주인에게 순종해야 한다는 것을 전제로 저자는 몇 가지의 구체적인 행동 지침을 내리고 있다.

첫째로, 종은 주인을 기쁘게 해야만 한다. 여기서 **기쁘게 하고**(*εὐαρέστους*, 롬 12 : 2)라는 표현은 '만족을 준다'라는 의미인데, 이는 순전히 사교적인 가치를 강조한 것으로서 이 교훈이 본래 세속적인 성격을 갖고 있었던 것임을 드러내는 것이다.[58]

둘째로, 종은 거스려 말하지 말아야 한다(*μὴ ἀντιλέγοντας*). 이것은 주인의 말에 대해서 반론을 제기하거나 항변하지 말아야 한다는 것을 의미한다. 위에서 전제한 "순종"과 밀접한 연관성을 갖고 있는 덕목이다.

셋째로, 종은 주인의 것을 떼어먹지 말아야 한다. 종은 주인의 것을 탐하거나 도둑질해서는 안된다는 것이다. 사실 거스려 말하

---

57) Hanson, 같은 책, p. 182.

58) Dibelius, 같은 책, p. 204.

지 말아야 한다는 것과 함께 이 덕목은 당시 노예들이 가장 유혹받기 쉬운 것들이었음이 분명하다. 이러한 사정을 잘 알고 있는 저자는 그러한 유혹의 위험성을 아예 밝혀둠으로써, 종들의 불순종을 미연에 방지하고자 했던 것으로 보인다.

넷째로, 종은 주인에게 선한 충성을 다해야 한다. **선한 충성**(*ἀγαθὴν πίστιν*)에서 "충성"(*πίστιν*)은 일반적으로 "믿음"(faith)을 의미하는 것이다. 또한 "선한"(*ἀγαθὴν*)은 어떤 소문자 사본에서는 '아가펜'(*ἀγάπεν*)으로 읽고 있는데, 이것은 분명 본래적인 것이라고는 볼 수 없다. 아마도 어떤 필사가가 본문을 디모데전서 6장 2절과 일치시키기 위해서 "사랑하라"로 변경시킨 것으로 보인다. 오히려 저자는 "충성"이라는 일반적인 용어 앞에 "선한"이라는 형용사를 더함으로써, 그리스도인답게 순수한 동기에서 열심을 내어 충성하고 순종할 것을 가르치고 있는 것이다.

구주 하나님의 교훈을 빛나게 하려 함이라에서 "교훈"(*διδασκαλίαν*)은 이미 5절에서 언급했던 "하나님의 말씀"을 의미할 수도 있고, 디모데전서 3장 16절의 "우리 믿음의 비밀"을 의미할 수도 있으며, 또한 디모데전서 6장 14절의 "명령"을 의미할 수도 있다. 이러한 표현들은 모두 하나의 의미를 가지고 있기 때문이다. "구주 하나님"은 이미 언급한 대로 가장 비바울적인 표현이다. 디벨리우스와 홀츠는 이러한 표현이 그리스도를 가리키는 말이 아니라고 주장한다. 물론 13절에서 "하나님 구주 예수 그리스도"라는 언급이 나오고 있기는 하지만, 그들의 주장은 전적으로 옳다. 여기서 그리스도에 대한 언급이 없는 것은 아마도 노예들에 관한 가정규율서가 그리스도 이전 시대부터 전승되었던 것으로 설명될 수 있다.

이러한 가정규율서의 전통에 비추어 목회서신이 쓰여진 시기에도 여전히 종들에 대한 문제가 심각했음을 나타내며, 교회는 세속의 윤리와의 마찰을 최대한 피하고 있음을 알 수 있다. 우리는 소수의 주인들이 교회에 출석했을 것이고, 주님 안에서 모든 사람은 한 형제라는 교회의 가르침에 고무된 일부 종들은 주인에게 순종하지 않는 일들이 벌어지게 되어, 주인과 종들의 관계가 원만치 못하게 되었을 상황을 추측해볼 수 있다. 따라서 저자가 종들이 주인에게 순종할 것과 주인의 것을 자기의 것처럼 쓰지 말라는 윤리적인 교훈을 준 것은 지극히 당연한 것이었다.

교회는 하나님 앞에서 모든 인간이 "평등"하다는 가르침으로 노예제도 폐지를 주장하고 있는 것이 아니라, 현실 세계와의 조화 속에서 제도를 인정하면서도 그 안에서 그리스도교의 복음을 전파하려 했던 것이다.

¶ 신학적 문제

목회서신에서의 여성의 문제

구약성서에서 여성의 위치는 다른 고대문헌들과 마찬가지로 일정하지 않다. 이유는 긍정적인 면과 부정적인 측면들을 포함하는 다양한 전망들이 있기 때문이다. 초기 이스라엘 사회는 가부장제였다. 그래서 가계는 반드시 부계를 따랐기 때문에, 아버지는 절대 권위를 행사하며 가족의 우두머리로서 그리고 아내의 주인으로서 군림했다. 이와 같이 남성중심적인 세계의 기초인 가부장제도는 고대 이스라엘 문화의 특징을 이루고 있다.

이러한 가부장제의 문화권에서 여성은 절대복종을 강요당하고 남성에 대해 종속적인 위치에 있었다. 이런 남성위주의 사고는 제의에 대한 법률서에도 나타나는데, 남아가 태어나면 어머니는 출산의 부정을 정결하게 하기 위해서 33일이란 기일이 요구되는 데 비해, 여아를 낳았을 때는 두 배의 시간이 요구되었다. 그리고 여성의 생리와 하혈도 부정시되었다. 출애굽기 20장 12절을 제외한 십계명도 여성의 종속성을 강력히 시사하는데, 십계명에서 아내는 남자의 재산목록 가운데 하나였으며(출 20 : 17 ; 신 5 : 21), 전쟁중에 여자는 전리품으로 취급되기도 했다(신 20 : 10).[59)]

결혼관계에서도 남성위주의 사고가 나타나고 있다. 예를 들면, 신부가 처녀성을 입증하지 못하면 돌에 맞아 죽을 수도 있었고(신 22 : 13-21), 이혼권 역시 남편에게만 있었다. 또한 구약에서 결혼은 원래 일부일처제였으나(창 2 : 21-24 ; 7 : 7), 라멕의 두 아내들(창 4 : 19)에서부터 솔로몬이 많은 처첩들(왕상 11 : 1-3)을 거느리는 정도로까지 변했다.

헬라-로마 세계에서의 여성들에 관한 자료는 지극히 제한되어 있다. 그러나 여기서도 이중 기준이 널리 퍼져 있었는데, 한편으로는 남성편향성을 나타내며, 동시에 여성에 대한 긍정적인 측면 또한 반영되고 있다. 헬라 철학의 이원론적 사상은 여성차별의 근원이 되었다. 플라톤은 여성이 모든 점에서 남성보다 열등하고, 여성들과 내시들, 심지어 어머니조차도 아이들에게 좋은 교육자가 될 수 없다고 했다. 이상과 같이 헬라 세계에서도 남녀의 불평등이 있었다. 그러나 이에 비해 로마의 여성들은 좀더 자유분방했으나, 여전히 결혼할 때 반드시 부모의 허락을 받아야 한다든지, 남편에게 절대복종해야 한다는 등의 사회통념이 일반적으로 인정되었다.

a. 바울의 문헌에 나타난 초대교회 여성

1세기 지중해 문화권 속에 살던 여성들이 복종해야 하는 입장과는 달리 초기 그리스도교 공동체에서 발견되는 입장은 여성들과 남성들이 동등하다고 인정되었으며, 교회활동의 여러 사역에 참여했다. 그러나 여성들이 초기 그리스도교 공동체 안에서 담당했던 역할에 대한 전승들은 극히 제한적이다.

초대교회에서의 여성들의 역할은 예수운동에서부터 그리스도교

59) Stagg, Evelyn & Frank, *Woman in the World of Jesus*, p. 21.

공동체 운동의 전승을 이어받은 것이다. 예수와 그의 추종자들은 당시의 유대사회와 문화의 가치들과 태도를 받아들이지 않았고, 종종 그것들을 반대했다. 이 새로운 공동체는 누구든지 하나님의 뜻대로 행하면 다 하나님의 가족이 되는 종말론적인 가족으로서 그 안에 종족, 신분, 성별의 차이가 폐지되었고, 다만 아가페적인 사랑을 실천하는 평등한 공동체였다.

예수 공동체의 전승을 이어받은 초대 그리스도교 교회에서 여성들은 남성들과 동등하게 지도자의 역할을 담당했다. 바울서신이 기원 50년대에 신약성서 중 가장 먼저 기록되었기 때문에 초기 여성들의 활동에 대한 가장 생생한 기록들을 전해주고 있다. 바울서신들은 여성들을 바울의 동역자로 언급했고, 그뿐만 아니라 이 여성들은 단순히 바울을 돕는 자들 혹은 그의 조력자들은 아니었다. 바울서신들은 선교사 칭호들과 동역자(브리스가), 형제자매(암피아), 집사(뵈뵈), 사도(유니아)와 같은 칭호를 여성들에게 주고 있다.

로마서 16장은 바울의 교회들 안에서 가장 특출했던 두 여성을 언급하고 있다. 먼저 뵈뵈는 바울의 동역자로서 다른 선교사들과 마찬가지로 추천서를 받는다. 그녀는 겐그레아 교회의 지도자 역할을 했으며, 많은 사람들에 대해 그리고 바울에 대해 권위를 갖고 있던 인물이었음에 틀림없다. 뵈뵈에게는 "집사"(diakonos)와 "보호자"(prostatis)라는 칭호가 주어졌다. 그럼에도 불구하고 지금까지 그녀의 지위가 중요하게 부각되지 못했던 이유는 주석가들이 이 두 칭호의 중요성을 약화시키려고 애썼기 때문일 것이다.

또한 브리스가는 남편 아굴라와 함께 바울, 바나바, 디도 혹은 아볼로의 대변인이었다. 유니아와 그녀의 남편 안드로니쿠스도 유대인 그리스도인들로서 아마도 다소로부터 온 선교 동역자들이었을 것이다. 이들이 야고보와 함께 부활한 주의 계시를 받은 예루살렘에 있는 사도들의 그룹에 속했다는 것이 추측될 수 있다(고전

15 : 7).[60] 그 외에도 초기 그리스도인들이 주의 만찬을 거행하고 복음을 선포한 장소이며 가정교회인 골로새 교회의 압피아와 빌립보 교회(행 16 : 13－15) 그리고 라오디게아 교회(골 4 : 14)가 루디아나 눔바라는 평범한 여성들의 참여가 중요시되었다는 사실들은 초대교회에서 바울의 선교에 참여한 여성들이 그 공동체를 적극적으로 유지시키고 발전시킨 증거들이라고 할 수 있다.

이와 같이 초대교회에서 여성들의 탁월한 지도력을 발휘해서 복음을 전하게 된 신학적인 근거는 갈라디아서 3장 28절의 초기 그리스도교 공동체의 새로운 피조물, 새 창조에 대한 자의식이었다. 바울은 여기서 그리스도교 공동체에서는 종교, 인종, 계급, 민족성, 성의 모든 구별이 중요하지 않다는 것과, 그리스도의 이름으로 세례받은 모든 사람은 평등하며 그들은 그리스도 안에서 하나가 된 것을 선포한다.[61]

그러나 다른 한편, 바울서신으로 간주되는 고린도전서에는 여성들이 복종의 상징인 너울을 쓰고 다니는 사회적인 관례와 하나님－그리스도－남편－아내라는 가부장적인 머리의 위계질서의 강조(11 : 2－16)와 그리고 여성을 향한 침묵－명령(14 : 33b－36)이 포함된 본문들이 나온다. 어떻게 한 사람에게서 서로 상반된 모순되는 주장이 나올 수 있을까?

최근의 연구들은 이 본문들이 바울이 기록한 것이 아니라, 후대의 삽입이라고 밝히고 있다. 워커(Walker)는 8－11장이 먹고 마시는 문제를 다루고 있고, 특별히 11장 17절 이후에 다시 먹고 마시는 문제가 다루어지고 있다고 말하면서, 11장 3－16절은 '먹고 마시는 문제'가 아닌, '여자가 머리에 너울을 쓰는 문제'를 다룸으로써, 갑자기 문맥과 사상적 흐름을 끊어 놓고 있음을 지적한다. 직접

---

60) E. S. Fiorenza, 『크리스찬 기원의 여성신학적 재건』, p. 213.

61) 위의 책, pp. 63－88 참조.

적으로는 11장 2절의 내용이 바울의 가르침을 잘 지키고 있는 것을 칭찬하고, 11장 17절은 칭찬하지 않은 일(먹는 일)에 대한 언급만 봐도, 11장 2절은 17절에 이어져야 한다. 또한 대체로 여기에 나타난 남녀의 관계를 포함하는 개념들이 바울의 진정한 서신들의 개념과 일치하지 않으며, 오히려 바울 이후의 문헌인 골로새서(3 : 18—19)와 에베소서(5 : 22—23)의 논조와 어휘들과 놀라울 정도로 유사하다. 특히 이 본문이 바울의 것이 아니라는 결정적인 근거는 "머리"와 "영광"이란 용어의 사용에서 분명해진다. 즉 머리라는 용어는 바울서신에는 단 두 번 나타나는데(롬 12 : 20 ; 고전 12 : 21), 제2바울서신들에서는 더 자주 나타나고 그 의미도 상징적으로 쓰였다. "영광"도 바울이 자주 사용한 말이긴 하나, 그는 결코 남자를 하나님의 영광으로 말한 적은 없다(롬 3 : 23). 그러므로 11장 3—16절은 후대에 본문에 삽입된 것이라고 보아야 한다.

여성을 위한 침묵—명령이 나오는 14장 33—36절의 본문도 역시 후대의 삽입이다. 그 근거는 33b—36절 바로 직전과 직후에서 바울이 예언과 방언에 대한 장점들을 이야기하고 있는 것으로 보아, 이 본문은 바울이 피력하고 있는 논조의 흐름을 방해하고 있을 뿐만 아니라, 여기서보다도 오히려 디모데전서 2장 11—12절의 교훈과 유사하다는 점에서 찾을 수 있다. 더욱이 고린도전서의 여러 고대 사본에는 34—35절이 없다. 그러면 이 본문이 어떻게 고린도전서에 들어오게 되었을까? 그것은 후대의 서기관들이 자신들이 사용하는 대본의 난외주를 자기의 사본에서 누락된 것으로 잘못 알고, 자신이 가진 사본의 난외주를 자기의 사본에 삽입시킴으로써 고린도전서의 일부가 되었을 것이다. 또한 이 구절들은 고린도전서 11장 2—16절과도 모순된다. 이유는 거기서는 여성들이 공중예배 중에 말할 수 있을 뿐 아니라, 기도와 예언하는 데 있어서 남자들과 대등하게 참여할 수 있다고 생각하기 때문이다. 결국 두 본문(고전 11 : 3—16 ; 14 : 33b—36)은 바울의 것이 아니다.

b. 공관복음서 기자들의 여성이해

마가복음의 저자가 비록 성서기자들과 더불어 남성위주의 표현들을 사용했다 할지라도, 이미 언급한 대로 여성들에 대한 그의 견해는 긍정적임을 알 수 있다. 마가는 특히 가난하고 소외되고 병든 여성들에게 관심을 가지고 있다. 혈루병 앓는 여인의 이야기(마 5：25—34)에서 마가는 유대사회에서는 하혈하는 여자와의 접촉을 부정으로 이해함에도 불구하고, 예수는 그 여인을 치유해주었다는 전승에 충실한 것을 볼 수 있다. 그밖에 마가는 예수의 선교의 본질을 꿰뚫고 끈질긴 믿음으로 승리한 수로보니게 여인의 신앙(막 7：24—30)과 과부들의 가산을 빼앗는(막 12：29—40) 서기관들과는 아주 대조적으로 자신의 것 전부를 드리는 가난한 과부의 헌금(12：41—44) 이야기를 기록하고 있다. 그러나 무엇보다도 여성에 대한 마가의 긍정적인 태도가 적절하게 나타나 있는 본문은 마가복음 15장 40절부터 16장 8절까지에 나타나는 여성 제자들, 즉 십자가와 빈무덤의 증인들의 이야기다. 여기서 빈무덤을 최초로 발견한 사람은 바로 여성들이었다는 것이다. 마가가 그리스도교의 핵심이 되는 부활현현 이야기를 베드로에게 귀속시키지 않고 막달라 마리아에게 귀속시키는 것은 바로 마가의 여성에 대한 견해를 반영하고 있는 것이라고 볼 수 있다.

마태는 마가의 여성에 대한 긍정적인 본문들을 보유하고 있을 뿐 아니라 모순된 태도가 없다. 마태는 자기 딸을 고쳐달라고 호소한 이방여인에 대한 마가의 이야기에다 드라마틱한 효과를 더했다(막 7：24—30；마 15：21—28). 여인이 예수에게 딸의 병을 고쳐달라고 간청했을 때, 마태는 아이들이 먹을 떡을 집어 강아지에게 주는 것이 옳지 않다고 한 예수의 거절을 기록하고 있다. 이는 마가의 것과 같으나 마태에서는 "여인아 참으로 네 믿음이 크다!"라는 예수의 답변을 첨가함으로써, 마가의 이야기가 여인에게 동정적이고

긍정적인 데 비해 마태의 첨가는 그녀를 큰 믿음의 소유자로 확증하는 것으로 보도한다.[62]

누가 또한 여성들에게 특별한 관심을 가졌다는 것은 의심의 여지가 없다. 누가는 가난한 자, 사마리아인, 소외당한 자들에 대해 특별한 관심을 갖고 있다. 그런 맥락에서 그는 인간의 존엄성과 해방이라는 차원에 관심을 갖는다. 누가복음 1장과 2장에 초대교회의 깊은 신앙을 반영해주는 여성들, 나인성 과부에 대한 이야기(눅 7 : 11—17), 마리아의 "좀더 좋은 선택"(눅 10 : 38—42), 잃어버린 동전을 찾기 위해 온집안을 뒤지는 여인의 이야기(15 : 8—10), 불구여인의 치유(13 : 19—17), 완악한 재판장 앞에 찾아가 자기의 입장을 탄원하는 과부의 이야기(18 : 1—8) 등은 여성에 대한 누가의 긍정적인 입장을 반영한다. 그리고 누가만이 예수를 따라 제자들과 함께 여행하며 재정적으로 예수의 선교를 돕던 막달라 마리아, 구사의 아내 요안나, 수산나와 다른 많은 여인들을 보도하고 있다.

그런데 사도행전에는 누가복음보다 다소 남성편향적인 표현이 많다. 그러나 여기서도 많은 선행과 구제에 힘쓴 욥바의 여제자 도르가의 이야기를 비롯해서 여성에 대한 누가의 긍정적인 견해가 반영된 수많은 여성들의 이야기가 나온다. 여기서 여성에 대한 가장 탁월한 지위를 부여받은 것은 브리스길라에 관한 보도다(행 18 : 2, 26 ; 참조. 고전 16 : 19 ; 롬 16 : 3 ; 딤후 4 : 19). 브리스길라와 아굴라 부부는 회당에서 세례 요한의 도밖에 모르고 말하는 아볼로를 데려다가 하나님의 도를 자세히 설명해줌으로써(18 : 24—26), 후에 아볼로가 아가야로 가서 그리스도인들에게 큰 도움을 주도록 해주었다. 저자는 이 이야기에서 여성이 남성에게 신학을 가르쳤다는 것을 말한 셈인데, 이 사실은 1세기의 여성들에게는 획기적인 일이었다. 그밖에 사도행전의 일곱 집사 중에 한 사람인 빌립의 네 딸

62) Stagg, Evelyn & Frank, 위의 책, pp. 215—19.

이 모두 예언자임을 알려준다. 이와 같이 사도행전에는 여성이 종속되어야 한다든지, 침묵해야 된다든지, 혹은 남자들을 가르쳐서는 안된다는 것에 대한 어떤 암시도 찾아볼 수 없다.

요한은 예수의 공생애를 한 여인 예수의 어머니 마리아에게서 시작(요 2：1－11)해서 십자가 밑에서 사랑하는 제자의 공동체의 영적인 어머니인 예수의 어머니 마리아(요 19：27－30)에게서 끝나게 한다. 또한 사마리아 여인을 자신의 복음서 가운데 처음으로 등장시켜 수많은 사마리아인들이 그녀의 말 때문에 믿게 되었으므로 요한복음의 첫 여인 전도자(요 4：4－42)로 보고하고 있다. 그리고 요한은 다른 그리스도교 공동체가 예수를 하나님의 아들로 고백한 위대한 신앙고백을 한 자로서 또한 부활한 주를 처음 본 베드로를 마르다(11：1－44)나 막달라 마리아 같은 여성들과 관련시킨다.

이와 같이 요한복음의 여성들에 관한 본문은 그리스도를 따르는 일에 있어서 정말로 주요한 사건들이 일어나는 곳에 배열할 뿐 아니라, 여성들에게 탁월한 역할을 부여하는 것으로 보아, 요한공동체는 남성과 여성의 차별이 없었던 공동체였음이 분명하다. 그런데 이것은 요한공동체가 유대회당으로부터 축출당한 사실을 고려할 때 더욱 분명하다. 그 이유는 이 공동체는 이런 상황에서 신분이나 종족이나 성별이 문제가 아니라, 신앙 안에서 하나가 되고자 하는 열망만이 존속했을 것이기 때문이다.

c. 제도화된 교회(후기－바울 문헌들)에서의 여성이해

목회서신을 비롯해서 소위 후기 바울 문헌들이 기록되던 제도화된 교회에서의 여성에 대한 이해는 사뭇 달라진다. 이 시대(약 2세기)로 접어들 때쯤 그리스도인의 역동적인 신앙운동은 희미해지고, 그 당시 초대교회에 만연했던 '예수가 곧 재림한다는' 임박한 종말론의 기대도 사라지고 지연된 종말론이 대두하게 되었다. 그리고 그리스도교 공동체는 내적으로는 영지주의의 영향을 받은 거짓 교사들로 말미암아 자체의 신앙에 대해서 위협받게 되었고, 외적으로는 지연된 종말론으로 인해서 이 세상 속에서 어떻게 행동할 것인가 하는 문제에 직면하게 되었다.[63]

이러한 상황은 교회로 하여금 다시금 일반사회의 가부장적인 질서로 되돌아가게 하는 결과를 초래했을 것이다. 질서를 바로 세우기 위해서 후기-바울 문헌들에는 "가훈표"와 같은 헬라 세계의 일반적인 규범들이 채택되었다. 이 법전들의 주요 내용은 남편과 아내(엡 5 : 22—23 ; 골 3 : 9, 18), 부모와 자녀(엡 6 : 1—4 ; 골 3 : 9, 20—21), 주인과 종(엡 6 : 1—3, 5—9 ; 골 3 : 22—25 ; 4 : 1)의 관계에 있어 가부장적인 질서를 강조하고 있는 것들이다. 그 예로서 비록 에베소서와 골로새서에는 교회에서의 여성들의 역할에 대한 아무런 언급들이 없지만, 이 두 서신은 종종 여성들이 모든 면에서 남성들에게 복종해야 된다는 견해의 확증으로서 인용되고 있다.[64] 그 인용된 본문은 에베소서 5장 22—24절과 골로새서 3장 18절이다.

최근에 여성 신학자들은 바울이 남편들과 아내들 사이에 적용되어야 한다고 강조했던(고전 7장) 상호 책임성의 원칙으로 에베소서와 골로새서의 성차별 본문들을 재해석하려 하고 있다. 에베소서의 가족 임무들에 대한 전반적인 목록은 "그리스도를 두려워하는 마음으로 서로 순종하시오"(5 : 21)라는 권면으로 시작되고 있는데, 이런 여러 가지의 후기-바울 문헌들의 법전들(벧전 2 : 11—3 : 12 참조)을 바울 자신의 가르침의 빛에서 재조명하려는 것이다.

그러나 우리는 전반적으로 에베소서, 골로새서, 그리고 베드로전서와 같은 문서의 윤리적인 규약들과 목회서신의 규칙들 및 규정들은 바울의 입장과는 판이하게 다르지만, 그 시대의 사회와 가정적 관습들과 규정들과 밀접하게 연관된 규범들을 발견하게 된다.

---

63) 김득중, 『신약성서 개론』, p. 242.

64) V. P. Furnish의 책, p. 89.

후대의 저자들은 더 이상 바울의 임박한 종말의식을 갖고 있지 않았으며, 그리스도의 재림도 무한정 지연되는 것으로 보았던 것이다. 그래서 교회와 그리스도인들이 사회에 정착할 수 있도록 하는 데 관심을 기울였고, "사회 윤리적" 문제를 해결하는 데 고심했다. 이런 점에서 이 서신들에 나타난 주요 내용은 가부장적인 질서의 성격을 띠게 된 것이다.

특히 초기 공교회가 출현해서 교회의 제도화가 본격적으로 진행되던 2세기 초의 역사적인 배경을 반영하고 있는 목회서신의 경우를 보면, 여성들에 대해 훨씬 더 부정적인 시각을 지니고 있었음을 알 수 있다. 그 예로서, 우선 중요한 본문은 디모데전서 2장 8-15절이다. 앞의 단락(2 : 1-7)에서의 지시는 공중기도에 관한 것인데, 곧이어 8절에서는 남자들에게 손을 들고 "분노나 다툼이 없이" 기도할 것을 명하고 있다. 그 다음 여인들에 대해서 "이와 같이 여자도 정숙하고 신중하게 단장해야 합니다. 지나치게 머리를 꾸미거나 금과 진주로 장식하거나… 여자는 조용히 복종하는 가운데서 배워야 합니다. 나는 여자가 가르치거나 남자를 지배하는 것을 허락하지 않습니다. 여자는 오직 조용히 해야 합니다…"(9-15절)라고 명하고 있다.

아마도 이런 견해들은 유대인들의 창조론에 대한 전통적 해석이나 당대의 '세속적' 도덕론자에 의해 주창되었을 수도 있다. 여성들이 자신들을 정숙하게 단장해야 하고 어떠한 방식의 공적인 표명도 삼가해야 한다는 것은, 그리스-로마 세계의 도덕 교사들의 흔한 주장이었다.[65] 공중기도시에 여성들의 참여문제에 관한 유대교의 랍비 전통을 살펴보면 여성들의 출석이 허용되고 있기는 하지만, 아무런 참여 의무도 부과되지 않았으며 셈에 포함시키지도 않았다. 여성들의 주요 업무는 가사를 돌보는 것이고, 회당에서 여성은 침묵을 지켜야 한다고 했다.

---

65) V. P. Furnish의 책, p. 86.

디모데전서 2장 8—15절에서 여성들에 대한 견해는 분명히 헬라적이며 유대적인 문화의 가치기준과 관습을 반영하고 있는데, 이 본문의 개념들은 의심할 여지도 없이 바울 자신의 입장과는 거리가 먼 것이다. 그 예로서 바울은 디모데전서 2장 1절과는 대조적으로 속임을 당한 자는 오히려 아담이며(롬 7 : 11), 최초의 반역자는 아담(이브가 아니라)이라고(롬 5 : 12—21 ; 고전 15 : 21—22) 밝히고 있다. 또한 디모데전서 2장 15절과는 대조적으로 그는 구원은 사람의 선행의 결과로 오는 것이 아니라 은혜로 말미암은 것이라고(롬 3 : 21—28 ; 5 : 6—8 등) 강조한다.[66)]

여성에 대해 부정적인 시각을 가지고 있는 다른 본문은 디모데후서 3장 6—7절이다. 여기서는 앞에서 온갖 악을 행하는 자들과 동일시되었던 거짓교사들이 언급되고 있다. 그들의 선전은 주로 여성들에게 전파되고 있는데, 그 여인들은 더러운 과거를 가진 자들이었다. 우리는 고린도전서 14장 35절과 디모데전서 2장 11절에 나오는 바와 같이 배우고 질문하기를 원하는 여성들에 대한 제지의 말씀을 상기하게 된다. 특히 디모데전서 2장 11절로부터 여성해방의 경향들이 있었다고 볼 수도 있는데, 여성들이 바로 거짓교사들의 편에 있었다는 사실은 저들이 영지주의적 성향을 선호한 것을 의미한다. 또한 초자연적 권위를 가지고 나타난 절충주의의 철학적·종교적 선전이 여성들 가운데 많은 추종자를 얻었던 것으로 보인다.

여성들에게 불리한 전망들은 디도서 2장 3—5절에도 나타나 있다. 여기에는 늙은 여자가 젊은 여자들에게 남편과 자녀를 사랑하는 일과 근신하고 순전하며 정결하고 가사에 힘쓰며 자기 남편에게 복종하는 일(엡 5 : 22 ; 골 3 : 18 참조)을 가르친다고 언급되어 있다. 그리고 베드로전서 2장 18절부터 3장 7절(가정법전)까지에서도 또한 그런 전망들이 나타나고 있는데, 여기서는 사라가 아브라함을 주님이라고 칭해서 복종한 것같이(창 18 : 12) 아내들은 남편들에게

---

66) V. P. Furnish의 책, p. 88.

순종할 것을 명하고 있다.

이와 같이 우리는 후기—바울 문헌들에 나타난 예들을 통해서 여성들은 남성들에 대해 완전히 종속적인 입장을 받아들이도록 명령되고 있음(골 3 : 18 ; 엡 5 : 22 ; 딤전 2 : 11 ; 딛 2 : 5 ; 벧전 3 : 1, 5)을 알 수 있다. 특히 디모데전서 2장 8절 이하의 규정은 그중에서도 가장 엄격한 것이며, 그 당시의 영지주의적 성향에 분명히 반대하는 입장을 나타내보이고 있다. 여성들은 예배중에 침묵을 지켜야 했고, 여성들은 남성들에 대해 권위를 행사할 수 있는 그 어떠한 역할도 주어지지 않았을 뿐 아니라 가르치는 일도 할 수가 없었다.

결국 후기—바울 문헌들이 여성에 대해 불리한 관점을 나타내보이고 있는 것은 세상과의 원만한 관계를 추구하며 선교의 장을 넓히려는 저자들의 변증적인 관심에 의해, 그리고 종말론적 대망 가운데 살던 교회가 세상에 정주하려는 시도로서, 교회의 제도화 과정에서 비롯된 것임을 알 수 있다.

2) 올바른 행동의 신학적 근거 (2 : 11—15)

**_11_ 모든 사람에게 구원을 주시는 하나님의 은혜가 나타나 _12_ 우
리를 양육하시되 경건치 않은 것과 이 세상 정욕을 다 버리고 근신
함과 의로움과 경건함으로 이 세상에 살고 _13_ 복스러운 소망과 우
리의 크신 하나님 구주 예수 그리스도의 영광이 나타나심을 기다리
게 하셨으니 _14_ 그가 우리를 대신하여 자신을 주심은 모든 불법에
서 우리를 구속하시고 우리를 깨끗하게 하사 선한 일에 열심하는
친 백성이 되게 하려 하심이니라 _15_ 너는 이것을 말하고 권면하며
모든 권위로 책망하여 누구에게든지 업신여김을 받지 말라**

¶ 개요

11—15절은 지금까지 2—10절에서 언급했던 교회 각 구성원들이 해야 할 일들에 대한 신학적 근거가 되는 내용을 담고 있다. 여기에서 사용되는 제의적인 형태의 언어들이 영향받은 사상에 대해서는 여러 가지 주장이 제기되고 있다.[67] 여기에는 헬라화된 유대교의 변증서와 많은 유사한 내용들이 나타나고 있는데, 하나님의 구원행위는 인간을 구원해서 그의 백성으로 삼으시고 그의 법으로 훈련시키시며, 이것은 윤리적인 행위로 드러나게 된다는 것이다.[68] 헬라 세계의 종교의식에서 언어를 빌려오고 있다는 의견도 있다.[69] 시저(Julius Caesar), 네로(Nero, A. D. 66)나 도미티안(Domitian, A. D. 81—96), 트라얀(Trajan, A. D. 112) 황제 때 극에 달했던 황제숭배에서 사용한 단어들, 예를 들어 '구원자'(soter), '현현'(epiphaneia), '복된 희망'(makaria elpis), '위대한 신'(megas theos), '인간성'(prilantropia), '친절'(chrestotes)이 목회서신에서 발견된다는 것이다. 디도서의 저자는 황제숭배에서 거짓된 구원자인 황제와 대조해서 의도적으로 인류의 진정한 구원자로서 그리스도의 현현을 묘사한 것일 수도 있다.

¶ 주석

11 여기에서 사용된 "나타나게 하다"('Επεφάνη)는 바울의 표현

67) Fee는 전체적으로 언어들이 바울화된 것으로 보고, Mott는 필로의 사상을 인용한 것으로 보기도 한다.

68) W. A. Meeks, *A noton critical editions the writings of St. Paul*, p. 147.

69) Hanson, 같은 책, pp. 186—188.

과 뚜렷한 차이점을 가지고 있다. 바울은 예수의 재림을 뜻하는 '파루시아'(parusia—재림)를 사용하고 있지만, 목회서신 저자는 디모데전서 3장 16절에서와 같이 그리스도의 성육신 사건 모두를 통칭해서 '현현, 나타남'으로 표현하고 있는 것이다. 또 다른 차이점은 바울이 십자가와 부활을 구원의 사건으로 보고 있는 반면에, 저자는 예수의 지상생활 전체를 구원의 사건으로 보고 있다는 점이다.[70]

앞에서도 언급했듯이 이 단어는 황제숭배에서 사용하는 단어를 저자가 그리스도교적으로 인용한 것으로 보인다. 그러므로 **모든 사람에게 구원을 주시는 하나님의 은혜가 나타나**라는 표현은 예수의 지상생활 전체를 통해 이루신 구원의 사건과, 또한 그가 모든 사람들에게 하나님을 믿게 하며, 진리를 알도록 허락하신 "복음"을 지칭한다고 볼 수 있다.

12 헬라적인 윤리의 이상이 그리스도인 생활규범의 내용으로 설명되고 있다. 특별히 여기서 **근신**(謹愼)**함**(참조. 2,5,6절과)과 **의로움, 경건함**은 헬라 세계의 윤리규범에서 인용한 것들이다. 실제로 이 세 가지 덕목들은 플라톤—스토아 학파에서 중요하게 여기는 네 개의 덕목(절제, 정의, 경건, 용기) 중에서 하나를 뺀(즉 용기) 나머지 세 개인 것이다.[71] 또한 이 세상에서 "근신함"(절제)과 "의로움"(참조. 딤전 6 : 11)과 "경건함"으로 살라는 것은 14절의 내용과 일치하는 것이다. 저자는 바울이 빌립보서 4장 8—9절에서 말했던 것처럼, 그리스도교적인 목적을 위해서 그러한 자료들을 인용하고 있는 것이다.

양육하시되라고 번역된 '파이듀우사'(παιδεύουσα)는 바울에게 있어서 "벌하는 것"을 의미하지만, 여기서는 '가르치는 것'을 의미한

70) 장 엘마로 역주, 『사목서간』, p. 13.
71) Dibelius, 같은 책, p. 205.

다. 특별히 팩스(Pax)는 당시의 이교도 철학에서 '파이데이아'(*παιδέια*)는 자기 발전의 한 형태인 "자율적 행위"였다고 주장한다. 저자는 이것을 하나님께서 모든 인류를 선대하신다는 그리스도교적 신념으로 인용하고 있는 것이다. 스피크(Spicq)와 호울덴(Houlden) 역시 '파이듀에인'(*παιδευεῖν*)을 이러한 의미로 사용하고 있는 것은 헬라 사상의 영향이라고 동의하고 있다. 또한 클레멘스일서에서도 '하나님께서 그리스도를 통해서 우리를 가르치신다'는 의미로 '파이듀에인'을 사용하고 있다.

경건치 않은 것… 버리고란 말은 세례의식에서 사용되던 용어로 생각된다. **이 세상 정욕**은 클레멘스이서 17장 3절("그리고 우리가 세상 정욕에 끌려다니지는 맙시다")에서도 사용되고 있다(참조. 벧후 1 : 4). "세속"(*κοσμικὰς*)이란 말은 '세상'(*κοσμός*)과 같이 염세적인 의미로 사용되고 있다. 또한 이와 관련해서 갈라디아서 5장 16절, 에베소서 2장 3절을 참조할 수도 있다. 바울의 경우, "세상의 정욕"이라는 말보다는 "육신의 정욕"이라는 표현을 자주 사용하곤 했다.

본절에 나타나는 것처럼 그리스도인의 처신에 있어서 나타나는 "두 길"(two way)에 대한 전승은 유대교에서 발견된다. 저자는 이러한 전승을 이용해서 그리스도인들에게 현재의 세상을 살아가는 윤리적인 가르침을 주고 있는 것이다.

13 **복된 소망**(*μακαρίαν ἐλπίδα*)은 로마서 5장 2절과 같이 재림과 같은 사건에 대한 것이 아니라 실제적인 대상으로 묘사되고 있다. '테스 독세스 투 메갈루 테우 카이 소테로스 헤몬 이에수 크리스투'(*τῆs δόξηs τοῦ μεγάλου θεοῦ καὶ Σωτῆροs ἡμῶν Χριστοῦ Ἰησοῦ*)를 '…우리의 크신 하나님 구주 예수 그리스도의 영광', 혹은 '…위대하신 하나님과 우리 구세주 예수 그리스도'로 번역해야 할지는 여전히 논란의 대상이 되고 있다. 한글성경 번역을 볼 때, 개역

에서는 **우리의 크신 하나님 구주 예수 그리스도의 영광이** 라고 번역되어 있고, 새번역에서는 "우리의 크신 하나님이시며 구주가 되시는 그리스도 예수"로 번역되어 있으며, 공동번역에서는 "위대하신 하나님과 우리 구세주 예수 그리스도께서"로 번역되고 있다. 개역과 새번역의 번역을 취하는 학자로는 벵겔(Bengel), 베르나르(Bernard), 로크(Lock), 이스턴(Easton), 린시(Leancy), 팩스(Pax), 히긴스(Higgins), 바레트(Barrett), 스피크(Spicq), 호울덴(Houlden), 도니어(Dornier)이고, 공동번역 입장을 취하는 학자는 모페트(Moffatt), 빈디쉬(Windisch), 예레미아스(Jeremias), 켈리(Kelly), 홀츠(Holtz), 브록스(Brox), 해슬러(Hasler) 등이 있다.[72)]

그러나 목회서신의 저자에게 있어서는 예수와 하나님의 관계가 분명하게 밝혀지지 않고 있다. 디모데전서 1장 2절과 디모데전서 2장 5절에서는 양자가 완전히 구별되는 것처럼 보이고 있지만, 다른 구절에서는 하나님(딤전 2 : 3 ; 4 : 10 ; 딛 2 : 10 ; 3 : 4)과 그리스도(딛 1 : 4 ; 3 : 6)가 모두 "구주"로 불리고 있다.[73)] 따라서 이 구절에서 하나님과 그리스도의 관계를 정확히 규명해서 해석하기는 어렵다. 그러나 문자적으로는 공동번역이 더 정확하다. 우리는 여기서 누가문서에서 볼 수 있듯이, 그리스도론적 발전의 한 단계를 보게 된다. 즉 그것은 구원의 기능이 하나님께로부터 그리스도에게 이전되면서도 분명히 그리스도가 하나님에게 종속된 사실을 주장하는 것이다.

14 본절의 전반절은 직접적으로 마가복음 10장 45절을 상기시키고 있으며, 디모데전서 2장 6절, 시편 130편 8절, 에베소서 5장

72) 더 자세한 논의를 위해서 W. Lock, *The Pastral Epistles*, ICC (Edinburgh : T. & T. Clark, 1973), pp. 144－146를 참조하라.

73) H. C. Kee, 『신약성서의 이해』, 서중석 역 (천안 : 한국신학연구소, 1990), p. 450.

25b—27절, 베드로전서 1장 13b—19절과도 상당한 유사성을 갖고 있다. 특히 3장 5—6절에서도 그렇지만, 원래 세례예식에서 사용된 것들을 언급하고 있음이 확실하다.[74] 하반절에서는 "그분 자신의 백성"은 원래 로마서 17장 5절, 신명기 4장 20절, 7장 6절, 14장 2절에서 인용한 것으로 보인다. 에베소서 2장 10절, 베드로전서 3장 13절에서는 더욱 유사하게 "좋은 일에 열심있는"이라는 구절까지 인용된 것으로 보아, 이는 저자가 개작한 것으로 보인다. 이처럼 저자가 초대교회에서 보편적인 신앙이 되었던 구약의 이스라엘에게 약속한 하나님의 약속이, 이제 교회가 물려받았다는 것을 반복하고 있는 것은 당연하다.

15 1절이 도입절의 역할을 하고 있다면, 본절은 이행절의 역할을 하고 있다. 학자들은 여기의 세 가지 단어가 각각 다른 역할을 하고 있음에 주목한다. "말하다"(*λάλει*)는 복음을 선포하는 것을 의미한다. 특별히 이 단어는 중요한 것을 말할 때 사용했다. "권하다"(*παρακάλει*)는 그리스도인들을 가르치는 것을 의미하고, "책망하다"(*ἔλεγχε*)는 대적자들에 대해서 교회 사역자가 취할 행동을 각각 암시하고 있다.[75] "모든 권위를 가지고"란 말은 고린도전서 5장 6절에서 "명령에 따라"라는 말의 강조형태라고 생각할 수 있다. 또한 **업신여김을 받지 말라** 는 표현은 디모데전서 4장 12절에서도 발견된다.

저자는 교회 지도자에게 각 계층들에 대한 가르침을 권위를 갖고 가르치고 권면하며 책망하라고 말하면서, 어떠한 경우에라도 남에게 특히 거짓교사들에게 업신여김을 받지 않도록 주의하라고 명령을 내리고 있는 것이다.

---

74) Hanson, 같은 책, p. 185.

75) Hanson, 같은 책, p. 188.

본문(딛 2 : 1—15) 주석의 결과를 다음과 같이 요약할 수 있다. 바울서신과 비교해볼 때, 디도서의 저자는 2절에서 소망대신 인내라는 단어를 사용하고 있으며, 11절에서는 파루시아 대신에 신현현을, 12절에서는 '파이듀우사'(*παιδευουσά*)가 책망하는 의미가 아닌 가르치는 의미로, 13절에서는 복된 희망이 구체적인 대상에 대한 것으로 각기 다르게 언급되고 있다. 서신의 상황을 고려해볼 때, 저자는 적대자들의 면전에서 교회의 구성원들은 각자에게 합당한 일을 하라고 권면하고 있다. 11—14절에서는 당시 성행하던 황제숭배의 단어들을 사용하면서, 역으로 진정한 구원자인 주님은 그리스도라는 것을 천명하고 있다. 교회의 이러한 적극적인 대처는 변화된 세상에 직면해서 그리스도교 나름대로의 정체성을 확립하면서, 세상과의 적절한 관계를 유지하기 위한 조처로 이해될 수 있다.

2장 전체에서 이방인들에게서 발견되는 일반적인 덕목들을 그리스도인들이 지켜야 할 덕목으로 사용한다는 점도 교회가 교회 밖의 세상과의 관계를 개선하고, 적극적으로는 모범적인 시민상을 제창하고 있는 모습을 보게 한다.

3) 그리스도인에게 요구되는 실천적인 권면(3 : 1—7)

(*1*) 집권자들에 대해서(3 : 1—2)

[1] 너는 저희로 하여금 정사와 권세잡은 자들에게 복종하며 순종하며 모든 선한 일 행하기를 예비하게 하며 [2] 아무도 훼방하지 말며 다투지 말며 관용하며 범사에 온유함을 모든 사람에게 나타낼 것을 기억하게 하라

¶ 개요

3장에서 저자는 그리스도인의 일반적인 선행을 권면하면서, 먼저 1—2절에서 집권자들에게 대한 복종을 요구하는 것으로 시작하고 있다. 비록 이러한 내용이 짧은 문장으로 간단하게 다루어지고 있기는 하지만, 이미 바울이 로마서 13장에서 특별한 교훈의 일부로 상세히 다룬 바 있으며, 또한 이 명령은 베드로전서 2장 13절 이하에서는 이미 가정규율서(가정법전)의 서두에 나오고 있다.[76]

핸슨(Hanson)은 집권자들에 대한 복종요구는 초대교회가 관심을 가지고 교리문답이나 가훈표에 이미 포함시킨 가르침들 중의 한 주제가 되었음이 분명하다고 주장한다.[77] 우리가 그 가훈표의 완전한 형태를 추론해본다면 다음과 같다.

a. 권세잡은 자들에게 복종하라.
b. 그들은 하나님의 대리인들이다.
c. 모든 사람들에게 온유함을 나타내라.
d. 특별히 형제들을 사랑하라.

베드로전서 1장은 이러한 내용을 다 포함하고 있고, 로마서 역시 d의 형태가 약간 변형되어 있기는 하지만, 13장 8절을 고려한다면 역시 거의 그 내용을 포함하고 있다. 그러나 디도서의 경우 a와 c만을 포함하고 있다. 이것은 아마도 저자가 "권세잡은 자들에게 순종해야 하기는 하지만, 그들을 예배해서는 안된다"는 것을 의미하기 위해서 원래의 형태를 약간 변형시켜 삽입한 것으로 보

76) 디벨리우스, 21.
77) 핸슨, 188.

인다.

¶ 주석

[1] **복종하다**(*ὑποτάσσεσθαι*)는 일반적인 의미에서 "복종하는 자세"를 의미하고, 반면에 "순종하다"(*πειθαρχεῖν*)는 '스스로 설득을 당하다, 자발적으로 복종하다', 즉 자발적이고도 헌신적인 마음 자세에서 우러난 순종을 의미한다.[78] 또한 이 단어는 절대적인 의미로도 사용될 수 있다.[79]

정사와 권세잡은 자들(*ἀρχαῖς ἐξουσίαις*)이라는 표현이 어떤 사본에서는 '아르카이스 카이 엑수시아이스'(*ἀρχαῖς καὶ ἐξουσίαις*)로 표현되고 있다. 아마도 '아르카이스 엑수시아이스'라는 표현이 원래적인 것인데, 사본에 옮겨 적는 과정에서 '카이'를 첨가한 것은 "정사"(*ἀρχαῖς*), 즉 통치자와 "권세잡은 자"(*ἐξουσίαις*)를 구별하기 위해서인 것으로 보인다.

모든 선한 일 행하기를 예비하게 하며는 물론 이상적인 시민으로서의 당연한 삶의 자세이기는 하지만, 그것이 단지 한 시민의 의무로서만 제한되지는 않는다. 이것은 저자 당시 자주 사용되던 상용구로 보인다. 이러한 문구는 소아시아에 있는 버가모(Pergamum)의 시민법에서도 발견되며, 또한 클레멘스일서 2장 7절에도 나타나고 있다. 저자는 당시에 이상적인 시민의 일반적인 의무로서 규정된 이러한 표현을 그리스도교화시켜서 그리스도인들도 이러한 의무를 담당해야 한다는 것을 강조하고 있는 것이다.

그리스도인들은 다른 사람들에게, 특별히 정사와 권세잡은 이들에게 폭언을 해서도 안되고, 나쁜 말을 해서도 안된다. 이러한 삶

78) 핸슨, 189.

79) 디벨리우스, 212.

의 자세를 저자는 **아무도 훼방하지 말며**(*βλασφημεῖν*)로 표현하고 있다. '블라스페메인'(*βλασφημεῖν*)은 여기서 디모데전서 1장 20절과 사도행전 26장 11절의 경우처럼 "신성모독"의 의미로도 해석될 수 있다. 아마도 저자는 당시 이교도들이 섬기던 신들에 대해서도 모독적인 언사를 삼가할 것을 권면하는 것일 수 있다.

또한 **다투지 말고**(*ἀμάχους*)와 **관용하며**(너그러우며 — *επιεικεις*)라는 두 단어는 디모데전서 3장 3절에 있는 감독에게 요구되는 자격요건에서도 나타난다. 이것은 목회서신 저자가 사용했던 자격요건의 목록이 감독직에 있는 사람에게뿐 아니라, 일반 그리스도인들에게도 적용되었음이 분명하다. 그러나 여기에 차이가 있다면, 감독이나 장로나 집사가 되려고 하는 사람은 다른 사람들의 모범이 될 수 있을 만큼 한층 더 모범적이고 철저해야만 한다는 것이다. 특별히 "관용하며"라는 표현은 다른 사람의 권리를 침해하지 않는 것을 의미한다. 그러나 베드로전서 2장 18절에서는 "종에 대한 주인의 자세"를 서술할 때 사용하고 있다. 그러나 여기서는 베드로전서에서보다 포괄적인 의미에서 사용되고 있음이 분명하다. 또한 "너그러움"과 "온유함"은 역사적 예수의 탁월한 인품이기도 하다. 그래서 브록스(Brox)는 이러한 내용 다음에 4—5절에서 성육신 사건이 즉각적으로 연결되고 있는 것은 이러한 덕목과 성육신 사건을 관련짓기 위한 것이라고 주장한다. 즉 그리스도인들에게 요구되는 너그러움과 온유함은 이미 '그리스도 안에서', '하나님에 의해서' 명백하게 드러났다는 것이다.

기억하게 하라라는 말은 관례적인 표현이다. 저자가 이러한 표현을 사용한 것은 당시의 그리스도인들이 이미 이러한 내용을 알고 있었다는 것을 의미하는 것이다(딤후 2 : 14). 이러한 표현은 위에서 열거한 모든 권면들을 사람들에게 다시 한번 인식시키고 회상시켜 잘 지키며 살아갈 수 있도록 권고하라는 의미인 것이다.

(2) 이웃에 대해서(3 : 3—7)

3 우리도 전에는 어리석은 자요 순종치 아니한 자요 속은 자요
각색 정욕과 행락에 종노릇한 자요 악독과 투기로 지낸 자요 가증
스러운 자요 피차 미워한 자이었으나 4 우리 구주 하나님의 자비
와 사람 사랑하심을 나타내실 때에 5 우리를 구원하시되 우리의
행한 바 의로운 행위로 말미암지 아니하고 오직 그의 긍휼하심을
좇아 중생의 씻음과 성령의 새롭게 하심으로 하셨나니 6 성령을
우리 구주 예수 그리스도로 말미암아 우리에게 풍성히 부어 주사 7
우리로 저의 은혜를 힘입어 의롭다 하심을 얻어 영생의 소망을 따
라 후사가 되게 하려 하심이라

¶ 개요

이제 3—7절에서 저자는 자신을 포함한 수신자들이 그리스도인이 되기 이전과 그리스도인이 된 이후의 상태에 대해서 설명하고 있다. 로마서 6장 17—18절, 고린도전서 6장 9—11절, 골로새서 3장 7—8절, 에베소서 2장 20절을 비교해보면, 이러한 두 상태에 대한 설명의 연관성들이 보다 뚜렷하게 나타남을 발견할 수 있다. 그리스도인이 되기 이전의 과거 상태에 대한 설명과 또한 뒤이어 계속되는 그리스도인으로서의 현재 상태에 대한 설명은 초대 그리스도교 설교의 가장 일반적이고도 전형적인 모형이다. 그 두 상태의 전환점으로서, 선교적인 의미에서는 '수신자들의 회개', 또는 구속사적으로는 '그리스도의 나타나심'이 언급되고 있다.

¶ 주석

3 그리스도인이 되기 이전의 상태를 상세하게 설명하고 있다. 이러한 악의 목록들은 에베소서의 저자와 베드로전서의 저자가 사용했던 것과 똑같은 자료들로 보인다. 물론 목회서신 저자가 로마서 1장 21, 27—30절의 내용에 기초하고 있다는 가능성은 배제할 수 없으나, 그렇다고 디모데후서 3장 2—4절에서 그랬던 것처럼, 거의 정확하게 반복하지는 않고 있다. 맥엘레니(N. J. McEleney)는 저자가 에베소서 2장 1절 이하를 따르고 있다고 믿고 있으며, 디벨리우스는 이것이 초대 그리스도인들의 설교의 일부분인 것으로 보고 있다. 그러나 실제로 내용의 출처를 정확히 밝힌다는 것은 참으로 어려운 일이다. 다만 여기서 더욱 중요한 사실은 저자가 이러한 목록들을 통해서 '그리스도 안에서의 하나님의 구원행위'를 설명하고자 한다는 점이다.

목록 중 첫번째로 나타나고 있는 **어리석은**(ἀνόητοι)은 이해력이 부족하고 진리를 깨달을 만한 능력이 없음을 의미한다. **순종치 아니한**(ἀπειθεῖς)은 실생활에서 '인간의 권위를 인정하지 않고', '하나님을 믿지 않는'이라고 이해할 수 있다. 도니어(Dornier)의 경우는 '하나님의 권위를 인정하지 않는'이라고 이해한다. 그러므로 이 말을 종합적으로 이해한다면 '하나님의 권위'와 '정사와 권세잡은 자들과 같은 인간의 권위'를 인정하지 않고 복종하지 않은 것을 말하는 것이다. **속은** 이라는 말은 '잘못 인도되어 그릇된 길로 흩어지게 됨'을 의미한다(참조. 딤전 4 : 1—2 ; 고후 4 : 4). 특히 목회서신 저자의 경우, 이 단어를 사용해서 사람이 사탄에게 속임 당하는 것을 말하고 있다.

브록스(Brox)는 **정욕과 행락** 이라는 표현이 당시 통속 철학적인 표현이라고 주장한다. 그러나 표현만 빌려왔을 뿐 그 안에 담긴 사상 자체는 '바울'에게서 영향받은 것임이 분명하다(참조. 갈 4 : 8, 9 ; 롬 6 : 6). 이러한 자기 중심적인 죄의 결과로 서로가 서로를 미워하게 된 것이다. **미워한**(*στυγητοί*)이란 단어는 신약성서에서 오직 여기에만 나타나고 있다. 그것은 '미워하는'을 의미한다. 그러나 도니어는 '미운'으로 번역될 수 있다고 생각한다. 핸슨도 그 다음 절을 고려해볼 때, '미운'이 더 나을 것 같다고 동조한다.

4 여기에서 저자는 믿기 이전의 그리스도인들의 음울한 과거와는 대조적으로 하나님의 사랑이 복음 안에서 나타났음을 두 가지 방법으로 묘사하고 있다. 신약성서에서 특별히 바울이 사용한 단어 중의 하나로 인간에게 적용하기보다는 하나님의 자비로움을 나타내는 '크레스토테스'(*χρηστότης*)가 그 첫째이고, 두번째 낱말은 '필란트로피아'(*φιλανθρωπία*)다.

자비(*χρηστότης*)란 말은 문자적으로 여러 가지 의미를 갖고 있는데, 친절하고 관대해서 어려운 사람들을 도우려는 마음과 행동, 불쌍히 여기는 심정 등을 말한다. 다시 말하면 이러한 표현은 인간을 구원하기 위한 하나님의 친절하심을 나타내는 것이다(롬 2 : 4 ; 11 : 22 참조).

사랑(*φιλανθρωπία*)은 근심에 차 있는 개개인을 향한 하나님의 사랑을 나타내고 있다. 그러나 사도행전 28장 2절에서 이것은 '인간적인 친절'을 의미하고 있다. 로크(Lock)는 이 단어가 특히 포로된 자들에 대한 속전을 내는 것에 적용되었다고 한다. 그래서 그는 여기서도 그러한 뜻이 내포되어 있다고 생각한다. 또한 이스턴(Easton)은 이 절에 쓰인 언어들이 황제숭배 종교에서 빌려온 것이라는 것과, 로마 황제들의 거짓된 구원자 사상과는 대조적으로 하나님이 우리의 구주로 인식되고 있음을 나타내고 있다고 주장한다. 그러나 6절에서 예수 그리스도에게도 그 동일한 말이 적용되어 있는 것을 볼 때, 이 '구주'라는 찬양은 구원에 대한 그리스도교적인 경험에서 비롯된 것임을 알 수 있다.

5 디모데후서 1장 9절에서와 마찬가지로 여기서도 '행함으로 말미암는 의'는 부인되고 있다. 그와 같은 표현들은 바울로부터 전해진 것이며, 시간의 흐름에 따라 전승의 일부가 되어버린 것임이 분명하다.

"그가 우리를 구원했다… 중생의 씻음으로"라는 표현에서 목회서신 저자는 '세례'만이 구원에 효과가 있는 것으로 이해하지는 않고 있다. 그러나 세례는 2세기 교회에서 '구원의 과정'에 필수적인 요소가 되었다. 그럼에도 불구하고 저자는 세례에 특별한 의미를 부여하지는 않는다. 만약 우리가 저자의 사상의 흐름을 따른다면 그 앞의 절뿐만 아니라, 이 구절에서도 그가 하나님의 구속적인 행위를 언급하고 있다고 추정해야 한다.[80]

우리의 행한 바 의로운 행위로 말미암지 아니하고라는 표현은 목회서신 저자가 사용하고 있는 자료의 일부분이었음이 분명하다(엡 2 : 5, 8 참조). 핸슨(Hanson)은 저자가 분명히 바울 사상에 영향을 받은 것은 사실이지만, 그렇다고 바울 사상과 정확하게 일치하지는 않는다고 지적한다. 왜냐하면 바울은 결코 이런 식으로 "의"(義)를 말하지 않았기 때문이다.

중생의 씻음으로(*λουτροῦ παλιγγενεσίας*)라는 표현은 주석가들에 의해서 상당히 많이 논의되어 왔다. 특별히 '루트론'(*λουτρόν*)은 '씻음' 또는 '놋대야' 등 여러 가지로 번역될 수 있기 때문이다. 그런데 후자의 번역은 별로 지지받지 못하고 있으며, 세례 중생 교리에 의해 채색된 것이라 여겨지고 있다. 칠십인역(LXX)에서는 이 단어가 단지 세 번밖에 나오지 않는데, 각 경우마다 씻는 것 자체를 뜻하고 있다. 신약성서의 다른 문서에서는 이런 의미로 쓰인 것이 단 한번 있다(엡 5 : 26 참조). 거기에는 "물로 씻어 말씀으로"라

80) 핸슨, 191.

고 번역되어 있다. 대부분의 주석가들은 이것을 세례와 관련짓고 있으며, 요한복음 3장 5절에 있는 중생과 연결짓고 있다.

'팔링게네시아스'(*παλιγγενεσίας*—중생의)라는 단어는 종교적이며 철학적인 배경을 갖고 있는 단어다. 철학적으로는 자연세계가 절기에 따라 다시 되살아나는 것을 의미하는 것으로서 스토아 철학에서 유행하던 단어다. 종교적으로는 피타고라스주의자들이 '영혼의 윤회'를 나타낼 때 사용했던 단어다. 또한 뷔크젤(E. Büchsel)은 이 단어가 신비주의 종교에서 발견되기는 하지만, 신비주의 종교에서 이 단어가 나타나는 시기는 신약의 본문들보다 훨씬 더 후대의 것임이 분명하다고 주장하고 있다. 그러므로 디벨리우스와 뷔크젤(E. Büchsel)은 이 단어가 신비종교에서 인용된 것이라는 주장을 부인한다.[81] 아마도 이 단어는 저자가 소속해 있었던 그리스도교 공동체내에서 사용되던 것으로 보인다. 그리고 어떤 열광주의적인 경험에서 나온 것이 아니라, 도덕적인 관점에서 이해된 단어다. 본문에서 '팔링게네시아스'는 그리스도인의 중생의 의미로서 새롭게 쓰여지고 있는데, '우주적인 의미'로가 아니라 '개인적인 의미'로서의 중생을 뜻하고 있다.

저자는 **성령의 새롭게 하심**을 중생에 수반되는 결과적인 혁신으로 이해하고 있다. 이것은 새로워지는 행위를 지적할 뿐만 아니라, 새로움의 상태도 나타내는 것이다. 그러므로 이 표현을 이해할 때 "새롭게 함"보다는 "새롭게 됨"이 더 적절하게 보인다. 왜냐하면 성령의 역사를 통해서 그리스도인은 이전보다 훨씬 더 높은 단계에서 삶을 살게 되는 데 반해서, 새롭게 함은 이전에 지니고 있던 능력들을 되찾는다는 뜻을 나타내고 있어 오류의 가능성을 지니고 있기 때문이다. 이 내용과 비교될 수 있는 내용은 고린도전서 6장 11절에 나타나 있다. 스코트(Scott)는 이 두 구절의 유사성은 인정하면서도 믿음의 행위를 확실시하는 세례라는 바울의 개념과 세례 그것 자체로서 효과가 있다고 하는 목회서

81) 핸슨, 191.

신의 저자의 견해를 구별하고 있다. 저자는 여기서 교회가 세례에 대해서 신비한 성격을 강조하는 의식종교로 한걸음 내딛고 있음을 분명하게 보여주고 있다.

6 **우리에게 풍성히 부어주사**라는 표현에서 동사인 "부어지다"(ἐξέχεεν)는 현재완료 수동태로 이미 우리 가운데 충만히 부어져 있는 상태를 강조한다. 이 동사는 본래 종말에 하나님께서 성령을 풍성히 부어주실 것이라고 언급된 요엘서 2장 28절의 유명한 예언에서 인용된 것이다. 이 동사는 또한 하나님의 사랑이 성령을 통해서 우리 마음에 부어짐을 언급하고 있는 로마서 5장 5절에도 나타나고 있다. 리니(A. R. C. Leaney)는 여기서 성령의 "종말론적 차원"을 생략하고 있으며, 또 하나의 중요한 요소인 '믿음'에 대한 개념이 결핍되어 있다고 지적한다. 이 단어는 문자 그대로 "부유하게"를 의미하는 "풍성히"라는 단어를 쓰고 있는데, 이는 하나님께서 성령을 결코 인색하지 않게 주신다는 것을 의미한다. 이와 같이 값없이 주시는 은혜의 중재자는 **예수 그리스도**로 제시된다.

7 **저의 은혜를 힘입어 의롭다 하심을 얻어**라는 구절에서 바울의 특징적인 문체가 분명하게 나타나고 있다(롬 3 : 24). 그럼에도 불구하고 스코트(Scott)와 이스턴(Easton)은 둘 다 여기서 "의롭다함을 얻음"이나 또는 "은혜" 중 하나만이 바울적인 의미로 쓰이고 있다고 생각한다. 이스턴은 "의롭다함을 얻음"을 "세례의 열매"로 생각하며, "은혜"는 "능력"을 의미한다고 지적한다. 저자는 '칭의'가 세례 이후에 오는 것이라고 말한다. 여기서처럼 복음을 간략하게 서술해놓은 것만 봐도 저자가 세례 다음에 칭의가 뒤따라 주어진다는 것을 말하려고 했음이 분명하다. 왜냐하면 이러한 씻음을 가장 우선적인 것으로 보려 하기 때문이다.

이 "의롭다함을 받은 것"에 기초해서 "…하기 위해서"(ἵνα)에 의해 이끌어지는 구절——"후사가 되게 하기 위해서"——이 나와야만 하는 것이다. 여기의 상속자들은 엄격한 의미에서 아직도 소유권자가 아니다. 이것은 "영원한 생명의 소망을 따라"라는 구절이 명백히 보여주고 있다. 이 구절이 물론 바울의 영향을 받은 것은 사실이지만, 그렇다고 해서 바울과 일치한 것은 아니다. 왜냐하면 "영원한 생명"에 대한 바울의 가르침과는 약간의 차이가 나타나기 때문이다. 바울은 그리스도인을 "영원한 생명의 상속인"으로 묘사하고 있는 반면에, 목회서신 저자는 "영원한 생명의 소망을 가진 상속인"으로 묘사하고 있기 때문이다(비교. 롬 5：21；6：4,23). 이러한 확신에 기초해서 의롭다함을 받은 그리스도인은 그가 받을 상속을 완전하게 기대할 수 있다. 물론 이 구절은 생명에 대한 현재적 소유를 부인하고 있는 것은 아니다. 그러나 현재 소유하고 있는 생명의 완전한 실현은 미래에 있을 것으로 나타나고 있는 것이다.

¶ 신학적 문제

중생(딛 3：5의 본문)

개역성경："우리를 구원하시되 우리의 행한 바 의로운 행위로 말미암지 아니하고 오직 그의 긍휼하심을 좇아 **중생의 씻음과 성령의 새롭게 하심**으로 하셨나니."

표준새번역："하나님께서 우리를 구원하셨습니다. 하나님께서 우리를 구원하신 것은 우리가 한 의로운 일 때문이 아니라, 그 분의 자비하심을 따라 **거듭나게 씻어주심과 성령으로 새롭게 해주심으로 말미암아** 된 것입니다."

NIV 원어대조성경："he saved us, not because of righteous things we had done, but because of his mercy. he saved us through the washing of rebirth and renewal by the holy spirit."

헬라어 성경 : "διὰ λουτροῦ παλιγγενεσίας καὶ ἀνακαινώσεως Πνεύματος Ἁγίου."

'중생'이라는 명사는 성경에 단지 두 번 나오는데(마태 19 : 28 ; 딛 3 : 5), 두 경우 모두 '다시 새롭게 됨, 재구성'이란 뜻을 지닌 헬라어 '팔링게네시아'(παλιγγενεσία)를 사용하고 있다. '팔링게네시아'라는 말은 헬라 문헌에서 세계적 대재난 이후의 우주적 회복을 가리키는 말로 사용되었다. 당시에 널리 쓰이던 이 용어는 홍수 이후의 회복(Philo) 및 포로 이후의 회복, 그리고 현재의 악한 시대가 마지막에 다 파멸된 후의 회복 등을 가리키는 데 사용되었다. 예를 들어, 마르쿠스 아우렐리우스는 "우주의 주기적인 '팔링게네시아'(παλιγγενεσία—반복)를 말했고, 키케로는 추방 후 다시 지위와 총애를 회복하는 것으로, 요세푸스는 유대인들의 포로 후 회복을 가리키는 것으로 이 말을 사용했다.

그러나 "중생"이란 용어는 그리스도교 사상사에서 많은 논쟁의 주제가 되어 왔다. 교부들은 중생을 넓은 의미에서 세례받는 은혜와 동일하게 생각했는데, 그들은 이 세례를 우선적으로 죄를 제거하는 것으로 이해했다. 그래서 교부들은 세례를 신앙을 일으키는 표식이며 그리스도인들이 축복을 받는 것을 확인시켜주는 인증(引證)이라는 성서적 이해보다는 중생을 가져다주는 것으로 이해하게 되었다. 어거스틴은 펠라기우스에 반대해서 하나님을 신뢰하고 사랑하기 위해서는 선행적인 은혜가 필요하다고 주장했다. 그러나 그는 이 선행적 은혜를 엄밀하게 중생과 일치시키지는 않았다.

종교개혁자들은 어거스틴의 선행적 은혜의 교리를 재확인했고, 개혁신학에서는 아직도 이 교리가 주장되고 있다. 17세기의 많은 개혁자들은 중생을 유효적(有效的)인 소명과 일치시켰고, 회심을 중생과 일치시켰다. 알미니안주의(Arminianism)는 중생의 교리를 협력적인 것으로 규정해서 인간이 새롭게 되는 것은 은혜에 대한 인간의 협력으로써 이루어진다고 했다. 19세기의 자유주의 신학은 이것을 자연적인 것으로 규정해 중생을 도덕적인 변화나 종교적인 경험과 동일시하는 경향을 보이기도 했다. 이상과 같은 "중생"이란 용어의 다양한 논쟁은, 그리스도인들에게 있어서의 "중생"의 중요성을 단적으로 말해주고 있다고 할 수 있겠다.

구약성서의 예언서에서 중생은 이스라엘인의 마음을 변화시키고 할례를 받게 하며, 부끄럽게 만들고, 그 마음에 하나님의 율법을 새겨서 그러한 새 마음을 갖게 된 사람들이 이전에는 그렇지 않았지만, 이제는 하나님을 알고, 사랑하고, 순종하며 하나님의 사역에 동참하는 것으로 묘사되어 있다(신 30：6；렘 31：33, 34；32：39, 40；겔 11：19, 20).

신약성서에서의 "중생"의 개념은 구약에서보다도 더 전적으로 개인에게 적용되어 있다. 요한복음과 요한일서에서 '신생'(新生)은 '위로부터 난 것'이고 '물과 성령으로 된 것'이며 거저 하나님으로부터 난 것인데, 모두 '개인의 구원'을 제시하고 있다. 요한은 오직 중생한 사람들만이 그리스도를 영접하고 하나님의 자녀가 되는 특권을 얻게 된다고 했다. 다시 말해 영적인 활동이 없는 것은 중생하지 않았기 때문이라고 요한은 말하고 있는 것이다.

바울은 기독론적 차원에서 중생을 다음과 같이 제시하는데, 첫째 그리스도와 함께 부활함으로써 생명을 얻는 것이요(롬 6：1–4), 둘째는 그리스도 안에서 새로운 피조물이 되는 것(고후 5：17；갈 6：15)이라고 했다.

베드로전·후서와 야고보서는 한걸음 더 나아가서 하나님께서 복음으로써 "새사람을 낳았다", 또는 "낳았다"고 표현했다. 이는 하나님께서 사람의 마음을 새롭게 하고, 믿음을 갖게 하는 것은 말씀의 영향으로 인한 것임을 말해주는 것이다. 이상의 언급에서 볼 때, "중생"이라는 말은, 사람의 본성을 변화시키고 영생(불사성)에 대한 확신을 주며, 죽음에 대한 승리의 성례전적 예견을 가리키는 말로 꾸준히 사용되었음을 알 수 있다.

마태복음 19장 28절에는 "중생"이라는 말이 이스라엘이 기다렸던 대로 종말에 메시야의 통치하에서 '만물이 회복'되는 것을 의미한다. 이 말이 신약에서 두번째 등장하는 것은 디도서 3장 5절로서, 거기에서는 '팔링게네시아'(*παλιγγενεσία*)가 윤리적 또는 종교적 의미를 갖고 있다.

우리가 관심을 갖고 있는 디도서 3장 5절에서는 구원의 경로와 순서가 밝혀져 있다.

첫째, 구원은 하나님의 긍휼에 따라(*κατά*) 계획되고 시작되었다(요 3 : 16).

둘째, 중생의 씻음을 통해서(*δία*)만이 구원을 얻는다. "씻음"(*λουτρόν*)은 이곳과 에베소서 5장 26절에만 나타난다. "중생"은 '다시'(*πάλιν*), '남'(*γενεσίς*)으로 요한복음 3장 3절의 거듭남과는 다른 표현이지만, 사상은 분명히 공통된다. "중생의 씻음"은 세례를 가리키지만, 단순한 물세례를 가리키지는 않는다. 우리의 이전 죄악의 사람이 그리스도의 십자가에서 같이 죽고, 주와 더불어 같이 사는 새 창조를 가리킨다(갈 2 : 20). 사람이 중생하지 않으면 구원에 이르지 못한다.

셋째, 성령의 새롭게 하심을 통해서 구원은 성숙해진다. "새롭게 하심"이란 단어는 이곳 외에 로마서 12장 2절에만 보인다. 그러나 중생의 도리가 단번에 순간적으로 성취되는 것임에 대해, 성령의 새롭게 하심은 일생을 통해서 계속되는 도리로 보아야 한다. 마치 아이가 세상에 태어나는 것을 중생에 비한다면, 성령의 새롭게 하심(됨)은 그가 성장해서 건전한 장부가 되는 단계라고 할 수 있는 것이다.

그러나 디도서 3장 5절의 "중생"은 일반적으로 성서에서 말하는 의미와 다르게 나타나고 있음에 주목해야 한다. 디벨리우스는 "중생"의 의미를 설명하기를, "필로와 클레멘트는 우주론적 의미로, 요세푸스는 민족적 의미로, 그리고 마태복음 19장 28절은 메시야적·종말론적 의미로 이해하지만, 디도서의 저자는 '신생'과 '재성육신'을 동일시하는 의미로 이해하고 있다"고 했다. 또한 그는 이러한 견해를 뒷받침하기 위해 밀의종교의 신비적 의미와 비교하고 있다.

세례를 신생으로 이해하는 것은 로마서 6장 4절, 요한복음 3장 3, 5절, 베드로전서 1장 3, 23절에 나타나는데, 그것은 빛의 종교적 의미와 비슷해서 세례를 죽음이나 매장으로 이해하는 생각과 밀접하게 연관되어 있다. 그렇지만 본문인 디도서 3장 5절에는 이러한 의미는 없다고 말할 수 있다. "중생의 씻음"은 저자 시대에 교회에서 세례를 가리키는 말로 이미 널리 알려졌던 것 같은 인상을 준다는 점에 주목해야 할 것이다. 그러나 이러한 견해와는 달리 바울은 중생이란 말을 사용하지 않는다. 왜냐하면 바울에게 있어서 새로운 생명이란 오직 그리스도와 더불어 실제로 죽었다가 다시 살아날 때 가능한 것이지, 결코 어떤 다른 것을 통해서, 즉 세례와 같은 상징적인 예식을 통해서 이루어지는 것이 아니기 때문인 것이다.

우리는 본문에서의 "중생"의 용법과 비교할 만한 근거를 유대교에서 찾기보다는 오히려 밀의종교의 사상세계와 비교가 더 잘 된다고 생각할 수 있다. 그러나 이 둘 사이의 가장 뚜렷한 차이점은 밀의종교들이 '신생'은 죽음 이후의 생명을 가리킬 수 있다고 보는 데 반해, 본문은 이 생명 안에서의 중생을 말하고 있다는 점이다. 그리고 밀의종교에서의 '신생'의 개념과 본문의 사상 사이에는 두 가지의 차이가 있을 수 있다. 첫째는 디도서 3장 5절은 황홀경에 대해서는 전혀 아는 바가 없고, 오직 새 생명의 지속적인 능력의 활동만을 알고 있을 뿐이라는 점이요, 둘째는 '신생'이 어떤 개별적인 신비가들에게만 국한되는 것이 아니라, 모든 그리스도인들이 경험하는 근본적인 사건이라는 점이다.

결론적으로 디도서 3장 5절의 "중생"은 성령세례로 인해 새롭게 탄생하는 것을 적절하게 묘사하고 있다고 볼 수 있다. 그리스도인은 성령세례를 받을 때 새로운 영적 생명과 새로운 성품과 새로운 영광의 유산을 소유한다. 그러므로 세례는 "중생의 씻음"이라 불리며 중생을 얻을 수 있는 수단으로 이해할 수 있는 것이다.

5. 거짓 가르침에 대한 경고(3 : 8—11)

8 이 말이 미쁘도다 원컨대 네가 이 여러 것에 대하여 굳세게 말
하라 이는 하나님을 믿는 자들로 하여금 조심하여 선한 일을 힘쓰
게 하려 함이라 이것은 아름다우며 사람들에게 유익하니라 *9* 그러
나 어리석은 변론과 족보 이야기와 분쟁과 율법에 대한 다툼을 피
하라 이것은 무익한 것이요 헛된 것이니라 *10* 이단에 속한 사람을
한두번 훈계한 후에 멀리 하라 *11* 이러한 사람은 네가 아는 바와
같이 부패하여서 스스로 정죄한 자로서 죄를 짓느니라

¶ 개요

8—11절은 다시 한번 더 능동적인 경건의 이상을 설명해주고 있는데, 이 경우에는 실제 생활에서 아무런 열매도 맺지 못하는 이단과 날카롭게 대립되어 있다. 이런 "이단에 속한 사람들"에 대해서는 디도서 1장 10절 이하에서와 마찬가지로 여기서도 다른 목회서신들에 나오는 이단에 대한 공격 논쟁을 상기시켜 주는 요소가 많

이 나온다.

¶ 주석

[8] 교회 지도자들이 행해야 할 긍정적인 면에 대해 언급하고 있다(9절 참조). 이 문장 서두에 나오는 **이 말이 미쁘도다** 즉 '참된 말씀'이란 문구는 이미 언급된 내용들을 지시하는 것으로 볼 수도 있다. 나이트(G. W. Knight)는 이 문구가 3—7절 전체와 연관된 것으로 이해하고 있다. 그러나 이것은 저자의 독특한 문학적 고안으로서 어떤 주제에서 다른 주제로 넘어갈 때 특징적으로 사용하고 있다. 그러므로 저자가 다른 주제를 다루기 위해서 다른 자료를 인용할 것임을 암시하는 "확증의 문구'로 이해하는 것이 더 적절할 것 같다.

이 여러 것에 대하여 굳세게 말하라는 명령은 이미 디모데전서 1장 17절에서도 이미 사용된 바 있다. 여기서 우리는 저자의 예전적인 언급들을 하나님을 믿는 사람들에게 강요하는 것으로 이해해서는 안된다. 단지 저자는 예전적인 언급을 이제 권면의 내용으로 변화시키고 있을 뿐이다. 저자는 "하나님을 믿는 사람들이…할 수 있도록 이것들을 말할 것"을 권면하고 있는 것이다.

하나님을 믿는 자들이란 문구는 형식적으로 모든 유대인들과 이방인들까지도 포함할 수 있는 포괄적인 의미의 표현이다. 그러나 저자는 아마도 14절에 나온 "우리"와 일치되는 표현으로 모든 그리스도인을 뜻하는 명칭을 가리키고 있음이 분명하다. 또한 저자는 하나님을 믿는 그리스도인으로서 "선한 일을 힘쓸 것"을 당부하고 있다. 이것은 저자가 목회서신을 기록하면서 가장 중점적으로 다루고 있는 주제들 중의 하나다. 바울의 경우, 믿음은 "믿음" 그 자체로서 가치가 있었으나, 목회서신 저자에게 있어서 "믿음"이란 행동과 실천이 뒷받침되어야 했기 때문이다. 그래서 저자는 목회서신 전반에 걸쳐 계속해서 선행을 강조하고 있는 것이다(참조. 딤전 2 : 10 ; 3 : 1 ; 5 : 10, 25 ; 6 : 18 ; 딤후 2 : 21 ; 3 : 17 ; 딛 1 : 16 ; 2 : 7, 14 ; 3 : 1, 14).

이것은 아름다우며 사람들에게 유익하니라 라는 표현은 단순히 저자 자신이 지금까지 언급해온 내용들을 다시 한번 강조하기 위해 말하고 있는 것이다. 또한 이러한 표현 역시 저자가 하나의 내용을 종결짓고 또 다른 내용을 시작하려고 하는 전조로 볼 수도 있다.

9 저자는 이제 교회 지도자들에게 하지 말아야 할 부정적인 것들, 즉 금명(禁命)에 관해 말하고 있다. 8절에서는 긍정적인 명령을 하달하면서 "이것은 아름다우며 유익하니라"라고 종결짓고 있는 반면에, 여기에서는 **이것은 무익한 것이요 헛된 것이니라** 라는 언급으로 종결함으로써, 8절과 9절이 서로 대구적인 표현으로 구성되어 있음을 나타내고 있다.

저자는 이제 9—11절의 언급들을 통해서 1장 5절에서부터 시작된 이 서신의 중심적 내용을 종결짓고 있다. 실제로 편의상 단락을 구분하기는 했으나, 이 단락의 시작은 3장 1절로부터 시작하는 것으로 볼 수도 있다. 더 나아가 우리는 디도서의 전체적인 내용을 교차대칭 구조로 이해해볼 수도 있다. 그러한 구조를 도식화한다면 다음과 같다.

a 1 : 1—16/거짓교사들에 대한 경고
  b 2 : 1—14/특별히 그리스도인들에 대한 선행 당부
  b′ 3 : 1—8/교회 밖의 사람들에 대한 선행 당부
a′ 3 : 9—11/거짓교사들에 대한 마지막 경고

여기서 **족보이야기**(*γενεαλογίας*)는 디모데전서 1장 4절과 이곳에

만 등장하고 있다. 여기서 말하는 "족보"는 신플라톤주의에서 말하는 '유출설'에서 천상의 존재와의 관계를 가리킨다. 본문의 "족보 이야기"는 그 당시 천상적인 존재들의 계급에 대한 논쟁이다. 쉽게 말하면 '누가 더 천상의 존재와 가까이 있는가'라는 것에 관심을 둔 사람들로 보인다. 왜냐하면 거짓교사들은 인간과 하나님 사이를 중재하는 '중간 세계'가 있음을 설정해놓고, 그중에 누가 더 높은가를 따지며 논쟁을 벌이기도 했기 때문이다. 그러나 그리스도교에서 볼 때, 그것은 쓸데없이 시간을 낭비하는 일에 지나지 않았던 것이다. 디벨리우스에 의하면, 이는 유대주의와 영지주의에서 발생된 관념으로서, 본문의 목적 중 하나인 '거짓교사에 대한 경계'에 상응하는 구절이다.

분쟁 즉 "분파를 일으키는"이라는 말은 원래 오늘날의 "이단"을 뜻하는 내용을 의미하지는 않았다. 그것은 심프슨이 주장한 것처럼 "그의 고집에 의해서 반대를 조장하는 의견상의 선전자"를 의미한다. 그 이후에 이 낱말은 '거짓 교리를 지지하는 자'라는 좀더 전문적인 의미를 띠게 된 것이다. 디도서가 2세기에 속한 문서인 만큼 "이단"(異端)이란 뜻을 포함했을 것으로 보인다. "피하라"라는 말은 "물리치라"라고도 번역할 수 있다. 그러나 이 동사는 "그들과 더 이상 관계하지 말라"는 뜻으로서, 그 내용이 책벌인지 출교인지 결정적으로 말할 수는 없다.

목회서신 저자는 이미 1장 1-16절에서 거짓교사들에 대해 언급했기 때문에, 이제는 그리스도교의 특징에 대한 그의 특별한 관심을 언급한다. 당시의 이단이 지닌 유대교적인 성격은 확연하게 드러난다. 다른 한편, 스코트(Scott)는 그 가르침이 영지주의적인 성격을 지녔다고 주장한다. 여기서 **다툼**의 내용은 아마도 모세의 율법, 특히 '물질적인 것과 관계된 법', 예를 들어 음식에 관한 법 등에 관한 것임에 틀림없다. 특별히 그레데의 강한 유대교적인 요소들은 여기서도 이러한 표현을 이해함에 있어서 큰 도움이 된다. 교회의 지도자들은 **율법**에 대한 논쟁을 피해야만 하는 것이다. 그와 같이 피해야 하는 가장 기본적인 이유는 본질적으로 거짓 가르침이 무익하며 헛되기 때문이다. 이러한 것은 교회를 치리하고 있는 지도자들이 모두 명심해야 할 일이었던 것이다. **무익한, 헛된**이라는 두 개의 형용사는 동일한 의미를 가지고 있다. 그러므로 저자가 이렇게 동일한 의미를 가진 두 형용사를 함께 사용하고 있는 것은 거짓교사들과의 다툼이 얼마나 쓸모없는 일인가를 강조하려는 표현으로 볼 수 있다.

10 **이단에 속한 사람**(*αἱρετικὸν*)은 문자적으로 '당파적인'이라는 의미도 있고, 보다 확대해서 '이단'을 언급할 수도 있다. 사도행전에서 이 단어는 사두개파, 바리새파를 지칭할 때도 사용되었다(참조. 행 5 : 17 ; 15 : 5 ; 24 : 5). 바울은 이 단어를 고린도전서 11장 19절에서 고린도 교회에서 활동하던 적대자들을 지칭할 때 사용했다. 또한 베드로후서의 저자는 2장 1절에서 교회에 출현한 '거짓 교사들'을 지칭할 때 사용하고 있다. 이런 배경에서 '아히레티콘'(*αἱρετικὸν*)을 "이단"으로 번역한 것은 적절한 표현이라 하겠다.

한두 번 훈계한 후에 멀리하라는 마태복음 18장 15절 이하에서도 발견되는 당시 교회의 실제 규칙을 인용한 것으로 보인다. 또한 이러한 규칙은 회당에서도 발견된다. 특별히 여기서 "멀리하라"(*παραιτοῦ*)는 동사는 목회서신에서 이미 세 번이나 사용된 바 있다(참조. 딤전 4 : 7 ; 5 : 11 ; 딤후 2 : 23). 특히 디모데전서 5장 11절에서는 "멀리하라"는 '거절하라'는 의미로 사용되고 있다. 이러한 단어는 '교회훈련의 한 형태'를 의미하는 것으로, 분명히 이것은 후에 "이단자들에 대한 출교"로 발전되는 제도의 시작임에 틀림없다.

11 "이단" 자체가 죄로 인식되고 있다. 왜냐하면 그들은 교회

의 가르침에 동의하거나 따르지도 않을 뿐만 아니라, 또한 교회의 소환(召喚)에도 불응하고 있기 때문이다. 그러나 여전히 그들은 교회내에서 하나의 '당'으로 존재하고 있음을 주목해야 한다.

여기서 스스로 **정죄한 자**란 구절은 필로의 단편에서도 발견되고 있다.[82] 이러한 표현이 무엇을 의미하는지는 분명하다. 만일 교회의 지도자가 권면했음에도 불구하고 여전히 귀를 기울이지 않는다면, 그것 자체가 죄가 된다는 것이다. 그와 같은 사람들은 교회의 권면을 거부함으로써 스스로 자기 자신을 판단하고 정죄한다는 것이다.

82) "어느 누구에게도 그가 당한 불행을 탓하지 말라… 만일 네가 똑같은 지경에 처하게 되면, 네가 네 양심에 의해 자신을 정죄하는 자가 될 것이기 때문이다."

6. 개인적인 부탁과 인사(3 : 12—15)

12 내가 아데마나 두기고를 네게 보내리니 그때에 네가 급히 니고
볼리로 내게 오라 내가 거기서 과동하기로 작정하였노라 *13* 교법사
세나와 및 아볼로를 급히 먼저 보내어 저희로 궁핍함이 없게 하고
14 또 우리 사람들도 열매 없는 자가 되지 않게 하기 위하여 필요한
것을 예비하는 좋은 일에 힘쓰기를 배우게 하라 *15* 나와 함께 있는
자가 다 네게 문안하니 믿음 안에서 우리를 사랑하는 자들에게 너
도 문안하라 은혜가 너희 무리에게 있을지어다

¶ 개요

목회서신 저자는 전형적인 바울서신의 형식을 따라 개인적인 가르침을 제시한 후(12—13절 ; 참조. 롬 16 : 1—2 ; 고전 16 : 5—12 ; 비교. 골 4 : 7—9), 서신의 주요 관심사를 반복하고(14절 ; 참조. 롬 16 : 17—20a ; 고후 13 : 11 ; 갈 6 : 17), 마지막 인사와 축도(15절)로써 서신을 끝맺고 있다.

¶ 주석

[12]—[13] 저자는 다른 목회서신들과 마찬가지로 개인적인 이야기로써 편지를 끝맺는다. 그러나 여기에서 언급된 인명이나 지명에 대해서는 역사적으로 납득할 만한 설명을 하기가 어렵다. 특히 여기에 언급된 "아데마"나 "세나"는 신약성서의 다른 어느 곳에서도 언급되지 않고 있다. 그러나 저자가 이들을 허구적인 인물들로 설정했다고 볼 수 있는 근거 역시 없다. 이러한 문제에 대해서 스피크(Spicq)는 "아데마"(Artemas)의 완전한 이름은 '아르테미스의 선물'이라는 뜻의 '아데미도루스'(Artemidorus)이며, 그는 아르테미스의 신전이 있던 에베소에서 왔을 것이라고 가정한다. 그러나 그의 의견은 너무나 주관적인 추측으로서 아무런 설득력도 없다. 두기고에 대해서는 디모데후서 4장 12절을 참조해볼 수 있다.

니고볼리는 '승리의 도시'라는 뜻인데, 이는 아우구스투스가 기원 31년에 악티움 해전에서 안토니에게 이기고 난 후, 그의 캠프가 있던 곳에 세웠던 도시다. 즉 "니고볼리"는 안토니에 대한 승리의 표징으로 세워진 도시의 이름인 것이다. 지리적으로 아테네에서 서북쪽으로 약 200마일 정도 떨어진 곳에 위치하고 있다.

교법사 세나는 신약 어디에서도 발견되지 않고 있다. "교법사"(νομικὸν)는 마태복음이나 누가복음에서는 토라에 정통한 "서기관"을 의미했는데, 일반적인 세속 헬라어에서는 "법정 대리인"(法定 代理人)을 의미했다. "교법사", 즉 율법교사란 말이 복음서에서와 같이 이전의 랍비들을 가리키는 것 같지는 않다. 왜냐하면 목회서신들에서는 율법교사(딤전 1 : 7)란 단어가 다른 의미, 그것도 좋지 않은 의미를 갖고 있기 때문이다. 어떤 학자들은 그를 개종한 '랍비'로까지 여겼는데, 이러한 의견에는 설득력이 없다. 또한 어떤 학자들은 그가 재판을 돕기 위해서 임명된 '법에 관한 전문가'라고 주장한다. 그러나 로크의 주장대로 "세나"는 '개종한 유대인'으로 보인다.[83)]

아볼로에 관해서는 고린도전서와 사도행전에서만 그 자료를 얻을 수 있다. 몇몇 학자들은 "세나와 아볼로"가 디다케에서 발견할 수 있는 순회 전도자라고도 주장한다.

위에서 살펴본 대로 저자는 전형적인 바울서신의 형식을 따라서 개인적인 언급들을 서신의 말미에 첨가하고 있다. 그러나 우리는 이러한 사람들의 상황이나 지시내용이 무엇이었다는 것을 구체적으로 직접 밝힐 필요는 없다. 왜냐하면 저자가 어떤 역사적인 정보나 신학적인 내용을 밝히고자 이러한 내용을 언급한 것으로 보이지 않기 때문이다. 다만 저자는 이러한 개인적 언급을 통해서 끊임없이 이 서신이 바울에게서 유래된 것이며, 또한 여기에 적힌 내용 역시 바울의 가르침을 따르고 있다는 점을 수신자들에게 상기시켜 주고 있는 것이다. 이는 저자가 의도적으로 "위명성"을 강조하고 있는 이유이며, 또한 당시 헬라 세계에서 일반적으로 통용되던 문학적 고안일 뿐이다.

14 저자는 목회자에게 특별한 권면들을 다 마친 후에 **우리 사람들**에게도 말하고 있다. 이것은 그리스도인들, 즉 거짓교사와 반대되는 그리스도인 모두를 향한 것이다. 왜냐하면 이 사람들은 선한 일을 힘쓰는 것을 배워야 하기 때문이다. 모페트(Moffatt)는 선한 일을 8절에 있는 것과 동일한 의미로 보며, "명예로운 직업을 수행하는"이라고 번역하고 있다. 이것은 1 : 16 ; 2 : 7, 14 ; 3 : 1, 8에서도 반복해서 나타나고 있는 서신의 전체적인 주제이기도 하다. 또한 여기서 "선한 일"이란 거짓교사들과의 의미없는 논쟁이나 다툼과 반대되는 말이기도 하다. 그리스도교의 실천적인 면이 여기에

83) Lock, p. 158.

서 생생하게 나타나고 있다.

필요한 것을(*εἰς τὰς ἀναγκαίας χρείας*)이라는 구절은 '필요한 경우', '…부족한 경우'로 이해할 수 있다. 그리스도인들은 남들이 도움을 필요로 할 때 즉각 도와주어야 한다는 것이다. 물론 이러한 표현에 대한 해석이 분분하지만, 저자는 그리스도인들이 동료 그리스도인들에게뿐만 아니라 그 외의 다른 사람들에게까지라도 도움을 베풀어주는 구제사업에 적극 동참할 것을 권면하고 있는 것이다.

15 **나와 함께 있는 자**의 개별적인 이름이 쓰여 있지 않은 것으로 보아, 이 인사는 완전히 형식적인 것으로 여겨진다. "믿음 안에서 우리를 사랑하는 사람들에게 문안한 인사"의 말에서도 개별적인 이름들은 나타나지 않는다. 그들은 단지 좀더 포괄적인 마지막 인사의 표현양식으로 기억되고 있을 뿐이다. 그러나 **믿음 안에서**라는 말로 그 당시의 관례적인 인사가 그리스도교화한 것일 뿐이다.[84] 또한 이러한 표현은 그리스도교 신앙의 내용을 언급하는 것이다.

마지막 축도는 이 절이 시작할 때 쓰여진 단어와 똑같이 "모든"을 삽입한 것을 제외하고는 디모데전·후서의 축도문과 동일하다. 핸슨은 목회서신 저자가 개인적인 편지로 의도하지 않았기 때문에 "그대들 모두에게"라는 구절이 삽입된 것이라고 주장한다.

목회서신의 전반적인 분위기가 우리 의식 속에 남겨준 강렬한 인상은 로마 제국의 통치 아래서 외적으로는 이상적인 그리스도교적 시민상을 위해, 그리고 내적으로는 교회 안에 나타난 거짓교사들(이단들)을 물리치기 위해서 고뇌하고 땀흘리던 저자와 교회의 모습이다.

---

84) 디벨리우스, p. 22.

3장에서 중요한 것은 1절과 2절에 연이어 나타나는 "모든"이라는 표현 문제다. 이 표현은 목회서신 전반에 걸쳐 자주 나타나는 단어로서, 특히 디모데전서 2장 1, 2, 4, 6절과 디도서 1장 15절, 2장 7절, 2장 11절 등에서도 자주 쓰이고 있다. 핸슨의 표현을 빌자면(특히 딤전 2장의 경우), 이는 구원의 보편적 시각을 보여주는 표현으로 비밀스런 신비주의로 나아가려는 영지주의적 경향에 정면으로 반대하는 상황을 반영하고 있음을 알 수 있다. 그런데 디도서의 자리가 디모데전서보다 시기적으로 앞선 점을 감안했을 때, 그리고 디도서 3장 1, 2절의 "모든"의 앞뒤 쓰임새가 디모데전서 2장의 그것과 차이가 있음을 생각할 때, 이는 구원의 보편성에 관한 한 구원개념이 디모데전서 2장 자리에 비해 조금 덜 구체적임을 볼 수 있다.

더 나아가, 앞서 4절 주석에서 이미 살폈듯이, 4절 본문에 쓰인 용어들이 황제예배 때 쓰이던 것들을 그리스도교화시킨 것이라는 사실은 중요하다. 여기서의 "모든"이 뜻하는 바는 영지주의적 구원관을 반대하는 의미 이전에 로마를 포함한 비유대교 세계 전체를 지향하는 의미로 받아들여져야 할 것이다. 이런 관점에서 앞서 인용했던 이스턴과 거스리의 주장은 다소 자의적인 해석인 것 같다. 왜냐하면 당시 예배의 자리가 이상적인 그리스도교적 시민상이었다는 전제와 실제 교회 예배시 황제에 대해 경의를 표했던 사실에 비추어, 사실상 그리스도교 예배형식도 로마식 문화의 토착화가 필연적이었기 때문이다. 이에 대한 좀더 명쾌한 이해를 위해서는 초기 그리스도 교회의 예배의식이 유대교 성전제사와 회당예배, 그리고 로마식의 황제예배 틈바구니에서 어느 정도로 정립되었느냐라는 문제와 같은 맥락에서 교회의 제도화 수준에 대한 논의가 보충되어야 할 것이다.

같은 맥락에서 또 한 가지 이상적인 그리스도적 시민상이 풍기는 분위기는 자연히 논쟁적인 바울의 이미지와는 달리 평화로운 분위기다. 이는 유대교적 배타주의나 중세 때 종교재판의 출교 분위기와는 큰 차이를 보인다. 따라서 바울의 임박한 종말사상의 강도와 은혜의 믿음으로 의롭게 된다는 논쟁에 비해 세상에 더 관심해야 했던, 즉 다분히 시민 그리스도교에 맞게 도식화·윤리화시킨 디도서의 삶의 자리에 비추어볼 때, 1, 8, 14절에 나오는 "선한 일"이란 종교의 사회화 과정에서 나타날 수밖에 없는 다소 윤리적이지만 자연스런 현상이라 할 것이다.

그런데 문제는 여기서의 선한 일이 보다 구체적으로 가리키는 것이 무엇인가 하는 점이다. 추론해 보건대, 특히 1절과 14절의 맥락에 비추어 보면, 그것은 단순한 도덕적 덕목을 가리키는 것을 넘어서서 국가(로마)에 대한 순종을 권면하는 것으로 보아야 할 것이다. 특히 이미 5절에서 밝히고 있듯이 도덕적 의(선한 일)가 구원의 전제조건이 아니라는 입장 또한 이를 잘 뒷받침해주고 있다. 결국 다시 한번 확인하건대, 디도서를 포함한 모든 목회서신의 역사적 삶의 자리는 임박한 종말론 대신 세상 안에서의 삶이 강조되어 자연히 세상의 질서와 윤리가 중요시되고, 또한 로마 제국의 박해로 인해 갖게 된 공포심과 적개심의 기억을 시급히 해소해야 했던 때, 즉 이상적인 그리스도인인 동시에 훌륭한 시민상의 확립을 교회의 지상과제로 삼던 시대였던 것이다.

¶ 신학적 문제

제도화의 문제점과 그 극복

목회서신에 대해 현재 얻어진 결론들은, 이 서신이 바울 전통에 서 있는 저자가 교회에 제도화되어가는 과정에서 각 개교회들에게 목회자적인 지침을 제공한 것이라는 사실이다. 사회운동과 조직은 모두 제도화되는 경향이 있다. 그래서 재야(在野)의 단체가 시대가 바뀌면서 제도권화되는 것을 부정적인 시각으로 보기도 하고 긍정적으로 받아들이기도 한다. 종교집단이 창시자 한 '사람'으로부터 '운동'으로 발전하고, '기관'이 되고, 결국은 '기념하는 종교'가 되는 변화를 제도화의 과정이라고 볼 수 있다. 이러한 과정으로 말미암아 그 집단의 행동과 가치와 경험과 관계가 공식화되고 안정되며, 상대적으로 도식적인 행위와 보다 더 엄격한 조직의 구조로 나타나게 된다.

제도화의 과정은 자유롭고 자발적이며 생명력있는 운동이 구조화되어 가고 굳어져 가는 그 과정을 일컫는 것이다. 이러한 제도화의 과정은 성공적으로 진행되어 안정성을 확보할 수도 있고, 반면에 잘못되어 분열 또는 쇠퇴하는 경우도 있다. 목회서신은 처음의 예수 운동이 더욱 발전되어 공교회로 제도화되어 가는 과정에서 기록되었는데, 우리는 이러한 제도화 과정에서 필연적으로 발생될지도 모르는 분열과 쇠퇴의 조짐들에 대해 목회서신의 저자는 어떻게 극복하여 안정성을 확보하려 했는가를 주목하려 했다. 우리는 목회서신에 드러난 제도화 과정의 내용들, 또 이러한 제도화의 과정에서 발생되는 문제점에 대한 극복을 바울 전통에 서 있는 목회서신의 저자가 바울의 언명들을 인용해 언급함으로써, 본래의 원칙을 상기시키면서 제도화를 성공적으로 보완하고 있다는 점을 살펴보았다.

초대교회의 문제들에 대한 목표가 어느 정도 느슨해진 유일한 증거는 목회서신 저자가 디모데로 통칭되는 목회자들에게 자신들의 목표를 분명하게 잘 지킬 것을 역설한 데서 나타난다(딤전 1：18－19；4：7, 13－16；6：11－12；딤후 2：1－7；4：1－5). 목회자들의 성실한 마음이 흔들릴 우려가 없었다면 이러한 언급도 없었을 것이다. 조직을 쇠퇴하게 하는 원인이 가장 많이 생기기 시작하는 때는, 그 운동이 최초 단계를 넘어서는 때와 제2세대가 그 지도권을 넘겨받는 때다. 오디어(Thomas O'Dea)는 이러한 때에 나타나는 중요한 요소들에 관해서 분석해 놓았다. 그는 모든 종교제도가 직면하게 되는 다섯 가지의 문제점들을 확인한 바 있다.[85] 그것들은 혼합된 동기, 상징적인 예배의식의 강화, 행정적 조직과 제도의 발전, 문자적인 표준의 제시, 그리고 자발적인 회심보다는 강압에 의한 조직확대 등이다.

그가 지적한 문제들은 역사에 나타난 여러 종교운동들에서 발견할 수 있다. 사람들은 거듭해서 순수성과 권력, 목적과 대중성 사이에서 선택을 해왔다. 특정 종교운동이 제도화되는 때는, 목표가 분열되는 것, 지도자의 동기가 혼합되는 것, 예배가 의식화되는 것, 미숙한 관료주의가 급속하게 확산되는 것, 규정의 화석화, 그리고 권력과 대중성의 추구 등을 경험하게 된다는 것이다.

예배의 제도화에 대해서는 디모데전서 2장 1—15절에 잘 나타나 있다. 또한 관료적인 조직 또는 성직제도에 대해서 감독과 장로의 직책이 분리되기 시작했으며(딤전 3 : 1—7), 집사, 장로 그리고 감독의 직책에 관한 명확한 지침들(딤전 3 : 8—13), 분명히 디도서 1장 5—9절에서는 동의어로 사용된 장로와 감독의 직책에 관한 명확한 지침들이 나오며, 그리고 교회의 성직자에게 성직을 수여하는 실제적인 행동인 안수(딤후 1 : 6)에 관한 언급들이 목회서신에 나타난다.[86]

믿음의 개념도 교회 역사의 초기 시대의 개념과는 매우 다르게 된다. 그 개념은 더 이상 인자인 예수의 임박한 재림에 대한 역동적인 믿음도 아니며, 또한 부활한 주님과의 역동적인 관계성도 없다. 다시 말해 믿음은 신조와 같은 문장들로 표현될 수 있는 계시된 진리를 받아들이는 것이 되고, 심지어 믿음은 그리스도교 신앙

---

85) T. E. O'Dea, "Five Dilemmas in the Institutionalisation of Religion," *Sociology and the Study of Religion*, Basic Books, 1970, pp. 241—254.

86) N. Perrin, D. C. Duling, 『새로운 신약성서 개론(하)』, p. 154.

과 동의어가 된다. 이것은 "건전한 말씀들의 본"을 그대로 잘 지키고 전수해야 한다는 디모데후서 1장 13—14절에 잘 나타난다.[87] 세상에 대한 관계에 있어서도 바울에게서와 같이 철저하게 믿는 자들의 탈세계화(脫世界化)는 발견되지 않는다. 바울의 죄와 믿음에 대한 깊은 이해가 더 이상 지속되지 않았기 때문이다. 그리고 "세상"(딤전 1 : 15 ; 3 : 16 ; 6 : 7)은 더 이상 바울의 부정적인 의미의 "세상"을 뜻하지 않는다. 오히려 "세상의 욕심들"(딛 2 : 12)로 거론될 뿐이다. "육"과 "영" 사이의 싸움에 관해서도 목회서신들은 아무 말도 하지 않는다.[88]

직무와 관료제의 성장, 예배의 고정화, 윤리의 제정 그리고 그리스도교의 영속화가 표준화되는 신약성서 시대 이후에도 제도화의 과정은 계속되었다. 모버그(D. Moberg)는 조직이론을 철저히 익혀 교회의 제도화 과정에 대한 다섯 가지의 단계를 밝힌 바 있다.[89] 그는 초기 조직의 단계로 지도자 중심, 다음은 공적 조직의 단계로 운동의 영속화를 위한 구성원의 결속과 엄격한 자격요건의 강화, 셋째 단계는 최대 능률의 시기로 중앙집권적인 지도 체제, 네번째 단계는 관료적·제도적 단계로 조직 자체의 이익과 영속화를 추구함으로써 종교의 생명력을 상실하며, 마침내는 분열 또는 쇠퇴라는 마지막 단계에 접어들게 된다는 것이다.

몬타니즘이 출현한 것은 초대교회가 공교회로 제도화되는 경향에 대한 반발에서였을 것이다. 그렇지만 목회서신 저자는 바울의 전통에 입각해서 제도화에는 위험이 따른다는 것을 알았으며, 장차 교회를 지도할 사람들은 그러한 위험을 피하도록 격려하는 데

---

87) *Idid.*, p. 594.

88) R. Bultmann, 『신약성서 신학』, 허혁 역(서울 : 성광문화사, 1991), p. 551.

89) D. O. Moberg, *The Church as a Social Institution* (Princeton : Prentice-Hall, 1962), pp. 118—124.

최선의 노력을 기울인다. 이러한 것은 목회서신에 들어 있는 바울 전통의 언명들을 인용하는 데에서 알 수 있다. 저자는 디모데라는 수신자에게 보내는 서신에서 제도화의 문제를 극복하는 데 도움이 될 만한 조언을 해주려고 애쓰고 있다. 이는 주로 세 가지 원칙으로 되어 있다.[90]

첫째로, 그는 교회의 본래 목표와 가르침 그리고 교회생활을 수호하려고 한다(딤전 1 : 19 ; 4 : 16 ; 6 : 20 ; 딤후 1 : 14). 그는 화석화된 어떤 형식 안에서 교회의 구조를 유지하려고 한 것이 아니라, 교회조직의 원칙들을 굳게 지키려고 했다. 하지만 그는 유연하게 그 원칙들을 적용할 줄도 알았다. 그는 또한 다양한 표현들을 통해서도 "교회의 사도적 전승"에서 빗나가지 않고 교회의 건전한 가르침을 굳게 지키려고 했다. 그는 바울의 언명들을 그저 의미없이 삽입시킨 것이 아니라, 교회로 하여금 또 목회자로 하여금 교회의 목표와 목적이 무엇인가를 부단히 묻게 하는 고통스러운 일과 자기비판을 해보게 했다. 왜냐하면 교회는 자신의 조직과 강령을 그러한 본래의 목표에 맞춰 재평가해야만 하기 때문이다.

둘째로, 그는 수신자에게 교회 안에 있는 여러 이단들과 그들의 가르침과의 치열한 논쟁의 상황을 인식하고 경계심을 늦추지 말 것을 촉구한다(딤전 1 : 18 ; 4 : 16 ; 6 : 12 등). 목회자가 이단들과 논쟁에 직면하고 있다는 사실을 인식하지 못할 때, 그들은 중요하지 않은 지엽적인 일에만 매이게 될 것이며, 마침내는 교회를 올바로 섬기지 못해서 교회의 주인이신 주님을 기쁘시게 할 수 없게 된다(딤후 2 : 4). 오늘날 많은 교회들이 갖고 있는 문제들 가운데 하나는 이단들과 그들의 거짓 가르침들과의 심각한 대국상황을 올바로 인식하지 못하고 있다는 현실이다.

셋째로, 그는 수신자에게 본래적인 영적 능력이 아직도 목회자

---

90) D. Tidball, 『신약성서 사회학 입문』, 김재성 역(서울 : 한국신학연구소, 1993), pp. 189—190.

들에게 필요하다는 사실을 상기시킨다(딤전 4 : 14 ; 딤후 1 : 6—7). 그는 이단들과의 싸움에 필요한 힘을 유지하기 위해서는 목회자 자신이 영적 능력으로 부단히 무장해야 할 필요가 있다는 것이다.

인간의 어떠한 조직이든지 제도화되면 역동성과 목적이 조금씩 변질되고 쇠퇴해가는 현상을 피할 수는 없을 것이다. 인간의 조직은 어떤 개인이나 세계가 경험하는 것과 똑같은 몰락을 경험한다. 교회의 역사는 주기적으로 제도화의 쇠퇴와 부흥이라는 유형이 되풀이해 뒤바뀌는 역사의 반복이었다. 때때로 현존하는 조직 안에서 갱신이 일어난 적도 있다. 흔히 부흥운동은 조직화되고 제도화된 조직에 속한 사람들에게 오해를 받아 그러한 제도권으로부터 배척을 받아왔는데, 이것은 또 다른 제도가 생겨나게 하는 원인이 되었다.

우리는 자주 근본으로 돌아가서 종교조직의 목표를 재검토함으로써만 조직의 경직성과 불감증을 치유할 수 있다. 우리는 우리의 목표가 무엇이며, 우리가 얼마나 그 목표를 성취하고 있는가를 정기적으로 물어볼 필요가 있다. 그러므로 우리는 가장 적절한 사람들이 지도력을 갖고 있는지, 그리고 우리가 성취하려고 하는 바로 그 일에 구성원들은 올바른 방향으로 정진하고 있는지를 정기적으로 물어볼 필요가 있다. 우리는 혼합된 동기의 위험, 비현실적인 관료제도의 위험, 표준들의 감소, 그리고 교리들의 화석화에 대해 부단히 경계할 필요가 있다. 무엇보다도 교회는 겸허하게 그리고 자주 생명과 활력의 근원이신 하나님 자신과 교회의 주님되신 예수 그리스도에게 돌아갈 필요가 있는 것이다.

참고문헌

Ⅰ. 성서

Nestle-Aland, NOVUM TESTAMENTUM(Graece et Latine). The United Bible Sociefies, 1975.

한글개역 성서, 대한성서공회, 1984.

한글표준 새번역성서, 대한성서공회, 1993.

Ⅱ. 주석

Barrett, C. K. *The Pastoral Epistles.* Oxford : Clarendon Press, 1963.

Bernard, J. H. *The Pastoral Epistles* (*Cambridge Greek Testament*). London, 1881.

Brox, N. *Die Pastoralbriefe* (*Regensburger NT*). Regensburg, 1969.

Dibelius, M. 『요한서신 & 목회서신』, 국제성서주석, 김득중 譯, 서울 : 한국신학연구소, 1989.

Easton, B. C. *The Pastoral Epistles.* London : SCM Press, 1948.

Ellicott, C. J. *A Critical and Grammatical Commentary on the Pastoral Epistles.* Andover : Draper, 1882.

Falconer, R. *The Pastoral Epistles.* Oxford : Clarendon Press, 1937.

Fee, G. D. *1 and 2 Timothy, Titus, NIBC.* Massachusetts : Hendrickson Publishers, 1988.

Gealy, F. D. *The Pastoral Epistles* (*Interpreter's Bible,* Vol. II). New York : Scribes, 1955.

Guthrie, D. *The Pastoral Epistles, Tyndale New Testament Commentary.* Grands Rapids, 1957.

Hanson, A. T. *The Pastoral Epistles, NCBC.* Grand Rapids : Eerdmans, 1982.

Hasler, V. *Die Briefe an Timotheus und Titus* (*Zuercher Bibel Kommentar*). Zürich, 1978.

Higgins, A. J. B. "The Pastoral Epistles." in *Peake's Commentary on the Bible.* London, 1962.

Holtz, G. *Die Pastoralbriefe* (*theologischer Handkommentar zum NT 13*). 2nd edn., Berlin, 1972.

Houlden, J. L. *The Pastoral Epistles* (*Penguin NT Commentaries*). London : Clarendon Press, 1976.

Jeremias, J. *Die Briefe an Timotheus und Titus.* Göttingen : Vandenhoeck und Ruprecht, 1963.

Johnson, L. T. *1 Timothy, 2 Timothy, Titus, in Knox Preaching Guides.* Atlanta : John Knox Press, 1987.

Kelly, J. N. D. *The Pastoral Epistles* (*Black's NT Commentary*). Edinburgh, 1924.

Knight III. G. W. *Commentary on the Pastoral Epistles, NIGTC.* Grand Rapids : Eerdmans, 1992.

Lock, W. *The Pastoral Epistles, ICC.* Edinburgh : T. & T. Clark, 1973.

Simpson, E. K. *The Pastoral Epistles.* London : Clarendon Press, 1954.

Spicq, C. *Saint Paul : Les Epitres Pastorales.* Ebib ; 4th ed., Paris : Gabalda, 1969.

『디모데전후서, 디도서(사목서간)』, 천주교회 200주년 시리즈, 서울 : 분도출판사, 1986.

III. 신약 일반

Bultmann, R.『신약성서 신학』. 허혁 譯, 서울 : 성광문화사, 1991.

Cullmann, O.『원시기독교 예배』. 이선희 譯, 서울 : 대한기독교서회, 1984.

Dunn, J.『신약성서의 통일성과 다양성』, 김득중, 이광훈 共譯, 서울 : 무림출판사, 1991.

Fiorenza, E. S.『크리스찬 기원의 여성신학적 재건』. 김애영 譯, 서울 : 종로서적, 1986.

Harrison, R. K. *The Zondervan Pictorial Encyclopedia of the Bible.* vol. 3, Zondervan corp, 1978.

Howe, E. M. *Women and Church Leadership,* 김화자 譯, 서울 : 도서출판 엠마오, 1990.

Kee, H. C.『신약성서 이해』. 서중석 譯, 서울 : 한국신학연구소, 1990.

Kennedy, G. A. *The Art of Persuasion in Greece.* Princeton : Princeton University Press, 1963.

Kümmel, W. G.『신약정경 개론』. 박익수 譯, 서울 : 대한기독교출판사, 1988.

Malherbe, A. J. *Medical Imagery in the Pastoral Epistles, in Texts and Testaments : Critical Essays on the Bible and Early Church Fathers,* ed., W .E. March ; San Antonio : Trinity Univ. Press, 1980.

____________. *Self-Definition among the Epicureans and Cynics, in Jewish and Christian Self-Definition.* ed., B. F. Meyer and E. P. Sanders, Philadelphia : Fortress Press, 1983.

Marxsen, W. *Introduction to the New Testament.* trans., G. Buswell, Philadelphia : Fortress Press, 1976.

Merkel, H. 『신약성서 연구입문』. 박창건 譯, 서울 : 한국신학연구소, 1988.

Metzger, B. M. *A Textual Commentary on the Greek New Testament.* London : United Bible Societies, 1971.

Moberg, D. O. *The Church as a Social Institution.* Prentice—Hall, 1962.

O'Dea, T. E. "Five Dilemmas in the Institutionalization of Religion." *Sociology and the Study of Religion.* Basic Books, 1970.

Perrin, N. 『새로운 신약성서 개론』, 박익수 譯, 천안 : 한국신학연구소, 1991.

Tidball, D. 『신약성서 사회학 입문』. 김재성 譯, 서울 : 한국신학연구소, 1993.

Trible, P. *Eve and Adam : Genesis 2— 3 Read ed. Carol. Christ and Judith Plaskow, WOMAN SPIRIT RISING : A Feminist Reader in Religion.* New York, Hagerstown, San Francisco, London : Harper & Row, 1979.

Trummer, P. *Die Paulustradition des Pastoralbriefe.* Frankfurt : Berne, 1978.

Weber, R. E. 『예배의 역사와 신학』. 정장복 譯, 예장출판국, 1988.

김득중. 『신약성서 개론』. 서울 : 컨콜디아사, 1991.

안상님. 『여성신학 이야기』. 서울 : 대한기독교서회, 1992.

Ⅳ. 논문

Bornkamm, G. "presbyteros, Presbyterion." *TDNT* 6, pp. 651—80.

Bush, P.G. "A Note on the Structure of 1 Timothy." *NTS* 36, 1990.

Elliott, J. "Ministry and Church Order in the New Testament." *CBQ* 32, 1970. pp. 367—91.

Grayston, K. & Herndon, G. "The Authorship of tht Pastorals in the Light of Statistical Linguistics." *NTS* 6, 1959.

Hauschildt, H. "다섯 장로와 제사장들," *ZNW* 4, 1903.

Karris, R. J. "The Background and Significance of the Polemic in the Pastoral Epistles." *JBL* 92, 1973, pp. 549—64.

Malherbe, A. J. "Exhortation in First Thessalonians." *NovT* 25, 1983, pp. 244—245.

____________. "In Season and out of season." *JBL* 103/2 (1984) : 237.

Stenger, W. "Der Christushymnus in I Tim. 3 : 16." *Trierer Theologische Zeitschrift* 78, 1964.

박창건. "초대교회에 있어서 은사와 직제." 『신학과 세계 18호』. 서울 : 감신대, 1989 봄호, pp. 152—154.

최영실. "성서는 여성의 사회적 지도력을 거부하는가." 『성공회대학 논총 6호』. 1992.

■ 저자 소개

감리교 신학대학 졸업
연세대학교 연합신학 대학원 졸업(M.Th)
미국 남감리교 대학교(SMU) 신학부 졸업(Th.M)
미국 드루(Drew)대학교 대학원 졸업(Ph.D.)
은대리 교회 담임목사
미국 체리힐 제일교회 담임목사
현재 감리교신학대학 교수

■ 저서

『성서전승과 해석』(한국신학연구소, 1988)
『우리성서교재 시리즈, 바울서신 편 1—13권』(성서와 문화연구소, 1990—3)
『바울의 서신들과 신학』(대한기독교서회, 1944)
『희랍어 문법』(공저, 대한기독교서회, 1988)

■ 역서

컴멜, 『신약정경개론』(대한기독교서회, 1988)
페린, 『새로운 신약성서 개론』(한국신학연구소, 1991)

대한기독교서회 창립 100주년 기념 성서주석 45
디모데전 · 후서/디도서

1994년 5월 30일 초판 1쇄
2015년 3월 30일 초판 4쇄

지은이/박익수
펴낸이/서진한
펴낸곳/대한기독교서회

등록/1967년 8월 26일 제1967－000002호
주소/135－882 서울시 강남구 삼성동 테헤란로 103길 14
전화/편집 553－0873～4 영업 553－3343
팩스/편집 3453－1639 영업 555－7721
e-mail/cls1890@chollian.net
http://www.clsk.org

직영서점/기독교서회
종로5가 기독교회관, 전화 744－6732~4 팩스 745－8064

값/27,000원 책번호/1723
ISBN 978－89－511－0533－3 94230
ISBN 978－89－511－0002－4 (세트)

The Christian Literature Society of Korea, Seoul
Printed in Korea